U0617585

BLUE BOOK

智 库 成 果 出 版 与 传 播 平 台

国际人才蓝皮书
BLUE BOOK OF GLOBAL TALENT

中国留学发展报告
（2024~2025）*No.9*

ANNUAL REPORT ON THE DEVELOPMENT OF
CHINESE STUDENTS STUDYING ABROAD (2024-2025) No.9

主　编／欧美同学会（中国留学人员联谊会）
　　　　全球化智库（CCG）

社会科学文献出版社
SOCIAL SCIENCES ACADEMIC PRESS (CHINA)

图书在版编目（CIP）数据

中国留学发展报告 . No. 9, 2024~2025 / 欧美同学
会（中国留学人员联谊会），全球化智库（CCG）主编 .
北京：社会科学文献出版社，2025.3. --（国际人才蓝
皮书）. -- ISBN 978-7-5228-4956-0

Ⅰ. G648.9

中国国家版本馆 CIP 数据核字第 202538UR41 号

国际人才蓝皮书

中国留学发展报告（2024~2025）No. 9

主　　编 / 欧美同学会（中国留学人员联谊会）
　　　　　 全球化智库（CCG）

出 版 人 / 冀祥德
责任编辑 / 张铭晏
责任印制 / 岳　阳

出　　版 / 社会科学文献出版社·皮书分社（010）59367127
　　　　　 地址：北京市北三环中路甲 29 号院华龙大厦　邮编：100029
　　　　　 网址：www.ssap.com.cn
发　　行 / 社会科学文献出版社（010）59367028
印　　装 / 天津千鹤文化传播有限公司

规　　格 / 开　本：787mm×1092mm　1/16
　　　　　 印　张：25.5　字　数：378 千字
版　　次 / 2025 年 3 月第 1 版　2025 年 3 月第 1 次印刷
书　　号 / ISBN 978-7-5228-4956-0
定　　价 / 158.00 元

读者服务电话：4008918866

谨以此书献给欧美同学会成立 110 周年

主编单位简介

欧美同学会（中国留学人员联谊会）

欧美同学会成立于 1913 年，是一个历史悠久、人才荟萃、影响广泛的全国性归国留学人员组织，是党领导下的具有群众性、高知性、统战性的人民团体，是党联系广大留学人员的桥梁和纽带、党和政府做好留学人员工作的助手、广大留学人员之家。2003 年增冠"中国留学人员联谊会"会名。

成立之初，欧美同学会就积极践行爱国思想，普及科学理念和知识，组织会员参与爱国民主运动，投身民族救亡和人民解放事业。新中国成立后，欧美同学会大力号召和动员海外学人回到祖国，组织会员投身国家建设和发展。改革开放以来，欧美同学会广泛联络和团结海内外留学人员，致力于中国特色社会主义建设事业。进入 21 世纪后，欧美同学会发挥人才智力优势，向政府建言献策，服务海外高层次人才，服务国家和地方经济社会发展，投身全面建成小康社会和实现中华民族伟大复兴中国梦的奋斗进程。

长期以来，新中国几代领导人都对广大留学人员给予亲切关怀，对留学人员工作和欧美同学会发展给予高度重视，特别是 2013 年习近平总书记在欧美同学会成立 100 周年庆祝大会上发表的重要讲话，高度评价了留学人员的历史贡献，充分肯定了欧美同学会的历史地位和作用，丰富完善了留学人员工作方针，对广大留学人员提出了希望要求，为做好留学人员工作提供了根本遵循。2023 年 10 月 21 日，习近平总书记向欧美同学会成立 110 周年致贺信，对广大留学人员和欧美同学会提出了新的希望和要求，为新时期欧美同学会开展留学人员工作指明了方向。

目前，欧美同学会全国性组织体系进一步完善，已成立欧美同学会组织 1400 多个，其中省（区、市）和新疆生产建设兵团欧美同学会 31 个，副省级城市欧美同学会 15 个，地（市、州、盟）级欧美同学会 240 个，高等院校、科研院所欧美同学会 670 多个。现有个人会员 34 万人。

顾维钧、周诒春、詹天佑、蔡元培等知名海归学者是欧美同学会创立者和早期会员。1982 年恢复活动以来，茅以升、卢嘉锡、吴阶平、丁石孙、韩启德、陈竺先后任欧美同学会会长。现任会长为丁仲礼。

全球化智库（CCG）

全球化智库（Center for China and Globalization，CCG），是中国领先的国际化智库，具有广泛的国际影响力。秉承"国际化、影响力、建设性"的专业定位，坚持"以全球视野为中国建言，以中国智慧为全球献策"，致力于全球化、国际关系、全球治理、国际经贸与投资、国际移民、国际人才、企业全球化、中美关系与中美经贸、"一带一路"、智库发展等领域的研究。

CCG 是首个进入世界百强的中国社会智库、唯一获得联合国特别咨商地位的中国智库。在国内外多个权威智库排行榜中被评为中国社会智库第一。CCG 拥有专职智库研究人员近百人，是国内最大的社会智库之一。在美国宾夕法尼亚大学《全球智库报告 2020》中，CCG 连续四年跻身全球顶级智库百强榜并列第 64 位。CCG 同时也是中联部"一带一路"智库联盟理事单位、中央人才工作协调小组全国人才理论研究基地、人社部中国人才研究会国际人才专业委员会所在地、财政部"美国研究智库联盟"创始理事单位，拥有国家授予的博士后科研工作站资质，是中国公共关系协会副会长单位。

CCG 在注重自身研究人员培养的同时，形成了由海内外杰出专家学者组成的国际研究网络，持续以国际化的研究视野，在中国与全球化发展相关研究领域开展领先研究。CCG 创始人王辉耀教授是中国人才研究会国际人才专业委员会会长，国际人才组织联合会（AGTO）总干事；曾任欧美同学会（中国留学人员联谊会）副会长、欧美同学会建言献策委员会主任、欧美同学会商会会长和 2005 委员会创始理事长。自 2008 年以来，王辉耀教授领衔 CCG 团队持续开展国际人才相关研究，主编并在社会科学文献出版社出版"国际人才蓝皮书"系列皮书，包括《中国留学发展报告》《中国海归发展报告》《中国国际移民报告》等。CCG 每年出版 10 余部中英文专著，研究撰写和发布系列研究报告，并公开向社会共享研究成果，研究成果年度网络访问量达数十万人次。

CCG 参与推动和影响了诸多国家发展和全球治理的政策，积极建言献策，定期针对性报送国家机关与各部委。CCG 多项建议获得中央领导批示，为有关部门作出重大决策提供了参考，持续支持和推动着政府决策和制度创新。2021 年，CCG 发起的"国际青年领袖对话（GYLD）"项目获得了习近平主席回信。

CCG 积极探索丰富多样的智库活动，每年举办多场极具国际视野、影响力和建设性的高端"品牌"论坛，举办百余场研讨会、圆桌会、午餐会、发布会和建言献策交流会等，为政策制定者、专家学者、产业精英、国际组织人士等打造专业、高效、常态化的思想交流高地，持续为公共政策建言，为公共利益发声。

CCG 与众多国际组织、国际智库和相关机构建立了良好的长效合作机制，共同组织各类研讨会，进行学术交流或联合研究。CCG 还活跃于世界舞台，定期开展国际调研交流活动，出席国际上极具影响力的论坛并参与对话。作为中国最早"走出去"的智库，CCG 已在巴黎和平论坛、慕尼黑安全会议、达沃斯世界经济论坛等重要国际场合举办边会。同时，CCG 已成为各国使馆、国际政要、国际智库和国际组织交流和沟通的重要平台；通过接待来访、组织圆桌研讨会、举办名家演讲活动等形式，CCG 搭建了中外沟通的桥梁和常态机制，充分发挥了智库二轨外交的作用。

序　言

在当前全球局势迅速变化的背景下，中国的留学发展虽然面临诸多挑战，但也展现出新的机遇与潜力。自 2022 年以来，国际关系的复杂性愈发明显，地缘政治紧张，局部冲突不断，经济前景持续承压。这些因素对全球国际学生流动产生了不同程度的冲击。然而，即便在如此严峻的背景下，中国的国际化教育需求和对外开放步伐依然保持了强劲的增长势头。

根据联合国教科文组织的最新统计数据，全球国际学生人数已达 686 万人。这一数据表明，即使全球化进程有所放缓，国际教育依然是促进国家间相互理解和推动创新发展的关键推动力。全球留学的趋势近年来出现了几项新特征。一方面，传统留学目的地如美国、英国、澳大利亚等，正在大力吸引 STEM 领域的高层次留学生。另一方面，中国学生的留学选择日益多样化，越来越多的学生前往亚洲和欧洲国家留学，如马来西亚、泰国及部分欧洲国家。这些留学生特别是硕士研究生、博士研究生阶段的高端人才，对各国的科技进步和经济发展有着重要的贡献。同时，全球范围内人才"回流"现象也愈发显著，特别是在中国，选择回国就业的留学生数量持续增加，回国潮成为新常态，留学回国人员在科技、教育、金融等领域发挥日益重要的作用。这些留学回国人才不仅为中国的现代化建设注入活力，也在公共治理与社会建设中发挥了关键作用，成为构建国内国际双循环新发展格局的中坚力量。

2024 年 4 月，《习近平关于人才工作论述摘编》出版，提出"功以才成，业由才广。培养德才兼备的高素质人才，是国家和民族的长远发展大计"。进一步强调人才在国家发展中的核心地位，明确指出应构建包容、开放的国际人才引进机制，充分发挥全球人才资源在科技创新和经济建设中的推动作用。这也为中国国际教育的发展指明了方向，激励广大留学生为国家和社会作出更多贡献。

与此同时，政府部门持续通过一系列举措支持留学事业的发展。2020年《教育部等八部门关于加快和扩大新时代教育对外开放的意见》发布，进一步强调出国留学是培养国际化高素质人才的关键路径，并对归国人才提供支持服务，营造良好的发展环境。2024年11月，中共中央组织部、人力资源和社会保障部、外交部、教育部、科技部、公安部、中国人民银行、海关总署、国家医保局、国家移民局等10部门印发《关于进一步做好留学人才回国服务工作的意见》，要求"建立完善覆盖全体留学回国人才的服务体系，努力吸引更多留学人才回国工作、创业和为国服务"。随着"一带一路"倡议高质量推进以及中国企业出海潮的涌起，留学人员正迎来充分发挥作用的巨大的机遇。

2023年是欧美同学会成立110周年，习近平总书记专门发来贺信，充分肯定了欧美同学会作出的积极贡献，深刻阐明了欧美同学会的使命任务，对广大留学人员提出殷切期望，为做好新时代留学人员工作提供了根本遵循。

本书作为献礼欧美同学会成立110周年之作，包括总报告、出国留学篇、回国发展篇、专题分析篇四部分，通过大量的数据和案例，分析了新时代中国留学发展现状与趋势，总结了留学生群体对祖国建设与全球化进程的贡献。110年间，欧美同学会不仅见证了无数留学生的成长，更在不同的历史阶段为他们提供支持，助力他们在国际舞台上更好地发挥作用，推动中外文化交流与理解。

展望未来，随着中国在全球化中的角色逐步增强，留学人员的发展前景将更加广阔。通过优化高质量的留学政策和人才引进机制，中国将继续巩固其在全球教育与人才市场中的地位，助力国际学生在各个领域取得更大成就。

　　全球化智库（CCG）自 2008 年成立以来，始终致力于研究留学发展、国际人才培养等相关工作。《中国留学发展报告》已持续发布了 9 部，CCG 也不断关注国际留学趋势和全球教育政策动向。作为联系广大留学人员的桥梁和纽带，欧美同学会密切保持与留学人员的沟通交流，为留学人员之间、留学人员与国家及地方政府之间构建沟通对话的平台，积极发挥留学报国人才库、建言献策智囊团和民间外交生力军的作用。同时，欧美同学会与 CCG 将持续呼吁海外留学人员回归祖国，为祖国的明天添砖加瓦。我们期待，《中国留学发展报告（2024~2025）No.9》能够在中国留学政策和国际教育研究方面发挥积极作用，为留学生群体提供广阔的平台和多元化的资源支持。在这百年未有之大变局中，欧美同学会携手 CCG 共同为推动实施人才强国战略和实现中华民族伟大复兴积极贡献力量。

本书编委会

2024 年 12 月

摘　要

　　当前，全球化正处于一个新的十字路口。国际形势的快速变化使得世界充满了不确定性，这也导致了全球留学格局的变化。尽管如此，全球范围内国际学生数量依然保持增长势头，留学仍然是人本全球化的重要方式。为了反映新时代我国留学的最新情况，了解留学回国人员发展的最新趋势，并探索发展留学事业的新路径，我们组织编写了《中国留学发展报告（2024~2025）No.9》。全书由总报告、出国留学篇、回国发展篇、专题分析篇组成。

　　本书立足于新时代背景，对全球国际学生规模持续扩大、来源国和目的地国多元化、实用主义导向以及促进经济社会发展等方面进行了深入分析。重点关注了中国留学的发展趋势，认为中国出国留学的首要驱动力发生变化，赴传统留学目的地国家留学的人数将趋于稳定，留学目的地和专业将进一步多元化。与此同时，留学人员已成为我国现代化建设进程中一支不可忽视的生力军，留学仍是我国高层次国际化人才培养的重要渠道。在新时代背景下，随着留学人员回国热持续升温，留学回国人员的就业压力也在增大。中国学生出国留学规模已基本恢复至新冠疫情前的水平，主要留学目的地国仍集中在美国、英国、澳大利亚、加拿大、韩国等发达国家。赴美国和加拿大留学的学生人数出现明显下降，而赴欧洲、亚洲发达国家和地区以及共建"一带一路"国家的留学人数显著增加。同时，中国留学生的专业选择集中在STEM（科学、技术、工程、数学）、工商管理和社会科学等领域。这些趋势将为留学人员选择相应的目的地国和专业提供参考。

　　基于教育部留学服务中心的调研数据和2014~2018届本科生海外读研

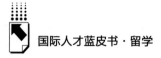

五年后的发展情况调查数据，本书认为我国留学回国人员数量快速增长，学习理学和工学的留学回国人员占比呈上升趋势，而学习管理学和经济学的留学回国人员占比则呈现下降趋势。留学生回国后定居地主要集中在直辖市和副省级城市，就业领域主要集中于信息传输、软件和信息技术服务业，金融业和教育。通过对北京、江苏、湖北、四川等地归国留学人员的分析发现，新一代留学回国人员在赋能地方新质生产力、推动新兴产业发展、引领科技创新突破、促进教育发展和文化交流等方面发挥着重要作用，各地也纷纷出台相应措施吸引留学人员。

本书还分析了近十年来留学行业发生的变化，特别是留学目的、留学规划、留学人群的心态与决策选择的变化。本书调研了在美国留学的中国研究生的学习经历及其毕业后去向选择的影响因素，发现越来越多的在美中国研究生选择回国发展，并分析了影响其决定是否留在美国或回国的因素，及其在美国面临的文化和社交障碍。本书还对中国学生在英国高等教育机构留学面临的语言、社会集群、数字生态系统和就业压力等方面的挑战进行了分析，并提出了建议，以帮助中国学生更好地融入英国并在英国更好地发展。

关键词： 出国留学　留学回国　国际人才培养

目 录 ⟪

I 总报告

II 出国留学篇

Ⅲ 回国发展篇

Ⅳ 专题分析篇

皮书数据库阅读**使用指南**

总 报 告

B.1
新时代中国留学发展现状与趋势[*]

王辉耀　苗　绿　郑金连[**]

摘　要：　在百年未有之大变局下，全球国际学生规模仍持续扩大，并呈现多元化和实用主义的发展趋势，并且为主要接收国带来了经济动力和就业驱动。以中国、印度为代表的中等收入国家正大量输出国际学生，而以美国、英国为代表的高收入国家依然是最主要的国际学生留学目的国。2022年中国仍是最大的国际学生来源国。当前，中国出国留学的首要驱动力发生变化，赴传统留学国家留学的人数将趋于稳定，在美国、英国、德国、加拿大等传统留学国家，中国学生的数量已经低于印度学生数量，中

---

  * 本书把留学（Studying Abroad）的概念界定为：个人前往其他国家和地区进行学习深造的教育活动。本书把留学的人员称为留学人员。留学回国人员、留学归国人员、归国留学人员、海归等均指海外留学结束后回到国内定居、工作、生活的留学人员。如无特殊说明，本书所涉及的中国留学人员、留学回国人员、来华留学人员数据均为中国大陆相关数据。

  ** 王辉耀，博士，教授，博士生导师，国务院原参事，全球化智库（CCG）理事长兼主任；苗绿，博士，研究员，全球化智库（CCG）联合创始人、副主任兼秘书长，北京师范大学国际写作中心副总干事，北京师范大学经济与资源管理研究院博士后，主要研究方向为人才国际化、教育国际化、国际合作等；郑金连，博士，全球化智库（CCG）副主任，研究总监，高级研究员，主要研究方向为国际人才、智库研究、科技创新。

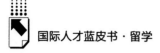

国学生留学目的地和留学专业将更多元。留学回国人员的学历层次更高，专业也更偏向理学和工学。基于对全球及中国留学局势、留学回国政策的分析，本报告提出整合留学人员回国发展的资源与服务、加强出国留学的服务保障、充分发挥海内外留学人员人文交流作用等促进中国留学健康发展的建议。

关键词： 国际学生　全球留学　出国留学　留学回国　国际化人才培养

一　全球留学保持持续增长

（一）全球国际学生数量依然保持增长势头

根据联合国教科文组织（UNESCO）最新发布的数据，全球范围内，国际学生规模实现了显著增长。2022年，全球国际学生人数为686万人，相比2000年的211万人增长了2.3倍。虽然受新冠疫情影响，国际学生规模在2021年有所下降，但2022年国际学生数量相较于2021年增长了6.5%，相较于2017年增长了26.7%（见图1）。虽然面临严峻的挑战，但国际学生的数量仍保持增长。

（二）国际学生主要从中等收入国家或地区流入高收入国家或地区

国际学生主要来自中等收入国家或地区。来自中等收入国家或地区的国际学生在2018~2022年一直占国际学生总数的60%以上，并且占比整体呈现上升趋势（见图2）。其中，2022年，中国仍是国际学生最大来源国，共有105.2万人在海外高等教育机构留学，占全球国际学生总数的15.3%。印度是第二大国际学生来源国，共有62.2万人在海外高等教育机构留学，占全球国际学生总数的9.1%。其后是乌兹别克斯坦、越南等国（见图3）。

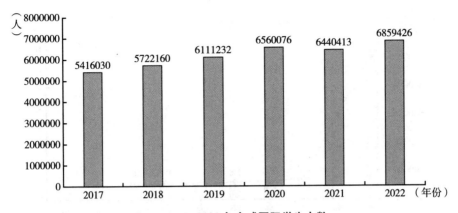

图 1 2017~2022 年全球国际学生人数

资料来源：UNESCO. Number and Rates of International Mobile Students［EB/OL］.［2024-10-15］. http://data. uis. unesco. org/#。

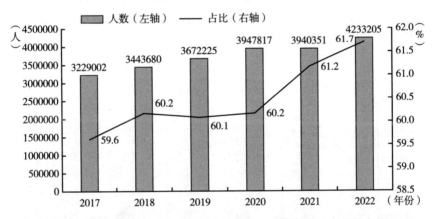

图 2 2017~2022 年来自中等收入国家或地区国际学生人数及占比

资料来源：UNESCO. Number and Rates of International Mobile Students［EB/OL］.［2024-10-15］. http://data. uis. unesco. org/#。

  国际学生留学目的地主要为高收入国家或地区。在高收入国家或地区留学的国际学生自 2017 年以来一直占国际学生总数的 75% 以上，并且占比整体呈现下降趋势（见图 4）。其中，2022 年，美国仍是国际学生最大目的地国，有 94.9 万名国际学生在美国高等教育机构留学，占全球国际学生总数的 13.8%。英国是第二大国际学生目的地国，共有 67.5 万名国际学生在英

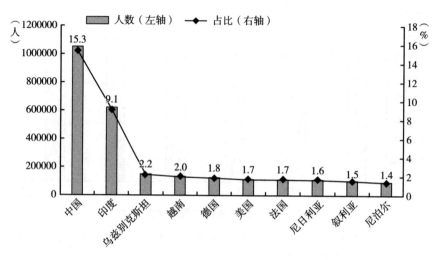

图3　2022 年国际学生十大来源国国际学生人数及占比

资料来源：UNESCO. Number and Rates of International Mobile Students［EB/OL］.［2024-10-15］. http：//data. uis. unesco. org/#。

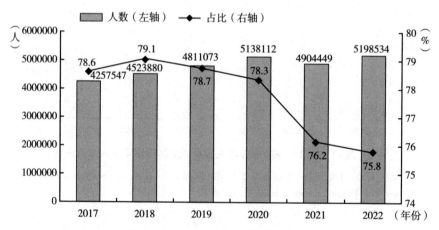

图4　2017~2022 年高收入国家或地区接收国际学生人数及占比

资料来源：UNESCO. Number and Rates of International Mobile Students［EB/OL］.［2024-10-15］. http：//data. uis. unesco. org/#。

国高等教育机构留学，占全球国际学生总数的 9. 8%。其后是德国、澳大利亚等国（见图 5）。

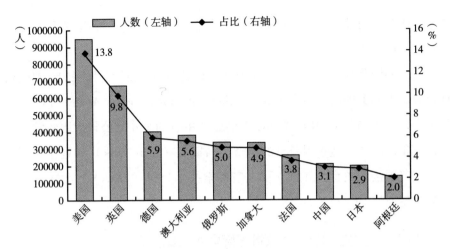

图5　2022年国际学生十大目的地国国际学生人数及占比

资料来源：UNESCO. Number and Rates of International Mobile Students［EB/OL］.［2024-10-15］. http：//data. uis. unesco. org/#。

（三）国际学生促进目的地国经济发展

国际学生通常可以为留学目的地国间接地创造就业岗位并正向促进当地经济发展。伦敦经济研究院（London Economics）联合英国高等教育政策研究所（Higher Education Policy Institute）于2023年公布的报告显示，国际学生为英国带来的经济贡献[1]由2018～2019学年的313亿英镑上升到了2021～2022学年的419亿英镑。这意味着国际学生为每个英国议会选区提供了5800万英镑的经济贡献，每个英国居民因此而受益560英镑。[2] 2022～2023学年，国际学生带动美国增加工作岗位达36.8万个，带来经济效益达401亿美元。[3] 2023～2024

---

① 注：本报告留学生产生的经济贡献主要是指学费、非学费支出，家人和朋友探望的支出等。

② Cannings J. , Halterbeck M. , Conlon G. , The Benefits and Costs of International Higher Education Students to the UK Economy. London Economics. （2023-05-16）［2024-10-10］. https：// www. hepi. ac. uk/wp - content/uploads/2023/05/Full - Report - Benefits - and - costs - of - international-students. pdf.

③ NAFSA International Student Economic Value Tool［EB/OL］.［2024-09-20］. https：//www. nafsa. org/policy-and-advocacy/policy-resources/nafsa-international-student-economic-value-tool-v2.

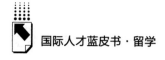
学年，国际学生带动美国增加工作岗位达 37.8 万个，带来经济效益达 438.3 亿美元。[1]

优秀的国际学生也是一个国家或地区促进当地创新产业发展的重要战略性资源。根据美国政策国家基金会（National Foundation for American Policy）的报告，在美国价值 10 亿美元以上的公司中有约 1/4 的公司由国际学生创立，[2] 如 2021 年荣登世界首富的埃隆·马斯克（Elon Musk）就是作为国际学生在美国接受教育，并创立了太空探索技术公司（SpaceX）和新能源汽车品牌特斯拉。

（四）研究生、STEM 领域国际学生占比更高

从国际学生学习层次占比来看，经济合作与发展组织（OECD）国家中，研究生阶段国际学生占该国研究生数量的比例比本科阶段的国际学生比例更高。2022 年，OECD 国家中，本科阶段的国际学生占该阶段学生数量的 5%，硕士研究生阶段的国际学生占该阶段学生数量的 15%，博士研究生阶段的国际学生占该阶段学生数量的 25%，与上一年相比都有不同程度的减少。

从 OECD 热门的留学目的地国来看，攻读硕士研究生课程的国际学生比攻读本科课程的国际学生人数增长更快。这从侧面反映了国际学生对于赴海外就读本科学历相较以前持有更加保守的态度，而学制较短、时间投入较少的硕士课程以及学位认可度高的博士课程更受青睐。例如，在澳大利亚和英国，硕士研究生及同等学力的国际学生占比分别达到 39% 和 43%（见图 6）。

在 OECD 国家中，国际学生与本国学生在选择专业领域时表现出了明显的差异。平均来说，29.9% 的国际学生倾向于选择 STEM 专业，而在 OECD 国家的本国学生中的平均占比为 19%。以丹麦为例，39.9% 的国际学生注册

---

[1] NAFSA. NAFSA International Student Economic Value Tool [EB/OL]. [2024-12-23]. https://www.nafsa.org/policy-and-advocacy/policy-resources/nafsa-international-student-economic-value-tool-v2.

[2] ANDERSON S, "Immigrants and Billion-dollar Companies," NFAP Policy Brief (2018).

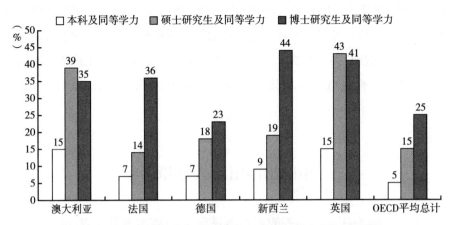

图 6　2022 年部分 OECD 国家新入学国际学生在相应层次课程学生数量中的占比

资料来源：OECD. Education At a Glance 2024［R/OL］.2024：320.（2024-09-10）［2024-10-12］. https：//www.oecd-ilibrary.org/education/education-at-a-glance-2024_ c00cad36-en。

学习 STEM 专业（见图 7），而仅有 22% 的本国学生选择了 STEM 专业。也有例外的情况，例如，在韩国 34% 的本国学生学习 STEM 专业，高于国际

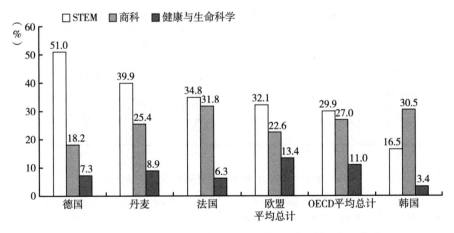

图 7　2022 年部分 OECD 国家和欧盟国际学生学习专业占比

资料来源：OECD. Education At a Glance 2024［R/OL］.2024：320.（2024-09-10）［2024-10-12］. https：//www.oecd-ilibrary.org/education/education-at-a-glance-2024_c00cad36-en。

学生学习 STEM 专业的占比（16.5%）。① STEM 专业一般使用国际通用语言进行教学，特殊符号以及专业术语国际通行化程度较高，对于学生的语言要求相较于人文社科类专业要低，学成之后直接经济转化率高于传统人文社科专业，就业导向性强，更实用，更受急于提升求职竞争力的国际学生的青睐。

二　中国出国留学人数稳中有变

（一）中国在海外高等教育机构留学人数基本恢复至2019年水平

根据 UNESCO 预算，2017~2020 年，中国在海外高等教育机构留学的学生人数保持稳定增长。2022 年中国在海外高等教育机构留学的学生人数为105.2 万人，比 2021 年增长 1.3%，基本恢复到 2019 年的水平（见图 8）。

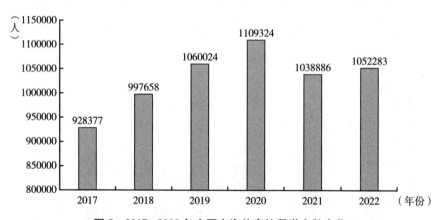

图 8　2017~2022 年中国在海外高校留学人数变化

资料来源：UNESCO. Number and Rates of International Mobile Students［EB/OL］.［2024-10-15］. http://data.uis.unesco.org/#。

---

① OECD. Education At a Glance 2024［R/OL］.2024：237.（2024-09-10）［2024-10-12］.
https://www.oecd-ilibrary.org/education/education-at-a-glance-2024_c00cad36-en.

虽然截至 2022 年，中国仍然是全球国际学生的最大来源国，但最近几年，随着印度经济的稳步增长和中产阶级数量的激增，印度留学生在全球发达国家中的数量迅速上升，2023 年在部分国家或地区已经超过中国留学生数量。在北美，自 2018 年起，在加拿大的印度留学生总数已超过中国留学生总数；2023 年，印度留学生占加拿大国际学生总量的 41%，是中国留学生数量的 4 倍。而在美国，虽然 2022 年印度留学生人数仍比中国少 9 万余人，但 2023 年印度留学生数量同比增长 35%，达到 26.8 万人；2023~2024 学年印度已成为美国第一大国际学生来源国。欧洲也呈现类似趋势，在英国，2018~2023 年，印度留学生数量增加了 6 倍，2023 年，印度留学生数量超过中国留学生数量，印度成为英国最大的国际学生来源国。在德国，2023 年，印度留学生数量迅猛增长，印度也成为德国最大的国际学生来源国。在澳大利亚和新西兰，印度留学生数量增速保持在全球前列，虽然目前尚未超过中国，但若继续保持这一增长态势，印度在这些国家中的国际学生数量将居于首位。

（二）出国留学的首要驱动力发生变化

过去十多年，中国出国留学的学生数量不断增长，驱动其出国留学的主要因素有以下几个方面。

第一，政策支持。自 2013 年起，我国确立了"支持留学、鼓励回国、来去自由、发挥作用"的留学工作方针，进一步推动留学事业的蓬勃发展。同年，"一带一路"倡议提出，鼓励学生到共建"一带一路"国家学习交流。我国教育进一步对外开放，允许和鼓励外资进入，为学生提供了更多的国际教育资源，为学生出国留学奠定了基础。此外，我国出入境签证办理越来越便利，从中央到地方不断推出支持留学人员创新创业政策，完善留学人员落户等政策，为留学人员出国留学、回国发展和为国服务提供了有力保障。欧美发达国家高等教育的开放以及针对中国学生的便利入学和签证政策，例如，英国、澳大利亚、加拿大、新加坡、新西兰、德国等国的部分大学承认中国高考成绩，均促进了我国学生出国留学。

第二，经济发展。中国经济的快速发展支撑越来越多的家庭送子女出国深造，寻求更优质的国际教育资源。自2001年以来，中国学生自费出国留学的比例维持在90%左右。2001~2018年，自费留学的比例除了在2007年、2008年和2017年短暂下降至89.6%、89.9%和89.0%，其余年份均保持在90%以上（见图9）。非公开渠道数据显示，2021年和2022年自费留学的比例也在90%以上。这充分体现了经济发展带来的学生出国留学大众化趋势。同时，中国对外经济贸易不断扩展，释放更多国际实习与就业机会，也为学生出国留学提供新的动力和可能性。

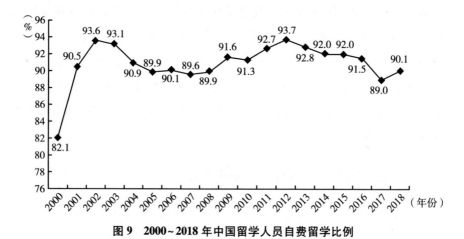

图9　2000~2018年中国留学人员自费留学比例

资料来源：全球化智库（CCG）根据教育部公开的历年《年度出国留学人员情况统计》形成的中国留学人员数据库。

第三，教育的差异性。一方面，中国的教育体系在某些学科领域与国际先进水平存在差距，这种差距吸引中国学生到更高质量的教育大国留学。另一方面，对多元化和个性化的国际教育的追求，也刺激了学生出国留学寻求适合自己的教育内容和教学方式。

第四，体验多元文化教育与提升个人综合素质。全球化时代，越来越多的学生走国际化教育道路，通过留学增进跨文化理解与沟通能力，提升国际竞争力。

根据麦可思研究院的中国大学毕业生社会需求与培养质量调查，2010~

2017 届本科毕业生的留学理由中，比例最高的不再是"接受先进教育方式"和"增加见识，了解他国文化"，而是"增强职业综合竞争力"。据新东方《中国学生出国留学发展报告》的调查数据，自 2017 年以来，"拓展国际视野""丰富人生经历"是意向出国留学生的主要留学目的，且选择这两个选项的人数占比一直稳定在 60% 以上。

具体到中国留学生最大目的地——美国，美国多元文化观察（Multicultural Insights）于 2024 年对在美中国研究生的调研发现，中国研究生赴美留学的首要因素是"渴望体验美国的生活"，72% 的受访者表示这一点很重要，67% 的学生选择"寻求最好的教育"，强调美国机构在学术上的卓越声誉，64% 的受访者选择"有机会接触美国尖端技术"。

以上调研反映了中国留学生出国留学的第一驱动力的变化，从更关注教育质量到更注重职业综合竞争力到体验不同的生活、丰富人生经历。与此同时，随着我国国际地位提升，"一带一路"不断推进，企业全球化不断发展，中国参与全球治理不断深入，技术不断变革，留学的理念与性质也在发生变化。我国留学生不再以仰视的视角看待西方文化，也不仅仅以追求更高质量的高等教育和学习更尖端的科技为留学动力，而是有更多元的动机，比如体验海外生活、拓展国际视野、跨文化交流、寻求全方位成长发展机会等。

虽然当前就业市场竞争越来越激烈，很多人希望能通过留学来拓宽职业道路，在年轻时的求学阶段花一段时间在海外体验不同的生活，获得不同的经历，依然是当下学生出国的主要目的。这样的心理预期，在经济运行总体平稳、就业压力增大、消费降级情况下，留学的多元化、个性化、务实化趋势将会更明显。

（三）赴传统留学国家留学的人数将趋于稳定，目的地更多元

随着全球互联网的普及，留学信息越来越透明，学生们可以更方便地获取世界各地的留学资讯。这使得越来越多的学生在选择留学目的地时，更容易根据自己的兴趣和未来职业发展需求作出更适合自己的决策。越来越多的

学生不再追求千篇一律的欧美留学生活，而是希望探索更适合自己的区域和领域。

目前，中国学生出国留学仍主要集中在美国、英国、澳大利亚、加拿大、韩国等发达国家。如图 10 所示，2022 年，在美国留学的中国学生数量占中国在海外高等教育机构留学生总数的 27.5%，其后依次为英国（14.7%）、澳大利亚（8.4%）、加拿大（6.9%）、韩国（5.7%），在这五个国家留学的中国学生占中国海外留学生总数的 63.2%，与 2021 年（66.0%）相比略有下降。

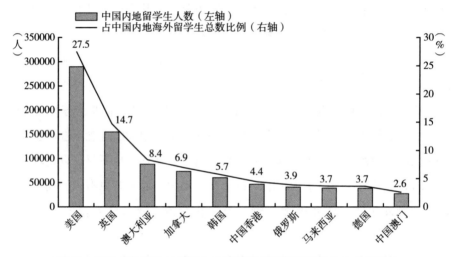

图 10　2022 年中国内地留学生在高等教育机构留学的前十大目的地

注：UNESCO 数据库中未统计中国赴日本留学人数，故上图中不显示日本的数据。

资料来源：UNESCO Institute for Statistics. Inbound Internationally Mobile Student by Country of Origin [EB/OL]. [2024-10-20]. http：//data. uis. unesco. org/#。

目前，中国学生留学的目的更加多元化和个性化，留学目的地也更加多元。例如，越来越多的中国学生赴德国、新西兰等国家留学，一方面因为其优质的教育资源，另一方面也为了体验当地的生活。一些新兴的留学目的地，如法国、俄罗斯、白俄罗斯、意大利、爱尔兰、西班牙、瑞典、瑞士、匈牙利等欧洲国家，以及马来西亚、泰国等东南亚国家，均位列中国学生海外留学的前二十大目的地，并拥有数千名乃至数万名中国留学生（见表1）。

表1　2022年中国内地学生在高等教育机构留学的前二十大目的地

单位：人

目的地	中国内地留学生人数	目的地	中国内地留学生人数
美国	289526	法国	23261
英国	154630	泰国	15458
澳大利亚	87899	新西兰	10458
加拿大	73032	白俄罗斯	8484
韩国	60087	意大利	5970
中国香港	46662	爱尔兰	3609
俄罗斯	40797	西班牙	3589
马来西亚	38714	瑞士	3408
德国	38486	瑞典	2833
中国澳门	27219	匈牙利	2588

注：UNESCO数据库中未统计中国赴日本留学人数以及没有2022年赴美国留学数据；因统计口径不同，本部分数据与"出国留学篇"略有不同。

资料来源：UNESCO Institute for Statistics. Inbound Internationally Mobile Student by Country of Origin [EB/OL]. [2024-10-20]. http://data.uis.unesco.org/#。

2022年美国数据来源：Institute of International Education. Leading Placesof Origin [EB/OL]. (2023-11-12) [2024-10-15]. https://opendoorsdata.org/data/international-students/leading-places-of-origin。

近几年，中国香港成为内地学生留学的重要目的地。从图10可以看到，2022年中国香港成为中国内地学生留学的第六大留学目的地。根据新东方《中国学生出国留学发展报告》，近十年来，在意向留学生的意向留学国家/地区排名中，2015~2021年，中国香港一直排在第5~8名，2022年、2023年排第3名，2024年排第4名。从近几年香港大学的内地学生人数增长情况也可以看到赴中国香港留学的热度在增长。2020~2021学年到2023~2024学年，赴中国香港大学留学的内地学生从8077人增长到16144人；其中，修课型研究生人数增长最快，增长了157.2%；本科生人数增长了50.9%，研究型研究生人数增长了45.6%（见图11）。不同层次的国际学生中，中国内地学生的比重都有所增长，2020~2021学年到2023~2024学年，来自中国内地的本科生占本科国际学生的比例从 50.0% 增长 63.4%，修课型研究生则从 80.5% 增长到 92.4%，研究型研究生从 84.3% 增长到 89.6%。

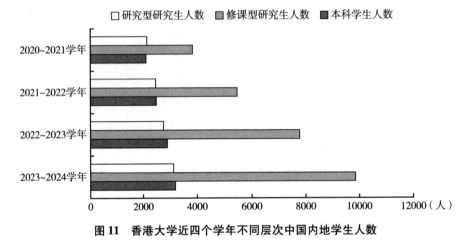

图 11　香港大学近四个学年不同层次中国内地学生人数

资料来源：香港大学《香港大学数据一览》，https://www.cpao.hku.hk/qstats/student-profiles，最后检索时间 2024 年 10 月 16 日。

　　随着国际形势的变化及"一带一路"的推进，中国海外留学生的分布将随着中国企业出海的多元化布局而更加多元。近年来，马来西亚、俄罗斯、泰国、匈牙利等共建"一带一路"国家也成为中国学生的重要留学目的地。根据 UNESCO 数据，2021 年，在与中国签署共建合作文件的 150 个国家中，中国是该国国际学生主要来源国的国家有 24 个，中国在这 24 个国家留学的学生共 17 万人，比 2020 年增加 1.1 万人，占这些国家国际学生总数的 15.8%。未来，随着中国与共建"一带一路"国家的经贸关系越来越紧密，预计将有更多中国学生选择到这些国家留学。[1] 2021 年中国作为共建"一带一路"国家国际学生主要来源国的情况如图 12 所示。

（四）社科专业增加，商科减少，部分 STEM 领域受限制

　　最近几个学年，中国赴美国、加拿大、法国、德国、澳大利亚等国家留

---

[1]　苗绿、郑金连：《全球视野下中国学生国际流动现状与趋势》，《世界教育信息》2024 年第 6 期，第 10~18 页。

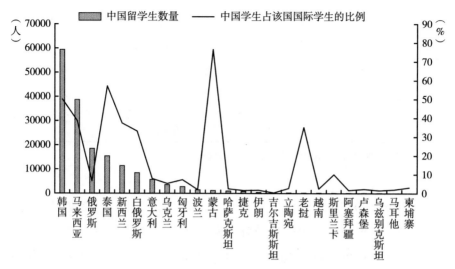

**图 12　2021 年中国作为共建"一带一路"国家
国际学生主要来源国的情况**

资料来源：UNESCO. Global Flow of Tertiary-Level Student ［EB/OL］. ［2024 - 01 - 26］. https：//uis. unesco. org/en/uis-student-flow。

学的学生多以攻读 STEM 专业和商科、社会科学为主（见表 2）。例如，2022～2023 学年，在美国高等教育机构就读的中国学生中，近半数学习传统 STEM 专业。2021～2022 学年，近六成在德国高等教育机构就读的中国留学生在 STEM 专业学习，其中学习工程学的人数占留德中国学生总数的40.4%。值得注意的是，2022～2023 学年，超六成留法中国学生在人文与社会科学领域学习，这也说明了法国在传统人文社科领域的强势地位以及中国学生对于法国人文社科领域的高度认可。

表 2　中国留学生在美国等西方国家留学的主要专业

国家	学年	中国留学生赴该国留学的主要专业占比
美国	2022～2023	数学与计算机科学（23.2%）、工程学（16.8%）、工商管理（13.4%）、社会科学（11.2%）、物理和生命科学（9.8%）
加拿大	2022～2023	工商管理（23.3%）、数学、计算机与信息科学（18.0%）、社会与行为科学（15.2%）、艺术与人文（12.7%）、工程与工程技术（11.1%）、科学与科技（10.9%）

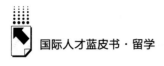

续表

国家	学年	中国留学生赴该国留学的主要专业占比
德国	2021~2022	工程学(40.4%)、商科(14.2%)、自然科学(9.3%)、数学(9.7%)、艺术(7.0%)
法国	2022~2023	人文学与语言学(41.0%)、自然科学(33.5%)、经济与社会科学(21.8%)、法律与政治学(2.1%)、健康医学(1.5%)

资料来源：根据本书"出国留学篇"相关内容整理。

　　自2016~2017学年以来，在美国留学的中国学生中，攻读数学与计算机科学、物理与生命科学以及社会科学专业的学生占比整体增加，其中，数学与计算机专业自2018~2019学年开始，超过工程学和工商管理专业，成为中国在美留学生人数占比最大的专业；同样，中国在德国留学的学生中，攻读数学专业的学生占比也持续增加（见图13）。相比之下，不管是在美国还是在德国，工商管理专业的热度均有所降温，在美国，攻读工商管理专业的中国学生占比从2016~2017学年的23.1%逐步下降至2022~2023学年的13.4%；在德国，商科的相应占比则从2016~2017学年的15.6%下降至2021~2022学年的14.2%（见图14）。工商管理等传统热门专业的选择热度虽然相对减弱，但因其较强的就业导向，依旧对中国学生保持着较大的吸引力，如2021~2022学年，在澳大利亚，中国留学生有41.8%攻读管理和贸易专业。

　　当前，中国海外留学生选择专业方向在较大程度上也受到目的地国签证政策的影响。例如，美国限制中国学生就读部分STEM专业，尤其是技术、工程相关专业，自2016~2017学年以来，在美国攻读工程学专业的中国学生占比整体降低。而在美国攻读社会科学专业的中国学生占比整体上升。一方面与美国对中国部分STEM专业学生的限制有关，另一方面也是因为近几年美国社会科学专业与STEM专业有诸多交叉，部分原属于社会科学领域的专业也可以享受美国针对STEM专业毕业生的OPT政策，因此选择攻读社会科学领域的中国学生越来越多。

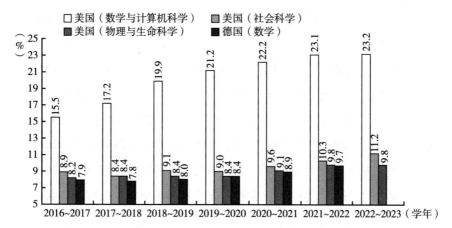

图13 2016~2017 学年至 2022~2023 学年中国学生海外留学人数占比持续增长的国家与专业

资料来源：根据"出国留学篇"相关数据整理。

图14 2016~2017 学年至 2022~2023 学年中国学生海外留学人数占比持续减少的国家与专业

资料来源：根据"出国留学篇"相关数据整理。

（五）留学生面临学术压力、社交适应、数字生态系统不同等挑战

随着全球化的发展，中国学生海外留学越来越大众化。根据新东方《中国学生出国留学发展报告》调研，中小学意向留学人群中，来自私立学

校的学生人群占比整体呈上升趋势，从 2015 年的 12%增长到 2024 年的 25%。而本科及以上意向留学人群中，来自"双一流"/985/211 高校的学生占比整体呈下降趋势，从 2015 年的 45%下降至 2024 年的 26%；而来自国内普通高校的学生占比整体呈上升趋势，从 2015 年的 46%上升至 57%；来自国内私立（三本）高校以及专科院校的学生占比也有增长，越来越多普通高校的学生也期待通过留学来提升学历背景。在此发展背景下，海外留学除了面临传统的留学安全等问题，还面临其他新的挑战，包括学术压力、社交适应、数字生态系统不同等。这些挑战不仅影响留学生的留学体验，也可能阻碍其学术和职业发展。

一是面临遭受歧视和学术不端指控问题。歧视是中国留学生在海外生活中面临的主要问题之一。2024 年 2~4 月，美国多元文化观察（Multicultural Insights）对在美中国研究生的调查显示，68%的中国留学生在校园外因为国籍而受到歧视，60%在学术环境中遭遇类似情况，另有 16%的学生称被无故指控使用人工智能工具完成作业。根据 2023 年美国厚仁教育对其中国留学生劝退数据库的分析发现，被劝退的学生中 70%是本科生，26%是硕士生；48%是因为学术不诚信，46%是因为学术表现差，剩余 6%则是因为不了解学校基础规范或行为不当而被劝退。① 受指控甚至被劝退可能有多方面的原因，一方面海外留学学生越来越大众化，其语言和学术能力尚未适应学术要求，因此可能会寻找工具、机构的帮助；另一方面，也可能因为国内外教育制度不同，留学生对学校的学术规范要求不够了解。

二是面临语言障碍与社交适应问题。根据《全球托福成绩报告》（Educational Testing Service，ETS），2008~2021 年，中国考生的托福写作平均成绩与全球平均值的差距逐步缩小，并于 2021 年达到全球平均分；而中国考生的托福口语平均成绩自 2008 年以来保持稳步上升的趋势，目前与全球平均分差距不断缩小，2021 年，两者分差为 1 分。不管是书面表达还是

---

① 美国仁厚教育集团：《2023 留美学生现状白皮书》，https://wholeren.hourenlx.com/wp-content/uploads/2023/05/%E7%99%BD%E7%9A%AE%E4%B9%A6%E4%B8%AD%E6%96%87%E7%89%882023.pdf，最后检索时间：2024 年 10 月 22 日。

口语表达，中国留学生都是刚到或接近全球平均水平，加上来自普通学校的留学生群体日益扩大，申请留学时高度依赖中介机构，出国留学前语言准备不够充分，因此部分中国留学生会面临较大的社交适应障碍。语言缺陷使得中国学生在海外与本地学生交流时面临困难，尤其是在课堂讨论和日常社交中，导致其学术压力增加，无法充分融入当地文化和社交圈，因此中国学生在海外的社交网络往往局限于其他中国学生，而中国学生的集群现象进一步加剧了他们与本地学生的隔阂，限制了文化交流。

三是面临数字生态系统差异大的问题。根据本报告另外一篇文章《中国学生在英国大学面临的主要挑战分析》，数字生态系统的适应问题也是中国留学生面临的挑战之一。中国的互联网生态与西方截然不同，大多数国际流行的社交平台和应用在中国不常见。初到海外的中国学生需要适应完全不同的数字环境，而这一转变往往充满挑战。不管是在美国留学还是在英国留学，中国学生更习惯于使用微信、小红书等中国应用，导致其与其他国际学生的数字互动较少，进一步加剧了社交隔离感。同时，对西方常用学术工具的不熟悉，也影响了其学术研究和信息获取。

三　新时期留学回国发展机遇与挑战并存

（一）留学人员是中国式现代化建设进程中一支不可忽视的生力军

每一代留学人员都在各自阶段发挥了重要的作用，当前，仍然有大量优秀的留学人员在各个领域发挥领军带头作用。中国留学人员是我国教科文卫事业发展、经济社会发展的重要推动力量，也是实施"一带一路"倡议、推动全球化发展和参与全球治理的重要力量，成为中国式现代化进程中一支不可忽视的生力军。

中国的留学回国人员在推动教育、科技、文化和卫生等领域的创新发展中发挥了重要作用。许多留学回国人员投身科教文卫领域，积极参与国家科技发展战略的制定，投身重大科研和建设项目，引领新兴学科发展，搭建了不同于传统体制的新型科研平台，极大地促进了国际交流合作，缩短了中国科研水平与国际的差距，为我国的科技进步、科技体制改革和科技人才培养作出了卓越贡献。此外，留学人员为中国高校注入新鲜血液，带来了全球前沿的学科知识、先进的教育理念和治学方法，提升了中国高校在国际学术界的地位。随着人工智能技术的发展和第四次工业革命的到来，我国对科研水平提升的需求更加迫切，留学人员的作用也将更加突出。

在推动创新创业和新兴产业发展方面，留学人员一直是中国创业浪潮中引领高新技术和新经济发展的主力军，为创业氛围的形成与壮大起到了积极的推动作用。自1992年邓小平南方谈话以来，越来越多的留学人员踊跃回国创业，带动了新技术、互联网、通信、传媒等多个领域的蓬勃发展。这些领域中的一批批归国创业者在这股浪潮中扮演了不同角色。留学人员的创业热情和实践，为中国从计划经济向市场经济的转型过程注入了新鲜活力，积极推动了创业文化的塑造与创新。[①]

在推动我国公共治理发展方面，近年来，越来越多的留学回国人员参与到国家公共治理中，推动我国公共治理的长足发展。留学回国人员不仅积极推动我国公共治理的深化改革，更积极参与国际对话与交流，有力提升了我国在全球议题上的影响力与话语权。

随着我国改革开放的深入和社会主义市场经济的不断发展，留学人员在推动中国企业"出海"方面承担着更为重要的使命。他们不仅仅是出国求学，更带着中国的文化与思想走向世界，积极推动中国与全球的全方位接轨。自中国加入世贸组织以来，许多国企和民企相继在海外上市、并购、设立生产基地，在这些过程中不乏了解中外文化与市场的留学人员的身影。他们以创始人或管理者的身份带领企业在海外上市，据不完全统计，在美国纳斯达克上市的百余家中国企业中，约80%的企业由留学人员创办或管理。他们利用对海外法律、文化、政治与经济环境的深刻理解，为中国企业提供

① 王辉耀：《中国"海归"创业的发展趋势及成功要素》，《第一资源》2010年第2期，第199页。

咨询与支持，尽可能减少风险，提升企业海外发展的成功率。未来，随着"一带一路"倡议的推进，越来越多的中国企业将"出海"，拓展更广阔的国际舞台，留学人员也将继续在这一进程中发挥重要作用。

在新时代背景下，留学人员成为推动民间外交和人文交流的重要力量。习近平总书记曾指出，"在新世纪新阶段，民间外交的任务更加繁重、作用更加突出、舞台更加广阔"。2013 年，在欧美同学会成立 100 周年大会上，习近平总书记首次提出欧美同学会要成为"开展民间外交的生力军"。[1] 这不仅为欧美同学会未来发展指明了方向，更是对广大留学人员在民间外交方面潜力的高度肯定。2021 年 5 月 31 日，习近平总书记在主持十九届中共中央政治局第三十次集体学习时强调，"讲好中国故事，传播好中国声音，展示真实、立体、全面的中国，是加强我国国际传播能力建设的重要任务"。[2] 2023 年 10 月，习近平总书记在给欧美同学会成立 110 周年的贺信中指出，"希望广大留学人员弘扬留学报国传统""投身创新创业创造时代洪流，助力中外文明交流互鉴，在推进强国建设、民族复兴伟业中书写人生华章"。[3] 在人文交流方面，留学人员有着独特的优势，相较外国人，他们能更深入地理解并传递真实的中国故事；相较没有留学经验的人士，他们能运用外国人熟悉的表达方式，将中国的故事重新编译传递。通过他们，许多外国人得以更深入地认识中国，中国人也得以了解世界。留学人员在破解西方对中国的误解方面，成为不可或缺的重要力量。每一位优秀的留学人员，都是中国友善、开放、合作故事的生动代表，具有独特的真实性、可靠性和说服力，正在国际舞台上讲述着真实的中国。

（二）留学仍是我国高层次国际化人才培养的重要渠道

钱学森、邓稼先等老一辈留学归国人才为国家建设作出了重大贡献，新

---

① 《习近平在欧美同学会成立 100 周年庆祝大会上发表讲话》，2013 年 10 月 21 日，https：// www. gov. cn/ldhd/2013-10/21/content_2511394. htm，最后检索时间：2024 年 1 月 19 日。

② 《习近平在中共中央政治局第三十次集体学习时强调　加强和改进国际传播工作　展示真实立体全面的中国》，新华网，2021 年 6 月 1 日，http：//www. xinhuanet. com/politics/leaders/ 2021-06/01/c_1127517461. htm，最后检索时间：2023 年 11 月 26 日。

③ 《习近平致欧美同学会成立 110 周年的贺信》，新华社，2023 年 10 月 21 日，https：// www. gov. cn/yaowen/liebiao/202310/content_6910790. htm，最后检索时间：2024 年 1 月 25 日。

一代留学人员推动了中国与世界全方位接轨，在国家公共治理、科技创新、教科文卫等方面发挥了重要作用。党的二十大报告指出，"教育、科技、人才是全面建设社会主义现代化国家的基础性、战略性支撑"。① 当前，中国正处于全面建设社会主义现代化国家的关键阶段，对人才的需求比以往任何时候都更加迫切。留学是培养中国现代化建设需要的各类人才的重要渠道，② 是培养国际化人才的核心途径。"支持留学、鼓励回国、来去自由、发挥作用"依然是我国留学工作的基本方针。

2020 年 6 月，《教育部等八部门关于加快和扩大新时代教育对外开放的意见》出台，重申将继续通过出国留学渠道培养我国现代化建设需要的各类人才。2023 年 9 月，《关于进一步优化国家公派出国留学服务管理工作的通知》发布，进一步优化国家公派出国留学人员的服务管理办法和程序，推动国家公派出国留学新发展。据统计，2023 年，国家公派出国留学录取 2.3 万人，派出近 1.9 万人。③ 2023 年 10 月，习近平总书记在给欧美同学会成立 110 周年的贺信中指出，"希望广大留学人员弘扬留学报国传统，爱国为民，自信自强，开拓奋进，开放包容，投身创新创业创造时代洪流，助力中外文明交流互鉴，在推进强国建设、民族复兴伟业中书写人生华章"。

留学已成为我国培养高层次拔尖人才的重要途径，为国家输送了大量具有国际视野的优秀人才。教育部显示，1978~2019 年，各类出国留学人员累计达 656.06 万人，留学回国人员达 423.17 万人。④ 留学人员逐渐成为现代化建设各领域的国际化中坚力量。回国创业创新的留学人员将国际视野、先

① 《习近平：高举中国特色社会主义伟大旗帜 为全面建设社会主义现代化国家而团结奋斗——在中国共产党第二十次全国代表大会上的报告》，新华社，2022 年 10 月 25 日，https：//www. gov. cn/xinwen/2022-10/25/content_5721685. htm，最后检索时间：2024 年 1 月 19 日。
② 张烁：《教育部等八部门印发意见，加快和扩大新时代教育对外开放》，《人民日报》2020 年 6 月 23 日，第 16 版。
③ 《以国家公费留学事业新发展 助力高水平教育对外开放》，中国教育新闻网，2024 年 1 月 12 日。
④ 《2019 年度出国留学人员情况统计》，教育部，2020 年 12 月 14 日，http：//www. moe. gov. cn/jyb_xwfb/gzdt_gzdt/s5987/202012/t20201214_505447. html? eqid = abe009200003879600000 00664373182，最后检索时间：2024 年 1 月 19 日。

进技术和管理模式等带回国内，在各自岗位上影响着国内人才的发展。同时，部分留学回国人员在教育领域投身于人才培养，将国际化的教育模式与思维带入课堂，为培养新一代国际化人才奠定了基础。未来，留学在培养国际化人才方面仍将发挥关键作用。2024年11月，《关于进一步做好留学人才回国服务工作的意见》充分肯定了留学人才的作用，认为留学人才是我国人才资源的重要组成部分，是实现高质量发展、推进中国式现代化的重要力量。

（三）留学人员回国热持续升温，就业压力增大

教育部数据显示，1978～2019年，中国各类出国留学人员累计656.06万人；2019年，留学回国人数达58.03万人。[①] 2020年，留学回国人数首次超过当年出国留学人数；2021年，当年留学回国人数首次突破100万人（见图15），彰显了留学人员回流速度的加快。

随着越来越多的留学人员选择回国发展，就业市场竞争日益激烈。近年来，留学回国人员增长速度超过了国内高校毕业生增长速度（见图16）。因此，就业市场中不仅出现了越来越多的留学回国人员，而且留学回国人员在当年新进入就业市场的人员比例也在不断提高。这意味着，留学回国人员在寻找就业机会时面临的竞争和挑战将越来越大。这不仅增加了求职者的压力，也对企业和招聘单位提出了更高的要求，政府和相关部门也面临进一步完善相关政策措施的挑战。

根据2022年、2023年教育部留学服务中心对留学回国人员的调研，有工作的留学回国人员的占比从2022年的85.9%下降至2023年的75.5%，退出劳动力市场的留学回国人员从2022年的6.1%增加至2023年的16.4%（见表3）。没有工作的主要原因是实习、实践经验不足以及招聘信息获取渠道少。退出劳动力市场的主要原因包括准备升学而暂时搁置就职计划等。从

---

① 《2019年度出国留学人员情况统计》，教育部，2020年12月14日，http://www.moe.gov.cn/jyb_xwfb/gzdt_gzdt/s5987/202012/t20201214_505447.html? eqid=abe0092000038796000000 00664373182，最后检索时间：2023年11月23日。

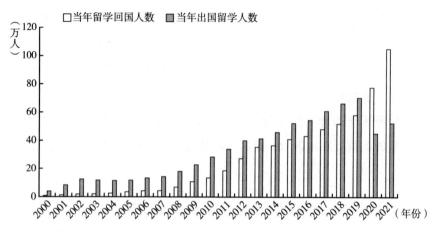

图15 2000~2021年中国当年出国留学人数及当年留学回国人数

资料来源：全球化智库（CCG）根据教育部公开的《年度出国留学人员情况统计》形成的中国留学人员数据库。

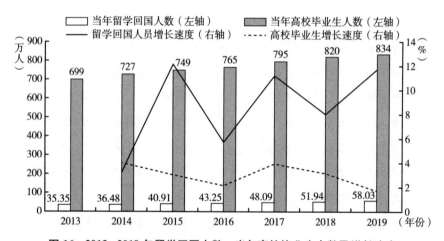

图16 2013~2019年留学回国人数、当年高校毕业生人数及增长速度

资料来源：留学人员数据来自全球化智库（CCG）根据教育部公开的《年度出国留学人员情况统计》形成的中国留学人员数据库；当年高校毕业生人数来自教育部每年公开的高校毕业生预计人数。

留学回国人员工作寻找时长来看，虽然寻找工作的时间变长，4~6个月找到工作的人员占比从2022年的16.2%增加到2023年的32.8%，但九成及以上的留学回国人员都能在半年内找到工作（见表4）。

表3 2022~2023年中国留学回国人员就业情况

单位：%

年份	有工作	没有工作	退出劳动力市场
2022	85.9	8.1	6.1
2023	75.5	8.1	16.4

资料来源：教育部留学服务中心《中国留学回国就业蓝皮书2022》《中国留学回国就业蓝皮书2023》。

表4 2022~2023年中国留学回国人员寻找工作时长

单位：%

年份	不到1个月	1~3个月	4~6个月	7~12个月	1年以上
2022	39.3	34.5	16.2	4.2	5.8
2023	25.0	33.1	32.8	4.7	4.4

资料来源：教育部留学服务中心《中国留学回国就业蓝皮书2022》《中国留学回国就业蓝皮书2023》。

（四）留学回国人员学历与专业结构发生变化

根据教育部留学服务中心对历年认证数据库中回国就业人员的分析，中国留学生回国就业人员的学历结构和学科分布发生了较为显著的变化。

从中国留学生回国就业人员的学历结构来看，博士研究生的占比呈上升趋势，从2014年的9.8%上升至2022年的16.2%，越来越多的高层次人才选择回国发展。硕士研究生的占比有所波动但仍占主导地位，硕士研究生的占比在2017年之前相对稳定，保持在81%左右。然而，2021年降至76.0%，2022年略有回升至78.1%。尽管有所波动，但硕士研究生仍然是回国就业人员的主要组成部分。本科和专科生占比整体下降，从2014年的9.5%下降至2017年的6.4%，2021年有所回升至8.2%，但2022年再次下降至5.7%。这表明，回国就业人员中低学历层次的人数比例逐渐减少（见图17）。

从留学回国就业人员的学科分布来看，学习理学和工学的留学生占比整体呈上升趋势，管理学和经济学的占比整体呈现下降趋势。理学的占比最

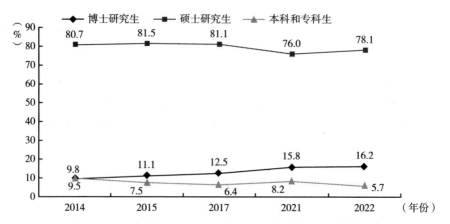

图 17　2014~2022 年代表性年份中国留学生回国就业人员学历分布

资料来源：教育部留学服务中心《中国留学回国就业蓝皮书 2015》《中国留学回国就业蓝皮书 2016》《中国留学回国就业蓝皮书 2018》《中国留学回国就业蓝皮书 2022》《中国留学回国就业蓝皮书 2023》。

高，2022 年，理学占比为 28.2%，比 2015 年高 4.2 个百分点。管理学占比排第二位，但呈现下降趋势，2015 年，管理学占比为 21.8%，2022 年下降至 18.0%，降幅为 3.8 个百分点。工学占比呈现整体上升趋势，从 2015 年的 15.0%上升至 2021 年的 17.9%，2022 年略微下降至 17.5%，但仍比 2015 年高 2.5 个百分点。经济学占比则呈现整体下降趋势，从 2015 年的 18.5%下降至 2022 年的 16.0，下降了 2.5 个百分点（见表 5）。

表 5　2015~2022 年代表性年份中国留学生回国就业人员主要学科分布

单位：%

年份	理学	管理学	工学	经济学	文学
2015	24.0	21.8	15.0	18.5	9.1
2017	28.3	19.5	16.1	15.9	9.9
2021	28.1	18.4	17.9	16.4	—
2022	28.2	18.0	17.5	16.0	—

资料来源：教育部留学服务中心《中国留学回国就业蓝皮书 2016》《中国留学回国就业蓝皮书 2018》《中国留学回国就业蓝皮书 2022》《中国留学回国就业蓝皮书 2023》。

这些变化反映了出国留学人员就读学历和专业选择的变化，以及国内就业市场对不同学历和专业背景人才的需求变化，也为未来留学人员的职业规划提供了一些参考。

（五）留学回国人员就业主要集中在 ICT、金融、教育领域

根据 2022 年、2023 年教育部留学服务中心对留学回国人员的调研，留学回国人员的就业领域主要集中在信息传输、软件和信息技术服务业，金融业，科学研究和技术服务业等 6 个领域，其中，2023 年信息传输、软件和信息技术服务业，金融业，教育 3 个领域位列前三，在这 3 个领域就业的留学人员占比达到 68.4%。这一就业趋势也与留学人员专业结构中理学和工学占比增加的情况相一致，越来越多的回国人员选择在信息传输、软件和信息技术服务业等领域发展（见表 6）。

表 6　2022～2023 年中国留学生回国人员就业主要领域分布

单位：%

年份	信息传输、软件和信息技术服务业	金融业	教育	科学研究和技术服务业	房地产业	文化、体育和娱乐业
2022	24.7	22.7	8.6	10.8	4.0	5.4
2023	35.1	25.3	8.0	7.2	3.2	3.0

资料来源：教育部留学服务中心《中国留学回国就业蓝皮书 2022》《中国留学回国就业蓝皮书 2023》。

从留学回国人员就业的单位来看，2022～2023 年，在高校或科研机构就业的留学人员占比大幅增加，这与上文提到的持有博士学位的留学回国人员比例提高有密切联系。在国有企业和事业单位就业的留学回国人员的占比变化不大，在"三资"企业就业的留学人员占比出现较大幅度的下降，下降了 6.9 个百分点。另外，在政府部门、党政机关、社会组织工作以及自主创业的留学人员占比都出现了一定程度的下降（见表 7）。

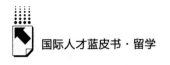

表7　2022~2023年中国留学生回国人员主要就业方向分布

单位：%

年份	高校或科研机构	国有企业	"三资"企业	事业单位	民营企业	政府部门、党政机关、社会组织	自主创业
2022	14.8	18.8	23.5	15.1	12.7	9.1	4.6
2023	30.4	17.3	16.6	14.9	9.6	7.9	1.7

资料来源：教育部留学服务中心《中国留学回国就业蓝皮书2022》《中国留学回国就业蓝皮书2023》。

四　促进留学人员回国发展的主要政策

随着党和国家对人才的重视程度不断增长，一系列旨在促进海外人才，尤其是留学回国人才集聚的政策得以出台并逐步落实。国家和地方相关政策的制定充分考虑了留学人员发展情况以及国家和地方发展需求，展现地方政府积极响应国家战略、因地制宜的政策灵活性。例如，2024年11月出台的《关于进一步做好留学人才回国服务工作的意见》（以下简称《意见》），旨在吸引更多留学人才回国工作、创业和为国服务。《意见》明确，将留学回国人才纳入国家统一的就业政策体系，促进留学回国人才高质量充分就业。

本部分通过对中央及地方政府近年来出台的与留学人员相关政策进行系统梳理，深入剖析促进留学人员回国发展的相关政策工具的选择偏好与重点部署。

本部分所定义的"奖金支持"中的奖金，特指直接发放给相关人才，并由其自主支配的奖金，涵盖生活补贴等用途。而"专项经费配置"则是指那些用途特定，且部分资金伴随使用监管的资助形式。至于"基地建设"，主要涉及为人才提供配套的场地、设施等基础设施的政策措施。"就业支持"政策指的是在人才招聘、岗位配置等领域采取的优惠政策。"住房与落户支持"政策指的是为人才在住房、落户方面提供的经济或政策援助。
"社会保障体系"政策指的是为人才在医疗、教育等领域提供的各种支持性
政策。"信息平台建设"则是指政府通过建立"人才库"等手段，全面监控
人才动态和需求的一系列措施。"行政服务"涉及相关管理服务单位在政策
审批流程中提供的便利服务。

本部分选择 61 份相关政策文件进行分析，政策文本显示，奖金支持、
专项经费配置、住房与落户支持以及社会保障体系等政策工具被频繁应用。
在涉及海外人才引进的政策文本中，"专项经费配置"最为普遍，共计 53
项，约占总体数量的 86.89%。涉及"奖金支持""住房与落户支持""社会
保障体系"的文本分别为 36 项、37 项和 35 项，分别占总体数量的
59.02%、60.66% 和 57.38%（见图 18）。

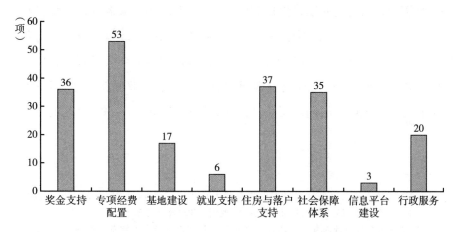

图 18　海外引才政策涉及政策工具的使用数量情况

资料来源：根据公开资料搜集整理。

（一）奖金支持

为促进留学人员回国，通过市场化策略提供奖金支持是最常采用的直接
激励手段之一。例如，北京市中关村政策明确提出，对被评为中关村科技创

新人才的个体给予一百万元的一次性奖励。① 吉林省政府则为引进的高层次人才提供资金支持，以优化其生活和工作环境。山东省的泰山学者计划为符合条件的人才提供 5 万~35 万元的补助。② 广东省在其人才发展改革意见中提出，对杰出人才和各类领军人才给予高达 120 万元的生活补贴，并对青年才俊提供 50 万元的补贴。③ 这些政策共同构成了一套旨在通过资金支持吸引和留住人才的体系。

（二）专项经费配置

通过积极实施一系列专项经费扶持政策以鼓励海外留学回国人员投身国内工作、创业也是现有激励性政策体系的代表性政策之一。如人社部推出的中国留学人员回国创业启动支持计划，对核心创业项目给予最高 50 万元的一次性资助，而对优秀项目提供 20 万元的资助，并要求地方政府提供相应的配套资金。④ 北京市针对望京留学人员创业园的扶持政策，设立了每年总额达 1000 万元的留学人员创业扶持资金，由管理委员会负责管理，以支持留学人员的创业活动。⑤ 福建省则通过引进高层次创业创新人才暂行办法，对拥有自主知识产权的创新团队，由省政府提供 300 万~500 万元的专项工

---

① 《中关村高端领军人才聚集工程政策解读》，https：//www. beijing. gov. cn/zhengce/zcjd/201905/t20190523_77415. html，最后检索时间：2024 年 7 月 22 日。

② 《省委办公厅省政府办公厅印发〈关于进一步完善提升泰山学者工程的意见〉和〈关于实施泰山产业领军人才工程的意见〉的通知》，http：//www. baidu. com/link？ url = 0EB2CzhwFBNYZlC4YLTON8dYf2d2TcQC0KdlT7ge5KQL7rtarkEMvH2gVOIzIUw8R86N2AofFO_2OMcVfo7JJ7yHz6-luGDrao4QUsMlLglrjJ8Hj14fRfjsrxq_ Toki&wd = &eqid = d06430ea00030df200000002668e4224，最后检索时间：2024 年 7 月 22 日。

③ 《广东省深化人才发展体制机制改革的实施意见》，http：//inv. gemas. com. cn/gdszc/8533. jhtml，最后检索时间：2024 年 7 月 22 日。

④ 《中国留学人员回国创业启动支持计划》，https：//www. mohrss. gov. cn/SYrlzyhshbzb/jiuye/fwyd/201301/t20130129_77300. html，最后检索时间：2024 年 7 月 22 日。

⑤ 《关于印发〈中国北京（望京）留学人员创业园扶持办法〉的通知》，http：//www. bjchy. gov. cn/affair/file/qzffile/8a24f09a1a7bac1d011add7659880087. html，最后检索时间：2024 年 7 月 22 日。

作经费，同时地方政府也提供配套经费。① 《湖北省引进海外高层次人才实施办法（百人计划）》设立了专项资金，对引进的人才提供资助，并制定相关政策支持人才的科研项目和创业活动。《重庆英才计划实施办法（试行）》为自然科学领域的研究者提供 120 万~200 万元的研究支持经费，其他领域研究者则提供 80 万元的支持，对于特别优秀的人才则采取"一事一议""一人一策"的个性化支持方式。

（三）基地建设

在部分城市的政策制定中，留创园等园区的建设逐渐成为其吸引留学回国人员的重要依托之一。无锡的"太湖人才计划"强调，充分利用市场力量引才，推动人力资源产业园建设，并加强与国内外猎头机构、中介服务机构和高端人才市场的合作，拓宽引才渠道。② 温州在《关于高水平建设人才生态最优市的 40 条意见》中指出，鼓励各县（市、区）和园区为创业人才提供优质办公和研发场所，并给予免租或减租优惠。A 类、B 类、C 类人才项目入驻温州国家高新区等平台的，享受 3 年全额租金补贴。《钦州市领军型创新创业人才团队引进培育计划实施办法（试行）》指出，根据人才团队和企业的发展需要，优先在相关产业园区或科技企业孵化器为落户企业安排创业场地，并享受现有的优惠政策。

近年来，欧美同学会贯彻落实人才强国战略和创新驱动发展战略，充分发挥"留学报国人才库"作用，创新性打造了海归小镇、海创中心、"双创"大赛等平台载体和品牌活动，为留学人员打造可持续性事业发展基地，实现

---

① 《福建省引进高层次创业创新人才暂行办法》，http：//www.baidu.com/link? url = 0pHTzFIv0o_2vzfNAx1y7-i_S_ng0Z9k6w8dhoU5Xoo-M94LmQDxCiITlqeOagrJLG1W7tW4vesZ48UQqIeIvul_G_DoHJcg51YAotss7siZPR2hmGoeocgNwOo-bZv8EAof4nylhXYn2V1fIH3634IhJj8Uu2csak7IS-Mw-D6f1NAmWTvBi1a7fwuORoELgchqLsqhvaRaBjSwvSqLnDztxsqvRhxETeGRC3JzkbAfnQYD_T4qFCNfp9oFT-atUAaeAbKt3NOBZtmXHOQgP2acysGp9sOXQ6DET4lLnyMy&wd = &eqid = fa63d91100.7a59ca00000002668e3612，最后检索时间：2024 年 7 月 22 日。

② 《中共无锡市委无锡市人民政府关于深化"太湖人才计划"的若干意见》，https：//www.wuxi.gov.cn/doc/2017/06/06/2471247.shtml，最后检索时间：2024 年 7 月 22 日。

创新链、产业链、人才链有效对接和深入融合，助力国家和地方经济社会高质量发展。目前，长沙（智能制造）、杭州（数字医药）、无锡（物联网）、诸暨（空天装备）、银川（医疗健康）、陵水（数字文创）、奉贤（生物科技）7个海归小镇已正式启动运营，位于安徽合肥的长三角海创中心、位于河南郑州航空港区的中部海创中心、位于吉林长春的东北海创中心等已经正式揭牌；"双创"大赛已连续举办3届，有4000多个优秀留学人员科技项目参加。

（四）住房与落户支持

各地政府通过出台住房与落户支持政策，为海外留学回国人员提供安居保障。《关于实施北京海外人才聚集工程的意见》为引进人才提供特定生活待遇，解决居留、落户、医疗、保险、住房等问题。《吉林省引进高层次创新创业人才实施办法》指出，企业引进人才的购房补贴、安家费可列入成本核算。上海相关文件规定，5年内免费提供不超过150平方米的人才公寓和50万元安家补贴。山东的《关于进一步完善提升泰山学者工程的意见》和《关于实施泰山产业领军人才工程的意见》明确指出为领军人才居留落户提供便利条件。广西出台的《广西壮族自治区八桂学者制度试行办法》为引进的"八桂学者"提供100万元安家费。云南实行购（租）房货币化补贴和人才公寓保障，提供一次性租房补贴，并鼓励企事业单位建设人才公寓。这些政策旨在为海归人才提供安居保障，吸引人才回国创新创业。

（五）社会保障体系

为全面支持海外留学人员回国发展，确保其在回国后能够享受到便捷的生活和工作保障，各地区结合当地实际，聚焦居留、出入境、落户、医疗、保险、住房、子女入学以及配偶安置等一系列实际问题，形成了一套健全、完善的社会保障服务政策体系。北京出台的《关于实施北京海外人才聚集工程的意见》，明确规定要积极为引进的海外人才提供特定的生活待遇，确保他们在各个方面都能得到妥善的解决和照顾。无锡的"太湖人才计划"进一步强化了人才生活的服务保障，特别是在教育和医疗方面，提供了更为优质和便捷的服务。湖北出台的《湖北省引进海外高层次人才实施办法（百人计划）》，详细规定了特定生活待遇，要求有关职能部门在居留、出入境、落户、薪酬、税收、保险、医疗、住房、子女入学、配偶安置等方面制定特殊政策，以协调解决引进人才的后顾之忧。宁夏回族自治区出台的《宁夏回族自治区引进海外高层次科技人才创新创业暂行办法》，设立了专门的服务窗口，以协调有关部门，落实引进人才在居留和出入境、落户、医疗、保险、住房、子女就学、配偶安置等方面的特殊政策，确保他们能够在宁夏安心创新创业。

（六）行政服务

通过相关服务支持的政策搭建，各地为留学回国人才提供了便捷化政策通道和全方位支持。北京市朝阳区通过《朝阳区鼓励海外高层次人才创业和工作暂行办法》和《朝阳区优秀海外人才引进资助暂行办法》，建立了海外高层次人才服务机制，提供全程咨询和代理服务，并制定了日常联系和服务办法，确保引进人才在创业和工作过程中得到及时帮助。温州则通过《关于高水平建设人才生态最优市的 40 条意见》实施"店小二式"服务，完善领导干部联系高层次人才制度，并推进人才服务事项"一站办"，发放"一卡通"为高层次人才提供贵宾通道和多项优惠待遇。南宁出台的《南宁市深化人才发展体制机制改革打造面向东盟的区域性国际人才高地行动计划》实行"一卡通"服务制度，并开展"保姆式"服务高端人才专项行动，确保高层次人才享受全方位服务。昆明通过"春城计划"设立一站式服务窗口，为高层次人才提供专项服务。① 这些政策共同体现了中国政府对海外留学回国人员的重视和支持，为他们的回国发展提供了强有力的保障。

（七）其他配套政策

1. 搭建人才信息与交流平台

多个地区积极搭建人才信息与交流平台，以有效促进海内外人才的交流

---

① 《"春城计划"高层次人才引进实施办法》，https：//rsj. km. gov. cn/c/2023 - 04 - 24/4725480. shtml，最后检索时间：2024 年 7 月 22 日。

与合作。无锡在"太湖人才计划"中特别强调了"无锡人才云"大数据平台的建设，该平台通过动态追踪人才、企业和产业的供需情况，聚焦重点产业的海内外人才资源分布，实现了人才供需的精准对接。洛阳市在"河洛英才计划"中则提出了建立"线上"人才公共服务网络平台的构想，利用大数据技术进行人才信息的实时更新、动态管理和资源共享。该平台整合了市直部门的人才政策和服务资源，实现了人才政策发布、问题咨询、人才交流、服务保障等事项的线上推送、实时对接和及时办结，为人才提供了更为便捷的服务。[1]

2. 鼓励用人单位引进海外留学人员

为了吸引并留住高学历、高素质的海外留学人才，部分城市实施了一系列激励政策，包括根据人才层次给予用人单位相应的引才补贴，以及鼓励单位通过见习、实习等方式吸纳这些人才。例如，北京的《关于实施北京海外人才聚集工程的意见》明确提出，要为引进人才提供优越的工作条件，并允许他们担任重要职务，以主持关键项目。浙江简化了高级专业技术资格的认定流程，并优先推荐人才参与各类荣誉评选。云南建立了专项编制管理制度，为引进人才提供编制保障，并简化了招录程序。宁夏回族自治区的《宁夏回族自治区引进海外高层次科技人才创新创业暂行办法》则规定，引进人才在评定专业技术职称时不受限制，并可根据其能力和业绩破格晋升。这些政策共同为海外留学人才提供了广阔的发展空间和优厚的待遇，旨在促进地方经济的繁荣和创新能力的提升。

五 多措并举促进中国留学发展

（一）整合留学人员回国发展的各类资源与服务

在全球化的大背景下，留学人员已成为推动国家科技进步和社会经济发

---

[1] 《中共洛阳市委 洛阳市人民政府关于印发〈河洛英才计划（2020-2025年）〉的通知》，2020年7月23日，最后检索时间：2024年7月22日。

展的重要力量。当前，每年有数十万留学人员回国发展，随着越来越多的留学人员选择回国发展，如何有效地吸引、使用并留住这些宝贵的人力资源成为各级政府和企业共同面临的挑战。为进一步构建更加开放、包容的人才发展环境，以促进留学人员的顺利回归和发展，应进一步整合留学人员回国发展的各类资源与服务。

一是整合留学人员回国发展相关资源，搭建留学人员回国发展综合服务平台。依托教育部、人社部等部门的现有平台，搭建留学人员回国发展综合服务平台，提供留学人员求职指导、职业培训、信息咨询等服务，帮助留学人员更好地了解国内就业市场和行业需求。同时，引导猎头公司、企业、国际组织以及智库等机构，定期在平台上发布与留学人员相关的实习、就业岗位需求，召开面向留学人员的线上线下招聘会，为留学人员回国发展提供更多机会。

二是鼓励各地依托优势资源，为留学回国人员创造工作高效、生活宜居、服务细致的全方位环境。留学回国人员已经从十多年前聚集在北上广深等一线城市扩散到新一线城市以及全国各地。各地可充分结合自身产业结构调整和升级的实际情况，因地制宜制定相应政策吸引留学人员。同时激励相关企业拓展国际合作，与目标市场国家和地区共建研发机构，充分吸引相应国家和地区的中国留学人员进入海外共建研发机构，促进留学人员深度参与到企业出海潮之中。

三是鼓励欧美同学会等组织机构，积极搭建实习、交流平台，为留学人员回国发展提供实习机会和广阔的学术交流、联谊和合作空间。留学人员回国后，往往面临就业信息渠道不畅、岗位匹配度低等问题。为了帮助留学人员更好地融入国内就业市场，提升职业竞争力，欧美同学会等组织机构可以联合人才服务机构以及有需求的企业，建立专门面向留学人员的实习信息平台，为留学人员提供更多的实习机会和支持。同时，鼓励机构定期举办研讨会、交流会、论坛、座谈会等活动，鼓励留学回国人员积极参与，并与国内外同行交流最新研究成果和学术观点，让留学回国人员能够经常相互交流、分享经验、取长补短，增进留学回国人员的了解和友谊，促进合作与共赢，共同推动经济社会发展。

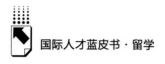

（二）充分发挥海内外留学人员人文交流作用

鼓励留学人员开展人文交流与民间外交活动，提供适宜的制度和政策支持，支持他们在国际舞台上发出中国声音，并在有效开展民间外交的过程中提供必要的指导和规范。具体而言，一是探索设立专项基金，支持留学人员开展国际交流与合作项目，如学术研究、文化交流、志愿服务等。二是提供培训指导，定期举办培训活动，提升留学人员的跨文化沟通能力和国际交往能力，帮助其更好地开展民间外交活动。三是依托海外社团组织等，搭建交流平台，提供信息交流、资源共享、项目对接等服务，促进留学人员之间的合作与交流。四是制定交流规范标准，指导留学人员在国际交流中遵守国际规则和道德规范，确保活动的顺利进行。

（三）加强出国留学的服务保障

教育部留学服务中心目前已经建立起了"平安留学"品牌，并开展了大量工作。根据目前的留学发展形势，可以进一步加强与海内外服务留学人员的相关部门的合作，进一步加强出国留学相关培训与服务，完善保障机制，以提升留学人员在海外的学习和生活质量，帮助其更好地适应国外的环境，促进中外文化的交流与融合。

一是加强出国前培训。由于当前出国留学学生群体发生了较大变化，而留学生则是中外文化交流的重要载体，对意向出国学生加强出国前培训尤为重要。可进一步丰富培训形式与内容，如增加线上课程资源，让留学生可以随时随地进行学习，相关培训内容可以包括中国、目标国家和地区的国情，帮助学生更好地了解中国、目标国家和地区的历史、文化、政治制度和社会现状，增强其对文化差异的理解，使其出国前就能对中国、目标国家和地区有更深入的认识，促进其在海外更好地传播中国文化，成为中外文化交流的使者。也可邀请更多的海外优秀留学生分享经验和故事，为即将出国的学生提供更具实用性的建议，帮助其更好地适应国外的学习和生活。

二是加强出国留学人员的留学规划服务。由于国内高等教育水平不断提升，越来越多的学生以体验他国文化生活和增强职业综合竞争力为主要留学目的。然而留学中介等机构提供的留学服务往往不够全面。因此，可以加强"中国留学网"等平台的服务功能，及时整合不同国家政策动态、留学环境、中国企业海外布局需求等宏观信息，加强留学前、留学中、留学回国相关指引信息，帮助意向出国留学人员更全面地开展留学规划。

三是关注留学人员在海外可能遇到交流障碍、学术压力等问题。引导意向留学人员加强文化适应训练，尤其是提升日常交流和学术讨论所需的专业语言技能，增强实际交流的自信心和熟练度。加大对意向留学人员关于目的地国家高校教学方式和考核标准的培训力度，组织经验丰富的留学回国人员开展讲座和分享会，详细介绍不同国家高校的学术要求、课程特点和考核方式，帮助意向留学人员更好地适应海外高校的学术环境。引导意向留学人员提前了解目的地国家的数字生态环境，开展专门的数字技能培训课程，介绍西方常用的社交平台、学术工具和信息获取渠道，鼓励其在出国前尝试使用这些工具，以减少适应期的困难。同时，加强对留学人员的跨文化交流教育，让他们认识到不同数字文化之间的差异，积极主动地融入当地的数字社交圈，减少社交隔离感。

（四）拓展留学人员进入公共管理部门的渠道

近年来，留学人员中学习人文社会科学相关专业的人员不断增加，尤其是赴美留学人员中，2023~2024 学年学习人文社会科学相关专业的人员占在美中国留学生总数的比例相较 2017~2018 学年增加了 2.3 个百分点。[1] 越来越多的留学人员对公共事务和公共治理产生了浓厚的兴趣，参与公共事务的热情明显提升，大批留学人才投身于公共治理领域，为国家治理能力现代化注入了新的活力。

许多留学人员具备良好的经济基础和专业的知识结构，拥有市场意识和

---

[1] Institute of International Education. Fields of Study by Place of Origin [EB/OL]. (2024-11-17) [2024-11-19]. https：//opendoorsdata.org/data/international-students/fields-of-study-by-place-of-origin/.

国际战略眼光,具备领导能力和创新意识,对国家发展怀有强烈的使命感和责任感。为了更好地发挥这些人才的优势,相关主管部门可以采取相关措施。一是建立相应的渠道,加强与全国各地高校、科研院所、智库留学人员的联系,协助开展公共管理方面的人才选拔和推荐工作,帮助有能力和热情的留学人员进入公共管理部门。二是在专业性较强、技术要求较高的政府部门和公共服务领域,放宽对留学回国人员进入国家机关、企事业单位及其他各类组织的限制,吸引更多具有国际视野和专业能力的留学人员进入政府机构和企事业单位,提升政府治理的现代化水平。三是支持留学人员到中西部地区政府部门任职,为这些地区和机构的发展注入新的活力。中西部地区的发展需要更多具有国际视野和创新能力的人才,留学人员的到来将有助于推动这些地区的经济和社会发展。四是适当增加政府在地方挂职人员中留学人员的比例,为他们提供更多的实践机会和锻炼平台,帮助他们更快地适应和融入公共管理领域。

(五)建立留学回国人员发展评估反馈机制

当前国内各地出台了一系列支持留学人员发展的相关政策,应完善政策效果评估体系,定期开展人才政策实施效果评估,收集留学回国人员的反馈意见,及时调整政策方向,确保政策的有效性和可持续性。同时,健全留学人才发展跟踪机制,持续了解其在不同阶段的成长轨迹,为后续政策优化提供数据支持。一是在现有人才数据库的基础上,建立留学回国人员数据库,定期更新数据库,以确保数据的准确性和时效性。二是建立留学回国人员发展评估机制,系统跟进留学回国人员的发展状况,引导和鼓励优秀人才进一步帮助遇到困难与挑战的留学人员。三是基于留学人员的发展评估以及反馈的意见,及时调整和完善相关政策,确保留学回国人员能够在各自领域内充分发挥潜力,为国家发展和社会进步作出更大贡献。

出国留学篇

B.2
北美洲热门留学国家的留学现状分析

郑金连　蒋京蓉　张宇轩*

摘　要： 北美洲丰富的高等教育资源长期以来吸引着大量国际学生。近年来，随着中美关系的变化，中国赴美和赴加留学的人数明显减少。然而，美国依然是中国留学生的首选目的地，2023~2024 学年中国在美留学生数量持续下降，印度在美国留学人数已经超过中国。在加拿大，来自中国的留学生数量则远低于印度。赴北美的中国留学生主要选择 STEM（科学、技术、工程、数学）和工商管理学科。从长期看，国际学生为北美带来了大量就业机会，对当地经济发展产生了持续影响。为此，美加两国政府也先后通过拓宽 STEM 领域等政策措施，支持国际学生在北美留学和发展。

关键词： 国际学生　中国留学生　STEM 学科

---

* 郑金连，全球化智库（CCG）副主任，研究总监，高级研究员，主要研究方向为国际人才、智库研究，科技创新；蒋京蓉，全球化智库（CCG）研究助理，主要研究方向为社会心理学；张宇轩，全球化智库（CCG）研究助理，主要研究方向为国际关系与公共政策。

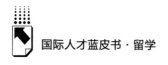
一 中国学生赴美国留学现状①

（一）在美国际学生总体状况

1. 在美国际学生数量恢复至新冠疫情前规模

根据国际教育协会发布的《2024年门户开放报告》（The Open Doors Report），2023~2024学年，美国高校的国际学生总数达1126690人，占美国全国高等教育在校生总数（18939568人）的5.9%。与上一学年相比，国际学生数量增加了6.6%。新录取的国际学生人数持续增长，与2022~2023学年相比增长0.1%，达到298705人，具体情况如表1所示。

表1 美国高等教育国际学生人数和增长率

单位：人，%

学年	国际学生			新录取国际学生人数	新录取国际学生增长率
	总数	增长率	占高等教育在校生总数比例		
2018~2019	1095299	0.1	5.5	269383	-0.9
2019~2020	1075496	-1.8	5.5	267712	-0.6
2020~2021	914095	-15.0	4.6	145528	-45.6
2021~2022	948519	3.8	4.7	261961	80.0
2022~2023	1057188	11.5	5.6	298523	14.0
2023~2024	1126690	6.6	5.9	298705	0.1

资料来源：Institute of International Education. Fast Facts 2024 [R/OL]. (2024-11-19) [2024-11-19]. https://https://opendoorsdata.org/fact_ sheets/fast-facts/。

美国作为高等教育体系高度发达、学术产业领先的国家之一，国际教育已成为其经济收入的重要来源。根据美国商务经济分析局（BEA）数据，2022年，教育相关的旅游出口在服务行业里排第九位，实现376.8亿美元

---

① 本报告中中国均指中国大陆地区。

的收入，为美国创造了超过 335423 个就业岗位。① 国际学生的跨国流动在高等教育、住宿餐饮、交通、零售、电信和保险等多个领域给美国带来了持续的经济效益。根据美国国际教育工作者协会（NAFSA）的统计，2023~2024 学年，美国高校近 113 万名国际学生共为美国创造了 378181 个就业岗位，较上一学年增长 2.7%；贡献了 438.3 亿美元的经济效益，较上一学年增长 9.3%（见表 2）。

表 2　国际学生带来的经济效益及创造工作岗位情况

学年	经济效益		创造工作岗位	
	数量（亿美元）	增长情况（%）	数量（个）	增长情况（%）
2018~2019	404.8	3.8	458269	0.6
2019~2020	386.9	−4.4	415990	−9.2
2020~2021	283.8	−26.6	306311	−26.4
2021~2022	338.4	19.2	335419	9.5
2022~2023	401.0	18.5	368333	9.8
2023~2024	438.3	9.3	378181	2.7

资料来源：NAFSA. NAFSA International Student Economic Value Tool ［EB/OL］. ［2024-12-23］https：//www. nafsa. org/policy-and-advocacy/policy-resources/nafsa-international-student-economic-value-tool-v2。

2. 本科和非学位教育国际学生人数下降，研究生和 OPT 学段国际学生人数增长

从学段分布来看，美国高校的国际学生主要集中在本科及以上学历教育。《2024 年门户开放报告》指出，2023~2024 学年，就读于本科及以上学段的国际学生占总数的 75.0%。其中，30.4% 的国际学生处于本科阶段（包括攻读学士和副学士学位），44.6% 就读于研究生学段（包括攻读硕士和博士学位），3.5% 就读于非学位教育学段（如语言课程、短期证书课

① International Trade Administration. Education & Training Services Guide 2023/2024 Edition. ［EB/OL］. ［2024-10-17］. https：//www. trade. gov/education-and-training-services-resource-guide。

程等），而21.5%处于毕业后的选择性实习培训（OPT）阶段。其中，研究生学段国际学生人数再次超越本科学段国际学生人数，占国际学生总人数比例最高。

从各学段国际学生的增长情况来看，2023～2024学年，研究生和OPT学段国际学生实现了增长。本科生学段人数略微下降，而非学位教育学段的人数明显下降（见表3）。研究生学段国际学生占比连续三年增长，这表明，后疫情时代，国际学生赴美攻读硕士及以上学位的意愿依然强烈，反映了国际社会对美国高层次学位的高度认可。

表3 美国高等教育国际学生学段分布

单位：人，%

学年	本科		研究生		非学位教育		OPT	
	人数	增长率	人数	增长率	人数	增长率	人数	增长率
2018～2019	431930	-2.4	377943	-1.3	62341	-5.0	223085	9.6
2019～2020	419321	-2.9	374435	-0.9	58201	-6.6	223539	0.2
2020～2021	359787	-14.2	329272	-12.1	21151	-63.7	203885	-8.8
2021～2022	344532	-4.2	385097	17.0	34131	61.4	184759	-9.4
2022～2023	347602	0.9	467027	21.3	43766	28.2	198793	7.6
2023～2024	342875	-1.4	502291	7.6	38742	-11.5	242782	22.1

资料来源：Institute of International Education. Fast Facts 2024［R/OL］.（2024-11-19）［2024-11-19］. https：//https：//opendoorsdata.org/fact_sheets/fast-facts/。

3. 亚洲仍是美国高等教育国际学生的主要生源地

《2024年门户开放报告》数据显示，亚洲学生占美国高校国际学生总数的71.5%，欧洲、拉丁美洲和加勒比地区次之，分别占8.0%和7.6%；相比2022～2023学年，2023～2024学年大部分地区的国际学生数量呈现增长趋势。特别是非洲和撒哈拉沙漠以南地区，国际学生数量增长了13.1%，其次是亚洲地区，增长了7.6%。相比之下，中东和北非地区的国际学生数量没有增长（见表4）。

表4　美国高等教育国际学生主要来源区域

单位：人，%

来源区域	2022~2023 学年	2023~2024 学年	2023~2024学年占国际学生总人数比例	增长率
非洲和撒哈拉沙漠以南地区	50199	56780	5.0	13.1
亚洲	748165	805238	71.5	7.6
欧洲	89906	90600	8.0	0.8
拉丁美洲和加勒比地区	81945	85591	7.6	4.4
中东和北非地区	52295	52292	4.6	0.0
北美洲	27876	28998	2.6	4.0
大洋洲	6782	6878	0.6	1.4

资料来源：Institute of International Education. All Places-of-Origin［EB/OL］.（2024-11-12）［2024-12-23］. https://opendoorsdata.org/data/international-students/all-places-of-origin/。

2023~2024学年，美国高校国际学生的前三大来源地均属于亚洲，依次为印度、中国大陆和韩国，这三个生源地贡献了超过半数的国际学生。2023~2024学年，来自印度的国际学生人数为331602人，占美国国际学生总数的29.4%。来自中国大陆的国际学生人数为277398人，占24.6%。来自韩国的国际学生数量为43149人，占3.8%。2023~2024学年，中国大陆、韩国、沙特阿拉伯、日本、英国在美国就读的国际学生数量呈现负增长。其他大多数主要生源地的国际学生数量实现正增长，其中印度、孟加拉国、伊朗、尼日利亚增长尤为明显（见表5）。

表5　美国高等教育国际学生主要来源地

单位：人，%

排名	来源地	2023~2024 学年	2023~2024学年占国际学生总数的比例	增长率
1	印度	331602	29.4	23.3
2	中国大陆	277398	24.6	-4.2
3	韩国	43149	3.8	-1.6
4	中国台湾	28998	2.6	4.0
5	越南	22066	2.0	0.8
6	尼日利亚	20029	1.8	13.5
7	孟加拉国	17099	1.5	26.1

排名	来源地	2023~2024学年	2023~2024学年占国际学生总数的比例	增长率
8	巴西	16877	1.5	5.3
9	尼泊尔	16742	1.5	10.9
10	墨西哥	15474	1.4	6.4
11	沙特阿拉伯	14828	1.3	-7.3
12	日本	13959	1.2	-13.0
13	伊朗	12430	1.1	15.0
14	巴基斯坦	10988	1.0	8.1
15	英国	10473	0.9	-1.7

资料来源：Institute of International Education. Fast Facts 2024 ［R/OL］. （2024-11-19）［2024-11-19］. https：//https：//opendoorsdata.org/fact_sheets/fast-facts/。

4. 国际学生主要集中在"蓝色州"

2023~2024学年，国际学生数量最多的五个州依次为加利福尼亚州、纽约州、得克萨斯州、马萨诸塞州和伊利诺伊州（见表6），这些州接收的国际学生占全美国际学生总数的45.3%。其中，加利福尼亚州、纽约州、马萨诸塞州和伊利诺伊州是传统的"蓝色州"①，通常更注重教育投入，并支持更加开放的留学和移民政策。开放包容的态度与相关政策正是吸引国际学生的重要因素之一。

表6 美国高等教育国际学生人数最多的十个州及其增长率

单位：人，%

位次	州	2022~2023学年国际学生人数	2023~2024学年国际学生人数	增长率
1	加利福尼亚州	138393	140858	1.8
2	纽约州	126782	135813	7.1
3	得克萨斯州	80757	89546	10.9
4	马萨诸塞州	79751	82306	3.2
5	伊利诺伊州	55337	62299	12.6
6	宾夕法尼亚州	48593	50514	4.0
7	佛罗里达州	42590	44767	5.1

① "蓝色州"指该州居民主要投票支持民主党的州。

位次	州	2022~2023 学年国际学生人数	2023~2024 学年国际学生人数	增长率
8	密歇根州	33501	38123	13.8
9	俄亥俄州	34204	36884	7.8
10	密苏里州	24260	32647	34.6

资料来源：Institute of International Education. Fast Facts 2024［R/OL］. (2024-11-19)［2024-11-19］. https：//https：//opendoorsdata. org/fact_ sheets/fast-facts/。

2023~2024 学年，美国国际学生人数最多的前十所高等教育机构均为综合性大学，这十所高校的国际学生总数占美国国际学生总数的 15.0%。其中，加利福尼亚州有两所学校（南加利福尼亚大学、加利福尼亚大学-伯克利分校），纽约州有两所学校（纽约大学和哥伦比亚大学），马萨诸塞州有两所学校（东北大学-波士顿分校和波士顿大学），伊利诺伊州有两所学校（伊利诺伊大学-厄巴纳-香槟分校、普渡大学-西拉斐特分校）。纽约大学再次位居国际学生人数的首位，东北大学-波士顿分校和哥伦比亚大学分别位列第二和第三（见表7）。

表7　2023~2024 学年美国国际学生就读最多的前十所高等教育机构

单位：人

高等教育机构	所在城市	所在州	学生总数
纽约大学	纽约	纽约州	27247
东北大学-波士顿分校	波士顿	马萨诸塞州	21023
哥伦比亚大学	纽约	纽约州	20321
南加利福尼亚大学	洛杉矶	加利福尼亚州	18430
亚利桑那州立大学-坦佩分校	坦佩	亚利桑那州	17469
伊利诺伊大学-厄巴纳-香槟分校	香槟	伊利诺伊州	15376
波士顿大学	波士顿	马萨诸塞州	12853
加利福尼亚大学-伯克利分校	伯克利	加利福尼亚州	12441
普渡大学-西拉斐特分校	西拉斐特	伊利诺伊州	12181
北得克萨斯大学	丹顿	得克萨斯州	11917

资料来源：Institute of International Education. Fast Facts 2024［R/OL］. (2024-11-19)［2024-11-19］. https：//https：//opendoorsdata. org/fact_ sheets/fast-facts。

5. 国际学生主要被高层次院校录取

根据《2024 年门户开放报告》，博士学位授予大学①是赴美国际学生的首选。一方面，综合实力强大的研究型大学因其高国际声誉、优质的教学资源以及丰富的就业发展机会而受到国际学生的青睐。另一方面，美国政府将移民政策与人才战略相结合，鼓励国际学生选择高层次院校以填补国内的人才短缺。例如，拜登政府推出了一项计划，为在美国高校获得 STEM 领域博士学位的毕业生提供更为便捷的绿卡申请通道。②

在国际学生人数增加的背景下，博士学位授予大学、注重基础素质培养的学士学位授予院校等各机构的国际学生人数均有所回升。具体来说，2023~2024 学年，博士学位授予大学的国际学生人数增长了 5.3%，硕士学位授予院校的国际学生人数大幅上涨了 13.1%，学士学位授予院校的国际学生人数增长了 5.6%（见表8）。

表 8　美国国际学生教育机构类型分布

单位：人，%

高等机构类型	2021~2022 学年	2022~2023 学年	2023~2024 学年	增长率
博士学位授予大学	738555	819036	862690	5.3
硕士学位授予院校	105680	128514	145310	13.1
学士学位授予院校	35569	36489	38534	5.6
副学士学位授予院校	49099	52622	59315	12.7
专门机构	19616	20527	20841	1.5

资料来源：Institute of International Education. Enrollment by Institutional Type［EB/OL］.（2024-11-12）［2024-12-23］. https://opendoorsdata. org/data/international - students/enrollment - by - institutional-type/.

---

① 依据卡内基大学分类法，美国高校可以分为博士学位授予大学、硕士学位授予院校、学士学位授予院校、副学士学位授予院校以及专门机构。其中，博士学位授予大学是最高层次院校，是授予研究型、学术型博士学位（不包括专业博士学位）数量超过 20 个的大学。

② U. S. Department of Homeland Security. DHS Expands Opportunities in U. S. for STEM Professionals［EB/OL］.（2022-01-26）［2022-1-21］https://www.dhs.gov/news/2022/01/21/dhs-expands-opportunities-us-stem-professionals.

6. 就读于 STEM 领域的硕士大幅度增加

根据美国国家科学基金会（National Science Foundation）发布的科学与工程（S&E）指标显示，自 2020 年以来，赴美攻读 S&E 专业高等学位的持有临时签证的国际学生人数显著增加，从 2020 年秋季到 2022 年秋季增加了 37%（约 13 万人）。2022~2023 学年有近 50 万名学生就读于 S&E 专业。其中，25.3% 的学生攻读博士学位，41.1% 的学生攻读硕士学位，31.4% 的学生攻读本科学位（见表 9）。相比于 2021~2022 学年，攻读 S&E 专业硕士学位的国际学生数量大幅增加，增长了 65%。

表 9　持临时签证就读于美国高等教育机构的 S&E 领域国际学生

单位：人，%

高等机构类型	2021~2022 学年	2022~2023 学年	2022~2023 学年占比
副学位	8830	10660	2.3
本科学位	134370	145660	31.4
硕士学位	115530	190760	41.1
博士学位	110150	117390	25.3

资料来源：National Science Board, National Science Foundation. 2024. Science and Engineering Indicators 2024：The State of U. S. Science and Engineering. (2024-11-16) [2024-10-15] Alexandria, VA. Available at https：//ncses. nsf. gov/pubs/nsb20243。

美国在 STEM 领域工作的人中，大多数是经过培训的 S&E 博士获得者。2018~2021 年，持有临时签证的博士学位获得者（大多数来自中国或印度）占美国 S&E 研究型博士学位获得者的 37%。2022~2023 学年 S&E 领域国际研究生入学总人数接近 31 万，达到近十年的最高水平。[1]

另外，根据《2024 年门户开放报告》，2023~2024 学年，数学与计算机科学、工程学、工商管理、物理与生命科学、社会科学是国际学生赴美留学五个最受欢迎专业。73.1% 的国际学生选择了这些方向（见表 10）。

---

[1]　National Science Board, National Science Foundation. 2023. Higher Education in Science and Engineering. Science and Engineering Indicators 2024. (2023 - 11 - 16) [2024 - 10 - 15] Alexandria, VA. Available at https：//ncses. nsf. gov/pubs/nsb202332/.

表 10　在美国高等教育机构就读的国际学生专业分布

单位：人，%

专业	2022~2023 学年	2023~2024 学年	2023~2024 学年占比
数学与计算机科学	240230	280992	24.9
工程学	202801	210163	18.7
工商管理	157281	159810	14.2
物理与生命科学	84803	88717	7.9
社会科学	85998	84307	7.5
艺术与应用艺术	51689	54159	4.8
卫生医疗	34856	36615	3.2
传媒及新闻	21990	21481	1.9
教育学	15897	15504	1.4
人文学科	15783	15590	1.4
农业	13461	15937	1.4
法律研究与执法学	16096	14307	1.3
强化英语培训	10404	9750	0.9
其他专业	87962	102440	9.1
未定专业	17910	16998	1.5

资料来源：Institute of International Education. Fields of Study ［EB/OL］. (2024-11-12) ［2024-12-23］. https://opendoorsdata. org/data/international-students/fields-of-study/。

获得 STEM 领域博士学位的国际学生中，毕业后 5 年有 71%的人留在美国，毕业后 10 年有 65%留在美国。毕业时拥有中国国籍的 S&E 领域博士学位获得者毕业后 5 年和 10 年的留美率分别为 88%和 81%，高于平均水平。相比之下，获得社会科学领域博士学位的国际学生毕业后 10 年留美率为 41%，社会科学是唯一毕业后 10 年留美率低于 50%的领域。①

（二）中国国际学生在美留学情况

1.中国在美国际学生人数显著下降

根据《2024 年门户开放报告》，2023~2024 学年，有 277398 名中国国

---

① National Science Board, National Science Foundation. 2024. The STEM Labor Force：Scientists, Engineers, and Technical Workers. Science and Engineering Indicators 2024. (2024-5-30) ［2024-10-15］. Alexandria, VA. Available at https://ncses. nsf. gov/pubs/nsb20245/.

际学生在美国高等教育机构学习，占美国国际学生总数的 24.6%，不管是人数还是占比，都是近 10 个学年来最低水平。自 2020~2021 学年起，在美中国留学生数量已经连续 4 个学年负增长（见表 11）。

表 11　近 10 个学年中国在美国高等教育机构国际学生人数、增长率及占比

单位：人，%

学年	在美国高等教育机构的中国留学生人数	增长率	占美国国际学生总数的比例
2014~2015	304040	10.8	31.2
2015~2016	328547	8.1	31.5
2016~2017	350755	6.8	32.5
2017~2018	363341	3.6	33.2
2018~2019	369548	1.7	33.7
2019~2020	372532	0.8	34.6
2020~2021	317299	-14.8	34.7
2021~2022	290086	-8.6	30.6
2022~2023	289526	-0.2	27.4
2023~2024	277398	-4.2	24.6

资料来源：Institute of International Education. Fast Facts 2024 ［R/OL］. (2024-11-19) ［2024-11-19］. https：//https：//opendoorsdata.org/fact_sheets/fast-facts/。

2. 就读本科学段的中国留学生持续减少，OPT 学段中国学生增加

2023~2024 学年，在美国就读于本科学段的中国学生持续减少，OPT学段的中国学生有所增加。2023~2024 学年，就读于本科学段的中国学生占 31.6%，人数相较 2022~2023 学年减少 12.8%；就读于研究生学段的中国学生占 44.3%，人数比上一学年减少 2.6%；处于 OPT 学段的中国学生占 22.2%，人数比上一学年增长 11.6%。就读于非学位教育学段的中国学生大幅减少 31.2%（见表 12）。

表 12 中国学生在美国的学段分布

单位：人，%

学段	中国学生		2023~2024 学年中国学生占总人数的比例	增长率
	2022~2023 学年	2023~2024 学年		
本科	100349	87551	31.6	-12.8
研究生	126028	122778	44.3	-2.6
非学位教育	8016	5517	2.0	-31.2
OPT	55133	61552	22.2	11.6

资料来源：Institute of International Education. 2024 International Students Academic Level and Place of Origin［R/OL］. (2024-11-17)［2024-11-19］. https://opendoorsdata.org/data/international-students/academic-level-and-places-of-origin/。

3. 在美攻读数学与计算机科学、物理与生命科学的学生比例不断上升

从专业选择来看，多年来 STEM 领域和工商管理一直是中国学生的热门专业（见表 13），这一趋势与美国发达的科技产业和金融管理等高端服务业的人才需求密切相关。2019~2024 学年，工商管理专业的受欢迎程度有所降低，选择数学与计算机科学专业的学生人数占比却显著增加。2023~2024 学年，赴美攻读工程学、数学与计算机、物理与生命科学等传统 STEM 专业的中国国际学生占总人数的 50.4%。其中，攻读数学与计算机科学专业的人数最多，占在美国的中国学生总数的 23.3%，其次是攻读工程学的学生，占 17.1%。近几年，中国学生攻读数学与计算机科学、物理与生命科学以及社会科学专业的人数占比整体呈现上升趋势，而攻读工商管理专业学生人数占比则持续下降。

表 13 中国学生在美国的专业分布

单位：%

专业	2019~2020 学年	2020~2021 学年	2021~2022 学年	2022~2023 学年	2023~2024 学年
工商管理	17.2	16.6	14.6	13.4	12.7
工程学	17.5	17.5	17.2	16.8	17.1
数学与计算机科学	21.2	22.2	23.1	23.2	23.3

续表

专业	2019~2020学年	2020~2021学年	2021~2022学年	2022~2023学年	2023~2024学年
物理与生命科学	8.4	9.1	9.8	9.8	10.0
社会科学	9.0	9.6	10.3	11.2	10.7
艺术与应用艺术	6.7	6.0	6.0	5.8	6.1
英语强化培训	1.8	0.6	0.4	0.5	0.4
教育学	1.7	1.9	1.9	2.0	2.0
卫生医疗	1.4	1.6	1.5	1.5	1.5
人文学科	1.1	1.2	1.1	1.2	1.2
其他	11.0	11.5	10.8	11.8	12.8
未知	2.9	2.2	3.2	2.8	2.2

资料来源：Institute of International Education. Fields of Study by Place of Origin［EB/OL］. (2024-11-17)［2024-11-19］. https：//opendoorsdata. org/data/international-students/fields-of-study-by-place-of-origin/。

（三）赴美留学政策动向

1. 留学政策释放积极开放信号

2022 年 1 月 21 日，美国国务院宣布将 J-1 签证中 STEM 领域本科生和研究生的签证有效期延长，允许他们接受额外 36 个月的学术培训。此外，拜登政府还增加留学生赴美学习的签证种类，为 STEM 领域的学生提供了"非凡能力"（O-1A）签证，并简化了相关申请程序。此外，美国国务院还推出了"早期职业 STEM 研究计划"（Early Career STEM Research Initiative），旨在促进参与"桥梁美国"（BridgeUSA）项目的交流访问者在美国从事 STEM 研究。这些政策表明拜登政府对国际学生和研究人员发出了更为积极的信号。[①]

2. 持续拓宽 STEM 学科领域

2022 年 1 月，美国国土安全部正式发布了《STEM 领域指定学科项目列表

---

① U. S. Department of Homeland Security. DHS Expands Opportunities in U. S. for STEM Professionals［EB/OL］. (2022-01-26)［2022-1-21］. https：//www. dhs. gov/news/2022/01/21/dhs-expands-opportunities-us-stem-professionals.

更新》，新增了 22 个 STEM 学科，包括生物能源、环境地球科学、数据科学、计算社会科学等（见表 14）。2023 年和 2024 年，又新增了景观建筑学，机电一体化、机器人及自动化工程技术，复合材料技术，语言与计算机科学，发展与青少年心理学，地理空间情报，人口学与人口研究，环境/自然资源经济学等专业。这一更新涵盖了多个新兴技术学科和交叉学科，旨在让更多学生享受到 STEM 专业的相关优惠政策，大幅度扩展了国际人才引进的领域。①

表 14　2022 年 STEM 新增学科领域

序号	学科名称	学科领域
1	生物能源	生化工程、生物加工学、生物分离学、生物转化、生物原料、经济与环境可持续发展、水文地理学、自然资源管理
2	林业	与森林相关的科学研究、勘察测绘、数据统计、收割与生产科技自然资源管理与经济学、野生动物科学管理与公共关系
3	森林资源生产与管理	森林生产与使用、工业林业、农业林业、移植、木材采伐、树木的选择和鉴定、加工技术和系统设备操作维护以及相关的管理技能
4	以人为本的技术设计	设计、人机交互学习、神经科学、产品设计、以人为本的设计和可用性
5	云计算	数据管理、分布式与云计算、企业软件架构、企业和云安全、移动系统和应用程序、服务器管理和网络开发
6	人类与动物关系学	动物行为和交流、动物福利、动物保护、动物训练、动物辅助治疗技术、生物学、伦理学和教育
7	气候科学	生物学、化学、气候分析、气候变化适应/减缓、气候政策、生态学、能源开发、环境影响、海洋化学、气象学和海洋学
8	地球系统科学	生物地球化学、气候动力学、地理信息科学、地球物理学、水文学景观生态学、气象学、卫星遥感分析
9	经济与计算机科学	数据分析、数据库设计、数据挖掘、计算机算法、经济学、计量经济学、计算机编程、数学和统计学

---

① U. S. Department of Homeland Security. DHS Expands Opportunities in U. S. for STEM Professionals［EB/OL］.（2022-01-26）［2022-1-21］. https：//www. dhs. gov/news/2022/01/21/dhs-expands-opportunities-us-stem-professionals.
DHS Announces Updated DHS STEM Designated Degree Program List［EB/OL］.（2024-07-22）［2025-02-08］. https：//www. dhs. gov/archive/hsi/news/2024/07/22/dhs-announces-updated-dhs-stem-designated-degree-program-list.

续表

序号	学科名称	学科领域
10	环境地球科学	环境/自然资源管理、地理信息系统、地质学、水文、监管机构合规性、灾害识别和缓解、环境法、环境政策和可持续性研究
11	地球生物学	地球系统演化、地球化学、地质学、地球微生物学、海洋化学、古生物学、古生态学、古生物学和岩石学
12	地理与环境研究	气候科学、环境科学政策和研究方法,地理信息系统,人文地理学,自然地理学和遥感学公共政策
13	数理经济学	数据分析、应用商业经济学、微积分、计量经济学、线性代数、微观经济理论、概率和统计方法
14	数学与大气/海洋科学	化学、物理学、大气/海洋动力学、气候学、天气模拟、气候建模数学、海洋学和大气科学
15	数据科学	计算机算法、计算机编程、数据管理、数据挖掘、信息策略、信息检索、数学建模、定量分析、统计学、趋势发现和可视化分析
16	一般数据分析	计算机数据库、计算机编程、推理、机器学习、概率和随机模型统计策略、不确定性量化和可视化分析
17	商业分析	机器学习、优化方法、计算机算法、概率和随机模型、信息经济学、物流、战略、消费者行为、营销和视觉分析
18	数据可视化	认知科学、计算机编程、数据管理、数据可视化理论、图形设计、信息图表、感知心理学、统计学和视觉设计
19	金融分析	金融分析、金融数据处理、知识管理、数据可视化、有效决策沟通、金融机器学习、金融数据的统计推断和动态建模以及项目管理
20	其他数据分析	未在以上学科领域被列出的所有数据分析相关项目
21	工业与组织心理学	群体行为理论、组织理论、奖惩结构、人机和人机交互、动机动力学、人类压力研究、环境和组织对行为、疏离和满意度的影响以及工作测试和评估
22	计算社会科学	实验、准实验和案例研究方法论、历史研究、参与观察式研究,问卷设计、抽样理论和统计方法

资料来源：U. S. Department of Homeland Security. DHS Expands Opportunities in U. S. for STEM Professionals［EB/OL］. (2022−01−26)［2022−1−21］. https：//www.dhs.gov/news/2022/01/21/dhs-expands-opportunities-us-stem-professionals。

3. 拜登政府放宽移民政策

2022 年，美国国土安全部修改了美国公民及移民服务局政策手册指南，以确保 STEM 专业人才在申请永久居留权和选择性实习培训方面享有更多便利。据新的指南，自 2022 年起，国家利益豁免（National Interest Waiver，NIW）签证类别适用于部分 STEM 领域的专业人士和企业家，这意味着雇主或申请人不必证明没有其他美国人能够胜任其工作。[1]《移民和国籍法》允许雇主为具备特殊能力的个体或拥有高级学位的职业人员提交移民申请。而根据最新的政策手册，符合国家利益的移民可以在没有雇主的支持下自行申请 NIW 签证，这使得 STEM 领域的专业人士和企业家在申请绿卡时更加便捷，审批时间也得以缩短。该政策手册指南更新了 STEM 领域专业人士申请 OPT 的政策。明确表明符合条件的 F-1 学生可以申请 24 个月的 STEM OPT 延期。并且如果学生在未来又获得了符合条件的更高教育的 STEM 学位，学生可以申请额外一次 24 个月的 STEM OPT。[2] 这就意味着 STEM 专业人士在美国获得了更多工作时间和就业机会。

2023 年，美国国务院宣布了 H-1B 签证境内续签试点项目。[3] 该试点项目如果成功推进，将大幅度减少美国留学生的金钱和时间成本。

2021 年后美国职业移民签证（EB 签证）的年度配额有着明显的增量。2019 年 EB 签证签发总数为 140586 份，2022 年和 2023 年，分别签发了 275250 份和 193928 份。[4] 但是，美国公民及移民服务局 2023 年报告表示，他们预测 2024 年的职业类移民签证可用数量会减少，上限即将回归

---

[1] U. S. Citizenship and Immigration Services. USCIS Updates Guidance on National Interest Waivers [EB/OL]. (2022-01-22) [2024-05-14]. https://www.uscis.gov/newsroom/alerts/uscis-updates-guidance-on-national-interest-waivers.

[2] U. S. Citizenship and Immigration Services. Policy Manual. Chapter 5-Practical Training [EB/OL]. (2024-10-10) [2024-10-14]. https://www.uscis.gov/policy-manual/volume-2-part-f-chapter-5.

[3] U. S. Department of State. Domestic renewal of H-1B Nonimmigrant Visas for Certain Applicants [EB/OL]. (2023-12-21) [2024-05-14]. https://travel.state.gov/content/travel/en/News/visas-news/department-of-state-to-process-domestic-visa-renewals-in-limited-pilot-program.html.

[4] US Department of State. Annual Reports 2019-2023 [EB/OL]. [2024-10-15] https://travel.state.gov/content/travel/en/legal/visa-law0/visa-statistics/annual-reports.html.

到14万份。① 2024 年 12 月发布的公告显示，2025 年职业类移民签证数量不少于 14 万份。② 但是，特朗普再次当选美国总统后，相关的移民政策可能将发生新的变化。

二　中国学生赴加拿大留学现状

（一）加拿大国际学生总体情况

1. 国际学生人数大幅度增长

根据加拿大统计局（Statistics Canada）的数据，自 2015～2016 学年以来，全球赴加拿大留学人数基本保持增长。由于新冠疫情的影响，2020～2021 学年，加拿大国际学生人数相比 2019～2020 学年下降了 3.8%。2021～2022 学年开始，加拿大国际学生人数恢复增长。2022～2023 学年，加拿大国际学生继续保持增长，在加拿大高等教育机构就读的国际学生达到 46.8 万人，相比上一学年增长 16.0%（见图 1）。

2. 国际学生在各个学段的比例都有所上升

根据加拿大统计局对高等教育各学段注册国际学生人数的统计，国际学生在各个学段的比例都有所上升。2022～2023 学年，16.0% 的国际学生攻读学士学位，共计 176421 人。其次是短期高等教育③，有 157245 名国际学生就读。再次是攻读硕士学位，有 56742 名国际学生攻读，博士学位有 24816 名国际学生攻读。从国际学生占该学段学生比例来看，博士学段中国际学生

---

① U. S. Citizenship and Immigration Services. USCIS Employment-based Adjustment of Status FAQs [EB/OL]. [2024-10-14]. https：//www. uscis. gov/green - card/green - card - processes - and - procedures/fiscal - year - 2023 - employment - based - adjustment - of - status - faqs.

② Travel. State. Gov. Visa Bulletin For December 2024 [EB/OL]. [2024 - 12 - 23]. https：// travel. state. gov/content/travel/en/legal/visa - law0/visa - bulletin/2025/visa - bulletin - for - december - 2024. html.

③ 短期高等教育通常由社区学院及类似教育机构提供，主要以职业导向为主，学制一般持续至少两年。

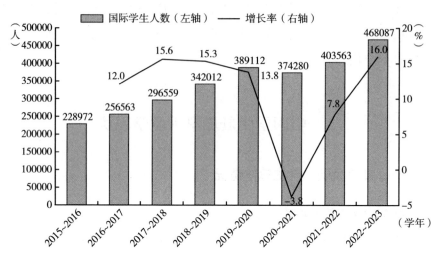

图 1　2015~2016 学年至 2022~2023 学年加拿大历年国际学生总人数及增长率

资料来源：Statistics Canada. Table 37-10-0018-01 Postsecondary Enrolments, by Registration Status, Institution Type, Status of Student in Canada and Gender［EB/OL］.（2024-11-20）［2024-12-23］. https：//www150. statcan. gc. ca/t1/tbl1/en/tv. action? pid = 3710001801 &pickMembers% 5B0% 5D = 2. 1&pickMembers% 5B1% 5D = 5. 1&pickMembers% 5B2% 5D = 7. 3&pickMembers% 5B3% 5D = 4. 1& pickMembers%5B4% 5D = 6. 1&cubeTimeFrame. startYear = 2015 +% 2F + 2016&cubeTimeFrame. endYear = 2022+%2F+2023&referencePeriods = 20150101%2C20220101。

的占比最高，达 39.4%（见表 15）。不管在哪个学段，2022~2023 学年，国际学生的注册人数和比例均达到了有统计以来的最高水平。

3. 加拿大的国际学生主要就读于本科学段，生源主要来自亚洲

2022~2023 学年，加拿大的国际学生中，本科生有 176421 人，硕士研究生有 56742 人，博士研究生有 24816 人，学士学段依旧是最受国际学生欢迎的教育阶段。疫情后，加拿大各学段高等教育中国际学生的人数都有所增加，特别是硕士学段的国际学生增长最快，2020~2021 学年到 2022~2023 学年增长了 32.2%。加拿大国际学生的主要来源地是亚洲国家和地区，来自亚洲的国际学生占加拿大国际学生总数的 68.1%。其次是非洲、欧洲和美洲的国家和地区。来自非洲的国际学生数量增长最快，其次是欧洲（见表 16）。

**表 15　2020~2021 学年至 2022~2023 学年国际学生在加拿大高等教育
各学段注册人数及占该学段全部学生比例**

单位：人，%

学段	2020~2021 学年		2021~2022 学年		2022~2023 学年	
	人数	比例	人数	比例	人数	比例
短期高等教育	104343	25.1	114045	27.7	157245	35.6
学士	166842	15.1	170994	15.4	176421	16.0
硕士	42933	19.5	48915	21.3	56742	24.5
博士	22083	37.5	23760	38.4	24816	39.4

注：1. 注册人数为加拿大统计局在每年 9 月 30 日至 12 月 1 日选取任一日期记录的注册的高等院校学生人数，此间未注册的学生不包括在内，该数量并非当年全年学生数量。2. 该表格为选取《国际教育分类标准》中高等教育（Tertiary Education）定义下的类别相关数据整理所得。加拿大统计局的教育层次分布依据联合国教科文组织的《国际教育标准分类法》（International Standard Classification of Education）制定，原数据中的中等后（Postsecondary）教育包括：高级中等教育（Upper Second Education）、中等后非高等教育（Post-secondary Non-tertiary Education）、短线高等教育（Short-cycle Tertiary Education）、学士、硕士、博士，还有其他不适用于《国际教育标准分类法》的学生类别；高级中等教育和中等后非高等教育主要为完成中等教育后，为进入高等教育做准备的课程或为劳务市场而准备的职业性课程，在其他教育系统中也会被归入中学、大学预科或职业教育等类别。

资料来源：Statistics Canada. Distribution of International Student Enrollments, by Level of Tertiary Education [EB/OL]. (2024 - 11 - 20) [2024 - 12 - 23]. https：//www150. statcan. gc. ca/t1/tbl1/en/tv. action？pid = 3710016304。

表 16　加拿大各学段高等教育国际生的来源区域

单位：人，%

区域	2022~2023 学年			2020~2021 学年至 2022~2023 学年的变化率		
	学士	硕士	博士	学士	硕士	博士
美洲	14427	5046	3915	5.0	20.7	8.1
欧洲	14982	6564	3624	23.2	32.9	3.3
非洲	25143	8322	3264	22.8	37.9	7.7
亚洲	120189	36591	13887	0.58	32.7	17.8
大洋洲	222	135	87	15.6	2.3	-3.3
合计	176421	56742	24816	5.7	32.2	12.4

资料来源：Statistics Canada. Postsecondary International Student Enrolments, by International Standard Classification of Education and Country of Citizenship [EB/OL]. (2024-11-20) [2024-12-23]. https：//www150. statcan. gc. ca/t1/tbl1/en/tv. action？pid = 3710018402&pickMembers% 5B0% 5D = 1. 1&pickMembers% 5B1% 5D = 2. 6&pickMembers% 5B2% 5D = 3. 1&pickMembers% 5B3% 5D = 4. 1&pickMembers% 5B4% 5D = 7. 1&cubeTimeFrame. startYear = 2010 +% 2F 2011&cubeTimeFrame. endYear = 2022+%2F+2023&referencePeriods = 20100101%2C20220101。

2020~2023 年，加拿大来自印度和中国的学生占全部国际学生的 50.8%。持有有效加拿大学生签证的国际学生中，来自印度的国际学生最多，占总数 41.0%，并且 2023 年相较 2020 年增长了 136.9%；来自中国的国际学生占加拿大学生签证持有者的 9.8%，2023 年相较 2020 年减少了 12.6%。尼泊尔、菲律宾和尼日利亚在加拿大的国际学生人数都得到快速增长，2023 年尼日利亚在加拿大的国际学生相较 2020 年增长了 332.2%（见表 17）。

表 17　2020~2023 年持有有效加拿大学生签证的国际学生主要来源地 Top10

单位：人，%

国家	2020 年	2021 年	2022 年	2023 年	2023 年占比	2023 年相较 2020 年的变化率
印度	180275	217410	318380	427085	41.0	136.9
中国	116935	105265	100075	102150	9.8	-12.6
菲律宾	7255	15545	32455	48870	4.7	573.6
尼日利亚	10635	13745	21660	45965	4.4	332.2
法国	18295	26630	27135	26980	2.6	47.5
伊朗	14045	16900	21115	24960	2.4	77.7
尼泊尔	1120	2160	7680	20465	2.0	1727.2
越南	18910	16285	16140	17175	1.6	-9.2
墨西哥	6425	11550	14930	16980	1.6	164.3
韩国	18170	15805	16505	15930	1.5	-12.3
全部国籍总数	527195	616585	804370	1040985	—	63.2

资料来源：Immigration, Refugees and Citizenship Canada. Temporary Residents：Study Permit Holders－Monthly IRCC Updates－Canada－Study Permit Holders on December 31st by Country of Citizenship [EB/OL].（2023-12-31）[2024-08-01]. https：//open. canada. ca/data/en/dataset/90115b00-f9b8-49e8-afa3-b4cff8facaee/resource/3897ef92-a491-4bab-b9c0-eb94c8b173ad。

4. 半数以上的国际学生集中在安大略省

在加拿大高等教育部门注册的国际学生集中在安大略省、不列颠哥伦比亚省和魁北克省。2022~2023 学年，安大略省高等教育机构接收的国际学生为 256335 人，占加拿大国际学生总数的 54.8%，另有 70221 人（15.0%）在不列颠哥伦比亚省留学，65361 人（14.0%）在魁北克省留学。从近几年的变化趋势来看，相较 2017～2018 学年，2022～2023 学年加拿大高等教育部门注册的国际学生中在安大略省的占比增加了 7.6 个百分点，可以看出，国际学生正在不断集中向安大略省，同时，爱德华王子岛省、新布伦斯威克省、艾伯塔省的人数和占比也有所增长（见表18）。

表18　2017～2018 学年、2021～2022 学年、2022～2023 学年加拿大高等教育部门注册国际学生人数主要地区分布情况

单位：人，%

地区	2017～2018 学年		2021～2022 学年		2022～2023 学年	
	人数	占比	人数	占比	人数	占比
纽芬兰与拉布拉多省	2907	1.0	3507	0.9	5028	1.1
爱德华王子岛省	1317	0.4	2040	0.5	2295	0.5
新斯科舍省	8457	2.9	10902	2.7	13260	2.8
新布伦斯威克省	3198	1.1	5109	1.3	5868	1.3
魁北克省	48570	16.4	59730	14.9	65361	14.0
安大略省	140115	47.2	213564	53.3	256335	54.8
曼尼托巴省	8841	3.0	9438	2.4	11556	2.5
萨斯喀彻温省	5307	1.8	6987	1.7	8127	1.7
艾伯塔省	18798	6.3	25311	6.3	30018	6.4
不列颠哥伦比亚省	58971	19.9	63861	15.9	70221	15.0

注：1. 该表格为选取《国际教育分类标准》中的高等教育（Tertiary Education）定义下的 4 个类别（短期高等、学士、硕士、博士）的相关数据整理所得。2. 统计方法为教育机构在当年 9 月 30 日至 12 月 1 日选择任一日期记录注册的高等院校学生人数，此间未注册的学生不包括在内，且并非全年的学生数量。3. 分布在加拿大育空地区（Yukon）、努纳武特地区和西北地区三个地区的数据不详，故不列入此表内。

资料来源：Statistics Canada. Postsecondary enrolments, by registration Status, Institution Type, Status of Student in Canada and Gender [EB/OL]. (2024-11-20) [2024-12-23]. https://www150.statcan. gc.ca/t1/tbl1/en/tv.action? pid=3710016304&pickMembers%5B0%5D=3.1&pickMembers%5B1%5D= 4.1&pickMembers%5B2%5D=6.1&pickMembers%5B3%5D=7.1&cubeTimeFrame.startYear=2021+% 2F+2022&cubeTimeFrame.endYear=2022+%2F+2023&referencePeriods=20210101%2C20220101。

5. 国际学生主要选择工商管理和 STEM 专业

2022～2023 学年，加拿大高等教育中，国际学生选择的热门专业主要包括工商管理，工程与工程技术，数学、计算机与信息科学。其中，工商管理专业的国际学生人数最多，达到 132810 人，其次是工程与工程技术专业

（62001 人）和数学、计算机与信息科学专业（58023 人）。此外，社会与行为科学（45384 人）、科学与科技（37995 人）和艺术与人文（30315 人）也是较受欢迎的专业。就读工商管理专业的学生占国际学生总数的 35.3%，相较于 2021~2022 学年增加了 4 个百分点。国际人数增长最快的专业包括工程与工程技术，数学、计算机与信息科学，工商管理，健康护理，均实现了超过 7% 的增长（见表 19）。

表 19　2021~2022 学年、2022~2023 学年加拿大高等教育注册国际学生专业分布情况

单位：人，%

专业	2021~2022 学年		2022~2023 学年		人数增长率
	人数	占比	人数	占比	
科学与科技	36315	9.3	37995	10.1	4.6
工程与工程技术	55668	14.2	62001	16.5	11.4
数学、计算机与信息科学	52593	13.4	58023	15.4	10.3
工商管理	122832	31.3	132810	35.3	8.1
艺术与人文	36450	9.3	30315	8.1	-16.8
社会与行为科学	43422	11.1	45384	12.1	4.5
法律专业和研究	2256	0.6	2202	0.6	-2.4
健康护理	17001	4.3	18237	4.8	7.3
教育	3477	0.9	3078	0.8	-11.5
贸易、服务、自然资源与保护	22005	5.6	22386	6.0	1.7
不详	846	0.2	1797	0.5	112.4

注：1. 该表格为选取《国际教育分类标准》中高等教育（Tertiary Education）定义下的 4 个类别（短期高等、学士、硕士、博士）的相关数据整理所得。2. 统计方法为教育机构在当年 9 月 30 日至 12 月 1 日选择任一日期记录注册的高等院校学生人数，此间未注册的学生不包括在内，且并非全年的学生数量。3. 如果同一学生就读于多个专业项目会被重复计算。

资料来源：Statistics Canada. Table 37-10-0184-01 Postsecondary enrolments, by Status of Student in Canada, Country of Citizenship and Classification of Instructional Programs, STEM and BHASE Groupings [EB/OL]. (2024-11-20) [2024-12-23] https：//www150. statcan. gc. ca/t1/tbl1/en/cv. action? pid =3710018401。

6. 工程与工程技术专业毕业薪资在各段高等级教育中下降，工商管理薪资依旧领先

从毕业生薪资来看，工商管理以及数学、计算机与信息科学的硕士和

博士毕业生薪资明显较高，因而吸引了大量国际学生，这些领域的国际学生在读人数持续增长。根据 2020 年的数据，工商管理专业的硕士和博士毕业生毕业两年后的薪资中位数分别为 86800 加元和 111100 加元，位居所有专业之首。然而，2010～2020 年，其薪资分别下降了 7.0% 和 15.8%，这可能会影响该专业未来的吸引力。相比来说数学、计算机与信息科学专业的薪资增幅最为显著，2020 年该专业硕士和博士毕业生毕业两年后的薪资中位数分别为 86000 加元和 95600 加元，薪酬上涨幅度分别为 10.8% 和 18%，显示出相关行业对该专业人才的强劲需求。对于国际学生来说，健康护理、工程与工程技术专业在本科阶段表现突出，2020 年毕业两年后的薪资中位数分别为 78300 加元、72600 加元，在十大统计专业中薪资位列第一、第二，而教育专业的增长率高达 12.9%。然而，在硕士和博士学位的毕业生中，这两个专业的薪资竞争力相较于其他热门专业则不够突出（见表 20）。值得注意的是，艺术与人文专业一直以来也是国际学生的热门专业之一，而近十年来，其相对偏低的薪资正经历着快速的增长，毕业两年后薪资中位数在学士、硕士和博士学位毕业生中均有较大增幅，分别为 7.6%、5.7% 和 16.4%，或许未来这一专业的受欢迎程度会进一步提高。

表 20　2010 年、2020 年加拿大各专业国际学生毕业两年后薪资中位数对比

单位：加元，%

专业	学士			硕士			博士		
	2010 年	2020 年	增幅	2010 年	2020 年	增幅	2010 年	2020 年	增幅
科学与科技	44300	45100	1.8	60900	63400	4.1	60800	70400	15.8
工程与工程技术	75300	72600	-3.6	79000	71100	-10.0	89600	84900	-5.2
数学、计算机与信息科学	62100	70800	14.0	77600	86000	10.8	81000	95600	18.0
工商管理	54100	58500	8.1	93300	86800	-7.0	132000	111100	-15.8
艺术与人文	35400	38100	7.6	41800	44200	5.7	52300	60900	16.4
社会与行为科学	42100	46100	9.5	62100	64800	4.3	81300	81900	0.7
法律专业和研究	44500	49000	10.1	87100	73400	-15.7	124500	94600	-24.0

续表

专业	学士			硕士			博士		
	2010 年	2020 年	增幅	2010 年	2020 年	增幅	2010 年	2020 年	增幅
健康护理	79200	78300	1.1	83100	77800	-6.4	104600	86500	-17.3
教育	51100	57700	12.9	92300	78200	-15.3	100500	98200	-2.3
贸易、服务、自然资源与保护	52200	53600	2.7	66300	66600	0.5	79800	76900	-3.6

资料来源：Statistics Canada. Table 37-10-0158-01 Characteristics and Median Employment Income of Postsecondary Graduates Two Years after Graduation, By Educational Qualification and Field of Study [STEM and BHASE (non-STEM) Groupings] [EB/OL]. (2024-04-17) [2024-08-02]. https://www150. statcan. gc. ca/t1/tbl1/en/cv. action? pid=3710015801。

7. 国际学生学费大幅增加

近年来，加拿大的国际学生学费水平显著上升，尤其是大部分专业本科生的学费增幅明显高于研究生。2022~2023 学年，视觉、表演艺术和传媒技术，建筑学等专业的本科生学费相比于 2015~2016 学年分别增长 137.7%和 165.7%，大多数专业的本科生学费整体增长超过 50%。在研究生学费方面，增幅最大的专业是高层管理人员工商管理硕士（Executive MBA），2022~2023 学年的学费达到了 76687 加元，增幅高达 93.5%。此外，其他增幅显著的理工科专业包括建筑学（60.0%）、数学、计算机与信息科学（55.2%）、工程学（55.1%）等（见表 21）。

根据加拿大统计局的数据，2022~2023 学年，国际学生的本科平均学费为 36123 加元，而本地学生的平均学费仅为 6834 加元，国际学生的本科学费是本地学生的 5.3 倍。在国际学生人数最多的安大略省，国际学生的本科学费高达 45242 加元。同年，国际学生的研究生平均学费为 21111 加元，是本地学生（7437 加元）的 2.8 倍。①

---

① Statistics Canada. Table 37-10-0045-01 Canadian and International Tuition Fees by Level of Study [EB/OL]. (2021-09-08) [2022-02-23]. https://www150. statcan. gc. ca/t1/tbl1/en/tv. action? pid=3710004501.

表 21 2015~2016 学年、2022~2023 学年加拿大本科及研究生各专业国际学生平均学费

单位：加元，%

专业	本科			研究生		
	2015~2016 学年	2022~2023 学年	增幅	2015~2016 学年	2022~2023 学年	增幅
教育学	16712	23630	41.4	13407	18854	40.6
视觉、表演艺术和传媒技术	19766	46980	137.7	13056	16895	29.4
人文学科	21021	34186	62.6	13154	15406	17.1
社会、行为科学与法律研究	20644	33776	63.6	13053	17127	31.2
法学	25864	42224	63.3	16230	19442	19.8
工商管理与公共管理	22340	33901	51.8	19619	27875	42.1
高层管理人员工商管理硕士	—	—	—	39629	76687	93.5
普通工商管理硕士	—	—	—	33190	41767	25.8
物理、生命科学和技术	22954	37411	63.0	13393	17138	28.0
数学、计算机与信息科学	23643	39000	65.0	12799	19865	55.2
工程学	25112	39562	57.5	15281	23708	55.1
建筑学	21033	55875	165.7	17240	27550	60.0
农业、自然资源及保护	19327	32462	68.0	12135	16521	36.1
牙科医学	50646	59515	17.5	19858	27712	40.0
医学	31881	58515	83.5	—	—	—
护理学	18152	26203	44.4	11877	18425	55.1
药剂学	30997	42323	36.5	14178	15317	8.0
兽医学	54326	68256	25.6	8483	9726	14.7
眼视光学	—	—	—		15092	—
其他保健、休闲和健康学科	19269	26837	39.3	15573	21868	40.4
个人、保护和运输服务	—	27325	—		11765	—

资料来源：Government of Canada. International Undergraduate Tuition Fees by Field of Study〔EB/OL〕. （2021 - 10 - 28）〔2021 - 12 - 8〕. https：//www150. statcan. gc. ca/t1/tbl1/en/tv. action？ pid = 3710000501；Government of Canada. International graduate tuition fees by field of study〔EB/OL〕. （2021-10-28）〔2021-12-8〕. https：//www150. statcan. gc. ca/t1/tbl1/en/cv. action？ pid=3710000601。

（二）在加中国学生总体概况

1. 在加拿大留学的中国学生人数缓慢回升

根据加拿大移民、难民与公民部（Immigration, Refugees and Citizenship

Canada，IRCC）的数据，2018年，中国籍学生签证持有者数量达到近20年的最高值141790人，之后开始下降。2022年，中国籍学生签证持有者数量降至99470人，仅为2018年的70.2%。2023年，中国籍学生签证持有者数量恢复增长，达到102150人，但此时印度籍学生人数已达到中国籍学生的四倍之多。中国籍学生在国际学生中的占比也从2015年高峰时期的33.5%下降至2023年的9.8%（见图2）。

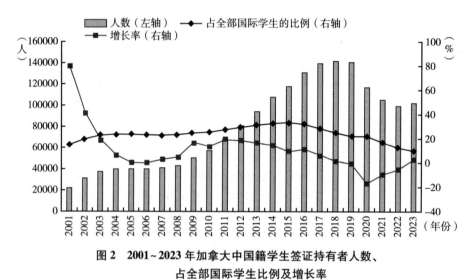

图2　2001~2023年加拿大中国籍学生签证持有者人数、占全部国际学生比例及增长率

资料来源：Immigration, Refugees and Citizenship Canada. Temporary Residents：Study Permit Holders-Monthly IRCC Updates-Canada-Study Permit Holders on December 31st by Country of Citizenship［EB/OL］.（2023-12-31）［2024-08-02］. https：//open. canada. ca/data/en/dataset/90115b00-f9b8-49e8-afa3-b4cff8facaee/resource/3897ef92-a491-4bab-b9c0-eb94c8b173ad。

　　2019~2023年，超过七成在加拿大留学的中国学生集中在学士学段。2022~2023学年，共有62196名中国学生在加拿大攻读学士学位，占比73.7%，较2021~2022学年有所上升。攻读硕士学位的中国学生有11832人（占14.0%），攻读博士学位的中国学生有5073人（占6.0%），博士学段的学生人数较前一学年有所增长。而就读短期高等教育课程（例如由社区学院等机构提供的职业导向课程）的中国学生数量和比例则呈逐年下降趋势（见表22）。

表 22 2019~2020 学年至 2022~2023 学年中国学生在加拿大高等教育各学段
注册人数及占该学段全部学生的比例

单位：人，%

学段	2019~2020 学年		2020~2021 学年		2021~2022 学年		2022~2023 学年	
	人数	比例	人数	比例	人数	比例	人数	比例
短期高等教育	9918	10.1	8763	8.7	6462	6.6	5271	6.2
学士	72804	74.0	75426	75.1	69249	70.8	62196	73.7
硕士	11397	11.6	11718	11.7	11967	12.2	11832	14.0
博士	4251	4.3	4503	4.5	4887	5.0	5073	6.0

注：1. 注册人数为加拿大统计局在 9 月 30 日至 12 月 1 日选择任一日期记录的注册的高等院校学生人数，此间未注册的学生不包括在内，该数量并非当年全年学生数量。2. 该表格为选取《国际教育分类标准》中高等教育（Tertiary Education）定义下的类别相关数据整理所得。

资料来源：Statistics Canada. Distribution of International Student Enrollments，by Level of Tertiary Education［EB/OL］.（2024-11-20）［2024-12-23］. https：//www150. statcan. gc. ca/t1/tbl1/en/cv. action？pid=3710018401。

2. 77.4%的中国学生集中在安大略省和不列颠哥伦比亚省

2022~2023 学年，加拿大中国留学生中有 58.7%集中在安大略省，18.7%在不列颠哥伦比亚省，在魁北克省的中国留学生比例则为 9.3%。相比 2017~2018 学年，2022~2023 学年安大略省和魁北克省的中国学生数量分别增长了 3.4%和 5.0%。相比之下，其他省份的中国留学生人数都有不同程度的下降（见表 23）。

表 23 2017~2018 学年和 2022~2023 学年加拿大
高等教育注册中国学生人数地区分布情况

单位：人，%

地区	2017~2018 学年		2022~2023 学年	
	人数	占比	人数	占比
纽芬兰与拉布拉多省	537	0.5	285	0.3
爱德华王子岛省	708	0.7	342	0.4
新斯科舍省	3558	3.6	2427	2.7

续表

地区	2017~2018 学年		2022~2023 学年	
	人数	占比	人数	占比
新布伦斯威克省	495	0.5	369	0.4
魁北克省	7938	8.0	8334	9.3
安大略省	50982	51.4	52698	58.7
曼尼托巴省	2787	2.8	1218	1.4
萨斯喀彻温省	1731	1.7	951	1.1
艾伯塔省	7932	8.0	6396	7.1
不列颠哥伦比亚省	22587	22.8	16812	18.7

注：1. 该表格为选取《国际教育分类标准》中高等教育（Tertiary Education）定义下的 4 个类别（短期高等、学士、硕士、博士）的相关数据整理所得。2. 统计方法为教育机构在当年 9 月 30 日至 12 月 1 日选择任一日期记录的注册的高等院校学生人数，此间未注册的学生不包括在内，且并非全年的学生数量。3. 分布在加拿大育空地区（Yukon）、努纳武特地区（Nunavut）和西北地区（Northwest）三个地区（Territories）的数据不详，故不列入此表内。

资料来源：Statistics Canada. Table 37-10-0086-01 Postsecondary Enrolments, by Status of Student in Canada, Country of Citizenship and Gender［EB/OL］.（2023-11-20）［2024-12-23］https：//www150. statcan. gc. ca/t1/tbl1/en/cv. action? pid=3710008601。

3. 工商管理、数学、计算机与信息科学及社会与行为科学专业是中国学生选择最多的专业

2022~2023 学年，工商管理仍是中国学生选择最多的专业，注册人数为 20958 人，占加拿大中国学生总数的 23.3%，但这一比例呈下降趋势。其后是数学、计算机与信息科学（16167 人）、社会与行为科学（13674 人）、艺术与人文（11448 人）、工程与工程技术（9936 人）、科学与科技（9834 人）。2022~2023 学年，艺术与人文（11448 人）、健康护理（1542 人）、教育（1377 人）以及法律专业和研究（342 人）专业的中国学生人数有所增长，其他专业的人数均有所下降。数学、计算机与信息科学以及社会与行为科学专业的中国学生人数占中国在加拿大留学生总数的比重整体显著增长。从 2019~2020 学年到 2022~2023 学年，这两个专业占中国留学生的占比分别提高了 2.2 个百分点和 2.3 个百分点（见表 24）。

表 24　2019~2020 学年至 2022~2023 学年加拿大高等教育中
中国学生专业分布情况

单位：人，%

年份 专业	2019~2020 学年		2020~2021 学年		2021~2022 学年		2022~2023 学年	
	人数	占比	人数	占比	人数	占比	人数	占比
科学与科技	11049	10.2	10941	10.2	10164	10.4	9834	10.9
工程与工程技术	12438	11.5	11742	10.9	10848	11.2	9936	11.1
数学、计算机与信息科学	17016	15.8	18321	17.1	17208	17.7	16167	18.0
工商管理	27660	25.6	27621	25.7	24633	25.3	20958	23.3
艺术与人文	14343	13.3	13209	12.3	11325	11.6	11448	12.7
社会与行为科学	13917	12.9	15861	14.8	15066	15.5	13674	15.2
法律专业和研究	336	0.3	306	0.3	270	0.3	342	0.4
健康护理	1635	1.5	1587	1.5	1500	1.5	1542	1.7
教育	1422	1.3	1362	1.3	1371	1.4	1377	1.5
贸易、服务、自然资源与保护	7164	6.6	5790	5.4	4341	4.5	3942	4.4
不详	1062	1.0	573	0.5	546	0.6	606	0.7

注：1. 该表格为选取《国际教育分类标准》中高等教育（Tertiary Education）定义下的 4 个类别（短期高等、学士、硕士、博士）的相关数据整理所得。2. 统计方法为教育机构在当年 9 月 30 日至 12 月 1 日选择任一日期记录的注册的高等院校学生人数，此间未注册的学生不包括在内，且并非全年的学生数量。3. 如果同一学生就读于多个专业项目会被重复计算。4. 仅包括中国大陆数据，不含港澳台地区。

资料来源：Statistics Canada. Distribution of International Student Enrollments, by Level of Tertiary Education［EB/OL］.（2024 - 11 - 20）［2024 - 12 - 23］. https：//www150. statcan. gc. ca/t1/tbl1/en/cv. action？pid = 3710018401。

（三）加拿大留学政策新动向

1. 新版国际教育战略强调国际学生来源多元化及其与就业市场需求的契合度

2023 年 7 月，加拿大国际教育部（CBIE）发布了《国际教育战略（2024-2029）》，① 该战略明确支持国际教育产业的多元化发展，强调在国

---

① Canadian Bureau for International Education, International Education Strategy for 2024-2029［R/OL］.（2023 - 8）［2024 - 9 - 1］. https：//cbie. ca/wp - content/uploads/2023/08/CBIE - Consultation-Brief-on-Canadas-International-Education-Strategy-2024-2029-July-2023. pdf.

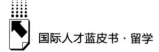
际学生来源上更多元化，避免对单一国家的依赖，以确保国际教育的稳定性
与可持续性。报告认可了国际教育在近年蓬勃发展的趋势，并称其对加拿大
的经济增长、社会繁荣以及文化多样性作出了重要贡献。这一战略的出台旨
在进一步巩固国际教育的地位，推动吸引更多国际学生，同时促进更为多样
化的教育服务和学生来源结构，为加拿大长期发展注入新的活力。根据加拿
大全球事务部（Global Affairs Canada，GAC）的统计数据，目前，国际学生
所支付的学费等费用为加拿大创造了超过 22 万个就业岗位，并带来了约
225 亿美元的经济效益。

　　与上一个教育战略相比，该战略还指出要加强国际学生培养与加拿大本
地就业市场需求的契合度。报告指出，国际教育的发展有助于实现加拿大移
民、难民与公民部（Immigration，Refugees and Citizenship Canada，IRCC）于
2022 年 11 月 1 日提出的移民促进计划，即在 2023～2025 年每年吸引
480000～500000 名移民，以促进加拿大从疫情中恢复，并改善劳动力供给不
足的现状。① 具备加拿大本地学位并掌握至少一种官方语言的国际学生，被
视为理想的永久居留申请人，对填补劳动力缺口和加快疫情后的经济恢复具
有重要作用。然而，加拿大国际教育产业的传统竞争对手（如澳大利亚、
法国、德国、新西兰、英国和美国）以及新兴的竞争对手（如中国、马来
西亚）正在增加对教育服务的营销投入以吸引全球优秀人才。这种竞争态
势迫使加拿大在国际教育领域提升吸引力，优化政策以保障自身在全球人才
争夺战中的优势地位。② 对此，《国际教育战略（2024-2029）》提出一
系列吸引国际学生的计划倡议（见表 25）。

---

① Immigration，Refugees and Citizenship Canada，An Immigration Plan to Grow the Economy［R/OL］
　（2022－11－1）［2024－9－9］https：//www. canada. ca/en/immigration－refugees－citizenship/
　news/2022/11/an-immigration-plan-to-grow-the-economy. html.
② 徐琼：《加拿大国际教育战略发展动因、内容与挑战——基于〈立足成功：加拿大国
　际教育战略（2019-2024）〉的分析》，《比较教育研究》2020 年第 12 期，第 21～
　29 页。

表 25   加拿大《国际教育战略（2024-2029）》主要措施内容

倡议方案	具体执行措施	目标结果
采用全面的、泛政府的和跨部门的方式，推动国际教育事业发展	多个部门①联合，各自推出覆盖全流程的政策，以此改善留学人员的住房、教育质量和就业等多方面体验	提高政策的匹配度和可执行性，统一政策规划和目标制定
从道德和人文关怀入手，打造和强化加拿大在全球的国际教育品牌效应	创造多元的、平等的加拿大国际教育行业，尊重个性和文化，提升弱势群体的话语权，并为留学人员提供所需的咨询和顾问	让加拿大成为潜在留学生有意愿前往的留学目的地，为他们提供平等和包容的留学和就业环境
针对劳动力市场需求推出政策，吸引国际学生移民和就业	为留学人才提供移民政策方面的支持，如允许国际学生完成学业后留在加拿大寻求就业机会等	吸引国际学生在加拿大留下来，给他们更多的就业便利，以此改善加拿大长期劳动力短缺现状
个别国家优先政策	与用人单位和其他政府部门（如IRCC）协商，制定倚重于某些国家和群体的政策，给予某些来源国国际学生优先性	从目标国家吸引更多留学生，让国际学生的结构更加符合加拿大经济发展规划需求，更好地适应疫情后的新形势
投资奖学金项目	加大对中小型研究和教学机构的投资，让他们能够负担奖学金项目并开展研究；建立国家统一奖学金项目资金管理机构	中小型机构的财务负担将大大降低，奖学金资金的管理将更加高效和透明，奖学金项目将更广泛、更有吸引力
建立完善和长期的国际教育数据库	建立完善的数据库，通过调研、统计等方式建立国际教育人员就业数据库，并利用该数据库制定政策，与国际学生沟通	为加拿大长期以来缺乏数据支撑的国际学生政策提供依据，更高效地将新的利好政策传达给留学生群体

资料来源：Canadian Bureau for International Education，International Education Strategy for 2024-2029［R/OL］.（2023-8）［2024-9-1］. https：//cbie. ca/wp-content/uploads/2023/08/CBIE-Consultation-Brief-on-Canadas-International-Education-Strategy-2024-2029-July-2023. pdf。

　　总体而言，与此前几版战略相比，《国际教育战略（2024-2029）》更着重于完善加拿大国际教育的制度设计，希望鼓励更多国际学生在加拿大毕

---

　　①　"多个部门"包括但不限于：加拿大国际教育部（CBIE），加拿大全球事务部（GAC），加拿大移民、难民与公民部（IRCC），加拿大就业和社会发展部（ESDC），加拿大创新、科技和经济发展部（ISED）。

业后能有效融入本地就业市场，为各行业的劳动力需求提供支持，推动加拿大经济的长远发展。除了学生来源国，新战略关注了加拿大国内多个部门和行业的协作，以解决劳动力短缺作为政策制定的核心思想，在此基础上实现数据、制度的规范化和透明化，集合全社会和各部门意见，从国际和国内两个角度入手，提高国际学生在生活和就业上的便利性，最终实现吸引留学生移民定居、改善加拿大劳动力供应的终极目标。对于中国学生来说，加拿大对于多元文化包容和共存的重视、留学生就业和生活环境的改善意愿与实际做出的努力、奖学金制度的改革等因素都将极大提高加拿大作为留学目的地国的吸引力。

2. 调整移民和毕业工签政策，吸引满足市场需求的国际学生

2023 年 11 月 1 日，加拿大移民、难民与公民部（IRCC）公布了《2024-2026 年移民水平计划》，提出未来移民政策将以填补劳动力市场、促进加拿大经济增长为导向，将经济移民所占比例维持在 60% 左右，[①] 并且再次提高了每年接收移民数量目标，即 2024 年为 485000 人，2025 年、2026 年均为 500000 人。[②] 值得注意的是，相比此前的《2023-2025 年移民水平计划》，由各省份根据经济发展情况及需求制定的省提名项目（Provincial Nominee Program，PNP）仍然为经济移民的主力项目。在省提名项目中，针对特定学校、学历或专业的国际学生，无需工作经验即可申请。这种灵活的政策缩短了国际学生获取永久居民身份的时间，使得国际学生毕业后留下的过程更加简便。此外，随着省提名项目目标人数的显著上调，吸引力进一步增强，为更多毕业生提供了留在加拿大的机会。

自 2024 年 11 月 1 日起，加拿大移民、难民与公民部（IRCC）开始执行国际学生毕业工签（PGWP）的新要求，对国际毕业生的英语或法语能力

---

① Notice-Supplementary Information for the 2024-2026 Immigration Levels Plan［EB/OL］.（2023-11-01）［2024-09-10］. https：//www. canada. ca/en/immigration-refugees-citizenship/news/notices/supplementary-immigration-levels-2024-2026. html.

② Government of Canada. Notice-Supplementary Information for the 2022-2024 Immigration Levels Plan［EB/OL］.（2022-02-14）［2022-04-08］. https：//www. canada. ca/en/immigration-refugees-citizenship/news/notices/supplementary-immigration-levels-2022-2024. html.

作出了要求，要求所学专业属于限定的专业领域。其中，学士、硕士、博士
学位课程以及其他大学课程项目的毕业生要求达到英语或法语能力 CLB 7，
而 College 或其他项目的国际毕业生要求达到英语或法语能力 CLB 5，且所
学专业为紧缺专业，包括农业和农产品，医疗健康，科学、技术、工程、数
学（STEM），贸易，交通运输等专业。①

---

① Government of Canada. Work in Canada after You Graduate ［EB/OL］. (2024-10-04) ［2024-
12-23］. https：//www. canada. ca/en/immigration-refugees-citizenship/services/study-canada/
work/after-graduation/eligibility. html#what.

B.3
欧洲热门留学国家的留学现状分析

摘　要： 欧洲国家以卓越的口碑与丰富的文化底蕴赢得了众多国际学生的青睐，在留学相关入境政策、工作签证不断调整等诸多因素影响下，近年来欧洲吸纳的国际学生人数规模不断扩大。英国、法国、德国是中国留学生最为向往的欧洲留学目的地。近年来，中国赴英留学学生持续增加，但英国大学入学门槛不断提高、学业难度提升，中国赴英留学人数增长放缓；法国和德国近年来出台了包括简化学生长期签证流程、承认中国高考成绩等多项留学政策，但中国赴法国、德国留学的学生数量仍有所回落。

关键词： 英国留学　法国留学　德国留学　中国留学生

近几年，英国、法国、德国仍是欧洲最热门的留学目的国。在美国等传统留学目的地国家内保护主义的兴起与留学移民政策收紧的大背景下，越来越多国际学生将目光转向口碑同样优越且对外政策更加开放友好的欧洲各国。此外，2022年起英法等欧洲多国解除针对新冠疫情的入境限制，并进一步出台鼓励留学与移民政策，如英国教育部推行吸引全球优秀人才的工作签证；法国不断拓宽国际学生的奖学金范围；德国则因为认可中国的高考成绩并允许留学生在本地合法打工等，激发了对国际学生的吸引力。然而欧洲地区乌克兰危机延续而催生出的能源与物资短缺，以及生源

---

* 许泽阳，全球化智库（CCG）助理研究员，主要研究方向为人才全球化、中国与全球化；何航宇，全球化智库（CCG）助理研究员，主要研究方向为人才全球化、智库发展；冯文源，全球化智库（CCG）研究助理，主要研究方向为当代中国社会与青年。

陡增导致欧洲热门学校录取门槛不断提升也对有意赴欧的留学生提出新的挑战。

一 2023年中国学生赴英国留学现状[①]

（一）英国国际学生总体情况

1. 疫情影响逐渐消退，国际学生增长迅猛

英国内政部公开披露的数据表明，2016~2019 年，英国每年签发的国际学生签证数量[②]稳步增长，从 294454 张增加到 404410 张，年均增长率为 11. 16%。受新冠疫情影响，2020 年，英国为国际学生签发的签证数骤降至

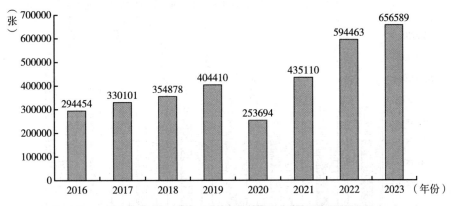

图1 2016~2023 年英国历年签发国际学生签证数

资料来源：1. Home Office. National Statistics ［EB/OL］. （2021 - 08 - 26）［2021 - 11 - 29］. https：//www. gov. uk/government/statistics/immigration - statistics - year - ending - september - 2021/ why-do-people-come-to-the-uk-to-study；2. Home Office. Accredited Official Statistics Why do People Come to the UK? To Study ［EB/OL］. （2022 - 09 - 23）［2024 - 09 - 13］. https：// www. gov. uk/government/statistics/immigration-statistics-year-ending-june-2022/why-do-people-come-to-the-uk-to-study#section1. 1；3. Home Office. Immigration System Statistics-Entry Clearance Visas ［EB/OL］. （2024-08-22）［2024-09-13］. https：//assets. publishing. service. gov. uk/media/ 66bf6e3ca44f1c4c23e5bd45/visas-summary-jun-2024-tables. ods。

---

① 本报告中中国均指中国大陆地区。
② 包括当年签发的中小学与高等教育的所有国际学生签证总数。

253694 张。2021 年，随着疫情的逐步缓解，国际学生重返英国留学的趋势迅速反弹。当年签发的学生签证数达到 435110 张，比 2019 年略有增加。2023 年，英国签发的学生签证数量创纪录地达到 656589 张（见图 1），这标志着疫情后留学英国的热情达到了过去十余年的高峰。

英国高等教育统计署（Higher Education Statistics Agency，HESA）的长期跟踪数据表明，2015～2016 学年至 2019～2020 学年，赴英接受高等教育的国际学生人数共增长了 117660 人，这反映英国国际教育产业的快速发展。2019～2020 学年，国际学生总人数达到了 554230 人。2020～2021 学年至今，英国高等教育中的国际学生人数仍持续增加，2022～2023 学年在英接受高等教育的国际学生达到 758860 人，创历史新高。

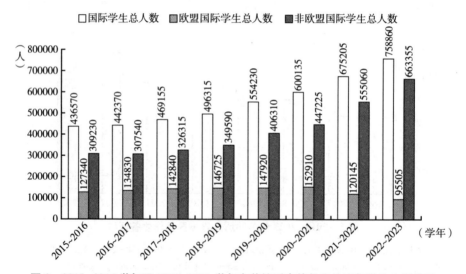

图 2　2015～2016 学年至 2022～2023 学年在英接受高等教育的国际学生人数情况

资料来源：HESA. Higher Education Student Statistics-HE Student Enrolments by Permanent Address Academic Years 2018/19 to 2022/23 [EB/OL]. (2024-09-12) [2024-09-13]. https://www.hesa.ac.uk/data-and-analysis/students/where-from。

2015～2019 年，来自欧盟赴英国留学国际学生人数保持了相对稳定的增长，但由于英国在 2016 年启动的脱欧进程，总体增速有所放缓。赴英留学的欧盟国际学生人数从 2015～2016 学年的 127340 人小幅上升至 2019～2020

学年的 147920 人，增幅约为 16.16%，占英国接受高等教育国际学生总人数的比例则从 29.17%下降至 26.69%，这是来自非欧盟国家的国际学生人数增速明显超越欧盟国际学生人数增速导致的。2020~2021 学年，由于新冠疫情和全球范围内的科技封锁的影响，许多原本计划前往北美或亚洲进行学习的学生选择了英国，在英国的欧盟国际学生人数继续增加至 152910 人。然而，2021~2022 学年，身处英国的欧盟国际学生人数急剧下降至 120145 人，占全体留学生数量的比例降至 17.8%，相较 2020~2021 学年欧盟国际学生人数降幅超过 21.43%。整体来看，在英的欧盟国际学生人数在 2020~2023 年出现了连续性的大幅下跌，共减少了 57405 人（见图 2），这一变化可以归咎于英国脱欧后对欧盟学生学费政策的调整——2020 年英国政府宣布 2021~2022 学年来自欧盟的国际学生学费将不再受到英国财政支持，来自欧盟的国际学生将和其他国际学生一样支付国际学生学费（International Student Fee）而不是本地学生学费（Home Student Fee）。①

从学历分布来看，2015~2022 年的各学年，来自欧盟参加研究生课程学习的人数整体呈现缓慢下降趋势，②从 2015~2016 学年的 45265 人减少到 2021~2022 学年的 33715 人；而欧盟在英攻读本科学生人数在 2021 年之前一直保持增长，从 2015~2016 学年的 82075 人增长到 2020~2021 学年的 109135 人，但在 2021~2022 学年下降至 86425 人。总体来看，2015~2021 年，欧盟国际学生在英人数稳步增长，并在 2020~2021 学年达到峰值，但 2021 年后人数显著下滑，相比研究生课程，欧盟学生更倾向在英

① Michelle Donelan. Student Support in England ［EB/OL］. （2020-06-23）［2024-10-21］. https：//www. gov. uk/government/news/student-support-in-england.
② 英国的研究生教育分为授课型与研究型，授课型研究生主要是授课型硕士［Master of Arts（MA），Master of Science（MSc）］，通常 1~2 年，主要任务为学习课程以及完成考试；研究型研究生包括研究型硕士［Master of Philosophy（MPhil），Master of Research（MRes）］以及博士（Doctor of Philosophy），研究型硕士通常 2~3 年，以参与相关课题为主，成果可作为博士研究的一部分。英国的本科教育以 First Degree 为主，学生在进行 3~4 年的学习后可以获得学士学位（Bachelor's Degree）。其他本科教育包括 HND/HNC（高级国家文凭/证书），是一种结合了职业准备和学历教育的两年全日制学历资格；预科学位（Foundation Degree）通常为一年制的课程，为学生衔接学士教育打下语言与专业基础；DipHE 为两年制，通常与学士教育前两年相同，毕业后获得高等教育文凭（Diploma of Higher Education）。

国攻读学士学位，但受政策和局势的影响，学生人数出现了明显的波动（见表1）。

表1 在英国接受高等教育的国际学生人数（欧盟）

单位：人

学年	研究型研究生	授课型研究生	本科学生（First Degree）	其他本科学生	总数
2015~2016	15205	30060	77810	4265	127340
2016~2017	14985	31000	84460	4385	134830
2017~2018	14600	31250	92280	4710	142840
2018~2019	14080	31000	97335	4315	146725
2019~2020	131180	30565	101080	3095	147920
2020~2021	12720	31055	106500	2635	152910
2021~2022	10935	22780	84215	2210	120145
2022~2023	10355	18820	64435	1890	95505

资料来源：HESA. Higher Education Student Statistics [EB/OL]. (2024-09-12) [2024-09-13]. https://www.hesa.ac.uk/data-and-analysis/students/whos-in-he#quality-chart-1。

相比欧盟国家赴英留学趋势的放缓，近年来，来自非欧盟国家的赴英留学生人数呈现显著增长趋势。数据显示，非欧盟国家留学生人数从2015~2016学年的309230人增加到2022~2023学年的663355人，增幅达到114.52%。从来自非欧盟国家留学生的目标学历来看，研究型研究生的人数虽有短期波动但是长期保持稳定，并在最近几个学年有所增长，人数从2015~2016学年的33645人下降至2017~2018学年的31875人后，又回升至2022~2023学年的39475人。

相比之下，来自非欧盟国家的授课型研究生不仅基数更大而且增长速度明显更快。来自非欧盟国家的授课型研究生人数从2015~2016学年的119415人迅速攀升至2022~2023学年的387125人，特别是2021~2022学年，增幅高达42.74%。本科生人数同样稳步增长，从2015~2016学年的156170人增加到2022~2023学年的236750人（见表2）。

这一增长趋势或受到其他主要留学国家收紧留学与移民政策的影响，相比之下，英国政府在2019年第三季度推出的两年毕业生工作签证（PSW）

等鼓励留学的政策，吸引了更多非欧盟国家的学生，尤其是注重实际应用的短期授课型研究生课程吸引了大批非欧盟国家的国际学生。

表 2　在英国接受高等教育的国际学生人数（非欧盟）

单位：人

学年	研究型研究生	授课型研究生	本科学生（First Degree）	其他本科学生	总数
2015~2016	33645	119415	143295	12875	309230
2016~2017	32410	117155	145850	12125	307540
2017~2018	31875	128645	152860	12935	326315
2018~2019	32355	143390	160465	13385	349595
2019~2020	32580	180510	177855	15365	406310
2020~2021	34015	212550	188690	11970	447225
2021~2022	35415	303390	201735	14520	555060
2022~2023	39475	387125	220185	16565	663355

资料来源：HESA. Higher Education Student Statistics［EB/OL］.（2024-09-12）［2024-09-13］. https：//www. hesa. ac. uk/data-and-analysis/students/whos-in-he#quality-chart-1。

2. 英格兰地区吸引了最多的国际学生

英格兰地区是赴英国际学生们最为青睐的留学地区。2022~2023 学年，约有 630005 名国际学生赴英格兰地区求学，这一数量占全部在英国际学生人数的 83.02%。相比之下，仅有 83975 名国际学生在苏格兰地区求学，占 11.07%；其余 44880 名国际学生在北爱尔兰和威尔士地区求学，共占 5.91%（见图 3）。这样的国际学生分布趋势是多个因素导致的，例如，英格兰拥有伦敦、伯明翰、曼彻斯特、利兹、谢菲尔德等大型城市，这些城市集中了较多的公共资源和雄厚的教育资源，且国际化程度较高，文化交流频繁，这使得国际学生在这些地处英格兰的城市生活会更加便利。以英国首都伦敦为例，作为英国的政治和经济中心，伦敦吸引了全英国近 25% 的国际学生到此求学。[①] 另外，

---

① 《英国大学城市分布图鉴来啦！伦敦大学数量最多！》［EB/OL］.（2021-02-01）［2024-10-22］. https：//www. 163. com/dy/article/G1PF3JMF05168V4U. html。

在2024年QS世界大学综合排名中，排名前100的大学中英国高校有17所，其中，英格兰地区有14所，苏格兰地区有3所，北爱尔兰和威尔士地区没有大学进入前100名，① 这也是国际学生偏好英格兰的重要原因。

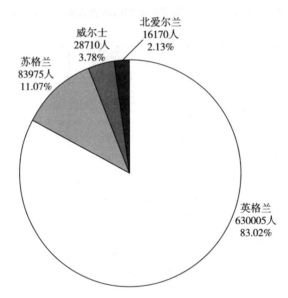

图3 2022~2023学年在英接受高等教育的国际学生地区分布

资料来源：HESA. Higher Education Student Statistics ［EB/OL］. （2024-09-12）［2024-09-13］. https：//www. hesa. ac. uk/data-and-analysis/students/where-from。

3. 商科仍为在英国际学生的主流选择，医学相关专业成新趋势

2022~2023学年，商务管理仍然是赴英国际学生选择最多的专业，共有183220名研究生（占全部国际研究生的40.20%）和80260名本科生（占全部国际本科生的26.48%）就读该专业。与2019~2020学年相比，就读商务管理专业的研究生人数增加了103930人，本科生人数增加了8391人，两者的占比也显著上升。

---

① 进入2024年QS世界大学排名前100的英国高校包括：牛津大学、剑桥大学、帝国理工学院、伦敦大学学院、爱丁堡大学（苏格兰）、曼彻斯特大学、伦敦国王学院、伦敦政治经济学院、布里斯托大学、华威大学、格拉斯哥大学（苏格兰）、杜伦大学、伯明翰大学、南安普敦大学、利兹大学、诺丁汉大学、圣安德鲁斯大学（苏格兰）。

自 2020 年以来，公共卫生等相关事务的关注度在国际范围内显著提升，医学相关专业在 2021～2022 学年成为国际学生第二大热门专业，研究生人数较两年前增长超六成，学习该专业的国际研究生人数占全体国际研究生人数的比值增至 12.33%；学习相关专业的国际本科生人数增长超两成，占全体国际本科生比值从 6.05% 增长至 12.98%。2022～2023 学年医学相关专业的热度有所回落，研究生人数降至 22020 人，本科生人数降至 19400 人。

2022～2023 学年其他受欢迎的研究生专业包括商务管理、计算机和工程技术专业，人数占比分别为 40.20%、9.64% 和 8.73%。社会科学紧随其后，占7.23%。本科生中，社会科学是第三大热门专业，占全体国际本科生的比值为8.64%，其后是创意艺术与设计（8.41%）和计算机（7.43%）。与研究生相比，本科生中教育学专业的学生仅占 0.85%；而创意艺术与设计专业在研究生中的占比仅为 3.92%（见表 3）。

总体来看，2022～2023 学年国际学生人数大幅上升，商科仍然是英国高等教育中最受欢迎的科目。随着全球范围内对于公共健康和医疗卫生的广泛关注，医学相关专业一度发展迅猛，但疫情结束后，医学相关专业的学生人数有所下降。教育学和社会科学仍然是英国高校的热门学科，而工科继续对留学生保持着吸引力。英国的国际学生研究生阶段更倾向于选择实用性强的热门领域，而授课型研究生课程的学习模式和较短的授课时长则为学生未来的职业发展提供了符合市场需要的良好衔接。在本科阶段，留学生的专业选择更加贴合个人兴趣，也更加多元化，这一趋势有望持续。

表 3　2022～2023 学年在英接受高等教育的国际学生学科分布

单位：人，%

学科	留学生总人数（不含身份未确定人士）	研究生人数	研究生比例	本科生人数	本科生比例
医学与牙科学	14390	6735	1.48	7655	2.53
医学相关	41420	22020	4.83	19400	6.40
生物与运动科学	17755	8080	1.77	9680	3.19
心理学	16925	7770	1.70	9155	3.02

续表

学科	留学生总人数 （不含身份未确定人士）	研究生 人数	研究生 比例	本科生 人数	本科生 比例
兽医学	2390	430	0.09	1960	0.65
农学、食品学以及相关学科	4670	3155	0.69	1515	0.50
物理学	14370	6940	1.52	7425	2.45
数学	16415	8145	1.79	8270	2.73
工程技术	70835	39790	8.73	31045	10.24
计算机	66460	43950	9.64	22510	7.43
建筑学	18805	12370	2.71	6435	2.12
地理与环境学（自然科学）	6355	3960	0.87	2395	0.79
社会科学	59145	32970	7.23	26175	8.64
法学	30820	15920	3.49	14900	4.92
商务管理	263480	183220	40.20	80260	26.48
语言学和地区研究	16360	7520	1.65	8840	2.92
历史、哲学以及宗教研究	11375	5790	1.27	5580	1.84
教育学	17545	14955	3.28	2590	0.85
综合与通识研究	7275	2660	0.58	4615	1.52
传媒学	15690	9135	2.00	6550	2.16
创意艺术与设计	43370	17875	3.92	25495	8.41
地理与环境学（社会科学）	3015	2390	0.52	625	0.21
总计	758855	455780	60.06	303080	39.94

注：此表格中学科类别来源于 CAH Level 1，为英国高等教育统计署使用的学科分类系统。

资料来源：HESA. Higher Education Student Statistics ［EB/OL］. （2024-09-13）［2024-09-12］. https：//www.hesa.ac.uk/data-and-analysis/students/what-study。

4. 赴英欧盟国际学生减少，亚洲国际学生占比不断增加，印度超越中国大陆居首

意大利、法国、德国、西班牙、罗马尼亚、希腊、波兰、爱尔兰、塞浦路斯以及葡萄牙是在英欧盟国际学生的主要来源国家和地区，2021~2022 学年，来自这十个国家的赴英国际学生总数为 89715 人占当年全体欧盟国际学生总数（120145 人）的 74.67%。2015~2021 年，除德国、爱尔兰、希腊和塞浦路斯外，来自其余主要欧盟来源国家和地区的国际学生数量整体增长，多数在 2020~2021 学年达到人数峰值。随着英国脱欧政策的落地以及随之而来的针对欧盟国际学生（爱尔兰除外）学费优惠政策的取消，来自欧盟的国际学生数量出现了锐减，2022~2023 学年的在英全体欧盟国际学生人数相较于 2020~2021 学年的 152910 人减少了 57405 人，降幅达到了 37.54%（见表 4）。来自欧盟的国际学生显著减少这一趋势可能导致英国对来自亚洲国家的国际学生的依赖性进一步上升。

表 4 在英国接受高等教育的国际学生主要来源国家和地区（欧盟）

单位：人

学年	意大利	法国	德国	西班牙	罗马尼亚	希腊	波兰	爱尔兰	塞浦路斯	葡萄牙
2015~2016	12135	12525	13410	7825	7200	9780	5650	10240	9300	3090
2016~2017	13455	13560	13735	8820	8110	10045	6585	10070	9145	3695
2017~2018	13985	13660	13545	9630	8655	10135	7545	9600	9360	4700
2018~2019	13965	13675	13475	10330	9740	9920	8380	9625	8865	5940
2019~2020	13605	13430	12400	10850	10700	9625	9125	9005	8550	6990
2020~2021	14605	14090	12250	12290	12860	9555	10755	9740	8335	8470
2021~2022	11320	11870	9915	10330	8915	7100	7910	9855	6330	6170
2022~2023	9220	10305	8240	8730	6020	5455	5710	9410	4870	4370

资料来源：HESA. Higher Education Student Statistics ［EB/OL］. （2024-09-12）［2024-09-13］. https：//www. hesa. ac. uk/data-and-analysis/students/where-from。

来自非欧盟国家和地区选择赴英留学的国际学生主要来自亚洲，包括中国内地、印度、马来西亚等，2021~2022 学年来自非欧盟地区的国际学生的总人数为 555060 人，而其中有 151690 人来自中国内地，位居第一，人数常年平稳增长；其次为印度（126535 人），两国作为英国国际学生的主要来源地，赴英留学人数均超过上述欧盟主要来源国留学生人数总和。印度在 2018~2023 年增速尤其明显，人数增长超 5 倍，共增长了 14.65 万人，并于 2022~2023 年超越中国内地成为英国国际学生最大的来源地。来自巴基斯坦和尼日利亚的国际学生人数近年来增幅也十分突出。此外，2021~2022 学年孟加拉国和阿拉伯联合酋长国以 12700 人和 8085 人成为英国前十的主要国际学生来源地。中国香港的赴英国际学生数量走势平稳，沙特阿拉伯、马来西亚、新加坡国际学生人数则有一定程度减少。总体来说，亚洲以其高基数和高增长速度维持着英国主要国际学生来源地的地位，其中，中国与印度常年保持着英国国际学生前两名的主要来源国地位，总增长趋势稳中向好（见表5）。

表5 在英接受高等教育的国际学生主要来源国家和地区（非欧盟）

单位：人

学年	中国内地	印度	美国	中国香港	马来西亚	尼日利亚	沙特阿拉伯	巴基斯坦	新加坡	加拿大	孟加拉国	阿拉伯联合酋长国
2015~2016	90355	16720	17075	16735	17400	16085	8515	5500	7535	5970	3250	3845
2016~2017	95090	16550	17580	16680	16370	12665	8065	5245	7300	5915	2775	4175
2017~2018	106525	19750	18885	16350	14970	10535	7945	5605	7020	6180	2560	4720
2018~2019	120385	26685	20120	16135	13835	10645	8125	6150	6750	3355	2660	5355
2019~2020	139130	52545	19940	16975	13175	12810	8435	7165	6700	6625	3210	6015
2020~2021	143820	84555	19210	16660	11510	20865	8825	12975	6580	6785	6665	7070
2021~2022	151690	126535	22990	17630	12130	43520	8750	23075	6215	7485	12700	8085
2022~2023	154260	173190	22540	17905	13005	72355	8350	34690	6235	7445	14945	8350

注：新加坡于2021~2022学年掉出前十。

资料来源：HESA. Higher Education Student Statistics ［EB/OL］. （2024-09-12）［2024-09-13］. https：//www.hesa.ac.uk/data-and-analysis/students/where-from。

（二）在英中国学生总体情况

1.中国赴英留学学生持续增加

中国赴英接受高等教育的国际学生人数在经历了多年的快速增长之后，逐渐进入稳定期，近两年人数的增长趋于平缓。2016~2020年各学年，中国赴英留学生的人数增长率从5.24%稳步上升至15.57%，总人数从95090人增长至139130人。尽管在2020~2022年，全球新冠疫情对留学造成了一定影响，中国赴英留学生的增长率有所下降，但总人数仍然在增加，2022~2023学年达到了154260人（见图4）。

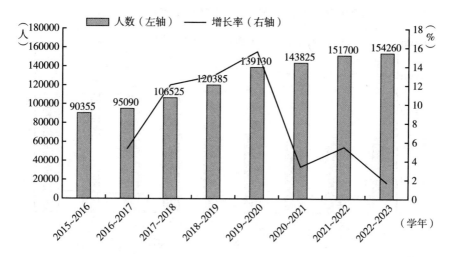

图4 在英接受高等教育的中国学生总人数及增长率

资料来源：HESA. Higher Education Student Statistics［EB/OL］.（2024-09-12）［2024-10-17］. https：//www. hesa. ac. uk/data-and-analysis/students/where-from。

2. 授课型硕士仍是赴英中国学生首选项目

2014~2023 学年，中国赴英留学总人数经历了快速增长后，在 2020 年后增长速度逐渐趋于平稳。从学历分布来看，2022~2023 学年，中国赴英的本科生和授课型研究生人数最多，分别为 66320 人和 75645 人，占总人数的 42.99% 和 49.04%。研究型研究生人数相对较少，仅为 12295 人，占比 7.97%，但从整体趋势来看，这三类学生的总人数在近年来均呈现整体上升趋势（见图5）。这些数据表明，赴英中国留学生中，授课型研究生是主力群体，英国的本科课程和授课型研究生课程因其短学制和高实用性等优势受到广大中国留学生的普遍认可。

（三）赴英留学政策新动向

1. 赴英学习、高水平工作签证进一步放宽，短期就业市场向好，长期尚待观察

2019 年，英国推行了一系列对国际学生和移民更为友好的举措。这些

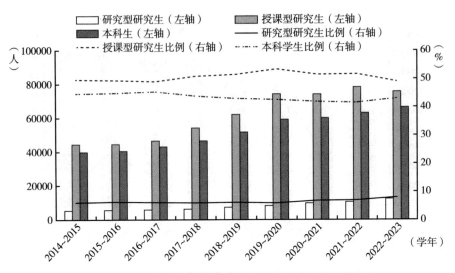

图5 中国在英国接受高等教育的国际学生学历分布与比例

资料来源：HESA. Higher Education Student Statistics［EB/OL］.（2024-09-12）［2024-10-21］. https：//www. hesa. ac. uk/data-and-analysis/students/where-from。

政策包括引入"学生签证"系统（Student Visa），① 简化签证申请流程并允许提前申请，此外，还推出了毕业生签证（Graduate Route Visa，或称 Post Study Work，PSW）②，允许国际学生在英国完成学业之后有时间在英合法工作或创业。与此同时，为吸引全球顶尖科学家，英国政府还设立了"人才办公室"（Office for Talent）③ 并推出了一系列更具吸引力的政策。其中，2022 年 5 月 30 日开放申请的"高潜力人才签证"（High Potential Individual visa），为全球两个或以上榜单排名前 50 的高校（不含英国高校）毕业生提

① British Council. Student Visas［EB/OL］.［2021-11-30］. https：//study-uk. britishcouncil. org/zn-hans/moving-uk/student-visas.

② Home Office. Graduate Route to Open to International Students on 1 July 2021［EB/OL］.（2021-03-04）［2021-11-30］. https：//www. gov. uk/government/news/graduate-route-to-open-to-international-students-on-1-july-2021.

③ Department for Business. Energy & Industrial Strategy. Government Fires up R&D across the Country to Cement the UK as Science Superpower［EB/OL］.（2020-07-01）［2021-11-30］. https：//www. gov. uk/government/news/government-fires-up-rd-across-the-country-to-cement-the-uk-as-science-superpower.

供 2~3 年的英国签证，并允许他们在英国寻找工作或从事商业活动。① 根据牛津大学移民观察（The Migration Observatory）的一份报告，有 25862 人通过毕业生签证留在英国，截至 2022 年 6 月 30 日，共有 30453 人申请该签证并获批。这一数字分别是 2021 年前通过工作延长签证（Extension for Work）和家庭延长签证（Extension for Family）的总人数的 2.5~3 倍。②

自 2018 年起，国际范围内对于前往英国工作的需求大幅增长，英国政府对于此类需求给予了积极回应，特别是在医疗保健行业获批了数量可观的工作签证。2022 年，中国共有 1479 人获批 Tier 2 技术工作签证，另有 872 人获得 Tier 5 短期工作签证，这显示了短期英国国际就业市场的显著回暖。与目前美国等主要留学国家收紧留学和移民政策的趋势形成鲜明对比，英国政府实施的一系列鼓励性措施在国际学生中引发了积极的反响，但是从长期角度来看系统性削减外来移民将是未来几届英国政府的长期目标，所以英国未来就业环境和态势还有待进一步观察。

2. 入境政策持续简化

英国交通大臣格兰特·沙普斯（Grant Shapps）宣布，自英国时间 2022 年 3 月 18 日起，英国将取消所有因新冠疫情而制定的旅行限制和相关措施。③ 同年，英国移民局宣布曾经为了保障那些因新冠疫情而有可能在英国非法居留的人推出的"特别保证签证"（Exceptional Assurance，EA）在当年的 11 月 30 日之后不再有效并不再接受新的申请。④ 此外，据英国内政部

---

① Home Office. High Potential Individual（HPI）Visa［EB/OL］.（2022-05-30）［2024-10-21］. https：//www. gov. uk/high-potential-individual-visa.

② The Migration Observatory. Work Visa Grants to Non-EU Former Students Fell by 84% from 2011 to 2020, Before the Decision to Re-introduce Post-study Work Rights in 2021［EB/OL］.（2024-01-24）［2024-10-21］. https：//migrationobservatory. ox. ac. uk/resources/briefings/student-migration-to-the-uk/.

③ Straits Times. Britain to Drop Last Covid-19 Travel Measures from March 18［EB/OL］.（2022-03-15）［2024-10-21］. https：//www. straitstimes. com/world/europe/britain-to-drop-last-covid-19-travel-measures-from-march-18.

④ Home Office. Coronavirus（COVID-19）：Advice for UK Visa Applicants and Temporary UK Residents. https：//www. gov. uk/guidance/coronavirus-covid-19-advice-for-uk-visa-applicants-and-temporary-uk-residents.

发布的消息，外国人在 2022 年 8 月 4 日之后入境英国，无需进行线上注册或者在 7 日内去警察局报到，此举为新到英国的国际学生们节省了许多精力和时间。① 而被许多英国留学生所熟知的具有英国身份证作用的英国生物信息卡（Biometric Residence Permit，BRP），也于 2025 年 1 月 1 日起退出历史舞台，届时所有在英国际学生的信息都将可以通过网络渠道查询。②

3. 奖学金资助范围不断拓宽

2021 年，英国教育部（Department for Education）将公立高等教育机构的基础学费上限设定为每年 9250 英镑以后，在英国接受高等教育的成本得到了有效控制。③ 此外，为了吸引包括中国在内的更多国际学生，英国文化协会（British Council）在 2021 年建立了"非凡英国奖学金计划"（GREAT Scholarship）。2022 年，该奖学金为法律专业的国际学生开辟了全新的资助计划，布里斯托大学、伯明翰大学等 6 所知名英国高校参与了该法律奖学金项目。④ 这些举措进一步提升了英国作为高等教育目的地的吸引力。

4. 大学入学门槛进一步提高

近年来，英国以友好开放的姿态逐渐成为国际学生心中的最佳留学目的地，英国留学申请人数激增，各高校的录取门槛不断变高，2022 年各院校普遍提高了对申请者的毕业院校的要求，提高了 GPA、雅思等语言考试等标化成绩以及个人综合背景的考核标准，这对希望前往英国完成高等教育学习的国际学生提出了更严格的要求。

---

① Home Office. UK Visas and Registering with the Police［EB/OL］.（2022-08-04）［2024-10-21］https：//www. gov. uk/register-with-the-police.

② Home Office. Biometric Residence Permits（BRPs）［EB/OL］.［2024-10-21］https：//www. gov. uk/biometric-residence-permits/report-problem.

③ Home Office. Prepare for Brexit if You Provide Further Education and Training or Employ Apprentices［EB/OL］.（2019-10-25）［2024-09-18］. https：//www. gov. uk/government/publications/eu-exit-no-deal-preparations-for-further-education-and-apprenticeship-providers/eu-exit-no-deal-preparations-for-fe-and-apprenticeship-providers.

④ British Council. GREAT Scholarships［EB/OL］.［2024-09-18］https：//study-uk. britishcouncil. org/scholarships-funding/great-scholarships/great-scholarships-justice-law.

5. 英国大学学业难度上升

疫情期间，由于远程教学的影响，许多英国高校选择放宽评分标准，这使得学生们获得了比以往更高的分数与学位等级。[①] 2021~2022 学年，37.4% 的学生获得了一等学位，而在 2010~2011 学年这个比例是 15.5%。[②] 过多的一等学位有可能会影响人们对于英国国际教育质量的认可，为了扭转这一现象，英格兰地区的大学承诺将削减一等学位的颁发数量。[③] 主要措施包括但不限于增加课程难度、提高评分标准、提升学位等级要求等，这也意味着英国地区的学业难度会相应地提升。

6. 上涨的求学成本与下降的国际学生增长速度

疫情以来，英国大学因为经费问题面临着严重的财政危机，为了缓解经济压力，英国大学将不得不采取措施来应对潜在的挑战。伦敦国王学院校长 Shitij Kapur 表示，英国本科教学上一次实现收支平衡是 2015~2016 学年，当时的学费是 9000 英镑，考虑到通货膨胀等因素现在这个金额应该是 12000~13000 英镑。[④] 通常来说，英国高校的学费根据学校性质会有不同的定价策略，私立高校的学费定价不区分本土学生或者国际学生，而接受英国财政拨款的公立大学则会对本土学生收取较为低廉的学费，而国际学生所需要缴纳的国际学生费用通常为本土学生的 2~4 倍，[⑤] 并且学费会有每年 4%

---

① 英国高校的评分标准与学位等级通常如下：一等学位（First Class，平均分高于 70 分）；二等一学位（Second Class，Upper Division or Division A，平均分 60~69 分），二等二学位（Second Class，Lower Division or Division B，平均分 50~59 分），三等学位（Third Class，平均分通过即可，根据学校不同而不同，通常为 40~50 分）。

② Hazel Shearing. Top Degrees Fall for the First Time in a Decade [EB/OL]. (2023-07-21) [2024-09-18]. https://www.bbc.com/news/education-66259391.

③ Louisa Clarence-Smith. Fewer Graduates Could get First-class Degrees Next Year, Warn Universities [EB/OL]. (2022-07-05) [2024-09-18]. https://www.telegraph.co.uk/news/2022/07/05/fewer-graduates-could-get-first-class-degrees-next-year-warn/.

④ Richard Adams. English Universities Need Tuition Fees of 12500 to Break Even, Analysis Finds [EB/OL]. (2024-09-05) [2024-09-18]. https://www.theguardian.com/education/article/2024/sep/05/english-universities-need-tuition-fees-of-12500-to-break-even-analysis-finds.

⑤ The UK Council for International Student Affairs. Home or Overseas Fees：The Basics [EB/OL]. (2024-02-08) [2024-09-18]. https://www.ukcisa.org.uk/Information--Advice/Fees-and-Money/Home-or-Overseas-fees-the-basics.

左右的增幅。学费的上涨不仅加重了已经就读的国际学生的求学成本，同时也使得许多潜在的国际学生不得不放弃前往英国求学。2024 年 6 月，英国内政部共收到 28200 份入学签证申请，相比 2023 年同期的 38900 份申请下降了 28%。[①]

除了学费问题，留学生家属随行政策的改变也成为潜在留学生慎重选择英国的一个重要原因。英国政府宣布，自 2024 年 1 月 1 日起，在英国就读研究生课程的学生只有研究型硕士以及博士才可以帮助家属获得随行签证。[②] 这极大地打击了印度、尼日利亚留学生留学英国的热情。与中国留学生不同，来自印度以及尼日利亚的国际学生通常会携带一名或多名家属入境英国陪伴其完成一年的授课型硕士，这些伴读家属可以获得在英国合法工作的权利以缓解其家庭因为接受教育而产生的经济压力，而中国学生则倾向于独自前往英国求学。

二 2023年中国留学生赴法国留学现状

（一）法国国际学生总体情况

1. 后疫情时代，法国国际学生人数总体仍呈上涨趋势

国际教育协会（Institute of International Education，IIE）的报告数据显示，在法国接受高等教育的留学生人数不断升高。2011~2020 年，国际学生赴法留学的人数整体保持着稳定的上升态势。尽管在 2020~2021 学年，法国的国际学生人数受到新冠疫情的影响出现了短暂的负增长，但 2021~2022 学年，赴法留学生人数又迅速回升至 392630 人，年增长人数超过 2.5 万人，

---

① Richard Adams. UK Universities Face Growing Struggle to Recruit International Students [EB/OL].（2024-07-12）[2024-09-18]. https://www.theguardian.com/education/article/2024/jul/12/uk-universities-face-growing-struggle-to-recruit-international-students.

② The UK Government. Your Partner and Children [EB/OL]. [2024-09-18]. https://www.gov.uk/student-visa/family-members.

增长率为 7.64%。

2022~2023 学年，在法国接受高等教育的国际学生占全法国所有接受高等教育学生总人数（2935300 人）的 14.04%。整体来看，赴法国际学生的数量变化幅度不大，国际学生受到新冠疫情的影响较为有限。法国凭借其高质量的教育体系，继续对国际学生保持着强大的吸引力（见图 6）。

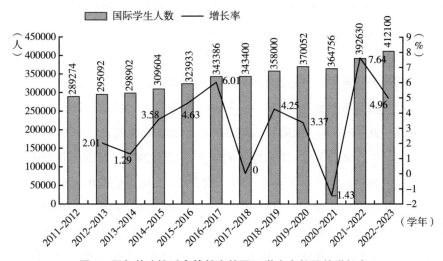

图 6　历年赴法接受高等教育的国际学生人数及其增长率

资料来源：1. IIE. Project Atlas：France［EB/OL］. （2024-09）［2024-10-22］. https：//www. iie. org/en/Research－and－Insights/Project－Atlas/Explore－Data/France。2. IIE. Project Atlas：2024 Infographics［EB/OL］.［2024-09］. https：//www. iie. org/Research-and-Insights/Project-Atlas/Explore-Global-Data。

表 6 展示了法国留学生学历层次分布与变化趋势，2022~2023 学年具体学历分布如下：本科生 135515 人，占 52%，超过一半的国际学生在法国就读本科；硕士研究生和博士研究生人数分别为 103327 人和 20265 人，共占 48%。对比 2017~2018 学年至 2022~2023 学年的数据变化，在法国就读本科的人数比例增长了 16 个百分点，攻读硕士学位的人数比例增长了 4 个百分点，而攻读博士的人数比例下降了 15 个百分点。

表6 法国留学生主要学历层次分布与变化趋势

学历	2022~2023学年人数（人）	比例（%）	占该学历学生总数比例（%）	2021~2022学年至2022~2023学年变化幅度（个百分点）	2017~2018学年至2022~2023学年变化幅度（个百分点）
本科	135515	52	14	4	16
硕士研究生	103327	40	18	−1	4
博士研究生	20265	8	38	−5	−15
总计	259107	100	16	1	8

资料来源：Campus France. CHIFFRES CLÉS 2024［EB/OL］.［2024 - 09 - 20］. https：// ressources. campusfrance. org/noindex/chiffres_cles_2024_fr. pdf。

2. 非洲和欧洲国家仍是赴法国际学生主要来源地

根据法国高等教育署（Campus France）公开报告数据，2022~2023学年，欧洲、北非-中东、撒哈拉以南非洲的国家与地区是赴法留学生主要的来源地。其中，来自北非-中东地区的学生占比为28%，而欧洲和撒哈拉以南非洲国家和地区的学生分别占25%（见图7）。从历史的角度分析该留学生结构占比原因，法国历史上曾殖民许多北非国家和小范围的中东地区，至今许多非洲国家仍然将法语定为官方语言之一，这使得这些使用法语的国际学生具有一定的语言优势。地理上，来自欧洲的国际学生主要来自法国的邻国，得益于《申根条约》的规定，这些学生可以自由穿越国界，交通十分便利。此外，从文化角度分析，这些欧洲地区的学生的世界观与价值观与法国社会的普遍价值观接近，更容易理解并且融入法国的环境。

根据IIE的数据，法国境内来自北非各国留学生的情况存在显著差异。摩洛哥的留学生在近年占比略有波动，摩洛哥留学生人数从2018~2019学年的39855人增加到2022~2023学年的46371人，占比从11.61%上升至11.81%。2023~2024学年，这一人数略微下降至45162人，占比降至10.96%。来自突尼斯和阿尔及利亚的国际学生人数在2021~2022学年呈现不同的变化。相比上一学年（2020~2021学年）突尼斯的国际学生人数从13073人（占比3.53%）小幅增长至13152人（占比3.61%），而阿尔及利亚的国际学生人数则从29527人（占比7.98%）降至29333人（占比

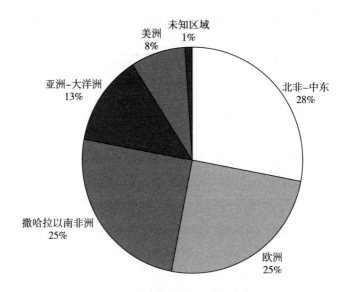

图7　2022～2023学年法国国际学生来源区域分布

资料来源：Campus France. CHIFFRES CLÉS 2024［EB/OL］.［2024-09-20］. https：//www. campusfrance. org/system/files/medias/documents/2024－09/CP% 20chiffres% 20rentr% C3%A9e%202024. pdf。

8.04%）。2022～2023学年和2023～2024学年，突尼斯和阿尔及利亚的留学生人数均有小幅上升，2023～2024学年分别达到14291人（占比3.47%）和32147人（占比7.80%），但在总留学生中的占比均略有下降（见表7）。

　　中国近年来一直稳居法国第三大国际学生生源国地位，并且是前十大生源国中唯一的亚洲国家。2022～2023学年和2023～2024学年，中国赴法留学人数分别为27479人和25605人，占国际学生总数的7.00%和6.21%（见表7）。一直以来，中国与法国之间保持了高密度的沟通与交流，教育合作成果丰硕。法国教育体系因其卓越的质量和注重实践的教学模式，在中国学生中享有很高的声誉。此外，近年来法国开设的英语授课课程数量大幅增加，进一步吸引了中国学生的关注。这些因素客观上增强了中国学生对于法国教育的关注，同时也为许多赴法留学生提供了更多便利和机会。

表7　法国主要国际学生来源国家及占国际学生总数的比例

单位：人，%

	2023~2024 学年		2022~2023 学年		2021~2022 学年	
	人数	比例	人数	比例	人数	比例
摩洛哥	45162	10.96	46371	11.81	44933	12.32
阿尔及利亚	32147	7.80	31032	7.90	29333	8.04
中国	25605	6.21	27479	7.00	27950	7.66
意大利	20028	4.86	19185	4.89	16482	4.52
突尼斯	14291	3.47	13661	3.48	13152	3.61

资料来源：1. IIE. Project Atlas：France ［EB/OL］. ［2024 – 09 – 20］. https：//www.iie.org/en/Research – and – Insights/Project – Atlas/Explore – Data/France。2. IIE. Project Atlas：2022 Infographics ［EB/OL］. ［2023 – 08 – 02］. https：//www.iie.org/Research – and – Insights/Project – Atlas/Explore – Global – Data。

3. 国际学生在法国主要就读于大巴黎地区

根据法国高等教育署公开的年度数据，2022~2023 学年，法兰西岛、奥弗涅-罗讷-阿尔卑斯和奥克西塔尼亚这三个地区依然集中了超过一半（56.59%）的国际学生。其中，首都巴黎所处的法兰西岛共接纳了 140579 名国际学生，占所有在法国际学生的 34.89%。其他国际学生数量较多的地区分别为奥弗涅-罗讷-阿尔卑斯、奥克西塔尼亚、大东方以及上法兰西。值得注意的是，2017~2023 年，布列塔尼、诺曼底和勃艮第-弗朗什-孔泰这三个地区的国际学生数量增长显著，增幅分别为 37%、34% 和 28%。与此同时，法属海外省的国际学生增长率约为 35%~130%，呈现强劲的上升势头（见表8）。

表8　2022~2023 学年法国国际学生留学地区分布

单位：人，%

区域	国际学生数量	比例	2022~2023 学年比 2017~2018 学年的增长
法兰西岛	140579	34.89	—
奥弗涅-罗讷-阿尔卑斯	51122	12.69	—
奥克西塔尼亚	36312	9.01	—
大东方	31036	7.70	8

区域	国际学生数量	比例	2022~2023 学年比 2017~2018 学年的增长
上法兰西	30141	7.48	—
新阿基坦	26870	6.67	—
南部地区	21907	5.44	—
布列塔尼	15362	3.81	37
卢瓦尔河地区大区	14356	3.56	3
诺曼底	13735	3.41	34
勃艮第-弗朗什-孔泰	8994	2.23	28
中央-卢瓦尔河谷大区	7112	1.77	—
法属海外省	4947	1.23	35~130
科西嘉	400	0.10	—
总计	402873	100.00	—

注：国际学生数量有重复统计。

资料来源：Campus France. CHIFFRES CLÉS 2024 [EB/OL]. [2024-09-20]. https://ressources.campusfrance.org/noindex/chiffres_cles_2024_fr.pdf.

4. 综合性大学仍是赴法国际学生主流选择，高等商学院热度不减

2022~2023 学年，综合性大学吸收了全法 64% 的国际学生，共有 259107 人，占据了国际学生占比的榜首。近五年来，由于法国高等商学院不断提升的学术声誉以及在国际上较为领先的综合实力，更多的国际学生选择在高等商学院就读，并且人数增幅明显。2022~2023 学年，选择在高等商学院就读的留学生达 56311 人，占 14%，2022~2023 学年比 2017~2018 学年的增长率达 80%，其中女性占比超过了一半（53%）（见表 9）。

表 9　2022~2023 学年法国留学生学校偏好

单位：人，%

学校类型	国际学生数量	占所有国际学生人数的比例	占所有学生人数的比例	2022~2023 学年比 2017~2018 学年的增长率	女性占所有国际学生的比重
综合性大学	259107	64	9	8	56
高等商学院	56311	14	2	80	53
高等工学院	29314	7	1	19	34

续表

学校类型	国际学生数量	占所有国际学生人数的比例	占所有学生人数的比例	2022~2023 学年比 2017~2018 学年的增长率	女性占所有国际学生的比重
高中（CPGE，STS）	22824	6	1	57	46
高等艺术和建筑学校	11366	3	0	7	66
其他机构	23961	6	1	8	58
总计	402883	100	14	17	52

注：国际学生数量有重复统计。

资料来源：Campus France. CHIFFRES CLÉS 2024［EB/OL］.［2024-09-20］. https：//ressources. campusfrance. org/noindex/chiffres_cles_2024_fr. pdf。

在法国综合性大学就读的国际学生中，有 83428 人选择了自然科学（STAPS）作为主要学习领域，另有 78790 人专攻文学和语言（SHS）学科，两者占国际学生总人数的 32% 和 30%。此外，学习经济学、经济与社会管理（AES）专业的国际学生共有 45447 人，占比接近两成（18%）。选择法学与政治科学的国际学生人数为 28440 人，占比为 11%；而从事健康与医学学习的国际学生有 23002 人，占比为 8%。总体而言，赴法留学生的学科选择相对均衡，文科与理科的分布较为平衡。其中，自然科学和健康与医学领域的国际学生数量在过去五年增幅最大，分别增长了 13% 和 27%（见表 10）。

表 10　2022~2023 学年法国综合性大学国际学生学科分布

单位：人，%

学科	总人数	占法国国际学生比例	占法国该专业总学生比例	2022~2023 学年比 2017~2018 学年的增长率
自然科学（STAPS）	83428	32	24	13
文学和语言（SHS）	78790	30	18	4
经济学、经济与社会管理（AES）	45447	18	26	0
法学与政治科学	28440	11	15	3
健康与医学	23002	8	11	27
总计	259107	100	19	8

资料来源：Campus France. CHIFFRES CLÉS 2024［EB/OL］.　［2024-09-20］. https：//ressources. campusfrance. org/noindex/chiffres_cles_2024_fr. pdf。

（二）在法中国学生总体情况

1. 疫情后中国赴法留学人数回落，总人数趋于稳定

2018～2019 学年，由于大量难民的涌入以及对于法国社会安全情况的担忧，赴法留学的中国学生人数急剧减少，降至 28436 人，仅占法国国际学生总数的 7.94%。2019～2020 学年，中国留学生人数有所回升，反弹至 29731 人，占比 8.03%。2020～2021 学年由于全球范围内疫情升级，旅行限制进一步加强，赴法留学人数再次下降至 27950 人，占比下降至 7.66%。2022～2023 学年，全法的中国留学生人数进一步减少至 25605 人，占全部法国国际学生人数的 6.21%（见图 8）。

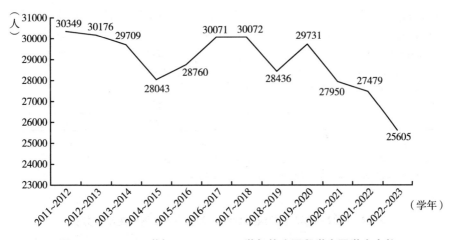

图 8 2011～2012 学年至 2022～2023 学年赴法国留学中国学生人数

资料来源：1. IIE. Project Atlas：France［EB/OL］.［2024-09-20］. https：//www. iie. org/en/Research - and - Insights/Project - Atlas/Explore - Data/France。2. IIE. Project Atlas：2022 Infographics［EB/OL］.［2023-08-02］. https：//www. iie. org/Research-and-Insights/Project-Atlas/Explore-Global-Data。

2. 中国留学生偏好综合性大学，人文学与语言学是热门专业

2022～2023 学年，共 11719 名中国留学生在法国的综合性大学学习和生活，占全部留法中国学生的 45.77%。法国的高等商学院接收了 8337 名中国留学生，是中国学生赴法国留学的第二大热门机构（见表 11）。

2022~2023 学年，法国的综合性大学里人文与语言学、自然科学、经济与社会科学是中国留学生选择最多的专业。其中，4809 人学习人文与语言学，占比 41.04%；3921 人学习自然科学，占比 33.46%；2560 人学习经济与社会科学，占比 21.84%。同一学年里，共有 5687 名中国留学生在综合性大学攻读学士学位，占综合性大学里全部中国留学生的 48.53%，攻读硕士学位的中国留学生有 4286 人，占 36.57%，其余的 1746 名中国留学生在法国攻读博士学位（见表 12、表 13）。

表 11　2022~2023 学年赴法国留学中国学生学校分布

单位：人，%

学校类型	中国学生人数	比例
综合性大学	11719	45.77
高等商学院	8337	32.56
高等工程学院	2748	10.73
高等艺术与建筑学院	1268	4.95
高中（BTS 法国高级技师证书，CPGE 大学校预科班）	338	1.32
其他	1195	4.67
总和	25605	100.00

资料来源：Ministry of Higher Education, Research and Innovation, Information Systems and Statistics Department. Data Sheet：China ［EB/OL］. （2024－01－11）［2024－09－23］. https：//ressources. campusfrance. org/publications/mobilite_pays/fr/chine_fr. pdf。

表 12　2022~2023 学年法国综合性大学的中国留学生学科分布

单位：人，%

学科	人数	比例
自然科学	3921	33.46
健康医学	178	1.52
人文与语言学	4809	41.04
经济与社会科学	2560	21.84
法律与政治学	251	2.14
总计	11719	100.00

资料来源：Ministry of Higher Education, Research and Innovation, Information Systems and Statistics Department. Data Sheet：China ［EB/OL］. （2024－01－11）［2024－09－23］. https：//ressources. campusfrance. org/publications/mobilite_pays/en/chine_en. pdf。

表13   2022~2023学年法国综合性大学的中国留学生攻读学位分布

单位：人，%

学位	人数	比例
学士	5687	48.53
硕士	4286	36.57
博士	1746	14.90
总计	11719	100.00

资料来源：Ministry of Higher Education, Research and Innovation, Information Systems and Statistics Department. Data Sheet：China ［EB/OL］. （2024 - 01 - 11）［2024 - 09 - 23］. https：//ressources. campusfrance. org/publications/mobilite_pays/en/chine_en. pdf。

（三）赴法留学政策新动向

1. 非欧盟国际学生大学注册费上涨成趋势，国际学生奖学金选择多

自2018年起，部分法国公立大学对非欧盟国家的学生上调了注册费，本科至博士阶段学习所需要缴纳的注册费上涨了约十倍。然而，通过直接录取程序（Hors DAP、DAP 程序）入学的国际学生，仍可享受与本国学生相同的注册费用。此外，许多公立高校并未实施任何注册费的上涨的措施。截至2022~2023学年，共有17所法国公立大学未上调非欧盟学生的注册费，包括巴黎第一大学、索邦大学、巴黎第十大学、莱蒙费朗大学、图卢兹第二大学、里昂第一大学等知名高校，这些学校将持续为国际学生提供较为优惠的学费政策。[1]

法国为国际学生提供了多种奖学金以支持他们在法国求学。2018年，时任法国总理爱德华·菲利普宣布将提供15000个政府奖学金名额，并设立6000个由各高校自主颁发的院校奖学金，国际学生可以申请的奖学金数量大大增加。

此外，自2020年秋季学期起，为进一步支持中国学生赴法留学，法国驻华

---

[1] Campus France. Tuition Fees in France. ［EB/OL］. （2024-07-01）［2024-10-14］https：// www. campusfrance. org/en/tuition-fees-France.

大使馆宣布设立"法国政府-高校合作奖学金"（France Science Excellence），该奖学金项目为有意赴法攻读硕士及以上学位的中国学生而设，特别面向与法国高校有合作关系的中国院校的学生。获得此奖学金的学生将享受与法国政府奖学金获得者（BGF）相同的待遇，包括社会保险、优先入住学生公寓等一系列针对性服务，以帮助他们更好地融入法国生活与学习。[1]

针对中国大陆地区，法国驻华使馆还推出了年度卓越中法奖学金（France Excellence Chine 2024），2024年该奖学金资助超过180个名额，面向200余个专业的申请者开放，成功获得奖学金的候选人不仅可以免除法国的签证费、文凭注册费、校园生活服务费（学杂费）和国际医疗保险等费用，还可以在住宿以及参加法国高等教育署的官方活动方面获得优惠和协助。[2]

2. 政府加大住房支持，留学住宿压力有望下降

法国住房部部长和高等教育部部长在2023年12月宣布了新的学生住房政策计划，该计划旨在通过合理利用现有机制，优化学生对于房源的获取途径以及为学生提供更优质的住宿。以2027年为目标，法国将依据该计划增加35000间学生住房并翻新12000间学生公寓，由国家提供土地建设新的学生公寓并加强宣传，学生可以更容易了解并享受这些福利政策，除此之外，学生专用住房的租金价格将比社会私人住宅租赁价格普遍低15%～20%。[3]

3. 中法续签文凭互认协议，赴法留学更便利

时任中国教育部部长陈宝生与时任法国高等教育、科研与创新部部长Frédérique Vidal于2020年1月13日签署了新的"行政协议"以促进中法两

① Campus France Chine：《2020"法国政府-高校合作奖学金"有哪所中国合作院校?》［EB/OL］．［2024-10-14］．https：//chine. campusfrance. org/zh-hans/study-france-scolarship。
② Campus France Chine：《奖学金项目〈 France Excellence Chine 2024〉：申请开启!》［EB/OL］．［2024-10-14］．https：//chine. campusfrance. org/zh-hans/france-study-scholarship。
③ Campus France. Le Gouvernement français s'engage pour le logement étudiant ［EB/OL］. (2023-12-01)［2024-10-14］. https：//www.campusfrance.org/fr/actu/l-engagement-du-gouvernement-francais-pour-le-logement-etudiant.

国之间的学位和文凭互认。与2014年所签署的类似协议相比较，新签署的协议表示中国学生只需要展示该学生的高中文凭（高中毕业证书或者会考证书）即可申请法国的高等教育项目，其中包含法语授课和英语授课项目，无需再参加中国高考。在提交符合要求的申请材料之后，这些学生有机会进入经批准接收国际学生的法国教育机构进行学习，除专业课程之外，学生还可以在本科初期选择英语、法语语言课程来帮助他们进一步适应海外授课环境。①② 总体而言，该协议不仅降低了中国学生赴法留学的前期难度，同时又使他们的法国经历在中国具有更高的认可度和竞争力，有助于留学人才归国就业。

4. 简化学生长期签证流程

France-Visas自2021年4月7日起，为那些以学习为主要目的的潜在签证申请者开放了长期签证申请，除了允许提交电子版文件以外，还允许将签证申请工作交给外部服务商（ESP）进行申请。③ 这种改变减少了烦琐的纸质文件提交流程，提升了签证申请的效率。但是法国政府在2021年针对"免面签的特殊情况"这一便利政策进行了更新，对来自中国的国际学生提出了新的要求。首先，申请者需满足以下条件：①具备211统招院校的背景，并攻读法国高等教育部（MESRI）以及法国国家商业管理文凭认证委员会（CEFDG）认可的硕士学位；②雅思成绩达到6.5或法语达到B2水平。与之前的政策版本相比，此变更对于申请者的语言能力和院校出身背景提出了更为严苛的规定，只有211统招院校背景并且语言成绩合格的学生才能享受"免面签"政策。许多有意攻读法国高商精英学校GE项目的"双

---

① Reconnaissance mutuelle des études et des diplômes entre la France et la Chine: nouvelles perspectives pour étudier en France [EB/OL]. (2020 - 01 - 23) [2024 - 09 - 23]. https://cn. ambafrance. org/Reconnaissance-mutuelle-des-etudes-et-des-diplomes-entre-la.

② 《中华人民共和国教育部与法国高等教育和科研部关于高等教育学位和文凭互认方式的行政协议》[EB/OL]. [2022 - 01 - 14]. http://www. cdgdc. edu. cn/xwyyjsjyxx/dwjl/xwhr/xwhrxy/264721. shtml。

③ France-Visas. The Offivial Visa Website for France [EB/OL]. [2022-01-14]. https://france-visas. gouv. fr/en/web/france-visas/welcome-page.

非"背景学生，必须通过拥有更高拒签风险的预签证程序来申请签证。尽管如此，此次政策变更也带来了一些积极影响，即认可的院校范围扩大，有意赴法留学的国际学生的选择由此前的"精英学校"提供的项目扩展至所有由法国高等教育部和法国国家商业管理文凭认证委员会认可的硕士学位项目，① 这为符合条件的学生提供了更广泛的选择。

5. 全面解除有关疫情的入境限制，为留法校友颁发1~5年多次往返签证

法国政府于2022年8月1日起全面取消了新冠疫情期间针对赴法旅客的所有限制规定。同时，法国恢复了所有类型签证的受理申请，使得签证申请流程恢复常态，为国际旅客和留学生提供了更大的便利。②

为了回应中国对法国实行的免签政策，法国政府对持有硕士及以上文凭，并且曾在法国完成至少一个学期学习的留法校友提供1~5年多次往返法国的申根签证。③ 不论是曾经长期在法国学习还是临时交换的留学生，通过该政策将可以保持其与法国的联系，进一步促进学习和交流。

三 2023年中国学生赴德国留学现状

（一）德国国际学生总体情况

1. 德国国际学生总数不断上升，增长速度因疫情降低

赴德国留学的国际学生人数近年来稳步攀升。综合德国高等教育与科学

---

① 《法国留学签证新变化| 启德解读法国高等教育署新发布的免面签规则》［EB/OL］. (2021-04-19) ［2024-09-23］. https://mp.weixin.qq.com/s/gCt6mcSujaeJjXrXTediOg。

② 法国驻上海总领馆：《法国取消有关新冠疫情的边境卫生检疫机制》［EB/OL］. (2022-08-04) ［2024-09-23］. https://cn.ambafrance.org/%E6%B3%95%E5%9B%BD%E5%8F%96% E6%B6%88%E6%9C%89%E5%85%B3%E6%96%B0%E5%86%A0%E7%96%AB%E6%83% 85%E7%9A%84%E8%BE%B9%E5%A2%83%E5%8D%AB%E7%94%9F%E6%A3%80%E7% 96%AB%E6%9C%BA%E5%88%B6-44850。

③ Les Echos. Chine: les Français dispensés de visa pour les séjours courts ［EB/OL］. (2023-11-24) ［2024-09-23］. https://www.lesechos.fr/monde/chine/chine-les-francais-dispenses-de-visa-pour-les-sejours-courts-2031361.

研究中心（DZHW）、德国学术交流中心（DAAD）和美国国际教育协会
（IIE）发布的数据，2014~2015学年德国有记录在读的国际学生人数为
235858人，2022~2023学年已达367578人，增幅为55.85%。除2014~2015
学年和2020~2021学年外，各学年的国际学生人数增速相对较高，增长率
超过5%，具有显著的增长趋势。尽管2020~2021学年新冠疫情导致国际学
生增速放缓，但总人数依旧保持着上升趋势。2022~2023学年，国际学生人
数增至367578人，展现出强劲的增长势头（见图9）。整体来看，尽管疫情
造成了一定阻碍，但德国的教育对于留学生依旧拥有着吸引力，德国的留学
产业也呈现出稳步发展的态势。

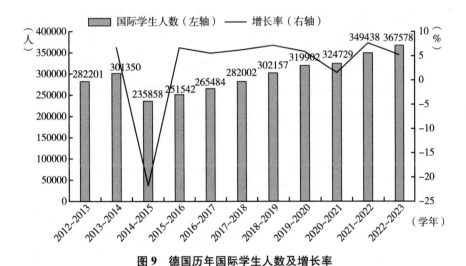

图9　德国历年国际学生人数及增长率

资料来源：1. IIE. Project Atlas：Germany［EB/OL］.（2024-08）［2024-09-23］.
https：//www.iie.org/en/Research-and-Insights/Project-Atlas/Explore-Data/Germany。
2. DZHW, DAAD. Wissenschaft weltoffen 2024［EB/OL］.（2024）［2024-09-25］. https：//
www.wissenschaft-weltoffen.de/de/。

2. 亚洲为首要国际学生来源地，学生数量不断上升

国际教育协会（IIE）公布的公开数据显示，赴德留学的国际学生主要
来自亚洲、欧洲和中东地区，如中国、印度、叙利亚等国，来自土耳其、法
国和伊朗的学生也占有一定比例，亚洲国家的学生占据了较大比例。中国长

期是德国国际学生的最大来源国,2021~2022 学年,中国共有 40055 名学生,占国际学生总数的 11.46%。然而,2022~2023 学年,印度超越中国,成为德国最大的国际学生来源国,印度学生人数增至 42578 人,占比约 11.58%。

从 2018~2019 学年至 2022~2023 学年的发展趋势来看,传统留学生来源国如中国、奥地利、俄罗斯、意大利等国的国际学生占比出现了小幅下滑,而新兴留学生来源国的国际学生占比则呈现迅速上升的态势。来自印度的国际学生人数从 17294 人增长到 42578 人,增长率为 146.20%,占比由 6.13% 上升至 11.58%,反映新兴来源国国际学生对德国留学的热情日益高涨。同样,来自叙利亚的国际学生人数由 8618 人长到 15563 人,增长率为 80.59%,占比从 3.06% 增长至 4.23%,这一增幅使其成了德国第三大留学生来源国(见表 14、表 15)。此外,来自伊朗和土耳其的国际学生的数量和占比在近几年中也有明显的增长。不过,叙利亚留学生人数的增长,主要与这些国家的难民通过相关难民扶持政策涌入德国有关。

**表 14　2019~2020 学年至 2021~2022 学年德国国际学生
主要来源国国际学生人数与比例**

单位:人,%

国家	2019~2020 学年		2020~2021 学年		2021~2022 学年	
	人数	比例	人数	比例	人数	比例
中国	39871	13.20	41353	12.93	40055	11.46
印度	20562	6.81	24868	7.77	33753	9.66
叙利亚	13032	4.31	15948	4.99	16712	4.78
奥地利	11495	3.80	12020	3.76	14601	4.18
俄罗斯	10439	3.45	10507	3.28	10739	3.07
土耳其	8470	2.80	9473	2.96	12616	3.61
意大利	9246	3.06	9419	2.94	10739	2.83
伊朗	8534	2.82	9353	2.92	11625	3.33
喀麦隆	7211	2.39	7662	2.40	7692	2.20
法国	7047	2.33	6881	2.15	7054	2.02

表 15 2022~2023 学年德国国际学生主要来源国家国际学生人数与比例

单位：人，%

国家	人数	比例
印度	42578	11.58
中国	38743	10.54
叙利亚	15563	4.23
奥地利	14762	4.02
土耳其	14732	4.01
伊朗	13279	3.61
俄罗斯	10490	2.85
意大利	10247	2.79
乌克兰	9069	2.47
巴基斯坦	8208	2.23

资料来源：IIE. Project Atlas：Germany［EB/OL］. （2024-08）［2024-09-23］. https：//www.iie.org/en/Research-and-Insights/Project-Atlas/Explore-Data/Germany。

3. 在德国际学生大多数就读于综合性大学，就读应用科学大学的比例不断上升

综合性大学（Universitäten）和应用科学大学（Fachhochschulen）是德国主要的两类高等院校。综合性大学的侧重点是培养学术型人才，在日常教学方面更加重视理论与基础研究；相较之下，应用科学大学更强调实践与应用，并且与许多一线企业有着长期合作，在课程设置方面为学生提供大量实际操作的机会，更加贴合市场需求，这种教学模式旨在提升学生的实际操作能力，使其在就业市场上具备更强的竞争力。

根据德国高等教育与科学研究中心（DZHW）和德国学术交流中心（DAAD）的数据，德国的综合性大学是国际学生的主流选择。在 2022~2023 学年，在德国就读的 367578 名国际学生中 68.52%的学生在综合性大学就读；而就读于应用科学大学的国际学生占比为 31.48%。然而，近些年来，国际学生在这两类高校的分布呈现不同的变化趋势。2009~2023

年，选择综合性大学就读的国际学生比例从 2009 年的 77.18% 下降至 2022~2023 学年的 68.52%。选择应用科学大学的国际学生人数和占比则持续增长，占比从 2009 年的 22.82% 稳步上升至 2022~2023 学年的 31.48%（见表 16）。

表 16　德国历年国际学生学校类型分布及比例

单位：人，%

年/学年	总数	综合性大学	比例	应用科学大学	比例
2009	180222	139095	77.18	41127	22.82
2010	181249	139787	77.12	41462	22.88
2011	184960	142550	77.07	42410	22.93
2012	192853	148165	76.83	44688	23.17
2013	204644	156901	76.67	47743	23.33
2014	218848	167134	76.37	51714	23.63
2015	235858	177949	75.45	57909	24.55
2016	251542	188101	74.78	63441	25.22
2017	265484	197516	74.40	67968	25.60
2018	282002	207528	73.59	74474	26.41
2019	302157	220249	72.89	81908	27.11
2019~2020 学年	319902	229763	71.82	90139	28.18
2020~2021 学年	324729	228292	70.30	96437	29.70
2021~2022 学年	349438	242310	69.34	107128	30.66
2022~2023 学年	367578	251872	68.52	115706	31.48

资料来源：DZHW, DAAD. Wissenschaft weltoffen 2023［EB/OL］.（2023）［2023-08-02］. https://www.wissenschaft-weltoffen.de/de/。

应用科学大学的国际学生人数增长率自 2015 年以来一直维持在 9% 上下，应用科学大学增长率在 2020~2021 学年之外，均高于综合性大学的增长率（见图 10）。作为德国高等教育体系中的独特院校类型，应用科学大学的课程结合了实践与理论，满足了全球学生对高质量应用型教育的需求，彰显了德国高等教育模式在国际上越来越高的认可度与广泛的吸引力。

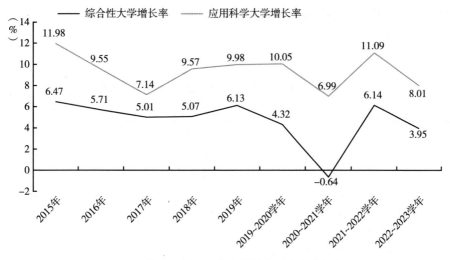

图 10　德国历年国际学生学校类型分布增长率

资料来源：DZHW, DAAD. Wissenschaft weltoffen 2024.［EB/OL］.（2024-04）［2024-09-25］. https：//www. wissenschaft-weltoffen. de/content/uploads/2024/04/Kompaktflyer_WWO_en_barrierefrei. pdf。

4. 硕士、学士为在德国际学生主要攻读学位，综合性大学硕士占比大，应用科学大学学士占比大

2021~2022 学年，在德国约有 36.1%（132534 名）的国际学生正在攻读学士学位；另有 160306 人正在进行硕士课程的学习，占比 43.6%。攻读学士和硕士的国际学生数量之和占所有国际学生数量的 79.7%。应用科学大学的国际学生中 57.4% 正在攻读学士学位，而这一比例在综合性大学里只有 26.2%；综合性大学中 46.9% 的国际学生正在攻读硕士学位，应用科学大学中攻读硕士学位的国际学生的比例是 36.5%。这一分布清晰地反映了综合性大学里国际学生进一步深造的需求高于应用科学大学。此外，攻读博士学位的国际学生共有 30025 人，占所有国际学生总数的 8.2%。绝大多数博士生是在综合性大学培养的，只有 87 人选择在应用科学大学攻读博士学位。这种差异不仅源于应用科学大学以就业为目的的教学导向，还源于科研师资力量以及博士授予权的缺失。其余的 47713 名留学生参与的学习项目多是无学位要求或者与传统学位不同的其他类型学位，占总国际学生人数的

12.1%，这进一步表明国际学生在德国高校中的学位追求分布广泛，但以学士和硕士阶段为主（见表17）。

表17　德国国际学生攻读学位分布及比例（2022~2023 学年）

单位：人，%

学位	所有国际学生		综合性大学		应用科学大学	
	人数	比例	人数	比例	人数	比例
学士	132534	36.1	66089	26.2	66445	57.4
硕士	160306	43.6	118028	46.9	42278	36.5
博士	30025	8.2	29938	11.9	87	0.1
其他类型学位	19176	5.2	17771	7.1	1405	1.2
无学位要求	25537	6.9	20046	8.0	5491	4.7
总数	367578	100.0	251872	100.0	115706	100.0

资料来源：DZHW, DAAD. Wissenschaft weltoffen 2024［EB/OL］. (2024 - 04)［2024 - 09 - 25］. https：//www. wissenschaft-weltoffen. de/content/uploads/2024/04/Kompaktflyer_WWO_en_barrierefrei. pdf。

5. 德国传统强势专业依旧受青睐，不同类型大学专业分布差异显著

从 2022~2023 学年国际学生的专业选择来看，德国传统强势专业工程学保持了领导地位与吸引力，吸引了 41.6%的国际学生来学习。德国的工程学不仅在全球范围内享有良好的声誉，也为毕业生提供了广阔的就业前景，因而备受国际学生关注。德国的其他强势专业如法律、经济和社会科学专业也吸引了相当数量的国际学生进行学习，学习该科目的国际学生占比为 25.30%。除了上述热门专业领域外，人文学科、数学与自然科学专业的国际学生比例分别为 9.1%和 11.7%。其他学科领域，如医学与健康科学，农业、森林营养科学、兽医学，艺术与艺术史等，共占 11.9%。

从 2017 年至 2022~2023 学年的变化幅度来看，不同学科的整体占比变化幅度有限，人文学科选择人数占比略微下降 3.7 个百分点，理工科专业（工程学、数学与自然科学等）学习人数占比均有上浮。这一趋势表明，国际学生对于德国理工科专业的认可度越来越高。

在综合性大学和应用科学大学就读的国际学生选择差异明显。综合性大学的专业分布较为均衡，以 2022～2023 学年为例，在综合性大学中修读工程学与法律、经济和社会科学专业的国际学生共占 57.5%，这个比例低于德国所有国际学生对于这两个专业选择的总占比（66.9%）。除此之外，综合性大学国际学生对于专业的选择明显更多元化，在医学与健康科学、艺术与艺术史等小众专业领域仍有相当比例的国际学生在进行学习。相比之下，应用科学大学里的国际学生更多集中在实践性较强的领域。工程学与法律、经济和社会科学专业的国际学生共占 87.3%，而选择医学与健康、艺术与艺术史等小众专业的学生比例较少（见表 18）。这反映了应用科学大学更注重实践技能的培养和市场需求的导向性，专业设置更偏向于实际应用领域。

表 18 德国国际学生专业分布比例

单位：%

学科	所有国际学生				综合性大学				应用科学大学			
	2017年	2019～2020学年	2021～2022学年	2022～2023学年	2017年	2019～2020学年	2021～2022学年	2022～2023学年	2017年	2019～2020学年	2021～2022学年	2022～2023学年
人文学科	12.8	10.8	11.4	9.1	16.7	14.6	14.8	12.8	1.2	1.2	3.7	0.9
法律、经济和社会科学	26.0	24.5	25.0	25.3	22.1	21.1	21.0	20.8	37.4	33.1	34.1	35.1
数学与自然科学	10.5	11.0	9.0	11.7	13.1	14.0	12.7	15.4	2.9	3.3	0.8	3.5
医学与健康科学	5.4	5.1	5.0	4.9	6.7	6.4	6.3	6.1	1.7	1.9	2.1	2.1
农业、森林和营养科学、兽医学	2.3	2.2	2.2	2.2	2.4	2.3	2.3	2.2	1.9	2.0	2.0	2.1
工程学	37.0	40.6	41.7	41.6	32.2	35.1	36.6	36.7	51.1	54.4	53.3	52.2
艺术与艺术史	5.4	5.1	4.8	4.8	6.1	5.7	5.4	5.3	3.4	3.6	3.6	3.9
其他科目	0.6	0.7	0.8	0.5	0.7	0.8	1.0	0.5	0.4	0.5	0.4	0.4

资料来源：1. DZHW, DAAD. Wissenschaft weltoffen 2023 [EB/OL]. (2023) [2024 - 08 - 02]. https：//www. wissenschaft - weltoffen. de/de/。2. DZHW, DAAD. Wissenschaft weltoffen 2024 [EB/OL]. (2024 - 04) [2024 - 09 - 25]. https：//www. wissenschaft - weltoffen. de/content/uploads/2024/04/ Kompaktflyer_WWO_en_barrierefrei. pdf。

（二）在德中国学生总体情况

1. 中国是德国主要的国际学生来源国之一

国际教育协会（IIE）的公开数据显示，中国多年来一直是德国最大的国际学生来源国，且人数保持了快速增长。从 2011~2012 学年的 25521 人增长至 2019~2020 学年的 41353 人。在此期间，中国学生在德国国际学生中的占比也从 9.62% 上升至 12.93%。2022~2023 学年，中国在德留学生人数为 38743 人，比上一学年减少 3.28%，比 2019~2020 学年减少 6.31%（见图 11）。2022~2023 学年，中国在德留学生人数少于印度，中国不再是德国第一大国际学生生源国。

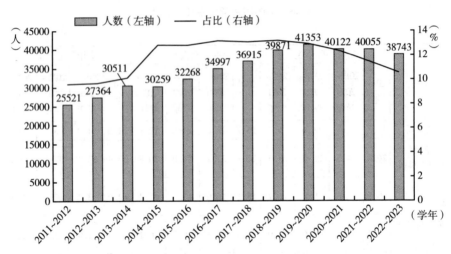

图 11　德国历年中国学生人数及占比

资料来源：IIE. Project Atlas：Germany ［EB/OL］. （2024-08-01）［2024-09-23］. https：//www.iie.org/en/Research-and-Insights/Project-Atlas/Explore-Data/Germany。

2. 工程学及商科专业是中国学生的首选

在德留学的中国国际学生在专业学科的选择方面与全部国际学生的分布趋势相似，工程学和社会科学中的商科占据主导地位。工程学作为德国传统的强势学科，不仅在国际范围内享有良好的声誉，并且依托德国成熟的工业与制造业产业链形成了以企业、高校、科研机构为主要架构的"产—学—

研"高效资源与人才应用体系，相关专业学生有机会在西门子、大众、宝马等国际一流公司总部实习并且留任工作，这极大地增强了在德国学习工程学学生的国际竞争力。2021~2022 学年，有 40.4%（16169 人）的中国留学生学习工程学专业，其次是商科，有 5702 人选择这一领域，占 14.2%。此外，数学与自然科学专业的中国学生共有 7606 人，占 19.0%；选择人文学和社会科学的学生共有 4525 人，占 11.3%；有 2815 人选择艺术专业，占 7.0%，选择该专业的比例高于国际学生的整体水平；另有 8.1%的中国学生选择了健康、教育、农学和其他专业。

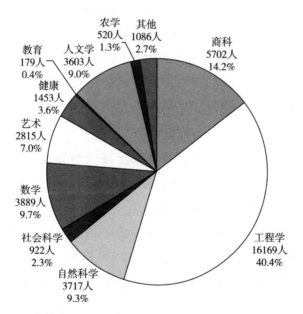

图 12　在德中国学生所学专业分布及占比（2021~2022 学年）

资料来源：IIE. Project Atlas：Germany［EB/OL］.（2023-07）［2023-08-02］. https：//www.iie.org/en/Research-and-Insights/Project-Atlas/Explore-Data/Germany。

（三）赴德留学政策新动向

1. 疫情影响消退，入境政策放开

德国政府宣布自 2023 年 4 月 7 日起，取消关于新冠疫情的全部限制措

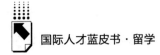

施，入境流程和政策恢复为疫情前通用状态，① 这也意味着，曾经在疫情期间进入德国边境所需出示的 48 小时内新冠病毒检测证明、康复证明以及疫苗接种证明，② 在此之后不需要再出示了。

2. 承认高考成绩，便于国际学生申请入学

中国与德国之间的成绩互认取得了阶段性成果，中国的高考成绩已经被德国的高等教育机构所普遍承认并且被视为与德国高中毕业考试（Abitur）具有同样的效力，这意味着普通高中毕业生可以使用高考成绩申请德国的本科课程，有意前往德国的中国高中生无须再进入费用高昂的国际班，并且在入学后也不必再强制性修读大学预科课程（Studienkolleg）。这为学生节省了更多的时间和精力。申请流程的便捷使得中国学生可以更加容易地申请到德国高校进行学习，但是德国对于德语和英语的语言要求依旧严格。③ 总体而言，德国推出的成绩互认政策不仅简化了中国学生的申请步骤，还侧面鼓励了中国学生申请德国学士学位。

3. 学费减免，允许打工，减轻留学负担

除巴登-符腾堡州的大学外，德国其余 15 个州的大多数公立学校对攻读第一个学士课程以及硕士课程的留学生免收学费，不过该政策并不适用于工商管理硕士（MBA）和部分国际课程。

在课外兼职与打工方面，德国学习签证的持有者每年的合法工作时长为 240 个半天或者 120 个全天，并且每月享有 450 欧元的免税额度。此外，语言班留学生也享有与正式留学生相同的工作权利，可以在语言学习期间开始

---

① Federal Ministry of Health. Current Information for Travelers［EB/OL］. (2023-04-07)［2024-09-26］. https://www.bundesgesundheitsministerium.de/en/service/gesetze-und-verordnungen/guv-19-lp/coronavirus-einreiseverordnung.

② 德国驻华大使馆：《COVID-19 新冠肺炎：入境德国应出具的检测证明和应履行的检测义务》［EB/OL］. (2021-12-12)［2021-12-14］. https://china.diplo.de/cn-zh/service/visa-einreise/-/2452064。

③ 德国 BSK 国际教育机构：《中国高考获得德国大学认可》［EB/OL］. (2020-08-13)［2021-12-02］. https://www.bsk-international.org/zh/最新消息/detail/news/gaokao-recognized-in-germany/.

工作。① 在寻找兼职工作方面，留学生不仅可以在校内找到工作机会，还可以通过在线求职平台寻找适合自己的岗位，选择范围广泛。这不仅为留学生提供了经济支持，也让他们有机会提前了解德国的就业环境，并且更深入地融入德国的企业，为未来的职业发展奠定扎实的基础。② 德国的留学成本相对于其他发达国家来说更低，同时对留学生工作的限制相对宽松，这使得赴德留学在经济成本和灵活性方面具有明显的优势。

4. 专项机构与资金，助力国际学生学业

与其他欧美国家不同，德国公立大学的公益性较强，免除学费是公益行为的具体表现且不被视为奖学金的一部分。德国的大学通常不设立或者提供奖学金，对于留学生的财政支持主要由德国学术交流中心（DAAD）以及各种基金会提供。作为德国政府成立的与世界其他国家进行学术交流、科研合作以及人才培育的官方非营利组织，DAAD 通过募集企业和政府的资金来为德国与世界科学家提供信息支持与互访的机会，同时在校大学生也可以获得支持，其目的在于促进德国的国际学术水平和国际交流水平。在奖学金方面，DAAD 通过与德国外交部、欧盟以及其他外国政府和组织的密切合作，设立了多种针对不同学习阶段与专业的奖学金并建立了庞大的奖学金数据库，以满足不同学术人群的多元化需求，例如，中国科学院与 DAAD 联合奖学金、博士科研奖学金、硕士短期奖学金都将为申请人提供国际医疗保险、生活费、科研补助以及国际迁移补助等的财政支持。③ 目前 DAAD 在全球 60 多个国家和地区设立了办公室和代表处，中国的北京、上海和广州均有实体办公室可供交流与咨询。

5. 区域性新政不断，人才需求旺盛

巴登-符腾堡州（以下简称巴符州）作为德国的经济和科技重镇，面临严重

---

① The Federal Government. The New Skilled Immigration Act at a Glance [EB/OL]. [2024-09-26]. https://www.make-it-in-germany.com/en/visa-residence/skilled-immigration-act.

② 《申请季来了，这些留学新规应该知道》[EB/OL]. (2021-11-11)[2021-12-02]. https://news.cctv.com/2021/11/11/ARTI9TmTr321cKzIXWcpJWJQ211111.shtml。

③ DAAD. Funding Programmes in Germany [EB/OL]. [2024-10-14]. https://www.daad.org.cn/zh/find-funding/funding-programmes-in-germany/.

的专业人才短缺问题。巴符州州长温弗里德·克雷茨（Winfried Kretschmann）公开表示，"当前的主要问题是缺少技术人才，我们将向那些愿意前来的人才明确我们的邀请"。① 为了应对这一挑战，州政府计划推出一系列旨在吸引国际学生的政策，包括降低或取消非欧盟国际学生学费，增加英语授课项目，降低学习难度，推动高校与企业深度合作。这些措施旨在填补州内86万个高需求岗位空缺，特别是工程、科技和医疗等行业。奔驰、博世等多家德国领先企业已经对政府的政策与号召作出了回应。②

卡尔斯鲁厄理工学院（KIT）已率先通过课程改革为国际学生减负，提升毕业率，其他高校也在逐步跟进。巴符州还致力于帮助国际学生顺利毕业并融入劳动力市场，确保他们在学习期间积累实践经验。巴符州通过降低学费、改革课程和提供实习机会，积极吸引和留住国际学生，以填补高端劳动力市场的空缺。这不仅强化了巴符州的经济竞争力，也为国际学生提供了更广阔的职业发展路径。

---

① Campaigns of the World. Baden-Württemberg Invites All Intelligent Life to "Land Here"：A Unique Interstellar Recruitment Campaign ［EB/OL］.（2024－10－1）［2024－10－23］. https：//campaignsoftheworld. com/digital/baden-wurttemberg-land-here/.

② Branding in Asia. A Fun Campaign for Skilled Labor Calls on All Intelligent Life to 'Länd Here' ［EB/OL］.（2024－09－30）［2024－10－23］. https：//www. brandinginasia. com/funny-campaign-for-skilled-labor-calls-on-all-intelligent-life-to-land-here/.

B.4
亚洲热门留学国家的留学现状分析

郑金连　王赵琼宇*

摘　要： 近年来，日本、韩国和新加坡等亚洲热门留学国家越来越多地受到中国学生的青睐。这些国家较低的留学成本、较高水平的教学质量、与中国相通的文化等因素吸引了大量中国学生。当前，每年有大量中国学生前往这些国家留学，且留学人数呈现增长态势。整体上看，日本、韩国和新加坡的国际教育产业发展程度较高，且对国际学生采取较为开放的态度，推出了各种政策吸引国际学生留学、就业，以应对人口结构问题带来的劳动力短缺问题，进而推动经济持续发展。本报告介绍了近年来国际学生赴日本、韩国和新加坡留学的总体情况，分析中国学生前往这些国家留学的整体趋势及其背后的原因，并结合最新的留学政策动向对前往以上国家留学的前景进行了讨论。

关键词： 国际学生　日本　韩国　新加坡

一　中国学生赴日本留学现状[①]

（一）日本国际学生总体情况

1.赴日国际学生数量回升

《2023年在日国际学生年度调查》（Result of International Student Survey

---

*　郑金连，全球化智库（CCG）副主任，研究总监，高级研究员，主要研究方向为国际人才、智库研究，科技创新；王赵琼宇，全球化智库（CCG）研究助理，北京外国语大学研究生，主要研究方向为国际关系。

①　本报告中中国均指中国内地（大陆）地区。

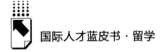

in Japan, 2023）数据显示，赴日留学的国际学生人数正在缓慢回升。2020年与2021年赴日国际学生人数下降幅度均超过10%，2022年赴日国际学生人数的下降速度放缓至4.7%，但仍呈现负增长的态势；2023年，随着新冠疫情的影响逐渐消退，赴日国际学生人数大幅回升，总人数达279274人，同比增长了20.8%，人数恢复至2019年的89.4%（见图1）。

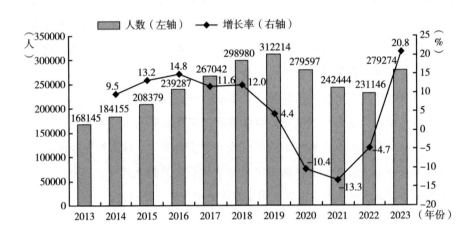

图1　2013~2023年日本高等教育阶段国际学生人数与增长率

资料来源：Japan Student Service Organization. Result of International Student Survey in Japan, 2023 [EB/OL]. (2024-05) [2024-08-20]. https://www.studyinjapan.go.jp/en/_mt/2024/05/data2023z_e.pdf。

2. 亚洲国家为赴日国际学生主要来源地

截至2023年5月，在日本留学的国际学生中，约有25万人来自亚洲，占日本国际学生总数的91%（见表1）。在这些国际学生中，前六位的来源国家和地区分别是中国大陆、尼泊尔、越南、韩国、缅甸和中国台湾（见表2）。

3. 近半数国际学生在关东地区，人文社科专业为国际学生的主要专业

2023年，在日本留学的国际学生中，48.9%的国际学生在关东地区的东京、

表1　2022~2023年日本国际学生主要来源地（按大洲）

单位：人，%

地区	2023年		2022年	
	人数	占比	人数	占比
亚洲	254224	91.0	214858	93.0
欧洲	13364	4.8	8583	3.7
北美洲	4667	1.7	1972	0.9
非洲	2595	0.9	2273	1.0
拉丁美洲	2238	0.8	1819	0.8
中东	1291	0.5	1143	0.5
大洋洲	883	0.3	491	0.2
其他	12	0.0	7	0.0
合计	279274	100.0	231146	100.0

注：数据截至当年5月。

资料来源：Japan Student Service Organization. Result of International Student Survey in Japan, 2023［EB/OL］.（2024-05）［2024-08-20］. https：//www.studyinjapan.go.jp/en/_mt/2024/05/data2023z_e.pdf；Japan Student Service Organization. Result of International Student Survey in Japan, 2022［EB/OL］.（2023-03）［2024-08-20］. https：//www.studyinjapan.go.jp/en/_mt/2023/05/date2022z_e.pdf。

表2　2022~2023年日本国际学生主要来源地（按国家/地区）

单位：人，%

国家/地区	2023年		2022年	
	人数	占比	人数	占比
中国大陆	115493	41.4	103882	44.9
尼泊尔	37878	13.6	24257	10.5
越南	36339	13.0	37405	16.2
韩国	14946	5.4	13701	5.9
缅甸	7773	2.8	3813	1.6
中国台湾	6998	2.5	5015	2.2

注：数据截至当年5月。

资料来源：Japan Student Service Organization. Result of International Student Survey in Japan, 2023［EB/OL］.（2024-05）［2024-08-20］. https：//www.studyinjapan.go.jp/en/_mt/2024/05/data2023z_e.pdf；Japan Student Service Organization. Result of International Student Survey in Japan, 2022［EB/OL］.（2023-03）［2024-08-20］. https：//www.studyinjapan.go.jp/en/_mt/2023/05/date2022z_e.pdf。

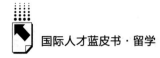

神奈川、千叶等地就读；22.6%的国际学生在近畿地区的京都、大阪、兵库等地就读；10.0%的国际学生在九州地区就读（见表3）。①

表3　2023年日本各地区接纳国际学生人数

单位：人，%

地区	学生人数	占比
关东	136520	48.9
近畿	63167	22.6
九州	28033	10.0
中部	26774	9.6
中国地区	10425	3.7
东北	7596	2.7
北海道	4769	1.7
四国	1990	0.7

注：数据截至当年5月。

资料来源：Japan Student Service Organization. Result of International Student Survey in Japan, 2023［EB/OL］.（2024-05）［2024-08-20］. https：//www. studyinjapan. go. jp/en/_mt/2024/05/data2023z_e. pdf。

从专业选择来看，在日本学习的国际学生主要选择人文学科、社会科学领域。2023年，68.7%的国际学生就读于人文学科、社会科学领域，12.6%的国际学生就读于工程学专业（见表4）。

表4　2022~2023年日本国际学生学科分布

单位：人，%

专业	2023年		2022年	
	人数	占比	人数	占比
人文学科	134310	48.1	80291	34.7
社会科学	57563	20.6	63096	27.3
工程学	35135	12.6	37487	16.2

---

①　有关主要留学城市的数据详见 Japan Student Service Organization. Result of International Student Survey in Japan, 2023［EB/OL］.（2024-05）［2024-08-20］. https：//www. studyinjapan. go. jp/en/_mt/2024/05/data2023z_e. pdf。

专业	2023 年		2022 年	
	人数	占比	人数	占比
艺术学	11560	4.1	10855	4.7
医学	6073	2.2	5829	2.5
自然科学	4640	1.7	4361	1.9
农学	4057	1.5	4200	1.8
教育学	3200	1.1	2854	1.2
本国经济学	3185	1.1	3921	1.7
其他	19551	7.0	18252	7.9
合计	279274	100.0	231146	100.0

注：数据截至当年 5 月。

资料来源：Japan Student Service Organization. Result of International Student Survey in Japan, 2023 ［EB/OL］. (2024-05) ［2024-08-20］. https：//www. studyinjapan. go. jp/en/_mt/2024/05/data2023z_e. pdf；Japan Student Service Organization. Result of International Student Survey in Japan, 2022 ［EB/OL］. (2023-03) ［2024-08-20］. https：//www. studyinjapan. go. jp/en/_mt/2023/05/date2022z_e. pdf。

4. 本科阶段的国际学生主要就读于私立学校，研究生阶段的国际学生主要就读于国立学校

2023 年，在日本留学的国际学生中，有 82.2% 的学生在私立院校就读。其中，本科阶段的国际学生中有 84.3% 就读于私立院校，硕士和博士阶段的国际学生中有 61.6% 就读于国立大学。[①] 在 2024 年 6 月更新的 QS 世界大学排名中，日本大学前 10 名中有 8 所院校为国立院校，仅有庆应义塾大学和早稻田大学两所私立院校分别占据了第 9 位和第 10 位。[②]

2023 年，13 所日本高校招收国际学生人数超过 2000 人，相较于 2022

[①] Japan Student Service Organization. Result of International Student Survey in Japan, 2023 ［EB/OL］. (2024-05) ［2024-08-20］. https：//www. studyinjapan. go. jp/en/_mt/2024/05/data2023z_e. pdf.

[②] Top Universities. QS World University Rankings 2025：Top global universities ［EB/OL］. (2024-06-04) ［2024-08-20］. https：//www. topuniversities. com/world-university-rankings? countries＝jp.

年同期增加了 2 所。①② 如表 5 所示，招收国际学生数量最多的前 5 所大学
中，早稻田大学和立命馆大学为私立大学，东京大学、京都大学和大阪大学
为国立大学。2023 年，早稻田大学招收的国际学生人数最多，共接收 5560
人，反超连续两年第一的东京大学，较 2022 年单个学校接收国际学生的最
高人数多出 26.4%。③④

表 5 2023 年国际学生人数前十位的日本大学及其国际学生人数

单位：人

大学名称	学校性质	学校地区	国际学生数量
早稻田大学	私立	关东地区	5560
东京大学	国立	关东地区	4658
立命馆大学	私立	近畿地区	3027
京都大学	国立	近畿地区	2844
大阪大学	国立	近畿地区	2712
立命馆亚洲太平洋大学	私立	九州地区	2662
九州大学	国立	九州地区	2526
筑波大学	国立	关东地区	2342
日本经济大学	私立	九州地区	2334
庆应义塾大学	私立	关东地区	2146

注：数据截至当年 5 月。

资料来源：Japan Student Service Organization. Result of International Student Survey in Japan, 2023 [EB/
OL]. (2024-05) [2024-08-20]. https：//www.studyinjapan.go.jp/en/_mt/2024/05/data2023z_e.pdf.

5. 公共宿位有所增加，但数量依然较少，八成以上学生需自己租房

随着新冠疫情影响逐渐减弱，国际学生数量大幅增加，公共宿位数量也
呈增长态势。2022 年，日本的学校和公共企业等为国际学生提供的公共宿

---

① Japan Student Service Organization. Result of International Student Survey in Japan, 2023 [EB/OL].
(2024-05) [2024-08-20]. https：//www.studyinjapan.go.jp/en/_mt/2024/05/data2023z_e.pdf.

② Japan Student Service Organization. Result of International Student Survey in Japan, 2022 [EB/OL].
(2023-03) [2024-08-20]. https：//www.studyinjapan.go.jp/en/_mt/2023/05/date2022z_e.pdf.

③ Japan Student Service Organization. Result of International Student Survey in Japan, 2023 [EB/OL].
(2024-05) [2024-08-20]. https：//www.studyinjapan.go.jp/en/_mt/2024/05/data2023z_e.pdf.

④ Japan Student Service Organization. Result of International Student Survey in Japan, 2022 [EB/OL].
(2023-03) [2024-08-20]. https：//www.studyinjapan.go.jp/en/_mt/2023/05/date2022z_e.pdf.

位数量较 2021 年同期增加了 13882 个，2023 年公共宿位继续增多，总数达到 66300 个，较 2022 年同期增加了 16550 个。①②③ 然而，尽管近两年公共宿位数有所增加，但总体上看，提供给国际学生的公共宿位依然紧张。2023 年，只有 23.8% 的国际学生获得公共宿位，仍有超过 20 万名国际学生需要在校外租私人住房（见图 2）。④

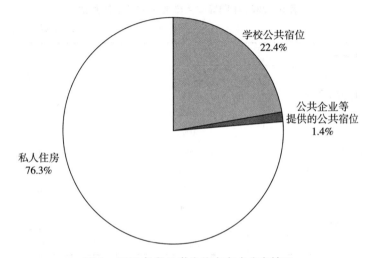

图 2 2023 年留日学生住宿方式分布情况

注：数据截至当年 5 月。

资料来源：Japan Student Service Organization. Result of International Student Survey in Japan，2023 ［EB/OL］. （2024−05）［2024−08−20］. https：//www. studyinjapan. go. jp/en/_mt/2024/05/data2023z_e. pdf。

6. 国际学生毕业后在日本就业的月薪以25万日元以下为主

日本司法部移民局《令和 4 年留学生在日本公司的就业状况》统计结果

---

① Japan Student Service Organization. Result of International Student Survey in Japan, 2023 ［EB/OL］. （2024−05）［2024−08−20］. https：//www. studyinjapan. go. jp/en/_mt/2024/05/data2023z_e. pdf.

② Japan Student Service Organization. Result of International Student Survey in Japan, 2022 ［EB/OL］. （2023−03）［2024−08−20］. https：//www. studyinjapan. go. jp/en/_mt/2023/05/date2022z_e. pdf.

③ Japan Student Service Organization. Result of International Student Survey in Japan, 2021 ［EB/OL］. （2022−03）［2024−08−20］. https：//www. studyinjapan. go. jp/en/_mt/2022/03/date2021z_e. pdf.

④ Japan Student Service Organization. Result of International Student Survey in Japan, 2023 ［EB/OL］. （2024−05）［2024−08−20］. https：//www. studyinjapan. go. jp/en/_mt/2024/05/data2023z_e. pdf.

显示,2022年有33415名学生经批准由学生签证转为工作签证,相较2021年减少了10.7%。① 持有工作签证的国际学生中,有15141人(45.3%)月薪在20万~25万日元,有11913人(35.7%)月薪在20万日元以下,有3611人(10.8%)月薪在25万~30万(见表6)。

表6 2022年国际学生毕业后在日工作月薪

单位:人,%

月薪报酬	人数	占比
20万日元以下	11913	35.7
20万~25万日元	15141	45.3
25万~30万日元	3611	10.8
30万~35万日元	1090	3.3
35万~40万日元	605	1.8
40万~45万日元	321	1.0
45万~50万日元	143	0.4
50万日元以上	260	0.8
不明	331	1.0
合计	33415	100.0

注:表中月薪报酬范围区间含左不含右。

资料来源:Immigration Services Agency of Japan. 令和4年における留学生の日本企業等への就職状況について[EB/OL]. (2023-12)[2024-08-26]. https://www.moj.go.jp/isa/content/001407655.pdf.

国际学生使用多种语言的能力使其在日本的就业市场中具有一定的优势,但这一方面的优势有时也相对限制了国际学生的其他职业选择。2022年,在日本就业的国际学生中,16.1%的国际学生从事翻译、口译类工作,7.7%从事信息处理、通信技术类工作,从事规划和管理(市场营销和研究)类工作的人数占总人数的7.4%,7.0%从事行政(不包括管理)类工作,6.4%从事海外贸易业务工作,其余类别工作的人数占比均不足5%(见表7)。

① Immigration Services Agency of Japan. 令和4年における留学生の日本企業等への就職状況について[EB/OL]. (2023-12)[2024-08-26]. https://www.moj.go.jp/isa/content/001407655.pdf.

表7　2022年国际学生在日工作职业类别

单位：人，%

职务内容	许可人数	占比	职务内容	许可人数	占比
翻译、口译	8792	16.1	会计事务	2035	3.7
信息处理、通信技术	4183	7.7	护理人员	2035	3.7
规划和管理（市场营销和研究）	4036	7.4	生产管理	2033	3.7
行政（不包括管理）	3813	7.0	技术开发	2032	3.7
海外贸易业务	3499	6.4	调查研究	1249	2.3
企业销售	2566	4.7	CAD操作	1019	1.9
策划事务（宣传、推广）	2396	4.4	其他	14759	27.1
合计			54447		

注：在日工作的国际学生含转为工作签证的国际学生以及部分持学生签证加注实习的国际学生。

资料来源：Immigration Services Agency of Japan. 令和4年における留学生の日本企業等への就職状況について［EB/OL］.（2023-12）［2024-08-26］. https：//www. moj. go. jp/isa/content/001407655. pdf。

（二）中国学生在日本留学的情况

1. 中国仍是日本最大的国际学生来源国

近年来，中国赴日国际学生数总体呈上涨趋势。根据表2的数据，2023年在日本的中国学生人数回升，达到115493人，较2022年同期增长了11.2%；但值得注意的是，在2023年人数回升的同时，中国学生在所有日本国际学生中的占比却有所降低。尽管如此，中国留日学生人数依然稳居首位，占日本国际学生总数的41.4%，远高于排第二位的尼泊尔（13.6%）。总体而言，中国学生对于赴日留学的需求较其他国家而言更为稳定。

2. 教育质量高、开销较低、文化相通、距离较近是中国学生留学日本的主要影响因素

日本作为东亚地区最早的发达国家，教育发展程度高，名校众多，高等教育所获成果颇丰。2024年QS世界大学排名前100位的高校中日本高校有4所，排名前200位的高校中日本高校有9所，前500位中有15所，其中排

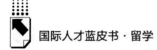

名最高的东京大学位列第 28。① 由此可见，日本在亚洲的众多国家中教育质量较高。

相较于留学欧美国家，相对较低的学费使日本在中国学生中更受欢迎。据统计，日本国立大学本科以上入学第一年平均学费约为 82 万日元（折合人民币约 3.8 万元），地方公立大学为 90 万~93 万日元（折合人民币 4.2 万~4.3 万元），私立大学价格略高，根据专业和学段学费在 85 万~320 万日元（折合人民币约 4 万~15 万元）。② 相较之下，欧美国家的留学费用要高出许多。2021~2022 年的数据显示，英国院校在本科学段向国际学生收取的学费（医学专业除外）最低为每年 11400 英镑（折合人民币约 10 万），最高为 32081 英镑（折合人民币约 29 万）。③ 美国院校在本科学段向国际学生收取的费用大致为 2 万~4.5 万美元（折合人民币 15 万~33 万元）。④ 由此，日本低廉的学费能够吸引大量家庭条件相对一般的中国留学生。

中日两国同处东亚文化圈，在历史上多有来往，文化与社会习惯相似度较高。在相似的文化背景下，中国留学生能够更快地适应在日本的学习生活，获得较好的留学体验；在传统东亚文化的影响下，日本的社会氛围与相对安全稳定的社会环境也对中国学生及其家长有着较强的吸引力。日本流行文化近年来在全球范围内，尤其在亚洲的扩散传播也使得许多中国学生对日本文化产生兴趣，这种文化吸引力进一步促使更多中国学生赴日留学。

日本的地理位置在吸引中国留学生方面有着天然的优势。日本与中国隔

① Top Universities. QS World University Rankings 2024 ［EB/OL］. ［2024 - 08 - 28］. https：//www. qschina. cn/en/university-rankings/world-university-rankings/2024.

② Studying in Japan. Planning to Study in Japan Academic Fees ［EB/OL］. ［2024 - 08 - 30］. https：//www. studyinjapan. go. jp/en/planning/academic-fees/.

③ Save the Student. UK Tuition Fees for International Students ［EB/OL］. (2024-07-18) ［2024-08-30］. https：//www. savethestudent. org/international - students/international - student - fees. html #:～: text = How%20much%20are%20UK%20tuition%20fees%20for%20international, rose%20to%20as%20much% 20as%20£32%2C081%20%28US%20%2439%2C850%29.

④ SI-USA. US University Course Fees and Costs ［EB/OL］. ［2024 - 08 - 30］. https：//www. studyin-usa. com/study-info/course-fees-and-living-costs-in-usa/.

海相望,从北京乘飞机到东京一般仅需 3~4 小时。在家庭观念浓厚的中国,地理距离较近、回国相对便利也是促使学生赴日留学的重要因素。

(三)赴日留学政策动向

1. 后疫情时代国际学生短缺,政策支持力度加大

近年来,日本出入境政策变化带来的不确定性导致赴日的国际学生数量连年下降。随着新冠疫情影响逐渐消退,日本政府再次加强了对日本留学情况的关注,针对赴日国际学生的短缺作出了政策上的回应。2023 年 3 月,日本内阁教育未来创造委员会(Council for the Creation of Future Education)提出了里程碑式的新目标,计划到 2033 年将国际学生人数提高到每年 40 万人。[①]

2. 数字化快速发展,留学更加便利

为实现每年吸引 40 万名国际学生的目标,日本相关部门作出了多种努力。虽然疫情造成了国际学生人数的减少,但也为留学便利化带来了新动力。受线上学习和工作方式的影响,日本政府目前仍继续利用线上工具在签证办理、远程授课等方面为赴日留学提供便利。2023 年 3 月 17 日起,日本出入国在留管理厅开始发行电子版"在留资格认定证明书",省去了证明书跨国邮寄的时间与金钱成本。[②] 与此同时,日本文部科学省也在修课形式上进行了变革,探索吸引国际学生的新方法。2022 年 6 月 21 日,日本文部科学省决定最早于 2023 年提高线上修课学分上限,这一政策将给海外学生提供更加便利的求学机会,有利于日本高校广泛招揽海外学生。[③]

---

① University World News. New Internationalisation Target Aims for 400, 000 Foreign Students [EB/OL]. (2023 – 04 – 11)[2024 – 08 – 27]. https://www.universityworldnews.com/post.php?story = 20230411135129522#: ~: text = The%20new%20target%20aims%20to%20raise%20the%20number, students%20to%20foreign%20countries%20by%20the%20same%20year.

② 日本驻华大使馆:《伴随在留资格认定证明书电子化的对应》,https://www.cn.emb-japan.go.jp/itpr_zh/00_000485_00221.html,最后检索时间:2024 年 8 月 27 日。

③ 《日本大学生将能通过网课修完所有学分》,https://cn.nikkei.com/career/abroadstudy/48952-2022-06-22-12-56-17.html,最后检索时间:2024 年 8 月 27 日。

3. 语言要求更加严格，赴日留学申请难度加大

日本留学需满足一定的英语水平要求与（或）日语水平要求，具体要求根据学生申请院校和项目的不同存在差异，英语最低要求为托福80分或雅思6分，日语最低要求为JLPT2级，大多数学校还要求学生参与EJU考试，并拿到单科300分以上的成绩。[①] 相较于欧美国家高校的语言要求，日本留学的英语语言要求并不算高，但由于日语是日本的官方语言，大部分日本高校课程使用日语授课，要达到日语语言的要求对于第一外语是英语的中国学生来讲存在一定困难。

此外，2024年日本出入国在留管理厅还更新了申请日本语言学校的材料要求，要求申请学生提交"日语能力确认书"，对留学申请学生的日语水平提出了更加严格的要求。[②]

4. 政府不断调整政策推动国际学生留日就业，但留日就业仍有一定难度

日本社会老龄化问题严重，劳动年龄人口数量不断下降。面对劳动力短缺的问题，日本政府不断推出优惠政策吸引外国人赴日工作。整体来看，近年来国际学生在日本的就业率呈上升趋势。2022年在日本就业的国际学生数量大幅增长，2022年在日本就业的留日国际学生有33415人，较2021年同期增长了15.3%。[③] 虽然留日工作的国际学生数量上涨，但占国际学生总数的比例依然很低。2022年共有231146名国际学生在日本留学，留日工作的国际学生仅占当年国际学生总数的14.5%。[④] 这是因为日本以就业为目的

---

① Global Admissions. Study in Japan 2024：Ultimate Guide for International Students！[EB/OL]. [2024-08-30]. https：//www. globaladmissions. com/blog/study - in - japan - 2023 - ultimate - guide-for-international-students/.

② 《入管局2025年将严查日语水平！无日语证书者将无法来日本留学！》，https：// www. sohu. com/a/795500047_121124434，最后检索时间：2024年8月30日。

③ Immigration Services Agency of Japan. 令和4年における留学生の日本企業等への就職状況について [EB/OL]. (2023-12) [2024-08-26]. https：//www. moj. go. jp/isa/content/ 001407655. pdf.

④ Immigration Services Agency of Japan. 令和4年における留学生の日本企業等への就職状況について [EB/OL]. (2023-12) [2024-08-26]. https：//www. moj. go. jp/isa/content/001407655. pdf.
Japan Student Service Organization. Result of International Student Survey in Japan, 2023 [EB/OL]. (2024-05) [2024-08-20]. https：//www. studyinjapan. go. jp/en/_mt/2024/05/data2023z_e. pdf.

的在留资格变更中有 86% 为 "技术、人文知识、国际业务" 领域的资格变更，而此类工作签证审查标准较高，需要学生有与工作对口的学位、较强的工作能力、一定的薪资待遇与较为稳定的雇主。[1]

近年来，为应对劳动力短缺问题，日本政府对工作签证相关政策进行了调整。2019 年 4 月，日本政府在其工作签证中增加了 "特定技能" 签证类型，接收具有专业技能的国际劳工，此类签证在学历方面对申请人没有严格的要求，拓宽了留日就业的途径。此外，当前日本还设有 "特定活动" 类型的签证，日本大学毕业的国际学生可申请 "特定活动" 在留资格以在日本不同行业从事涉及外宾接待和翻译业务。[2] 2023 年，日本推出 "未来创造人才签证"（J-Find）和 "特殊高技能人才签证"（J-Skip），给予创业人才、特殊高技能人才更大的便利和支持。[3] 同年，日本实施 "对日投资扩大行动计划"，助力半导体等战略领域人才引进。[4] 与此同时，日本还于 2024 年 2 月启动了留学生 "就业特区"，在福冈县北九州市启动新的国际学生就业机制，放宽了留学生留日求职所需的在留资格要求，使留学生更容易在日本就业。

二　中国学生赴韩国留学现状

（一）韩国国际学生总体情况

在韩国留学的国际学生人数总体呈现上升趋势，2014~2023 年，增长了

---

① Study in Japan. Jobs and Careers in Japan [EB/OL]. [2024 - 09 - 02]. https：//www. studyinjapan. go. jp/en/work-in-japan/employment/status. html.

② Study in Japan. Jobs and Careers in Japan [EB/OL]. [2024 - 09 - 02]. https：//www. studyinjapan. go. jp/en/work-in-japan/employment/status. html.

③ Ministry of Foreign Affairs of Japan. Visa [EB/OL]. [2024-09-12]. https：//www. moj. go. jp/isa/applications/resources/nyukan_nyukan50_00002. html？hl=zh-CN.

④ Ministry of Foreign Affairs of Japan. Japanese Economy [EB/OL]. [2024-05-14]. https：//www. mofa. go. jp/policy/economy/japan/invest/index. html.

1倍多。如表8所示，2015~2019年，赴韩国际学生人数快速增长，2019年达到160165人，2019年后，留学生人数连续两年有所下降，2020年赴韩国际学生数仅为153695人，相较2019年下降了4%，2021年国际学生人数仍在减少，下降至152281人，但下降速度放缓，下降了0.9%，2022年赴韩国际学生人数开始回升，2023年增长至181842人，超过2019年人数，增长率达9%（见表8）。

表8　2014~2023年韩国高等教育机构中国际学生人数与增长率

单位：人，%

年份	人数	增长率
2014	84891	—
2015	91332	7.6
2016	104262	14.2
2017	123858	18.8
2018	142205	14.8
2019	160165	12.6
2020	153695	-4.0
2021	152281	-0.9
2022	166892	9.6
2023	181842	9.0

资料来源：교육부. 2023 년 국내 고등교육기관 내 외국인 유학생 현황 [EB/OL]. (2023-12-07) [2024-08-20]. https：//www. moe. go. kr/boardCnts/viewRenew. do？ boardID＝350&boardSeq＝97337&lev＝0&searchType＝null&statusYN＝W&page＝1&s＝moe&m＝0309&opType＝N。

根据韩国教育开发院（Korean Education Development Institute，KEDI）的数据，2023年，在韩国就读学位课程的国际学生人数达到129240人，较2022年增长了3.6%，占韩国国际学生总数的71.1%，其中学士学段学生共占学位课程项目学生的62.7%，硕士学段学生占23.2%，博士学段学生占到14.0%。与就读学位课程的赴韩国际学生相比，就读于非学位课程项目的国际学生人数较少，但整体呈增长趋势，2023年在韩国就读非学位课程项目的国际学生数达到52602人，较2022年增长25.0%，占国际学生总数的28.9%（见表9）。

表9 历年在韩国高等教育中注册的国际学生学段分布

单位：人

年份		2010	2015	2021	2022	2023
国际学生总计		83842	91332	152281	166892	181842
学位课程项目	学士	43709	32972	80597	80988	81087
	硕士	12480	16441	25169	26923	30012
	博士	3811	6326	14252	16892	18141
	总计	60000	55739	120018	124803	129240
非学位课程项目	语言项目	17064	22178	23442	27194	37974
	其他	6778	13415	8821	14895	14628
	总计	23842	35593	32263	42089	52602

资料来源：교육부.2023 년 국내 고등교육기관 내 외국인 유학생 현황［EB/OL］.（2023-12-07）［2024-08-20］.https：//www.moe.go.kr/boardCnts/viewRenew.do? boardID=350&boardSeq=97337&lev=0&searchType=null&statusYN=W&page=1&s=moe&m=0309&opType=N；

교육부.2022 년 국내 고등교육기관 내 외국인 유학생 통계［EB/OL］.（2022-12-22）［2024-08-20］.https：//www.moe.go.kr/boardCnts/viewRenew.do? boardID=350&boardSeq=93469&lev=0&searchType=null&statusYN=W&page=2&s=moe&m=0309&opType=N；

교육부.2021 년 국내 고등 교육기관 내 외국인 유학생 동계［EB/OL］.（2021-12-20）［2023-03-23］.https：//www.moe.go.kr/boardCnts/viewRenew.do? boardID=350&boardSeq=90123&lev=0&searchType=null&statusYN=W&page=1&s=moe&m=0309&opType=N；

교육부.2015 년 국내 외국인 유학생 현황 정보공개［EB/OL］.（2015-10-13）［2024-08-20］.https：//www.moe.go.kr/boardCnts/viewRenew.do? boardID=350&boardSeq=60923&lev=0&searchType=null&statusYN=C&page=7&s=moe&m=0309&opType=N；

교육부.외국인 유학생 통계（2010 년도）［EB/OL］.（2010-11-04）［2024-08-20］.https：//www.moe.go.kr/boardCnts/viewRenew.do? boardID=350&boardSeq=14601&lev=0&searchType=null&statusYN=W&page=13&s=moe&m=0309&opType=N。

在韩国学习的国际学生大多来自周边的亚洲国家。2023 年，六成以上韩国国际学生来自中国大陆与越南。中国大陆是韩国最主要的国际学生来源国，在韩国留学的中国大陆学生达到 68065 人，占韩国国际学生总数的 37.4%；排在第二位的是越南，国际学生有 43361 人，占 23.8%；其后依次是乌兹别克斯坦（10409 人）、蒙古国（10375 人）、日本（5850 人）、缅甸（3325 人）、美国（3214 人）、尼泊尔（2975 人）、法国（2541 人）和俄罗斯（2486 人）等国家和地区（见表10）。

表 10 2023 年韩国高等教育机构中前 15 位国际学生来源国家/地区

单位：人，%

排名	国家/地区	人数	占比
1	中国大陆	68065	37.4
2	越南	43361	23.8
3	乌兹别克斯坦	10409	5.7
4	蒙古国	10375	5.7
5	日本	5850	3.2
6	缅甸	3325	1.8
7	美国	3214	1.8
8	尼泊尔	2975	1.6
9	法国	2541	1.4
10	俄罗斯	2486	1.4
11	印度尼西亚	2420	1.3
12	中国台湾	2076	1.1
13	孟加拉国	1652	0.9
14	印度	1479	0.8
15	德国	1393	0.8

资料来源：교육부. 2023 년 국내 고등교육기관 내 외국인 유학생 현황 [EB/OL]. (2023-12-07) [2024-08-20]. https：//www. moe. go. kr/boardCnts/viewRenew. do? boardID = 350&boardSeq = 97337&lev = 0&searchType = null&statusYN = W&page = 1&s = moe&m = 0309&opType = N。

从国际学生的分布地区来看，在韩国际学生主要集聚于首都圈内。据韩国教育部公布的信息，2023 年，韩国接收国际学生数量最多的 10 所高校中有 9 所位于首尔，嘉泉大学虽位于首尔市外的京畿道城南市，但依然位于首都圈之内。2023 年，排名前十的大学中，汉阳大学招收国际学生人数最多，国际学生达 7866 人（见表 11）。这 10 所高校中，仅有延世大学和高丽大学入围 QS 前 100 名大学，分别居第 56 位和第 67 位。[①] 由此可见，国际学生想要进入韩国顶尖的高校依然有难度，这在一定程度上也反映了韩国学校国际化程度有待提高，教育和考试体系与国际接轨程度较低等现状。

---

① Top Universities. QS World University Rankings 2025：Top Global Universities [EB/OL]. (2024-06-04) [2024-09-03]. https：//www. topuniversities. com/world-university-rankings? countries=kr.

表 11　2023 年接收国际学生人数最多的前 10 所韩国高校

单位：人

学校	国际学生人数	学校	国际学生人数
汉阳大学	7866	高丽大学	4732
庆熙大学	7443	嘉泉大学	3819
延世大学	6246	西正大学	3356
成均馆大学	5832	韩国外国语大学	3304
中央大学	5164	东国大学	3087

资料来源：교육부. 2023 년 국내 고등교육기관 내 외국인 유학생 현황［EB/OL］. (2023－12－07)［2024－08－20］. https：//www. moe. go. kr/boardCnts/viewRenew. do？boardID＝350&boardSeq＝97337&lev＝0&searchType＝null&statusYN＝W&page＝1&s＝moe&m＝0309&opType＝N。

（二）在韩中国学生总体概况

1. 中国仍是韩国国际学生最大的来源国，但中国国际学生占比呈下降趋势

中国长期以来是韩国高校国际学生的主要来源国，但近年来中国赴韩留学国际学生人数增长率不稳定，过去 7 年中增长率最高的年份为 2017 年（13.4%），最低为 2020 年（－5.7%）；近三年中国赴韩国际学生一直呈增长趋势，但增长率稳定在 1% 以下。截至 2023 年，中国仍是韩国高校主要的国际学生来源国，赴韩国际学生总数达到 68065 人，但从占比来看，中国国际学生占韩国国际学生总人数的比例在近几年整体呈下降趋势，从 2016 年的57.7% 下降至 2023 年的 37.4%（见图 3）。

2023 年汉阳大学是接收中国学生人数最多的韩国高校，在读中国学生共有 5582 人，占该校国际学生人数的 71%；庆熙大学共接收 5498 名中国学生，占该校国际学生人数的 73.9%；中央大学与成均馆大学接收的国际学生数量也相对较多，均达到 3500 人以上，超过该校国际学生人数的一半；延世大学接收的中国学生人数在韩国高校中排名第五，但其接收的中国学生占该校国际学生人数的比例仅为 40.9%（见表 12）。

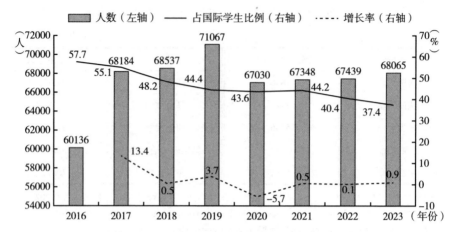

图 3　2016~2023 年韩国高等教育机构就读的中国国际学生人数、占国际学生比例及增长率

资料来源：교육부. 2016、2017、2018、2019、2020、2021、2022、2023 년 국내 외국인 유학생 현황 정보공개 [EB/OL]. [2024-08-20]. https：//www. moe. go. kr/boardCnts/viewRenew. do? boardID = 350&boardSeq = 64729&lev = 0&searchType = null&statusYN = C&page = 6&s = moe&m = 0309&opType＝N。

表 12　2023 年接收中国学生人数前 10 位的韩国高校

单位：人，%

学校	中国学生人数	占该校国际学生人数的比例
汉阳大学	5582	71.0
庆熙大学	5498	73.9
中央大学	3718	72.0
成均馆大学	3578	61.4
延世大学	2554	40.9
高丽大学	2201	46.5
东国大学	1990	64.5
嘉泉大学	1983	51.9
国民大学	1704	59.7
弘益大学	1665	73.7

资料来源：교육부. 2023 년 국내 고등교육기관 내 외국인 유학생 현황 [EB/OL]. (2023-12-07) [2024-08-20]. https：//www. moe. go. kr/boardCnts/viewRenew. do? boardID = 350&boardSeq = 97337&lev = 0&searchType = null&statusYN = W&page = 1&s = moe&m = 0309&opType＝N。

在人文社会、工程学、自然科学、艺术和体育、医学五个专业大类中，2023 年赴韩学习的中国学生更加青睐人文社会类专业。人文社会类专业包括管理学、传播学、文学等就业范围较广的专业，且此类专业学习门槛较低，广泛受到赴韩中国学生的青睐，在各个学段的中国学生中都是热门专业。此外，韩国艺术和体育类专业在中国学生中也较受欢迎，韩国文体娱乐产业发展繁荣，在韩学习艺术和体育类专业有较好的就业前景，因此在各个学段此类专业也是热门选择。选择工程学与自然科学的赴韩中国学生人数较少，在硕士与博士学段学习这两类专业的学生则更加稀少，均在 1000 人以下。在韩学习医学的中国国际学生人数最少，本科及专科学段仅有 2 人，硕士与博士学段人数均不足 100 人（见表 13）。

表 13　2023 年中国学生在韩国高等教育中各学段专业分布情况

单位：人

学段		专业	人数
语言学习课程			5333
本科及专科		人文社会	22170
		工程学	2827
		自然科学	1309
		艺术和体育	6559
		医学	2
		总计	32867
研究生	硕士	人文社会	11409
		工程学	844
		自然科学	406
		艺术和体育	3202
		医学	35
		总计	15896
	博士	人文社会	5570
		工程学	887
		自然科学	527
		艺术和体育	4510
		医学	99
		总计	11593

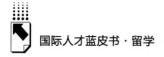

续表

学段	专业	人数
其他		2376
总计		68065

资料来源：교육부. 2023 년 국내 고등교육기관 내 외국인 유학생 현황［EB/OL］.（2023 - 12 - 07）［2024 - 08 - 20］. https：//www. moe. go. kr/boardCnts/viewRenew. do？boardID = 350&boardSeq = 97337&lev = 0&searchType = null&statusYN = W&page = 1&s = moe&m = 0309&opType = N。

2. 学费较低、入学门槛低、地理位置近推动中国学生赴韩国留学

中国学生选择赴韩留学主要原因是学费较低廉、入学门槛低、地理位置近。①

相较于欧美国家，韩国留学的成本相对较低，因此对中国一般收入家庭的学生有着较大的吸引力。韩国不同高校、不同学段、不同专业的学费存在差异。一般来说，韩国公立大学一年的学费为 2 万 ~ 6 万元，私立大学费用略高，为 4 万 ~ 9 万元。② 韩国高校较为低廉的学费为普通家庭学生留学提供了一条性价比较高的路径。

当前韩国留学门槛较低，申请较为容易，吸引了大量中国学生。首先，韩国留学对语言水平的要求较低。一般来说，在韩国留学若选择韩语授课项目，需在入学前考取韩语 TOPIK3 级证明，在毕业前考取韩语 TOPIK4 级证明，这对留学生的韩语水平提出了一定的要求。然而，在韩国高校，国际学生可以选择就读英文授课项目，此类项目本科与硕士最低语言要求为托福 71 分或雅思 5.5 分，博士最低语言要求为托福 79 分或雅思 6 分，且一般不需要任何韩语语言成绩证明。③ 英文授课项目较低的语言要求对中国国际学

---

① 张雷生、魏莲莲、朱莉等：《海外留学选择和决策的影响因素研究——基于在韩中国留学生的调查分析》，《现代教育管理》2021 年第 11 期。

② 新东方：《2024 年去韩国留学一年要花多少钱（上）？｜附费用清单》，https：//liuxue. xdf. cn/blog/zhoulina/blog/5046963. shtml，最后检索时间：2024 年 9 月 14 日。

③ Global Admissions. Guide to Study in Korea for International Students 2024［EB/OL］.［2024 - 09 - 14］. https：//www. globaladmissions. com/blog/guide - to - study - in - korea/#: ~ : text = To% 20study% 20in% 20Korea% 20in% 20English% 2C% 20you% 20will，of% 20TOEFL% 2079% 20and% 20IELTS% 206% 20is% 20required。

生十分友好，大多数中国学生学习的外语为英语，对韩语语言水平的零要求与对英语语言水平较低的要求吸引了许多来自中国的国际学生。同时，部分韩国高校为吸引国际学生，降低了对国际学生的招生标准，这使得申请韩国高校成功率较高，因此对于部分学习成绩并不突出的学生来说，留学韩国成为一条更加轻松可行的道路。①

此外，韩国与中国距离较近，交通便利，吸引了大批韩国周边省份的中国学生。根据相关研究，赴韩留学的中国学生中，来自山东、福建、安徽、浙江、江苏、上海的学生占全部中国学生的 41.6%，来自辽宁、吉林、黑龙江的中国学生占 24.2%，上述赴韩留学中国学生共占六成以上，体现出地理位置邻近对于赴韩留学选择的重要性。②

3. 片面追求招生数量，致使中国赴韩国际学生就读体验较差

盲目招生与盲目就读的问题同时作用使中国学生在韩国难以接受高质量的教育，获得较好的留学体验。

为响应韩国国家政策，提升高校国际化水平，许多韩国高校一味追求国际学生数量的提升，却忽视了国际学生的留学体验。据韩媒报道，众多赴韩中国学生由于语言能力不足不能有效参与课程的团队合作，有些学生的语言水平甚至无法正常完成课程考核，这在很大程度上是由于韩国高校为扩大学生规模降低了招生的语言水平要求。③ 语言能力不足不仅影响了中国学生的课程学习质量，也影响了中国学生在韩国的人际交往。部分中国学生语言能力不足加之其他因素，导致许多韩国本土学生对中国学生抱有排斥心理，在学习生活的各种场合刻意避开中国学生。部分中国学生即使与韩国学生交流也只能使用英语，因此仅能与韩国学生保持相对生疏的

---

① 曾小军、杨鑫：《韩国高等教育国际化：动因、政策与挑战》，《清远职业技术学院学报》2022 年第 6 期。
② 张雷生、魏莲莲、朱莉等：《海外留学选择和决策的影响因素研究——基于在韩中国留学生的调查分析》，《现代教育管理》2021 年第 11 期。
③ 머니투데이. "시끄럽고 더러워"…중국인 유학생은 무조건 싫다？[EB/OL]. (2019-01-14) [2024-09-15]. https：//news. mt. co. kr/mtview. php？no=2019011314545391817.

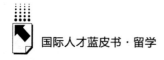

关系，不能融入当地文化。①

此外，部分中国学生赴韩留学是出于"出国镀金"一类的功利因素而非对专业知识的追求，在赴韩前并未对韩国留学情况进行充分的了解与准备。② 出于此种目的留学的部分中国学生对学业付出程度较低，自然也无法高质量地完成学业。同时，在未深入了解韩国本土文化的情况下赴韩留学可能会遇到文化差异带来的问题，这也是中国学生赴韩留学体验较差的一个原因。③

（三）赴韩留学政策动向

1. 国际学生需求大，政府大力支持外国学生赴韩学习

相较于英国、美国、日本等国家，韩国高校的国际化发展程度依然较低，韩国高校在国际中的竞争力仍然较弱，急需招收国际学生营造多元的高校学习氛围，提升其在全球范围内的影响力。同时，韩国社会也面临着人口出生率低、劳动力短缺等问题，需要通过招收国际学生促进外籍人员在韩就业。因此，韩国政府在政策上大力支持国际学生赴韩学习。2023 年 8 月 16 日，韩国中央政府公布了新的"留学生教育竞争力提升方案"，计划将在 2027 年实现招收 30 万名国际学生的宏伟目标，并将为实现这一目标出台一系列有关国际学生招生、培养、就业、定居的支持政策。④

2. 签证要求降低，国际学生赴韩更加便利

为吸引更多国际学生赴韩留学，韩国政府进一步放宽了韩国留学签证的

---

① 머니투데이."시끄럽고 더러워"…중국인 유학생은 무조건 싫다? [EB/OL]. (2019-01-14) [2024-09-15]. https：//news. mt. co. kr/mtview. php? no=2019011314545391817.

② 张雷生、魏莲莲、朱莉等：《海外留学选择和决策的影响因素研究——基于在韩中国留学生的调查分析》，《现代教育管理》2021 年第 11 期。

③ 머니투데이."시끄럽고 더러워"…중국인 유학생은 무조건 싫다? [EB/OL]. (2019-01-14) [2024-09-15]. https：//news. mt. co. kr/mtview. php? no=2019011314545391817.

④ 《韩国争取 2027 年将留学生增至 30 万》，https：//cn. yna. co. kr/view/MYH20230817003600881，最后检索时间：2024 年 9 月 15 日。

办理要求。2023 年 7 月 3 日开始实施的新签证规定降低了办理学生签证的存款证明金额要求，申请 D-2 签证的学生需准备的存款证明金额从 2600 万韩元降至 2000 万韩元，申请语言学习签证（D-4 签证）的学生需准备的存款证明金额从 1300 万韩元降至 1000 万韩元，对于申请在韩国主要城市之外学习的学生，这一标准还可以进一步下降至 1600 万韩元（D-2 签证）和 800 万韩元（D-4 签证）。① 该项政策使家庭条件一般的国际学生赴韩留学更加便利。

3. 政府大力吸引国际学生留韩工作，就业政策进一步放宽

为吸引国际学生在韩就业，韩国政府在工作时长、语言要求、签证办理等方面出台了一系列鼓励在韩国际学生在当地工作的政策，既关注到毕业生的求职需要也兼顾了在读学生的兼职需要。首先，韩国政府为在韩国际学生提供了兼职的工作机会，同时将原本每周 20 小时的最高工作时长上调至 25 小时（在主要城市之外的学生每周最多可以工作 30 个小时）。其次，为降低赴韩国际学生在韩工作的难度，韩国政府放宽了在韩工作的语言要求，原本在韩工作仅可通过 TOPIK 语言成绩证明自身语言能力，但新政策规定世宗韩国语评价考试（SKA）与韩国语能力测试（KLAT）成绩也可用于与工作相关的语言能力证明；此外，为方便在韩留学生毕业后留在韩国就业，政府也放宽了工作签证办理的要求，原本外籍人员办理长期 E-7-4 签证需要有 5 年的在韩经历，现已调整为 4 年。最后，政府也放宽了雇用外籍劳动者的限制，使国际学生毕业后更容易在韩国获得就业机会。②

---

① ICEF. Korea Eases Work and Visa Policies in a Bid to Further Boost Foreign Enrolment [EB/OL]. (2023-07-01) [2024-09-15]. https：//monitor. icef. com/2023/07/korea-eases-work-and-visa-policies-in-a-bid-to-further-boost-foreign-enrolment/.

② ICEF. Korea Eases Work and Visa Policies in a Bid to Further Boost Foreign Enrolment [EB/OL]. (2023-07-01) [2024-09-15]. https：//monitor. icef. com/2023/07/korea-eases-work-and-visa-policies-in-a-bid-to-further-boost-foreign-enrolment/.

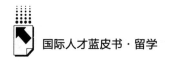

三 中国学生赴新加坡留学现状

（一）新加坡国际学生总体情况

2002年，新加坡启动"全球校园"（Global Schoolhouse）计划，国际学生数量实现大幅增长。[①] 2002年，新加坡国际学生约有5万人，2008年，国际学生已增长至9.7万人；然而，由于金融危机、私立学校丑闻、政府对国际学生人数的限制等原因，2009年起新加坡国际学生人数出现下滑。2009年、2012年和2014年赴新加坡国际学生人数分别为9.5万人、8.4万人与7.5万人，呈现持续下降的趋势。因2014~2021年数据缺失，无法准确判断此段时间内新加坡的国际学生数量增减趋势，但从现有数据来看，截至2021年4月，当年新加坡国际学生人数仅为5.91万人，由此可推断2014~2021年新加坡国际学生数量整体呈下降趋势。2021年4月后，新加坡国际学生人数上涨，截至2023年1月，当年共有7.93万名国际学生在新加坡就读，较2022年同期增加24.7%。

2024年，新加坡三所重点高校国际学生人数差异较大，但占全体学生比例均维持在20%~40%。其中，新加坡国立大学国际学生人数最多，达到12057人，占比也最高，为35.6%。分学段来看，三所重点高校国际学生中的研究生人数明显多于本科生，且从比例上看，研究生中的国际学生占比均不低于70%，而本科生中国际学生占比均低于20%（见表14）。由此可见，相较于本科学段项目，新加坡研究生学段的项目更受国际学生青睐。

---

① The Straits Times. Singapore May Rue Fall in Foreign Student Numbers [EB/OL]. (2014-10-02) [2024-09-17]. https：//www. straitstimes. com/opinion/singapore-may-rue-fall-in-foreign-student-numbers.

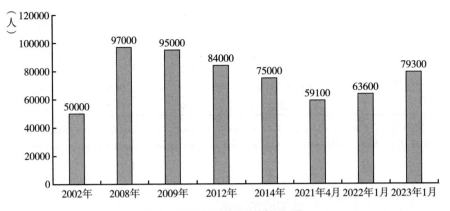

图 4　历年新加坡国际学生数量

注：2002~2014 年数据来自 The Straits Times，2021 年后数据来自不同网络资料中记录的新加坡教育部（MOE）与新加坡移民管理局（ICA）公布的数据。

资料来源：The Straits Times. Singapore May Rue Fall in Foreign Student Numbers［EB/OL］.（2014-10-02）［2024-09-17］. https：//www. straitstimes. com/opinion/singapore-may-rue-fall-in-foreign-student-numbers。

《全球有多少人去新加坡留学》，https：//www. eol. cn/waiyu/news/2022101882372. html，最后检索时间：2024 年 9 月 17 日。

The Straits Times. More Foreign Students Returning to Singapore as Covid-19 Measures Ease［EB/OL］.（2022-04-11）［2024-09-17］. https：//www. straitstimes. com/singapore/parenting-education/more-foreign-students-returning-to-singapore-as-covid-19-measures-ease #：~：text = The%20number%20of%20international%20students%20in%20the%20Republic，spokesman%20for%20the%20Immigration%20and%20Checkpoints%20Authority%20%28ICA%29。

《留学新加坡，离家和世界都不远》，http：//www. xinhuanet. com/globe/2023-08/03/c_1310735370. htm，最后检索时间：2024 年 9 月 17 日。

表 14　2024 年新加坡三所重点高校学生总数、国际学生人数及占比情况

单位：人，%

项目	学校	本科生	研究生	总计
学生总数	新加坡国立大学	24739	9150	33889
	南洋理工大学	19912	5948	25860
	新加坡管理大学	7568	1775	9343
国际学生人数	新加坡国立大学	4582	7475	12057
	南洋理工大学	3397	4692	8089
	新加坡管理大学	938	1295	2233

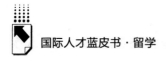

续表

项目	学校	本科生	研究生	总计
国际学生占比	新加坡国立大学	18.5	81.7	35.6
	南洋理工大学	17.1	78.9	31.3
	新加坡管理大学	12.4	73.0	23.9

资料来源：Top Universities. QS World University Rankings 2025；Top Global Universities［EB/OL］. (2024-06-04)［2024-09-19］. https：//www. topuniversities. com/world-university-rankings? countries=sg。

（二）中国学生赴新加坡留学情况

1. 中国学生赴新留学形势较好

据报道，中国赴新加坡学习的国际学生近年来呈增长态势。[①] 根据对新加坡各大院校中国学生人数的统计，2022 年，中国赴新学习的国际学生人数超过 6 万人。[②] 2023 年，在新加坡 7 万多名国际学生中，中国学生的占比超过 50%。[③]

2. 教育与国际接轨、性价比高、就业情况较好是中国学生赴新学习的主要原因

新加坡属英联邦国家，教育体系与英联邦体系接轨，国际化程度较高。在英联邦系统的影响下，该国教育制度在很大程度上借鉴了英国的教育制度，课程设置与教学模式相对成熟、完善，高等教育水平较高，国际认可度高。同时，为与国际接轨，新加坡高校授课主要采用英文，这为来自中国的国际学生提供了良好的英语学习环境，为其在国际上追求更高层次的教育或寻找工作创造了良好的条件。另外，由于中国学生大多以英语为第一外语，

---

① 《"留学热"迅速升温，拥抱春暖花开——2023 年留学行业趋势预测》，https：//caijing. chinadaily. com. cn/a/202303/24/WS641d4a3fa3102ada8b235240. html，最后检索时间：2024 年 9 月 19 日。

② 《最新报告看留学现状：英国火了，美国缓了，新加坡涨"疯"了》，https：//www. thepaper. cn/ newsDetail_forward_18686653，最后检索时间：2024 年 9 月 19 日。

③ 《赴新加坡，中国留学生来了！》，https：//liuxue. xdf. cn/blog/humengmei/blog/5228265. shtml，最后检索时间：2024 年 9 月 19 日。

以英语为主要的授课语言使赴新学生相较于赴日、赴韩留学生更容易适应国外的学习生活。

相较于英国和美国，新加坡留学的性价比较高，因此对中国学生有着较强的吸引力。在教育水平较高的国家中，新加坡的学费相对较低，公立大学本科一年学费为 8000~18000 新币（折合人民币约为 4.3 万~9.7 万元），私立学校学费稍高，一年学费大约为 15000~30000 新币（折合人民币约为 8 万~16 万元）。① 此外，为使更多国际学生赴新加坡学习，新加坡政府为国际学生提供了众多的奖学金、助学金政策，要求学生毕业后在新加坡完成一定时长的服务，以此为条件为学生提供学费减免或补助，相关政策包括新加坡政府奖学金、新加坡助学金、学费减免 SO 政策。新加坡政府奖学金是政府专为中国学生提供的奖学金，可减免 65%~80% 的学费；新加坡助学金是新加坡政府提供的财政援助，所有被新加坡院校录取的学生均有机会获得助学金；学费减免 SO 政策专为国际学生设置，就读于新加坡教育部研究社课程补贴名单上课程项目的国际学生可通过该政策获得 30%~40% 的学费减免。②

新加坡作为新兴发达国家之一，经济发展与国际化程度高，工资水平高，就业岗位较多，长期以来有着良好的就业环境。该国工资在亚洲国家中处于较高水平，平均年薪高达 90285 新币（折合人民币 48.4 万元），多数人年薪约为 48300 新币（折合人民币约为 26 万元）。③ 较高的工资水平吸引着众多中国学生为未来的职业与生活发展赴新留学。此外，新加坡作为亚洲第一国际金融中心，国际化程度高，有大量跨国公司，为毕业生提供了丰富的工作机会。同时，新加坡既吸收了亚洲文化圈本身的文化元素，又很大程度上受到其他国家文化影响，尤其是西方国家文化，因此，新

---

① 《新加坡留学一年多少费用?》，https：//www.eic.org.cn/news/detail/992f058d3b7f421e845 c81ef86e8e189，最后检索时间：2024 年 9 月 20 日。

② 《新加坡留学费用补助》，https：//www.eol.cn/liuxue/xinjiapo/20240406373940.html，最后检索时间：2024 年 9 月 20 日。

③ Average Salary Survey. Singapore/Salary [EB/OL]. [2024-09-20]. https：//www.averagesalarysurvey. com/zh/salary/singapore.

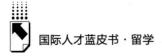

加坡形成了多元包容的社会文化，这在就业中也有所体现，外来人才较少在寻找工作的过程中遭受歧视或受排外情绪影响，这也降低了中国学生留新就业的难度。

（三）赴新留学政策动向

1. 入境政策放松，国际学生往来更加便利

从 2023 年 2 月 3 日开始，入境新加坡不再需要提供核酸报告、入境许可等材料，抵达新加坡后也不再需要进行核酸检测或进行隔离。[①] 此次入境政策的放松解决了疫情期间国际学生赴新留学的不便，使国际学生能够更加自由地往返于母国与新加坡之间。

2. 当前永久居民申请门槛较低，有利于国际学生在新加坡长期发展

为吸引更多国际学生赴新学习并在新加坡就业，填补人口老龄化等因素带来的劳动力缺口，当前新加坡政策中对国际学生申请永久居民身份的要求较低。当前政策规定，国际学生仅需在新加坡通过一次国家级的考试或参与新加坡的综合计划（Integrated Programme）便可向新加坡移民管理局（ICA）申请永久居民身份，而对于在新加坡居留的时间并未作出要求，这使得国际学生申请新加坡永久居民身份难度较低。[②] 降低永久居民身份的申请门槛有利于国际学生在新加坡长期发展，国际学生获得永久居民身份后不仅能够增强在新加坡发展学业和事业的稳定性，也能够享受永久居民在新加坡学习和工作的政策优惠。

---

① 《前往新加坡的旅行规定》，https：//www.visitsingapore.com.cn/travel-guide-tips/travel-requirements/，最后检索时间：2024 年 9 月 20 日。

② ICA. Becoming a Permanent Resident ［EB/OL］. ［2024-10-22］. https：//www.ica.gov.sg/reside/PR/apply.

B.5
大洋洲热门留学国家的留学现状分析

许泽阳　冯文源　郭腾达*

摘　要： 澳大利亚和新西兰凭借高质量的国际化教育体系、优越的生活环境、开放的居留与移民政策，以及较高的社会治安与安全系数，对中国学生有着较大的吸引力。目前，中国是澳大利亚和新西兰两国的主要国际生源地，中国学生主要选择商业管理和理工类学科。为推动后疫情时代国际教育产业的复苏，澳大利亚和新西兰政府高度重视国际教育的发展，通过采取更灵活的签证政策等措施，提升国际学生留学体验，吸引更多国际学生。

关键词： 国际学生　澳大利亚　新西兰　中国留学生

一　中国学生赴澳大利亚留学现状

（一）澳大利亚国际学生总体情况

根据 2024 年澳大利亚教育部公布的官方数据，2013～2019 年，前往澳大利亚求学的国际学生人数[①]一直维持了高速的正增长，增长率最高峰出现在 2017 年，为 12.6%。由于新冠疫情对于全球航运以及教育市场的冲击，赴澳国

---

* 许泽阳，全球化智库（CCG）助理研究员，主要研究方向为人才全球化、中国与全球化；冯文源，全球化智库（CCG）研究助理，主要研究方向为当代中国社会与青年；郭腾达，全球化智库（CCG）研究助理，主要研究方向为国际人才。

① 澳大利亚教育系统中，新西兰公民、澳大利亚公民、永久居民一起被归入"本国学生"（Domestic Student）类别，在澳大利亚学习无需学生签证并收取本国学生标准的学费，故不纳入国际学生的统计范围内。

际学生人数从 2019 年的 756738 人下降到了 2021 年的 572272 人[①]，增长率由 2019 年的 9.3%急剧下跌至-16.7%。2022 年初，澳大利亚政府开放了封控两年的国境并开始允许接种了足够数量疫苗的国际旅客和学生入境澳大利亚，这一举措使得赴澳国际学生数量再一次实现正向增长，虽然 2022 年的国际学生增长率回升至 8.0%，但国际学生总量不及新冠疫情前水平。2023 年，实现近十年最高同比增长率 27.3%，人数达到了 786251 人的历史峰值（见图 1）。

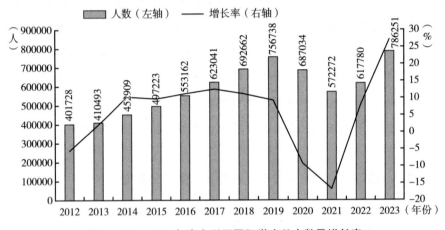

图 1 2012~2023 年澳大利亚国际学生总人数及增长率

资料来源：Department of Education. International Students | Monthly Summary, Students by Top 10 Nationalities, YTD Dec. ［EB/OL］.（2024－03－21）［2024－04－22］. https：//app. powerbi. com/view? r = eyJrIjoiNWRjZjEyN2YtMzI1NS00MTQzLWE0OGMtOGNkMzBkYTZjNm M0IiwidCI6ImRkMGNmZDE1LTQ1NTgtNGIxMi04YmFkLWVhMjY5ODRmYzQxNyJ9。

综合澳大利亚教育、技能与就业部（Department of Education, Skills and Employment）以及内政部披露的有关于国际学生的统计数据，高等教育机构、职业教育与培训机构（Vocational Education & Training, VET）是赴澳国际学生的主流选择。2022~2023 财年，就读于高等教育机构的国际学生有 300144 人，就读于 VET 机构的国际学生有 153043 人，还分别有 74627 人、10691 人和 17432

---

① 统计数据中的国际学生人数是指在一个报告期内持学生签证学习的所有学生的人数。因此，如果同一名学生的学习时间超过一年，该学生可能在多个年份被计入人数统计中。

人国际学生正在接受或参加海外学生英语精研课程、基础教育①和非学历教育（见表1）。

澳大利亚面向国际学生提供的主要教育类别的学生人数由低到高分别为基础教育、非学历教育、海外学生英语精研课程、职业教育与培训以及高等教育，2022~2023 财年针对这五类教育为国际学生签发的签证数量相较2021~2022 财年均有大幅增长，这体现了国际学生对于澳大利亚多元化教育类型的认可。

表1 历年澳大利亚各教育类别国际学生数量

单位：人，%

教育类别	2018~2019 财年	2019~2020 财年	2020~2021 财年	2021~2022 财年	2022~2023 财年	2022~2023 财年增长率
高等教育	216724	174814	134030	150590	300144	99.3
海外学生英语精研课程	40516	33568	5778	16511	74627	352
基础教育	10824	7172	2655	4051	10691	163.9
职业教育与培训	100905	98165	79614	73557	153043	108.1
非学历教育	20399	12792	440	7259	17432	140.1

注：澳大利亚财年指当年7月1日至次年6月30日，下同。

资料来源：Department of Home Affairs. Student Visa and Temporary Graduate Visa Program Report at June 30, 2023 [R/OL]. (2023-06-30) [2024-04-24]. https：//www. homeaffairs. gov. au/research-and-stats/files/student-temporary-grad-program-report-june-2023. pdf。

国际教育协会（IIE）2023 年的公开数据显示，澳大利亚是全世界受国际学生欢迎国家的第五名。② 澳大利亚的教育对于欧美地区发达国家学生的吸引力不如对发展中国家学生的吸引力，例如，2023 年澳大利亚境内来自中国、印度以及尼泊尔这三个国家的国际学生的数量总和占所有国际学生数量的45.1%。尽管新冠疫情使得2019 年后赴澳留学生数量明显减少，但是在全球疫情趋势平稳后，赴澳国际学生的数量出现了稳定的回弹，2023 年，国际学

① 基础教育阶段包括小学、初中、高中。

② Institute of International Education. 2023 Project Atlas Infographics [EB/OL]. [2024-04-24]. https：//www. iie. org/wp-content/uploads/2024/01/Project-Atlas_ Infographic_ 2023_ 2. pdf。

生总人数甚至超越了以往水平达到了 786251 人，增幅最大的是菲律宾的国际学生人数，相较于 2022 年增长了 98.8%（见表 2）。

表 2　2019~2023 年澳大利亚国际学生前十大来源地

单位：人，%

来源地	2023 年		2022 年		2021 年		2020 年		2019 年	
	人数	占比	人数	占比	人数	占比	人数	占比	人数	占比
中国①	166358	21.2	156864	25.4	172605	30.2	191560	27.9	212001	28.0
印度	126307	16.1	99370	16.1	99226	17.3	114842	16.7	115108	15.2
尼泊尔	62296	7.9	56601	9.2	45386	7.9	52321	7.6	53528	7.1
哥伦比亚	39708	5.1	22597	3.7	14650	2.6	18835	2.7	20715	2.7
菲律宾	35552	4.5	17885	2.9	14356	2.5	17256	2.5	17323	2.3
越南	32940	4.2	22497	3.6	20700	3.6	24236	3.5	26005	3.4
泰国	25882	3.3	19366	3.1	10513	1.8	14591	2.1	17483	2.3
巴西	24969	3.2	19036	3.1	14639	2.6	21485	3.1	27333	3.6
巴基斯坦	23338	3	15702	2.5	13760	2.4	15084	2.2	15139	2
印度尼西亚	21255	2.7	16912	2.7	15696	2.7	17482	2.5	18058	2.4
总　计	786251	100.0	617780	100.0	572272	100.0	687034	100.0	756738	100.0

资料来源：Department of Education. International Students ｜ Monthly Summary, Students by Top 10 Nationalities, YTD Dec ［EB/OL］.（2024-03-21）［2024-04-22］. https：// app. powerbi. com/view？r = eyJrIjoiNWRjZjEyN2YtMzI1NS00MTQzLWE0OGMtOGNkMzBkYTZjNmM0IiwidCI6ImRkMGNmZDE1LTQ 1NTgtNGIxM04YmFkLWVhMjY5ODRmYzQxNyJ9。

作为澳大利亚第四大出口产业，国际教育在 2022~2023 年为澳大利亚贡献了 364 亿澳元的经济收入。尽管受疫情期间出入境限制的影响，大量生源流失，但根据 2021 年初的报道，国际教育依然稳居澳大利亚第四大出口产业的地位。中国、印度和尼泊尔是澳大利亚的主要生源国，同时也是教育出口收入的前三大国家。其中，中国带来的教育出口收入显著高于其他国家。然而，2019~2023 财年，中国在澳大利亚教育出口收入中的占比有所下降。此外，受到新冠疫情影响，2019~2022 财年，各国对澳大利亚的教育出

———————————

①　本报告中中国均指中国大陆地区。

口收入整体均呈下降趋势。2022～2023 财年，来自各主要生源国的教育出口收入都出现了不同程度的涨幅，其中，中国、菲律宾、泰国涨幅相当可观，分别增长 106.3%、100.2% 和 140.0%（见表3）。

表3　2019～2023 财年澳大利亚国际教育主要生源国家/地区出口收入

单位：百万澳元，%

国家/地区	2019～2020财年	2020～2021财年	2021～2022财年	2022～2023财年	2022～2023财年增长率
中国	10434	6109	4230	8727	106.3
印度	6542	5309	3729	5930	59.0
尼泊尔	2954	2522	2002	3428	71.2
越南	1396	1170	958	1481	54.6
马来西亚	1250	904	683	965	41.3
印度尼西亚	982	753	632	1086	71.8
菲律宾	866	784	556	1113	100.2
哥伦比亚	849	756	580	1130	94.8
泰国	706	525	450	1080	140.0
巴基斯坦	825	699	549	983	79.1
其他国家及地区	10534	8023	6407	10500	63.9
总　计	37338	27554	20776	36423	75.3

资料来源：Department of Education, Skills and Employment. Research Snapshot - Education Export Income by Country 2022-23 [EB/OL]. (2024-05-07) [2024-10-23]. https://www.education.gov.au/international-education-data-and-research/education-export-income-financial-year。

（二）在澳中国学生总体概况

作为澳大利亚国际教育的最大生源国，中国赴澳留学人数在过去十年中呈现波动式增长趋势。2015～2018 年，增长率均保持在 10% 以上的高水平，尤其在 2017 年，增长率达到 17.5%。2018 年，在澳中国学生数量突破了 20 万人。2020 年，中国留学生在澳人数降至 191556 人，比 2019 年减少了 9.6%。2021 年，澳大利亚接收的中国留学生人数进一步减少至 172601 人，比 2020 年下降了 9.9%。2022 年，这一数字继续下滑至 156858 人，比 2021

年减少了 9.1%。在经历了自 2020 年起的 3 年下跌之后中国赴澳留学人数在 2023 年迎来了正增长，同比增长率为 6.1%，人数达到了 166420 人。近年来，中国学生占澳大利亚国际学生总数的比例稳定在 20%~30%，并在 2021 年达到了历史最高水平（见图 2）。这一比例的上升主要归因于中国学生对赴澳留学的需求和偏好依然强劲，相较于其他国家，疫情对中国学生入学人数的影响较小，使得其占比有所提升。

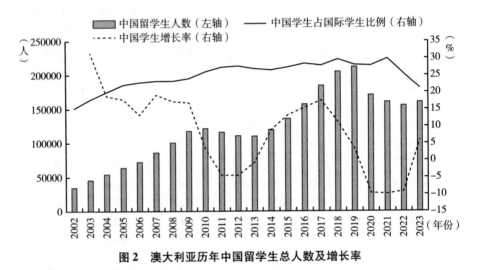

图 2　澳大利亚历年中国留学生总人数及增长率

注：2022 年现有数据为 1~11 月，其他年份为 1~12 月。

资料来源：Department of Education, Australian Government. International Student Numbers by Country, by State and Territory ［EB/OL］. (2024 - 10 - 23) ［2024 - 10 - 23］. https：//www. education. gov. au/international - education - data - and - research/international - student - numbers - country-state-and-territory。

根据澳大利亚教育部发布的关于 2023 年国际学生的统计数据，中国学生是新南威尔士州、维多利亚州、昆士兰州和首都地区的最大国际学生群体，相较于整体国际学生分布，中国学生的地域集中度更为显著。这一分布特点与各州高校的布局及顶尖高校的国际学生录取率密切相关。新南威尔士、维多利亚和昆士兰州明显吸引了更多的中国学生，这些州（地区）的学习和生活环境是中国学生的首选，2023 年这三个州（地区）的中国留学生人数分别为 75695 人、49897 人、19731 人，而其他州（地区）的中国留学生人数均不足 1 万人。

相较于 2019 年，2023 年北领地是唯——个实现中国国际学生数量正增长的地区，但增幅仅为 11%。新南威尔士州是近五年中国留学生人数降幅最小的州，下降了 7.8%。相比之下，塔斯马尼亚州和南澳大利亚州则出现了显著下降，分别下降 74.0% 和 33.2%。维多利亚州降幅为 31.2%，虽然没有塔斯马尼亚州降幅高，但减少人数最为显著，较 2019 年该地区减少了 22646 人（见表 4）。

表 4 2019~2023 年中国留学生在澳大利亚各州（地区）历年分布情况

单位：人，%

澳大利亚各州（地区）	2019 年	2020 年	2021 年	2022 年	2023 年	2023 年占当地国际生比值	2023 年比2019 年增幅
新南威尔士州	82066	76860	72549	70078	75695	44.8	-7.8
维多利亚州	72543	62976	53648	47420	49897	29.5	-31.2
昆士兰州	26389	23883	21941	19617	19731	11.7	-25.2
南澳大利亚州	12562	11180	9453	8391	8389	5.0	-33.2
西澳大利亚州	7000	5905	4919	4562	5553	3.3	-20.7
塔斯马尼亚州	4756	4232	3114	1994	1235	0.7	-74.0
北领地	345	425	402	355	383	0.2	11.0
首都地区	9133	7677	6790	6874	8008	4.7	-12.3

注：1. 由于同一学生在澳期间可能在不同州或地区、不同机构入学，故各州、地区国际学生相加的总和与实际中国留学生人数不相等。2. 该数据会根据澳大利亚政府实时更新而变动。

资料来源：Department of Education, Australian Government. International Student Numbers by Country, by State and Territory［EB/OL］. （2023 - 11 - 16）［2024 - 10 - 23］. https：//www. education. gov. au/international-education-data-and-research/international-student-numbers-country-state-and-territory。

澳大利亚为符合语言、学历、年龄、有效学生签证和健康条件的国际学生提供 485 临时工作签证（Subclass 485），即毕业后工作签证。该签证允许学士和授课型硕士毕业生获得 2 年工作许可，研究型硕士毕业生获得 3 年工作许可，博士毕业生获得 4 年工作许可。作为积累海外工作经验的主要渠道之一，毕业后工作签证是澳大利亚留学产业的关键吸引力和竞争力来源之一。根据澳大利亚内政部的数据，2020~2023 年，获得毕业后工作签证的中国学生人数逐年增加，且增长率不断提升。2019~2020 财年，中国学生获得该签证的数量为 10065 人，比 2018~2019 财年减少了 20.8%，位居第二，仅次于印度（19662 人）。然而，受赴澳留学中国学生人数减少及疫情对海外工作意愿的抑制影响，2020~2021 财年获得该签证的中国学生人数减少，排名下降至第三位，落后于印度（17052 人）和尼泊尔（9348 人）。2021~2022 财年，中国学生获得毕业后工作签证的人数增长了 18.6%，但仍少于印度（24629 人）和尼泊尔（9303 人）。2022~2023 财年，获批毕业后工作签证的中国学生数量较上一财年相比有了大幅提升，增长率为 164.4%，人数为 18457 人，依旧位于尼泊尔（26440 人）和印度（63189 人）之后居第三位（见图 3）。

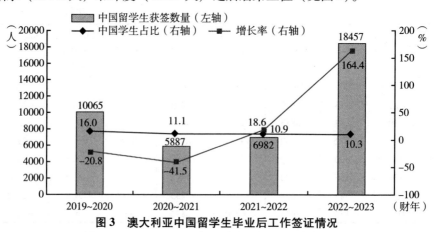

图 3 澳大利亚中国留学生毕业后工作签证情况

资料来源：Department of Home Affairs. Student Visa and Temporary Graduate Visa Program Report at June 30. 2023 [R/OL]. (2023-06-30) [2024-10-23]. https：//www.homeaffairs.gov.au/research-and-stats/files/student-temporary-grad-program-report-june-2023.pdf。

（三）赴澳留学政策新动向

1. 众多国际留学生返澳，澳大利亚国际教育有所回暖

2021 年 12 月 15 日澳大利亚政府开始逐步接受境外完全接种疫苗并且可以在入境前三天提供新冠检测阴性证明的国际学生返回澳大利亚学习。因此，2022 年有大量的澳大利亚学生签证持有者重返澳大利亚境内求学，总人数为 587088 人。相比 2021 年的 412343 人，增长了 42.4%。其中，共有

138073 名中国留学生在澳大利亚境内，在所有持有澳大利亚学生签证的人员中占比 77.4%，相比 2021 年 32.7% 的境内人数占比增长了 44.7 个百分点。中国也成了所有国家中返澳留学生人数最多的国家（见表 5）。

表 5   2022 年学生签证持有者在全球分布情况

国家/地区	2022 年澳大利亚境内人数（人）	2022 年总人数（人）	2022 年境内人数占比（%）	2021 年境内人数占比（%）	2022 年比 2021 年人数占比涨幅（个百分点）
中国	106868	138073	77.4	32.7	44.7
印度	83172	92829	89.6	74.4	15.2
尼泊尔	48309	51817	94.4	90.2	4.2
越南	20603	23331	88.3	70.9	17.4
印度尼西亚	15087	16771	90.0	63.8	26.2
泰国	18658	20999	88.9	73.2	15.6
哥伦比亚	22683	26749	84.8	93.8	-9.0
巴基斯坦	14417	16945	85.1	74.1	11.0
巴西	15054	17427	86.4	73.1	13.3
菲律宾	18658	20879	89.4	74.4	14.9
其他国家或地区	144063	163898	87.9	71.1	16.8
总计	507936	587088	86.5	62.1	24.4

资料来源：Department of Education, Skills and Employment. Where do International Students Come from and What do They Study? [EB/OL]. (2021-12-20) [2021-12-24]. https://www.dese.gov.au/international-data/student-visa-holders-and-outside-australia.

澳大利亚统计局（Australian Bureau of Statistics）数据显示，国际学生在 2023 年为澳大利亚经济贡献了 364 亿澳元。尽管没有恢复到 2019 年创下的 400 亿澳元的纪录，但经济贡献比 2021 年的 220 亿澳元有所增长。根据澳大利亚教育部数据，2023 年国际教育经济贡献中的 146 亿澳元以国际学生学费的形式产生，另外 218 亿澳元的经济贡献则来源于国际学生因留学生活而产生的物品以及服务购买费用。[①] 根据澳大利亚统计局数据，2023 年 1

① Department of Education, Australin Government. Education Export Income-Financial Year [EB/OL]. (2023-02-28). https://thepienews.com/news/australia-29bn-in-education-exports-in-2022/.

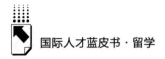

月共有 59240 名海外留学生抵达澳大利亚，相比 2022 年同期增长了 31210 人。①

2. 新政颁布，澳大利亚国际学生新政策对于留学生的影响

澳大利亚内政部（Department of Home Affairs）于 2024 年 7 月 1 日将学生签证的申请费用由 710 澳元增加到 1600 澳元。② 澳大利亚国际学生理事会全国主席叶加内·索尔坦普尔（Yeganeh Soltanpour）表示费用增长和高额押金会给国际学生带来额外的压力，高级移民律师董乃瑞（Sean Dong）认为国际学生数量将因此受到严重影响。③

澳大利亚政府于 2024 年 8 月 27 日又宣布了将 2025 年新注册国际学生数量限制在 27 万人的新政策提案。澳大利亚教育部部长杰森·克莱尔（Jason Clare）认为此举将平衡澳大利亚的国际学生资源并且提升澳大利亚的教育质量。通过设立固定配额，澳大利亚的公立大学将在 2025 年录取不超过 14.5 万名新注册国际学生，而职业教育机构和培训课程提供商将录取不超过 9.5 万名国际学生，剩下的 3 万名国际学生配额将被其他类型大学以及其他非高等教育机构获取。值得注意的是，中小学生、研究型研究生、纯语言课程以及政策赞助类国际生不受此政策影响。④ 在新政策的影响下，更多的潜在国际学生将流向澳大利亚偏远地区的学校并且促进当地经济发展。除此之外，一些较低质量的教育机构将更难获得国际学生资源配额，这意味着这些机构将不得不努力提升教育质量以换取更多国际学生招生配额。公立

---

① Overseas Arrival and Departues, Australia［EB/OL］.（2023-01）https：//www.abs.gov.au/statistics/industry/tourism-and-transport/overseas-arrivals-and-departures-australia/latest-release#arrivals-international-students.

② Department of Home Affairs, Australia. Subclass 500 Student Visa［EB/OL］.（2024-08-19）. https：//immi.homeaffairs.gov.au/visas/getting-a-visa/visa-listing/student-500.

③ Libby Hogan. Kai Feng. Visa Fees for International Students Double, Sparking Outrage［N/OL］. ABC News.（2024-07-01）. https：//www.abc.net.au/news/2024-07-01/international-student-visa-fees-increase/104044792.

④ Maani Truu. International Student Commencements to be Capped at 270000 Next Year［N/OL］. ABC News.（2024-08-27）. https：//www.abc.net.au/news/2024-08-27/international-student-caps-higher-education/104274056.

高等教育机构则会更加慎重地对课程申请人进行筛选以挑选出更加符合项目的学生，这将进一步增加学术背景一般的学生申请澳大利亚八大名校的难度。不仅如此，一些不具备足够学习能力只是希望通过学生身份进入澳大利亚进行不合理工作的人也将被新政策排除在外。①

澳大利亚高校在澳大利亚政府宣布国际学生固定配额政策之后陆续开始对该政策可能造成的影响进行评估并发出声明。墨尔本大学校长尼可拉·菲丽缤斯（Nicola Phillips）表示，墨尔本大学在 2025 年获得的新注册国际学生配额为 9300 人，这意味着学校将不得不对预计 11000 名新注册国际学生进行缩减并且预计损失 8500 万澳元的财政收入。② 墨尔本大学还表示对于已经注册入读的研究生（授课型以及研究型）和已经注册入学并有意愿继续攻读研究生的本科生，新政策将不会对他们产生影响。③ 同时，有关新政策的质疑也在澳大利亚高等教育界蔓延。④ 与此形成对比的是，并不是所有澳大利亚高校的国际生招生配额都得到了削减，作为澳大利亚八大名校之一的莫那什大学在 2025 年得到了 10000 名国际学生配额，相比上一年 8310 人的国际学生入读数量增加了 20%。国际生配额涨幅最大的是查尔斯特大学，配额从 162 人增长到 1000 人，涨幅为 517%。⑤

另一个值得关注的大学则是最新组建的阿德莱德大学。2024 年，阿德

---

① Tiffanie, Turnbull. Australia Introduces Cap on International Students [N/OL]. BBC News, (2024-08-27). https：//www.bbc.com/news/articles/cd734wed3y9o.

② University of Melbourne Statement on International Student Caps [EB/OL]. (2024-09-09). https：// www.unimelb.edu.au/newsroom/news/2024/september/university-of-melbourne-statement-on-international-student-caps.

③ The University of Melbourne. Update on Proposed International Student Caps [EB/OL]. (2024-09-09). https：//www.unimelb.edu.au/studentcaps? in_ c=home-path.

④ Senate Inquiry into International Student Caps: Vice-Chancellor's Opening Statement [EB/OL]. (2024-08-26). https：//www.westernsydney.edu.au/newscentre/news_centre/more_news_stories/senate_inquiry_into_international_student_caps_vice-chancellors_opening_statement.

⑤ Caitlin Cassidy, Revealed: 15 Australian Universities to Have Their International Student Cap Slashed [N/OL]. The Guardian, (2024-09-09). https：//www.theguardian.com/australia-news/article/2024/sep/09/revealed-15-australian-universities-to-have-their-international-student-cap-slashed.

莱德大学与南澳大利亚大学宣布两校将整合资源合并为新的阿德莱德大学并于 2026 年正式开放，目前该校已经完成注册并且获得澳大利亚大学资格认可。① 尽管 2025 年国际生配额对于新组建的阿德莱德大学是分开计算的（原阿德莱德大学获得 3800 个配额，南澳大利亚大学获得 3050 个配额），但是总计 6850 个国际生配额以及两校合并之后的强大资源将有望吸引更多国际学生的注意力。

综上所述，2025 年一些热门澳大利亚高校的申请难度以及入读成本将进一步增加，有限的国际学生配额将促使澳大利亚大学提高入学门槛并且削减入学名额，一些项目的申请渠道将比往年更早关闭。而那些已经在澳大利亚就读的留学生受到的影响要小于正在申请或准备申请澳大利亚高校的学生。在这种背景下，已经在澳大利亚教育系统中接受教育的国际学生会有更高的概率选择继续在澳大利亚深造，而未进入澳大利亚教育系统的国际学生将更有可能采取混合申请的策略，将目光集中在拥有更多国际学生配额的澳大利亚大学上面。

二　中国学生赴新西兰留学现状

（一）新西兰国际学生总体情况

1. 近年来国际学生呈下降趋势，受疫情影响大

根据新西兰的有关政策，不具有新西兰永久居留权以及公民身份的学生需要支付国际学生费用，所以那些支付国际学生费用的学生人数基本代表了总体国际学生的人数。

新西兰教育部披露的历史数据显示，2013~2016 年，新西兰国际学生人数持续增长，从 2013 年的 89140 人增长到 2016 年的 125425 人。2014 年和

① Our Journey [EB/OL]. Adelaide University. (2024-09-11). https://adelaideuni.edu.au/about/our-journey/.

2015 年，国际学生人数的增长率均超过 14%，显示出显著的增长势头。然而，2017~2019 年，国际学生总人数出现了小幅下降，从 2017 年的 118300 人减少至 2019 年的 110090 人，总体变化较为平稳。2020 年，新冠疫情的暴发使前往新西兰求学的国际学生人数锐减至 68615 人，相较 2019 年减少了 37.67%。2021 年，国际学生人数进一步降至 37620 人，比 2020 年减少了 45.17%。疫情期间，新西兰政府实行严格的签证与入境政策，对留学产业带来较大冲击，并且使得新西兰留学市场面临较大挑战。2022 年，新西兰国际学生总人数虽然继续下降到了 30105 人，但是相较前一年，降幅已经放缓到 19.98%。根据 2024 年公布的 2023 年国际学生统计数据来看，国际学生人数已经开始回升，并且较 2022 年人数增长了 102.35%，达到了 60920 人（见表 6）。

表 6   2013~2023 年新西兰国际学生人数及增长率

单位：人，%

年份	人数	增长率
2013	89140	—
2014	101945	14.37
2015	117035	14.80
2016	125425	7.17
2017	118300	−5.68
2018	110790	−6.35
2019	110090	−0.63
2020	68615	−37.67
2021	37620	−45.17
2022	30105	−19.98
2023	60920	102.36

资料来源：New Zealand Ministry of Education. Export Education Levy：Full-year Statistics 2023 ［EB/OL］.（2024 – 06）［2024 – 10 – 25］. https：//www. educationcounts. govt. nz/statistics/international – students–in–new–zealand。

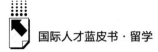

2. 国际学生来源地以亚洲为主，中国、印度是最大来源国

根据新西兰教育部 2023 年国际学生统计数据，来自亚洲的 49235 名国际学生是主导力量，占全部国际学生人数的 80.8%。来自欧洲地区的学生共有 4635 人，来自拉丁美洲与加勒比地区的学生共有 2910 人，分别占全部国际学生人数的 7.6% 和 4.8%（见图 4）。将国际教育协会（IIE）的统计数据从国别分布的角度来分析，接受高等教育的国际学生主要来自中国和印度。具体而言，2023 年，中国学生人数达到 14065 人，占主要来源国家国际学生总数的 48.08%；印度学生人数为 6860 人，占 23.45%。此外，美国、菲律宾和斯里兰卡的国际学生人数也较多，分别为 1810 人、1230 人和 1120 人，占比分别为 6.19%、4.20% 和 3.83%（见表 7）。

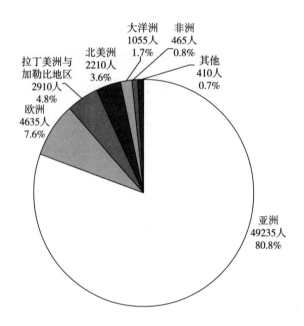

图 4 2023 年新西兰支付国际生费的国际学生来源洲际分布

资料来源：New Zealand Ministry of Education. Export Education Levy：Full-year Statistics 2023 ［EB/OL］.（2024－06）［2024－10－25］. https：//www. educationcounts. govt. nz/statistics/international-students-in-new-zealand。

表7　2023年新西兰接受高等教育的国际学生主要来源国家

单位：人，%

国家	人数	比例
中国	14065	48.08
印度	6860	23.45
美国	1810	6.19
菲律宾	1230	4.20
斯里兰卡	1120	3.83
印度尼西亚	1000	3.42
越南	940	3.21
马来西亚	905	3.09
韩国	740	2.53
尼泊尔	585	2.00
总计	29255	100.00

资料来源：IIE. Project Atlas：New Zealand［EB/OL］.（2024 - 09）［2024 - 10 - 25］. https：//www. iie. org/Research-and-Insights/Project-Atlas/Explore-Data/New-Zealand。

3. 奥克兰地区为国际学生主要聚集地，坎特伯雷、怀卡托、马纳瓦图-旺加努伊也有较多国际学生

2023年，新西兰国际学生的区域分布呈现明显的集中趋势，主要集中在教育资源丰富的大城市和地区。奥克兰以36655名国际学生居首，占总数的60.17%，显示了其作为新西兰教育中心的地位，奥克兰大学等名校的较高国际化水平和优质资源吸引了大多数国际学生。坎特伯雷地区紧随其后，拥有6465名国际学生，占比为10.61%，该地区的坎特伯雷大学的工程学科和林肯大学的农业学科比较受欢迎，成为国际学生的主要选择。

怀卡托地区位列第三，共有4945名国际学生，占比为8.12%，怀卡托大学在毛利文化、工程及计算机科学等领域的优势，吸引了大量留学生。马纳瓦图-旺加努伊地区和惠灵顿分别有5.39%和4.16%的国际学生，马纳瓦图-旺加努伊的主要吸引力源于新西兰国立联合理工学院和梅西大学。惠灵顿作为首都及政府中心，以惠灵顿-维多利亚大学为核心，吸引了不少国际学生。另外，奥塔哥地区有2310名国际学生，占比3.79%。

此外,其他地区如富足湾（1.64%）、塔拉纳基（3.97%）、吉斯伯恩（1.82%）和西岸（1.15%）等也拥有部分国际学生。值得注意的是,有4360名国际学生选择在校外以远程方式学习,占比为7.16%,这体现了国际学生对于灵活学习模式的需求依旧旺盛（见表8）。

表8　2023年新西兰支付国际费用的国际学生区域分布

单位:人,%

地区	人数	比例
奥克兰	36655	60.17
坎特伯雷	6465	10.61
惠灵顿	2535	4.16
怀卡托	4945	8.12
奥塔哥	2310	3.79
马纳瓦图-旺加努伊	3285	5.39
富足湾	1000	1.64
塔拉纳基	2420	3.97
南地	435	0.71
尼尔逊	675	1.11
霍克湾	2455	4.03
北地	135	0.22
马尔堡	10	0.02
西岸	700	1.15
塔斯曼	5	0.01
吉斯伯恩	1110	1.82
校外学生（Extramural）	4360	7.16
其他	280	0.46
总计	60920	100.00

注:在新西兰教育部的数据中对于公立高等教育机构,学生在他们入学的每个地区都被计入,因此新西兰各区国际学生人数之和与总计存在一定人数差异。

资料来源:New Zealand Ministry of Education. Export Education Levy: Full-year Statistics 2023 [EB/OL]. (2024 - 09) [2024 - 10 - 25]. https: //www. educationcounts. govt. nz/statistics/international - students-in-new-zealand。

4. 公立学校的国际学生主要学习专业为商业与管理学，对于英语培训（ESOL）①也有较高需求

2023 年，新西兰公立学校中的国际学生在学科选择上主要集中在商业与管理学以及社会与文化类学科。其中，商业与管理学有 9460 人，占比为 24%（见图 5），展现了国际学生对就业前景广阔的应用型学科的青睐。理工科领域，包括自然科学、信息技术、工程与相关技术，共吸引了 10405 名国际学生，占比为 27%。

社会与文化类课程（含 ESOL）是国际学生的另一大选择，共有 6865人，占比为 18%。ESOL 项目作为提升英语水平、适应英语学习的重要途径，在非英语母语学生群体中受到广泛欢迎，特别是对有意在新西兰长期发展的学生而言，它也为后续的永久居留申请提供了支持。坎特伯雷大学、梅西大学和林肯大学等高校的 ESOL 课程可替代英语语言考试，为国际学生的申请提供了多元化的认可渠道。②

此外，健康、教育、创意艺术等学科也有一定数量的国际学生选择。其中，健康有 3520 人（9%），教育有 2105 人（5%），创意艺术有 1750 人（5%），这些学科在特定领域的专业优势吸引了部分学生（见图 5）。

5. 新西兰自费国际学生多集中于公立高等教育机构，私立学校受疫情冲击严重

2012~2019 年，新西兰中小学国际学生人数稳步增长，从 15450 人增长到 22895 人，在全部国际学生中的占比也从 16.87% 提升至 20.80%，可观的学生数量显示出了新西兰在初级教育领域的优秀吸引力。然而，受新冠疫情影响，2021 年中小学国际学生人数大幅下降至 6385 人，较 2019 年减少了约 72%。

---

① ESOL（English for Speakers of Other Languages，非母语者英语教育）项目旨在为非英语背景的国际学生以及移民学生提供英语教育，主要通过具有真实情景的课程和试题来训练和考查学生的英语运用能力。

② 《新西兰这三所国立大学可免雅思，接受 International ESOL 成绩》，https：//liuxue. xdf. cn/blog/liujuan22/blog/2352903. shtml，2020 年 10 月 12 日。

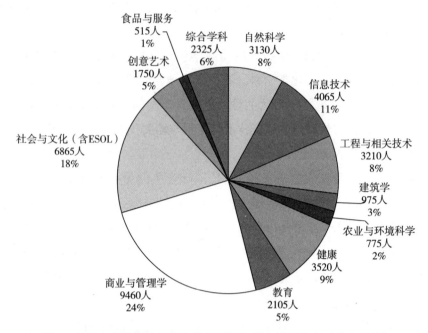

图 5 2023 年新西兰支付国际费用的国际学生学科分布（公立学校）

资料来源：New Zealand Ministry of Education. Export Education Levy：Full-year Statistics 2023［EB/OL］.（2024-09）［2024-10-25］. https：//www.educationcounts. govt. nz/statistics/ international-students-in-new-zealand。

公立高等教育机构（在新西兰指的是综合性大学和技能技术学院）① 一直以来都是许多国家留学产业链中最主要的教育提供机构，就读于新西兰公立高等教育机构的国际学生人数从 2012 年的 41550 人增长到 2019 年的 55695 人，占比从 45.36% 上升至 50.59%。2021 年，新西兰公立高等教育机构的国际学生人数有所减少，但其占所有国际学生的比例却进一步升至 72.30%。相比私立高等教育机构，公立高等教育机构受政府支持和保障较多，因此在疫情期间表现出较强的抗风险能力。

新西兰的私立高等教育机构［主要指的是专注于技能培训的机构

---

① 新西兰政府对技能与技术学院的官方名称为毛利语 Te Pūkenga，对应的英语为 New Zealand Institute of Skills and Technology。

（Private Training Establishments）] 以其提供的独特技能培训类课程在 2012~2016 年持续吸引了国际学生的关注，注册就读的国际学生从 30505 人增长至 45765 人。然而，2017~2022 年，私立高等教育机构的国际学生人数逐渐下降，2020 年，疫情进一步加剧了这一下降趋势；2022 年在私立高等教育机构就读的国际学生人数大幅降至 2310 人，占比降至 7.67%。由于私立高等教育机构较依赖市场需求、企业或信托资金的支持，缺乏政府保障，因此在疫情期间受到的影响更大。

2023 年，无论是公立高等教育机构还是私立高等教育机构，都迎来了大幅度的人数增长，相比上一年分别增长了 13805 人和 8810 人，这说明了新西兰的国际教育依然对国际学生保持着较强的吸引力（见表 9）。

表 9　2012~2023 年新西兰支付国际生费用的国际学生就读学校分布

单位：人，%

年份	中小学国际学生人数	中小学国际学生比例	公立高等教育机构国际学生人数	公立高等教育机构国际学生比例	私立高等教育机构国际学生人数	私立高等教育机构国际学生比例	其他学校国际学生人数	其他学校国际学生比例	国际学生总数
2012	15450	16.87	41550	45.36	30505	33.30	4090	4.47	91595
2013	15750	17.67	40955	45.94	28105	31.53	4330	4.86	89140
2014	16510	16.20	46320	45.44	34600	33.94	4510	4.42	101945
2015	16950	14.48	54160	46.28	41770	35.69	4150	3.55	117035
2016	19200	15.31	56355	44.93	45765	36.49	4105	3.27	125425
2017	20240	17.11	54970	46.47	39475	33.37	3620	3.06	118300
2018	21670	19.56	55010	49.65	32170	29.04	2095	1.89	110790
2019	22895	20.80	55695	50.59	30135	27.37	1380	1.25	110090
2020	14840	21.63	42025	61.25	11165	16.27	600	0.87	68615
2021	6385	16.97	27200	72.30	3880	10.31	160	0.43	37620
2022	800	2.66	21870	72.65	2310	7.67	0	0	30105
2023	960	1.58	35675	58.56	11120	18.25	0	0	60920

资料来源：New Zealand Ministry of Education. Export Education Levy：Full-year Statistics 2023 ［EB/OL］. （2024 - 09）［2024 - 10 - 25］. https：//www. educationcounts. govt. nz/statistics/international - students - in - new - zealand。

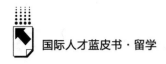

（二）新西兰中国留学生概况

1. 中国学生人数总体占比较高，人数下降受新西兰留学大环境影响大

2013～2023 年，新西兰的中国留学生①人数和其在国际学生总数中的占比经历了显著波动。2013～2017 年，中国留学生人数从 24810 人稳步上升至 2017 年的峰值 38555 人，占比从 27.8% 增长至 32.6%，中国作为新西兰最大国际学生来源国的地位不断增强，中国学生对新西兰教育的需求持续增长。

然而，2018 年和 2019 年中国留学生人数出现小幅下滑，分别减少至 36020 人和 35460 人，占比仍保持在 32% 以上，新西兰教育对中国学生的吸引力依然稳定。2020 年，受新冠疫情影响，中国留学生人数大幅下降至 21485 人，2021 年进一步减少到 15230 人。尽管人数骤降，占比却在 2020 年保持在 31.3%，2021 年大幅提升至 40.5%，2022 年更达到 42.1% 的最高点。占比的上升表明，疫情对其他国家国际学生的影响更为强烈，使得中国留学生在新西兰的相对占比显著提高。

2023 年，新西兰的中国留学生人数开始明显回升，达到 19070 人，反映疫情后逐步复苏的趋势。然而，由于其他国家的国际学生增速较快，中国留学生占比回落至 31.3%（见图 6）。总体来看，中国留学生群体在新西兰的国际教育市场中仍具重要地位，同时，新西兰国际学生来源多元化程度逐步加深。

2. 中国学生大多在公立高等教育机构就读，受疫情影响人数减少

2012～2023 年，中国留学生在新西兰的学校类型选择逐渐向公立教育机构倾斜，并呈现明显的偏好变化。2012～2017 年，中国学生在新西兰公立教育机构和私立教育机构的分布变化较小，公立教育机构的学生人数从 13460 人增至 20435 人，占比稳定在 50% 以上，私立教育机构的

---

① 指中国自费留学生，下同。

图6 历年新西兰中国自费留学生人数及在国际学生中的占比

资料来源：New Zealand Ministry of Education. Export Education Levy：Full-year Statistics 2023 ［EB/OL］.（2024-09）［2024-10-25］. https：//www. educationcounts. govt. nz/statistics/ international-students-in-new-zealand。

比例则保持在24%~31%。然而，2018~2022年，中国学生在新西兰私立教育机构中的比例逐步下降，2018年和2019年比例分别降至17.14%和14.48%，人数分别降至6175人和5135人，这反映中国学生对私立教育的兴趣减弱，而公立教育机构的吸引力增强，公立教育机构的比例分别上升至57.83%和58.12%。

疫情暴发后，这一趋势更加明显。2020年和2021年，中国学生在公立教育机构就读的比例大幅上升，分别达到65.77%和72.48%，而私立教育机构的学生人数急剧减少，2021年仅有1215人，占比降至7.98%。这种选择偏好可能反映了在不确定的环境中，中国学生更倾向于选择资源丰富、保障性更强的公立教育机构，而针对财务状况艰难、具有更高倒闭风险的私立机构，学生们在选择时会更加慎重。2023年，随着疫情影响逐渐减弱，中国自费国际学生人数回升至19070人，选择公立教育机构的学生比例仍保持在较高水平，占比为69.24%（见表10）。

表10　2012～2023年新西兰中国自费国际学生学校类型分布

单位：人，%

年份	公立教育机构	比例	私立教育机构	比例	总人数①
2012	13460	55.23	7330	30.08	24370
2013	14225	57.66	6505	26.22	24810
2014	16165	58.79	6675	24.14	27650
2015	17940	56.99	7635	24.12	31655
2016	19540	54.15	9410	25.96	36245
2017	20435	53.25	9555	24.78	38555
2018	20760	57.83	6175	17.14	36020
2019	20595	58.12	5135	14.48	35460
2020	14130	65.77	1810	8.42	21485
2021	11040	72.48	1215	7.98	15230
2022	9800	77.32	660	5.21	12675
2023	13205	69.24	1590	8.34	19070

资料来源：New Zealand Ministry of Education. Export Education Levy：Full-year Statistics 2023 ［EB/ OL］.（2024 - 09）［2024 - 10 - 25］. https：//www. educationcounts. govt. nz/statistics/international - students-in-new-zealand。

（三）新西兰留学新政策与趋势

1. 重开国境，多种签证开放申请

2022 年 5 月，新西兰政府决定重新打开边境促进旅游业发展，并鼓励国际留学生重新返回新西兰。② 新西兰政府宣布从 5 月 16 日起，太平洋岛国论坛国家（澳大利亚除外）的游客可以开始申请签证。从 7 月 4 日起，所有工作签证类别将开始接受申请，包括认证雇主工作签证。从 7 月 31 日起，所有学生签证和访客签证类别将重新开放。海上边境也将在 7 月 31 日

---

① 此人数包括高等教育与非高等教育阶段的中国在新西兰自费留学生总人数。

② New Zealand's Borders Fully Open After Long Pandemic Closure ［EB/OL］.（2022 - 07 - 31）. https：//www. voanews. com/a/new - zealand - s - borders - fully - open - after - long - pandemic - closure/6681334. html.

重新开放。此外，大多数 5 月 9 日在新西兰境内且签证在 12 月 31 日或之前到期的工作和居留签证持有者获得 6 个月的延期。5 月 9 日在新西兰境内且签证在 12 月 31 日或之前到期的"关键技能"签证、毕业后工作签证及新西兰公民配偶工作签证持有者也获得为期 2 年的开放工作签证。①

2. 多重政策加持，鼓励人才驻留

自从新西兰政府全面开放边境后，为了解决劳动力短缺问题以及鼓励更多的国际留学生来新西兰，新西兰政府推出了一系列政策鼓励移民以及其他签证持有者留在新西兰。

（1）学习后工作签证

2022 年 9 月 7 日，新西兰政府更新了申请新西兰毕业后工作签证（Post Study Work Visa）的条件。新西兰毕业后工作签证的持有者可以在新西兰生活并工作 3 年。攻读第 7 等级及以上学位的国际学生，包括拥有学士学位（Bachelor's Degree）、学士后文凭（Postgraduate Diploma）、硕士学位（Master's Degree）、博士学位（Doctoral Degree）的毕业生，可以凭借超过 30 周的学习证明申请工作签证。此外，攻读非学位的 4~7 级学历，学历在有资格获得工作签证的学历列表中以及获得了与学位相关工作的学生也可以申请新西兰 3 年的工作签证。攻读 4~6 级学位的学生需要提供 60 周的学习证明。②

（2）新西兰居留绿色通道

从 2022 年 9 月起，为了填补新西兰所有需求岗位的空缺，新西兰政府通过直接提供居留资格（Straight to Residence Visa）途径吸引人才。如果国际学生在特定职位上有工作或者有工作邀请，无论在新西兰境内还是境外，都可以申请居留。这条新途径为潜在的移民，如医疗从业者、工程师、建筑和基础设施工人、IT 专业人士提供了更多的确定性。简化的流程使雇主更

① New Zealand Border Fully Reopening by July［EB/OL］.（2022 - 05 - 01）. https：// www. immigration. govt. nz/about - us/media - centre/news - notifications/nz - border - fully - reopening-july-2022.

② New Zealand Immigration. Qualifications Eligible for a Post Study Work Visa［EB/OL］.（2022- 09-07）. https：//www. immigration. govt. nz/new－zealand－visas/preparing－a－visa－application/ working-in-nz/qualifications-eligible-for-a-post-study-work-visa.

163

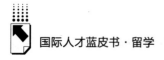

容易吸引和雇佣这些高技能领域的人才，以解决人才短缺问题。^①

除了那些已有资格申请移民居留的外国人，新西兰政府还希望通过更友好的政策鼓励正在学习的符合新西兰国家需要的国际学生留在新西兰。2024年6月21日，新西兰移民局宣布正在新西兰攻读"绿色清单"^②上7级或8级资格课程的国际学生配偶，可以申请具有开放条件的工作签证。^③符合条件的国际学生配偶相较于之前将拥有更多工作自由和机会，这也意味着许多国际学生配偶的安置以及合法身份问题将得到解决。

尽管新西兰方面决定自2024年10月1日起将多数签证申请费用（包括学生签证）由375纽元增长到750纽元，^④国际学生可能会感受到资金压力，但是普遍友好的移民政策将有望抵消签证费用上涨所带来的负面影响。

---

① Green List, Highly Paid and Care Workforce Skilled Residence Visas［EB/OL］.（2022 - 08）. https：//www. immigration. govt. nz/new - zealand - visas/preparing - a - visa - application/working - in - nz/green - list - and - highly - paid - residence - categories.

② "绿色清单"是新西兰移民局于2022年出台的职业技能列表，用于替代原长期短缺职业清单，其目的是吸引专业人才定居新西兰，清单中的部分职业可以直接或在工作2年后获得居留权。

③ New Zealand Immigration. Update to Work Rights for Partners of a Student［EB/OL］.（2024 - 06 - 21）. https：//www. immigration. govt. nz/about - us/media - centre/news - notifications/update - to - work - rights - for - partners - of - a - student#.

④ New Zealand Immigration. Increase to Visa Charges Comes into Effect from 1 October［EB/OL］.（2024 - 09 - 06）. https：//www. immigration. govt. nz/about - us/media - centre/news - notifications/increase - to - visa - charges - come - into - effect - from - 1 - october.

回国发展篇

B.6
2014~2018届本科毕业五年后
留学人员发展情况分析

曹晨 张琳*

摘　要： 海外留学人员是我国人才资源的重要组成部分。为深入了解该类人群的发展现状，麦可思研究院基于中国2014~2018届大学毕业生五年后职业发展调查数据，对留学人员和国内研究生进行对比分析。该研究涉及留学人员的回国趋势、就业领域及就业质量等方面，全面展现了留学群体的就业发展情况。分析表明，近年来留学人员的归国意愿显著上升，回国后主要集中在直辖市和副省级城市。在就业领域方面，留学人员以金融、教育、信息技术为主，大多在民营或国有企业工作，在"三资"企业①就业的比例呈现下降趋势；此外，自主创业的比例也有所减少。2014~2018届本科毕业五年后留学人员的平均薪资水平明显高于国内研究生，就业满意度总体提升，

---

* 曹晨，麦可思研究院研究总监，主要研究方向为高等教育及高等教育数据挖掘；张琳，麦可思研究院研究员，主要研究方向为高等教育。
① "三资"企业即在中国境内设立的中外合资经营企业、中外合作经营企业、外商独资经营企业三类外商投资企业。

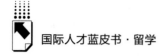
但在从事专业对口工作方面面临一定挑战。

关键词： 留学人员　国内读研毕业生　就业

近年来，受国际局势变化等多方面因素的影响，我国留学形势遇到一定的阻碍与挑战，留学人员的归国意愿也愈发强烈。本研究基于麦可思研究院对2014~2018届大学毕业生在2019~2023年的调查数据，结合同届国内研究生毕业生相关数据，对留学人员的回国情况、就业流向特征及就业质量进行了分析。

一　留学人员回国趋势

（一）留学人员回国意愿普遍提升

疫情之后，我国留学趋势回暖，留学人员数量呈现平稳增长趋势；[1] 近两年我国不断加大对留学人才的扶持力度，明确"支持留学、鼓励回国、来去自由、发挥作用"的政策方针，鼓励留学人员回国工作、为国服务。麦可思研究院对2014~2018届本科毕业五年后留学人员[2]的调研数据显示，留学人员回国的比例呈现上升趋势，从2014届的69%上升至2018届的76%（见图1）。基于国内目前的经济发展形势、国际就业市场变化以及疫情影响等方面的因素，越来越多的留学人员选择回国就业创业。

（二）留学回国人员持续向直辖市和副省级城市流动

留学人员回国后的定居城市多集中在直辖市和副省级城市。2014~2018届留学人员中，回国后选择在直辖市定居的比例始终保持在四成以上，以北京和上

---

[1] 2024年3月26日，中国（教育部）留学服务中心召开发布会表示，我国出国留学的形势在疫情之后正在强劲地复苏，平稳地增长。

[2] 本报告中"2014~2018届本科毕业五年后留学人员"指的是2014~2018届大学毕业生毕业五年后，有过出国留学经历的人员。

图1 2014~2018届毕业五年后留学人员的回国比例

资料来源：麦可思研究院"中国2014~2018届大学毕业生五年后职业发展调查"。

海为主要目的地；其次为副省级城市，以深圳、杭州、广州、成都和南京等为主。[①] 2018届留学人员分别有42%、36%选择直辖市、副省级城市定居，与2017届的情况相同（见图2）。留学人员选择在直辖市和副省级城市定居，主要因为这些城市能提供丰富的就业机会、广阔的发展空间，对人才高度重视，且与国际紧密接轨。此外，副省级城市相对较低的生活成本、良好的居住环境，以及针对留学人员的多项人才政策，也吸引了大量留学回国人员选择在此定居。

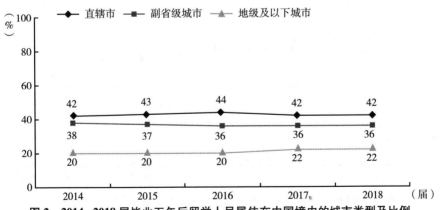

图2 2014~2018届毕业五年后留学人员居住在中国境内的城市类型及比例

资料来源：麦可思研究院"中国2014~2018届大学毕业生五年后职业发展调查"。

---

① 麦可思研究院：2020~2024年《中国本科生就业报告》，社会科学文献出版社。

二 国外读研毕业生就业去向分析

(一)留学人员就业单位多元化，国企吸引力增强

留学人员就业的主要选择仍是民营企业/个体，其次是国有企业。2014~2018 届的留学人员中，选择民营企业/个体以及"三资"企业的比例总体呈下降趋势；进入国有企业的人员比例则整体上升，2018 届较 2014 届上升了 6 个百分点，国有企业逐渐成为留学回国人员就业的主要单位，仅次于民营企业/个体（见图 3）。国有企业基于提升国际竞争力、优化人才结构等因素加强留学生的招聘；同时，留学回国人员看重国有企业的稳定性和安全感，更愿意入职国有企业。此外，随着高等教育的普及和应聘者素质的提高，留学回国人员与外企互为最优选的现象发生了改变，越来越多外企选择本土人才；留学回国人员也不像以往热衷选择外企，因为中国本土企业可以为其提供更广阔的发展空间。[1]

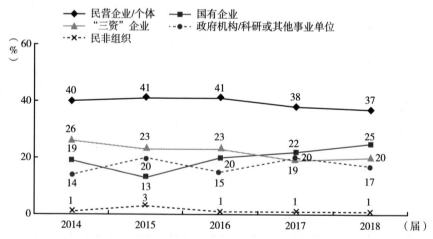

图3 2014~2018届毕业五年后留学人员在各类型用人单位就业分布

资料来源：麦可思研究院"中国 2014~2018 届大学毕业生职业发展调查"。

---

① 邓淑华：《我国海归群体发展呈现十大趋势》，《中国高新技术产业导报》2022 年 9 月 19 日。

（二）留学人员就业以金融、教育、信息技术领域为主

留学人员就业主要集中在金融业，教育业，信息传输、软件和信息技术服务业。2014~2018届毕业五年后留学归国人员就业行业前三位分别为金融业（16.2%），教育业（16.0%），信息传输、软件和信息技术服务业（12.9%）（见图4）。他们的主要从业方向包括金融（如银行、基金、证券、期货、理财）（10.7%）、计算机和数据处理（9.8%）、高等教育（8.6%）等（见图5）。结合近年来留学专业分布来看，工商管理一直是本科毕业生留学最为热门的专业，[①]金融行业作为商科留学毕业生薪资水平较高的就业行业之一，成为留学回国人员的首选。此外，留学回国人员凭借其海外学习经历和国际视野等优势，在教育业甚至高教领域备受青睐。

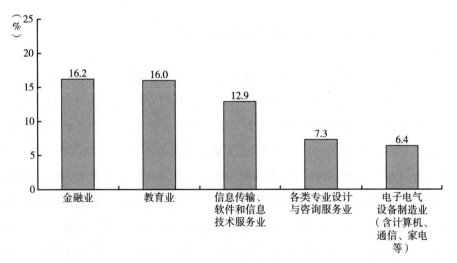

图4 2014~2018届（合并）毕业五年后留学人员主要行业分布

资料来源：麦可思研究院"中国2014~2018届大学毕业生五年后职业发展调查"。

---

① 麦可思研究院：2020~2024年《中国本科生就业报告》，社会科学文献出版社。

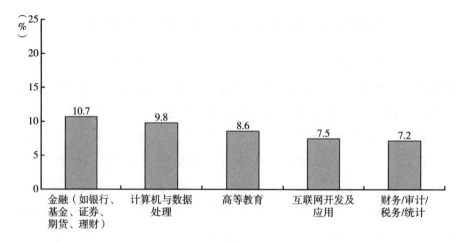

图 5　2014~2018 届（合并）毕业五年后留学人员主要就业方向

资料来源：麦可思研究院"中国 2014~2018 届大学毕业生五年后职业发展调查"。

（三）留学人员创业比例呈现下降趋势

2014~2018 届留学人员自主创业的比例呈现下降趋势。在经济下行压力增大的情况下，创业风险相对较高，留学回国人员更愿意选择较为保守的就业方式。而相较于国内研究生，留学人员五年后自主创业的比例始终显著高于国内研究生，2018 届留学回国人员创业比例高于国内研究生 1.5 个百分点（见图 6），这与国家为留学生回国创业专门提供的从政策到资金的全方位扶持有一定关系，北京、上海、深圳、杭州、成都等地纷纷出台扶持政策，激发留学生回国创业热情。例如，2021 年，上海发布《鼓励留学人员来上海工作和创业的若干规定》，多部门为留学人员来沪创办企业提供服务，为留学人员创办企业、享受相关待遇提供便利；2023 年，杭州制定《杭向未来·大学生创新创业三年行动计划（2023—2025 年）》，加大对高层次留学回国人员在杭创新创业的扶持力度，最高资助额度可达到 500 万元。

图6　2014~2018届本科毕业五年后留学人员与国内研究生自主创业比例

资料来源：麦可思研究院"中国2014~2018届大学毕业生五年后职业发展调查"。

三　留学人员毕业后就业质量分析

（一）留学人员薪资持续上涨，上涨幅度放缓

2014~2018届留学回国人员就业的月收入呈现持续上升的趋势，整体薪资水平显著高于国内研究生，反映留学人员在就业市场上较强的竞争力。然而，2014~2018届留学人员的薪资涨幅相对平缓，2018届毕业五年后留学人员月均收入为13107元，比2014届的12643元仅增加了464元，涨幅为3.67%，明显低于同期国内研究生的涨幅9.61%（见图7）。近年来，随着我国经济发展与全球化趋势的加强，留学经历带来的国际视野、外语能力、跨文化适应力等边际效益有所减弱。同时，留学门槛降低使得留学逐渐从"精英化"向"大众化"转变，留学人员的稀缺性下降，导致其在就业市场上的竞争优势相对减弱，与国内研究生相比不再具备显著的求职优势。①

────────────

① 羊隽芳、文景奂、卢歌：《回国留学生与国内毕业生求职比较研究》，《中国大学生就业》2021年第21期。

图7 2014~2018届毕业五年后留学人员与国内研究生薪资

资料来源：麦可思研究院"中国2014~2018届大学毕业生五年后职业发展调查"。

（二）留学人员就业现状满意度持续上升

2014~2018届留学人员的就业满意度持续提升，从2014届的80%升至2018届的84%，基本与同期国内研究生持平（见图8），表示留学人员对就业现状的整体感受较为满意。

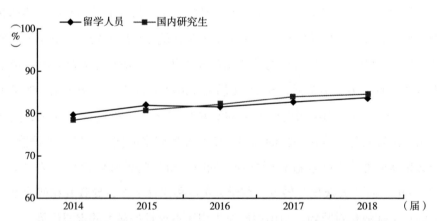

图8 2014~2018届毕业五年后留学人员与国内研究生就业现状满意度

资料来源：麦可思研究院"中国2014~2018届大学毕业生五年后职业发展调查"。

（三）留学人员工作与专业相关度下降

2014~2018届留学人员的工作与专业相关度呈现下降趋势，从2014届的62%下降到2018届的59%，且整体水平明显低于国内研究生（见图9）。留学专业匹配就业市场遇到一定挑战，国内市场对于留学的传统热门专业如工商管理、计算机科学等的人才需求可能已经趋于饱和，导致相关岗位竞争激烈，部分留学生难以找到与专业完全对口的工作。同时，随着新技术、新产业的不断涌现，如人工智能、大数据、新能源等，这些领域的用人需求也不断增长，而留学生的专业背景与新兴行业可能不完全匹配，或者留学生对新兴行业缺乏了解，导致他们难以进入这些领域从事相关工作。

图9　2014~2018届大学毕业五年后留学人员与国内研究生专业相关度

资料来源：麦可思研究院"中国2014~2018届大学毕业生五年后职业发展调查"。

四　留学人员现状小结

本报告基于麦可思研究院对中国2014~2018届大学毕业生五年后职业发展调查数据，分析了留学人员的就业现状及趋势特点，分析结果总结为以下几点。

第一，留学人员就业集中于直辖市和副省级城市。2018届留学人员选择定居直辖市和副省级城市的比例分别为42%和36%。留学人员倾向于流向这些城市的比例较高且保持稳定，主要因为这些地区丰富的就业机会、广阔的发展空间、对人才的高度重视以及与国际社会的紧密联系等。

第二，留学人员在"三资"企业就业比例下降，国有企业吸引力增强。2018届留学人员就业主要进入民营企业/个体、国有企业，分别为37%、25%；国有企业就业比例上升，成为留学回国人员就业的主要单位，仅次于民营企业/个体；在"三资"企业就业的留学回国人员的比例呈现下降趋势，可见，留学回国人员与外企间互为最优选的现象逐渐发生了改变。

第三，留学人员就业以金融、教育、信息技术领域为主。2014~2018届本科毕业留学人员五年后就业的行业前三位为金融业（16.2%），教育业（16.0%），信息传输、软件和信息技术服务业（12.9%）。金融行业作为商科留学毕业生薪资水平较高的行业之一，一直是留学回国人员的首选。此外，留学人员凭借其海外学习经历和国际视野等优势受到教育领域的青睐。

第四，留学人员在从事专业对口工作方面遇到一定挑战。2014~2018届本科毕业留学人员的薪资水平持续增长，其中2018届的平均月收入为13107元，比同届国内研究生高1971元。同时，留学人员的就业现状满意度也呈现上升趋势，表明他们对就业状况的整体感受较为满意。然而，留学人员的工作与专业相关度整体呈现下降趋势，表示他们在就业市场中的专业匹配度存在一定不足。

B.7
北京归国留学人员发展现状分析

北京市欧美同学会"北京归国留学人员创新创业报告课题组"*

摘　要： 留学人员是北京经济社会发展的一支独特力量。根据往年调查数据，选择北京市作为理想留居地的归国留学人员比例位于全国前列水平。在京归国留学人员多集聚在高新科技领域发展，创新创业是其在京发展的重点方向；同时，在政府、企业和科教文卫领域里担任要职的归国留学人员持续涌现。归国留学人员在促进北京创新创业、教育科研、社会公益、中外交流等方面作出了突出贡献。北京作为中国的首都，在吸引留学人员在京发展方面进行了大量政策创新与服务优化，为打造高水平人才高地奠定了基础。

关键词： 北京归国留学人员　创新创业　留学人员政策

习近平总书记在欧美同学会成立100周年庆祝大会上的讲话和致欧美同学会成立110周年贺信中指出，留学人员视野开阔，理应走在创新前列；希望广大留学人员投身创新创业创造时代洪流，助力中外文明交流互鉴，在推进强国建设、民族复兴伟业中书写人生华章。近年来，留学人员回国潮涌

---

* 课题组成员包括：郭玉良，北京市欧美同学会秘书长、一级巡视员，主要研究方向为留学人员工作；周效全，北京市欧美同学会办公室主任，主要研究方向为留学人员工作；胡顺强，北京市欧美同学会组织宣传处处长，主要研究方向为留学人员工作；邵剑辉，北京市欧美同学会联络服务处副处长，主要研究方向为留学人员工作；杜娟，北京市欧美同学会办公室四级调研员，主要研究方向为留学人员工作；郑金连，全球化智库（CCG）副主任，研究总监，高级研究员，主要研究方向为国际人才、智库研究，科技创新；侯少丽，全球化智库（CCG）研究部副总监，主要研究方向为企业全球化。

起，习近平总书记多次肯定留学人员的作用与贡献。北京是留学人员回国发展的主要目的地之一，大批留学人员在京发展。他们在推动北京科技创新、产业转型升级、企业全球化、民间外交、人文交流等方面具有独特的优势和作用。

一 北京归国留学人员估算

依据可获取的基础数据，本报告对北京归国留学人员的概况进行了估算和分析。本报告以全球化智库（CCG）发布的国际人才蓝皮书《中国海归创业发展报告（2012）No.1》《中国海归发展报告（2013）No.2》中的调查与统计数据为基础，并参考2016~2019年CCG与智联招聘合作发布的系列报告《中国海归就业创业调查报告》以及教育部留学服务中心发布的系列报告《中国留学回国就业蓝皮书》，结合"留学回国就业人员出生地""海归期望工作地点""海归现居住地""留学人员回国就业地点"等调研数据，从地缘基础、留居意愿、实际选择等方面对在京归国留学人员的数量和现状进行分析。[①]

从地缘基础来看，《2018中国海归就业创业调查报告》显示，在选定发展地点时，"61%的归国留学人员回到自己的家乡发展"。留学人员出国前的出生地、常居地点等情况蕴藏着吸引留学人员群体留居的地缘潜力。受调查时间限制与社会现实变化影响，户籍地、出生地为北京的归国回国人数占留学人员群体总数的比例有一定的浮动，总体来看，户籍地、出生地为北京的留学回国人员占全国留学回国人员的比例为9%~23%。历年相关调研报告中来自北京的归国留学人员的占比如表1所示。

---

① 由于以上报告使用的是随机抽样，且采访样本较大，因此北京受访留学人员数量在全国受访留学人员数量中的占比能在一定程度上代表北京归国留学人员在全国归国留学人员中的占比。

表1 历年相关调研报告中来自北京的归国留学人员的占比

单位：%

年份	指标名称	北京所占比例	数据来源
2013	海归出生地	11	CCG：《中国海归发展报告（2013）No. 2》
2016	留学回国就业人员出生地	14	教育部留学服务中心：《中国留学回国就业蓝皮书2016》
2017	海归出生地	15	CCG和智联招聘：《2017中国海归就业创业调查报告》
	海归出国前常住地	22	
2018	留学回国人员出生地	9	教育部留学服务中心：《中国留学回国就业蓝皮书2018》
	海归生源地	9	CCG和智联招聘：《2018中国海归就业创业调查报告》
2019	海归户籍地	10	CCG和智联招聘：《2019中国海归就业创业调查报告》
2022	留学回国就业人员出生地	23	教育部留学服务中心：《中国留学回国就业蓝皮书2022》
2023	海外留学人员户口所在地	10	教育部留学服务中心：《中国留学回国就业蓝皮书2023》
	留学回国人员出生地	14	

从留居北京的意愿来看，依据往年调查数据，选择北京市作为理想留居地的归国留学人员比例居全国前列，但新冠疫情以来呈下降趋势。① 而且意向留居北京发展的归国留学人员比例高于出生于北京或户籍在北京的归国留学人员比例。根据多年来的归国留学人员情况调研，"经济发展快""国际化程度高""具有多元文化，包容性强""产业基础好"是归国留学人员群体选择家乡以外的城市留居时最关注的要素，这也是北京历年来吸引归国留学人员的重要原因。历年相关调研报告中归国留学人员留居北京的意愿如表2所示，历年相关调研报告中归国留学人员在北京发展的比重如表3所示。

---

① 人力资源和社会保障部信息中心：《2023海外留学人才就业发展报告》，2023年9月5日，https：//hrssit. cn/info/3009. html，最后检索时间：2024年10月12日。

表2 历年相关调研报告中归国留学人员留居北京的意愿

单位：%

数据年份	指标名称	北京所占比例	数据来源
2013	海归最理想就业城市	29	CCG：《中国海归发展报告（2013）No.2》
2016	留学回国人员就业首选工作地区	8	教育部留学服务中心：《中国留学回国就业蓝皮书2016》
2019	海归期望工作地点	23	CCG和智联招聘：《2019中国海归就业创业调查报告》
2020	海归意向投递城市	16	智联招聘：《2020中国海归就业创业调查报告》
2020	留学归国人才意向就业城市	27	猎聘大数据研究院：《留学归国人才全景报告》
2021	留学归国人才意向就业城市	24	猎聘大数据研究院：《留学归国人才全景报告》
2022	留学归国人才意向就业城市	21	猎聘大数据研究院：《留学归国人才全景报告》
2023	海外留学人才投递城市	20	中国世界青年峰会和猎聘集团：《2023海外留学人才就业发展报告》

表3 历年相关调研报告中归国留学人员在北京发展的比重

单位：%

数据年份	指标名称	北京归国留学人员所占比例	北京所占比例的数据来源
2013	海归就业地区分布	42	CCG：《中国海归发展报告（2013）No.2》
2014	就业机构在北京的留学回国就业人员	62	教育部留学服务中心：《中国留学回国就业蓝皮书2015》
2015	海归就业地区分布	27	CCG：《中国留学发展报告（2015）》
2017	海归目前所在地	25	CCG和智联招聘：《2017中国海归就业创业调查报告》
2018	海归目前所在地	22	CCG和智联招聘：《2018中国海归就业创业调查报告》
2019	海归现居住地	19.67	CCG和智联招聘：《2019中国海归就业创业调查报告》

数据年份	指标名称	北京归国留学人员所占比例	北京所占比例的数据来源
2021	留学人员回国就业地点	53.33	教育部留学服务中心:《中国留学回国就业蓝皮书2022》
2022	留学人员回国就业地点	33	教育部留学服务中心:《中国留学回国就业蓝皮书2023》
2023	海外留学人才城市分布	13	中国世界青年峰会和猎聘集团:《2023海外留学人才就业发展报告》

产业结构与经济发展情况是归国留学人员群体选择留居城市所看重的首要因素。信息传输、软件和信息技术服务业，金融业，教育，科学研究和技术服务，房地产业是2023年吸引留学回国人员的前五大行业。[①]根据《北京市2023年国民经济和社会发展统计公报》，2023年北京实现地区生产总值43760.7亿元，同比增长5.2%。其中，第一产业增加值为105.5亿元，同比下降4.6%；第二产业实现增加值6525.6亿元，同比增长0.4%；第三产业增加值达到37129.6亿元，同比增长6.1%。[②]其中，信息传输、软件和信息技术服务业，金融业分别以13.5%、6.7%的增速保持较快发展，仍是吸引留学人员的主力；而科学研究与技术服务业、房地产业以及教育产业发展增速一般，吸引留学人员就业创业能力下降。

1978~2019年，中国留学回国人员总数为423.17万人。[③]2019年，CCG与智联招聘联合发布的《2019中国海归就业创业调查报告》显示，当时优先居住地为北京的归国留学人员占19.67%，由此推算当时在北京的归国留

---

① 教育部留学服务中心编《中国留学回国就业蓝皮书2023》，中国言实出版社，2024，第72页。

② 《北京市2023年国民经济和社会发展统计公报》。

③ 教育部：《2019年度出国留学人员情况统计》，中华人民共和国教育部，2020年12月14日，http://www.moe.gov.cn/jyb_xwfb/gzdt_gzdt/s5987/202012/t20201214_505447.html?eqid=abe0092000038796000000000664373182，最后检索时间：2024年10月12日。

学人员约为 83.24 万人。根据教育部留学服务中心对 2021 年、2022 年参与留学认证的归国留学人员的调研数据，进一步估算出这两年在北京就业的归国留学人员数量分别为 19.34 万人和 11.09 万人。由于 2020 年数据缺失，并且归国留学人员具有流动性，同时存在其他不确定性因素，根据上述估算数据，截至 2022 年，北京归国留学人员数量约为 110 万人左右。历年北京归国留学人员数量（估算）如表 4 所示。

表 4　历年北京归国留学人员数量（估算）

单位：%，万人

数据年份	指标名称	北京归国留学人员所占比例	归国留学人员数量	归国留学人员中留京人数（估算）	北京归国留学人员所占比例的数据来源
2019	海归现居住地	19.67	423.17[a]	83.24	CCG 和智联招聘：《2019 中国海归就业创业调查报告》
2021	留学人员回国就业地点	53.33	36.26[b]	19.34	教育部留学服务中心：《中国留学回国就业蓝皮书 2022》
2022	留学人员回国就业地点	33.00	33.62[b]	11.09	教育部留学服务中心：《中国留学回国就业蓝皮书 2023》

注：a 为 1978~2019 年留学回国人员总数；b 为留学服务中心认证数据库人数。

二　北京归国留学人员的主要特点

为了更好地了解和研究北京归国留学回国人员整体情况及就业和创业现状、特点和回国发展面临的问题，2024 年，北京市欧美同学会与全球化智库（CCG）共同开展了在京留学人员就业、创新创业问卷调查（以下简称"在京留学人员调查"），于 2024 年 7~11 月对北京归国留学人员进行了调研，截至 2024 年 11 月 30 日，共回收 762 份有效问卷。同时，也对北京市欧美同学会的会员数据进行了分析。

（一）在京归国留学人员以研究生为主

根据北京市欧美同学会的调研统计结果，从学位来看，在京归国留学人员中硕士最多，占比59.44%；其后是肄业、博士后、访问学者等在海外没有获得学位的人员占16.78%，博士占15.86%，学士占7.27%，副博士占0.66%（见图1）。

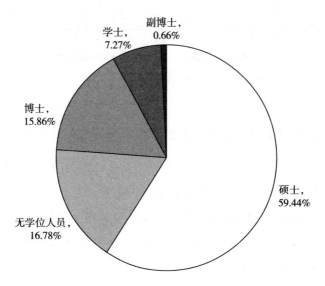

图1　北京归国留学人员所获海外学位分布

注："无学位"人员是指肄业、博士后、访问学者等在海外没有获得学位的人员。

资料来源：北京市欧美同学会的调研统计结果。

（二）北京归国留学人员的留学地点以美国、英国、澳大利亚等传统留学目的地为主

根据北京市欧美同学会的调研统计结果，在京归国留学人员留学国家以美国为主，占比为33.6%，其次是英国占27.3%，澳大利亚占7.9%，德国占4.7%，法国占4.3%，加拿大占3.4%，俄罗斯占2.7%，日本占2.4%，新加坡占1.6%，意大利占1.3%，其他国家和地区合计占10.8%（见图2）。

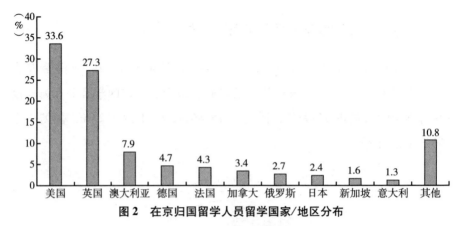

图2 在京归国留学人员留学国家/地区分布

资料来源：北京市欧美同学会的调研统计结果。

（三）在京归国留学人员从事的领域以科学技术、经济、教育为主

根据北京市欧美同学会的调研统计结果，从在京归国留学人员所从事的行业领域来看，从事科学技术领域的留学人员最多，占20.8%，其后依次是经济领域占19.5%，教育领域占17.8%，专业服务领域占13.2%，医药卫生领域占6.2%，公共管理、社会保障和社会组织领域占6.2%，文化艺术领域占5.6%（见图3）。

（四）归国留学人员回京发展的主要原因包括家庭因素、国际化程度高、职业发展前景好等

通过问卷调研了解到，归国留学人员回北京发展的主要原因是家庭因素，选择"家人、朋友在北京"为其回北京发展的主要原因的受访者占比为61.6%。北京的优势和资源也是留学人员回北京发展的主要原因。40.9%的受访者认为"国际化程度高，包容性强"是其回北京发展的主要原因，39.2%的受访者认为"职业发展前景好，有丰富的职业发展机会"是其回北京发展的主要原因，37.4%的受访者认为"北京经济发展前景好"是其回北京发展的主要原因，而选择"北京的人才政策具有吸引力""北京生活环境较好"的受访者相对较少（见图4）。

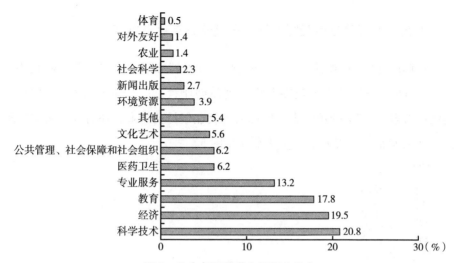

图3 北京归国留学人员行业分布

注：同一个留学人员可能跨两个行业发展，故行业占比数据加和大于100%。
资料来源：北京市欧美同学会的调研统计结果。

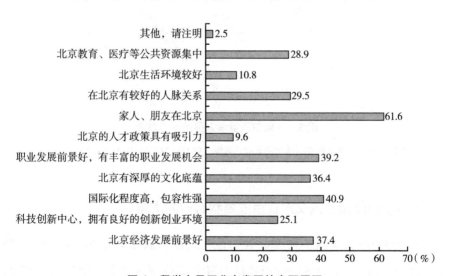

图4 留学人员回北京发展的主要原因

注：问卷中该问题是多选题。
资料来源：北京市欧美同学会和全球化智库（CCG）"在京留学人员调查"。

（五）大部分在京归国留学人员处于在京就业状态

从调研的情况来看，78.0%的在京归国留学人员目前是就业状态，14.2%的在京归国留学人员在北京是创新创业状态，2.6%的留学人员处于新就业形态，1.8%的留学人员回国后曾就业但目前待业，还有3.4%的留学人员从未就业，一直处于待业状态（见图5）。

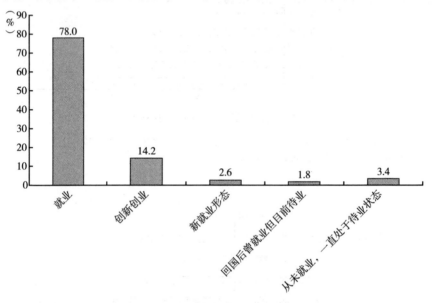

图5　在京归国留学人员的就业情况

资料来源：北京市欧美同学会和全球化智库（CCG）"在京留学人员调查"。

（六）归国留学人员对在京发展状态较为满意

绝大部分受访者认为留学收获实现了预期。34.0%的受访者认为留学"收获大于预期"，27.6%的受访者认为留学"收获远大于预期"，31.5%的受访者认为"收获与预期相当"，3.8%的受访者认为留学"收获低于预期"，只有0.8%的受访者认为留学"收获远低于预期"，2.4%的受访者认为"说不清"（见图6）。

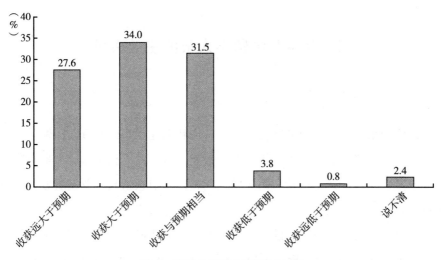

图6 留学收获是否实现了预期

资料来源：北京市欧美同学会和全球化智库（CCG）"在京留学人员调查"。

65.0%的受访者对在京就业状态表示满意（"很满意"和"比较满意"），28.8%的受访者对在京就业状态不满意（"不太满意"和"非常不满意"），另有6.2%表示"说不清"就业满意程度（见图7）。

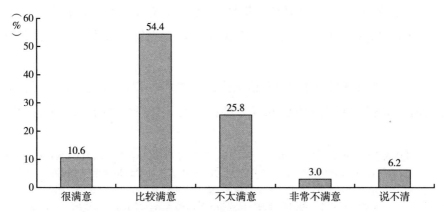

图7 在京留学人员对就业状态的满意情况

资料来源：北京市欧美同学会和全球化智库（CCG）"在京留学人员调查"。

三　北京归国留学人员的主要贡献

（一）赋能北京新兴产业发展

调研结果显示，目前处于就业状态、创新创业状态的北京归国留学人员中，分别有60%、80%的人员属于人工智能、新一代信息技术、未来制造等新兴产业领域，在技术创新、商业模式创新以及引领新兴产业发展方面发挥了重要作用。

经过对从公开资料获取的在北京开展创新创业成绩突出的131位留学人员创新创业代表①进行分析，可以发现，所统计的131位留学人员创新创业代表，留学目的地占比最高的为美国，占75%；其次为加拿大和英国，分别占8%和6%；再次为新加坡，占3%；其他留学目的地国包括法国、德国、奥地利、俄罗斯等国。从131位留学人员创新创业代表在创新创业过程中主要担任的职位来看，作为创始人和联合创始人的人数最多，分别为32人和27人，占比分别为24%和21%；担任集团或企业董事长的人数为19人，占比为15%；担任总负责人或研究人员的各有14人，占比均为11%；此外，还有一些人担任总裁、主管合伙人和首席执行官等职务。

另外，经过对目前通过公开信息获取的北京的72家独角兽企业（占北京目前114家独角兽企业②的63%）的创始人（含联合创始人）进行分析，

---

① 131人主要为从2015年、2016年、2017年、2020年和2021年的"中国留学人员创新创业50人"榜单，2018年"中国改革开放海归40年40人"榜单，2019年"中国海归70年70人"榜单选择的人员，近年来独角兽企业、新兴上市企业的创办人，获得"国家科学进步奖""未来科学大奖"等国内外创新创业相关奖项的人员，登上福布斯中国、《财富》杂志等多项商业人才榜单的归国留学人员。其所从事的工作具有一定的创新性，凭借着与时俱进的国际视野和扎实的学术理论基础，在多个领域开了先河，具有某些方面的代表性。
② 《数量增至114家 硬科技占比超六成 北京独角兽企业持续领跑全国》，北京市人民政府网，2024年1月4日，https://www.beijing.gov.cn/ywdt/yaowen/202401/t20240104_3525144.html，最后检索时间：2024年10月12日。

发现其中 15 家独角兽企业的创始人（或联合创始人）具有留学经历，创新创业领域主要集中在人工智能、健康科技、智能芯片等硬科技领域，留学目的地主要集中在美国（80%）、德国（13%）和英国（7%）。可见，留学人员已经成为北京发展新兴产业不可或缺的重要力量，在各自领域中发挥了引领作用。

（二）引领北京科技创新突破和教育发展

科研和教育是吸纳归国留学人员最多的领域。大批归国留学人员成了北京的大学和科研院所的生力军和主力军，成了学科带头人和学术骨干，引领北京乃至中国科技创新取得新突破，推动教育事业新发展。他们在科技创新领域搭建了众多区别于国内传统体制的新型科研平台，显著推动了中国基础科研水平的提升，取得了世界领先的科研成果；同时，他们为北京高校注入了新鲜力量，带来了全球最前沿的学科知识、先进的教育理念和治学方法，进一步提高了北京高校在国际学术界的影响力。[1]

（三）促进北京高水平对外开放和中外交流

人文交流是国际关系的重要基石和润滑剂。留学人员在人文交流上具有独特优势，是北京进一步推进高水平对外开放、讲述北京故事的鲜活样板。根据调研结果，在北京归国留学人员中，有 20% 的人员在文化、体育和娱乐等领域发展，有 6% 的人员在公共管理、社会保障、社会组织、国际组织等领域发展。他们拥有跨文化沟通能力和国际传播相关专业知识及技能背景，投身于国际传播、公共外交等领域，既是北京相关单位国际交流与合作的积极参与者，也是北京与国际交流合作的桥梁与纽带，发挥了讲好中国故事、促进中外交流的作用。例如，在北京的一些国际化社会智库如全球化智库（CCG）中，留学人员占有较大的比例，

---

[1] 苗绿：《发展新质生产力，留学人员大有可为》，http：//www.ccg.org.cn/archives/84052，最后检索时间：2024 年 10 月 28 日。

他们通过参加国际论坛、接受国际媒体采访、发布报告等活动，推动北京与国际社会的沟通、交流和交往。2022 年 6 ~ 7 月，全球化智库（CCG）开展了环球"二轨外交"访问与调研系列活动，这是新冠疫情暴发后，国内智库代表团首次赴相关国家进行访问。智库负责人一行在 30 天内跨越美、欧、亚三大洲，进行了 70 余场对话交流活动，被国际社会称为"旋风之旅"和"破冰之旅"。①

四 服务于北京归国留学人员的相关组织机构

2013 年 10 月，习近平总书记在欧美同学会成立 100 周年庆祝大会上发表重要讲话，强调"要关心欧美同学会工作，加强组织建设，健全工作机构，配强工作力量，为他们开展工作创造条件"。2015 年 5 月，"留学人员组织建设"首次写入党内法规《中国共产党统一战线工作条例（试行）》。2020 年 12 月 21 日，中共中央发布修订后的《中国共产党统一战线工作条例》，再次对相关内容进行了明确。2021 年 5 月，北京市委在《关于贯彻落实〈中国共产党统一战线工作条例〉的若干措施》中明确提出，"留学人员聚集的区、高等学校、科研院所、市管企业和文化卫生单位等要通过成立欧美同学会（留学人员联谊会）等形式，健全完善组织体系，扩大工作覆盖面"。

在北京，为归国留学人员提供服务的组织和机构，涉及从出国留学到回国发展全链条服务，例如教育部留学服务中心、欧美同学会、北京海外学人中心等，主要为归国留学人员提供思想引领、权益维护、创新创业服务、证件办理、培训交流、对接资源、宣传推广等服务。主要组织和机构如表 5 所示。

---

① 《全球化智库理事长王辉耀：尽快恢复中外人文交流至关重要》，2022 年 7 月 30 日，https：//news. qq. com/rain/a/20220730A0405500? refer＝wx_ hot&suid＝&media_ id＝，最后检索时间：2024 年 10 月 12 日。

表5　北京为留学人员服务的主要组织和机构

所属系统	组织和机构名称	主要职能	为留学人员提供的服务
教育系统	教育部留学服务中心	开展出国留学、留学回国等领域的相关服务	出国留学服务,为公派留学人员提供签证、机票等服务,出国留学人员行前培训,国(境)外学历学位证书认证,为留学人员回国安置及用人单位引进海外人才提供有关服务,为留学人员创新创业提供相关服务,留学及相关领域的国际合作,留学人员档案管理服务,推进数字化留学服务平台建设
统战系统	各级欧美同学会,如欧美同学会(中国留学人员联谊会)、北京市欧美同学会(北京市留学人员联谊会)、北京城市副中心欧美同学会(北京城市副中心留学人员联谊会)、顺义等区级欧美同学会	党联系广大留学人员的桥梁和纽带、党和政府做好留学人员工作的助手、广大留学人员之家①	广泛联系和服务留学人员,增进友谊,沟通信息,引进人才,开展合作,为留学回国人员搭建桥梁、助力创新创业,发挥思想引领、留学报国人才库、建言献策智囊团、民间外交生力军作用
	北京市侨联归国留学人员联合会	北京市委和市政府联系团结广大归国留学人员的桥梁和纽带	团结、教育、引导广大归国留学人员及其眷属,维护归国留学人员的合法权益,协助政府有关部门解决留学人员实际困难,为归国留学人员在北京创业和工作服务
	北京海归协会	团结海内外留学人员	聚合资源,促进创新创业,服务海归群体
	科研院所、高校留学人员组织	联系和服务本院所、本校教职工留学人员	
	企业下设欧美同学会	联系和服务本单位留学人员	联系和服务本单位留学人员

① 中共中央办公厅印发《关于加强欧美同学会(留学人员联谊会)建设的意见》,http://www.xinhuanet.com/politics/2016-08/03/c_1119332162.htm,最后检索时间:2024年10月28日。

续表

所属系统	机构名称	主要职能	为留学人员提供的服务
组织系统	北京海外学人中心	面向高层次人才服务的专业机构，海内外优秀人才的服务平台；是连接优秀人才与北京的纽带，是首都高层次人才服务之家	为留学回国人员提供服务，以符合北京城市功能定位、经济发展方向及产业规划要求为准则，为北京归国留学人员提供在京进行创新创业的发展空间，为北京归国留学人员办理《北京市工作居住证》、提供培训等服务，提供留学人员人才引进服务

资料来源：根据表中各机构官网公开信息整理。

北京市欧美同学会（北京市留学人员联谊会）成立于 2017 年 8 月，是以北京归国留学人员为主体自愿组成的、统战性的人民团体，是市委联系广大留学人员的桥梁和纽带，是市委、市政府做好留学人员工作的助手、广大留学人员之家。[①] 北京市欧美同学会成立以来，广泛团结海内外留学人员，增进友谊，沟通信息，引进人才，开展合作，努力在思想引领、组织建设、引才引智、对外交往等方面作出突出成绩。目前，北京市欧美同学会通过各种方式发挥职能作用。例如，组织首都留学人员开展座谈交流、调研参访，开展"追寻京华留学足迹、赓续百年初心使命"主题教育，"传承先辈志砥砺报国行"红旗渠研学，编著出版《沧海丹青——海归北京创业实录》，弘扬留学报国传统，坚定理想信念；引导首都留学人员发挥留学报国人才库、建言献策智囊团、民间外交生力军作用。举办 2024 中关村论坛年会"留学人员创新创业论坛"，为留学人员提供展示平台和创业机会；举办"海外名校博士北京行"活动，吸引海外学长回国回京创业就业，广泛引才引智；组织留学人员结合专业优势，广泛开展调研，报送建言信息，为中央和市委决策提供参考；举办"探索首都民间外交，讲好中国故事——'哈佛中国行'北京站联合活动"，促进中外友好交流。

---

① 《北京市欧美同学会简介》，https：//www.bjwrsa.org.cn/FrontPage/profile/DisplayZZZC.jsp?type=bhjj，最后检索时间：2024 年 10 月 28 日。

五 促进留学人员在京发展的相关政策环境

留学人员对于北京经济、社会、科技发展及中国式现代化建设具有重要意义。党和国家高度重视留学人员，多年来一直贯彻"支持留学、鼓励回国、来去自由、发挥作用"的方针，出台了一系列鼓励留学人员回国工作和创新创业的政策。2017年，国务院颁布《关于做好当前和今后一段时期就业创业工作的意见》，制定了"留学人员回国创新创业启动支持计划"并设立了创新子项目。2020年，教育部提出"支持留学人员回国创业就业"，并明确表示将通过提升服务质量与效率，营造优越的创业环境，以进一步鼓励留学人员回国开展创新创业。[①] 2024年11月，中共中央组织部、人力资源社会保障部等10部门印发《关于进一步做好留学人才回国服务工作的意见》，以进一步吸引更多留学人才回国工作、创业和为国家服务。北京作为中国的首都，吸引了大量留学人员回国，在服务广大留学人员、促进留学人员在京发展方面走在前列。北京不仅贯彻国家层面留学人员政策，制定落户政策和创业支持项目，还在创业环境、职业发展、生活保障等方面为留学人员提供了全方位的支持，为其在北京的发展创造了有利条件。

（一）完善落户制度

由于北京户口与个人发展机会、住房和其他社会福利密切相关，落户政策是留学人员回京关注的焦点之一。北京最早于1992年颁布《北京市人民政府关于在外留学人员来北京市工作和服务有关政策的通知》[②]，明确规定"经批准来北京工作的留学回国人员，其配偶及未满16周岁子女的户口可随其迁京落户"，助力留学人员促进北京经济建设和社会发展。之后关于留学人员落户北京的政策不断根据实际情况进行调整。目前，留学人员落户北

---

① 王辉耀：《中国海归群体发展的十大趋势》，http://www.ccg.org.cn/archives/71400，最后检索时间：2024年10月28日。

② 该文件已失效。

京主要通过以下通道办理。

（1）工作单位为中央在京企业或者事业单位的留学人员，主要依据教育部留学服务中心相关政策申请落户。2024年8月，教育部留学服务中心颁布的《非京籍留学回国人员在京就业落户实施办法》指出，满足对学位［在国（境）外获得硕士及以上学位；或者出国前已获得国内博士学位，出国进行博士后等性质的研究工作］、留学时长［在国（境）外学习360天及以上］、年龄（45周岁及以下）、就业单位（符合中央在京企业或者事业单位条件和规定）等条件，学业结束后首次回国并且到通过用人单位提交申请时间不超过两年的留学人员可通过在京用人单位提交落户申请。①

（2）工作单位为非中央在京企业或者事业单位的留学人员，依据《北京海外学人中心关于受理留学人员人才引进工作服务指南（2023年试行版）》相关要求申请落户。② 该指南指出，满足对学位（在国外取得硕士及以上学位；或者出国前具有高级职称，出国后进行博士后研究或进修）、留学时长（公派或自费出国留学一年以上）、就业单位（符合北京城市功能定位、经济发展方向及产业规划要求，在京注册的民营企业、民办非企业单位、社会团体，在京设立的国际组织，境外单位在京设立的代表处，境外、外埠在京设立具有一定规模和影响力的分支机构，在京注册的律师事务所、会计师事务所、审计师事务所及税务师事务所）等条件，于近期回国的留学人员可通过在京用人单位提交落户申请。

（3）不符合以上要求，且已办理《北京市工作居住证》的留学人员，可根据《北京市积分落户管理办法》和《北京市积分落户操作管理细则》等政策，通过积分落户渠道申请落户。

---

① 《非京籍留学回国人员在京就业落户实施办法》，教育部留学服务中心，2024年8月1日，https://zwfw.cscse.edu.cn/cscse/lxfwzxwsfwdt2020/jybd/xgzc42/540443/index.html，最后检索时间：2024年10月7日。
② 《北京海外学人中心关于受理留学人员人才引进工作服务指南（2023年试行版）》，北京海外学人中心，https://www.bjhwxr.gov.cn/docs/hxfw/lxrcyjywgz/20230802/pc_ 12941610944 36203162.html，最后检索时间：2024年10月7日。

（4）按照"两区"建设人力资源开发目录要求办理。为积极推进北京"两区"建设，北京市人力资源和社会保障局于 2023 年 8 月发布《国家服务业扩大开放综合示范区和中国（北京）自由贸易试验区建设人力资源开发目录（2023 年版）》（以下简称《目录》）。该目录明确了北京市重点发展的产业领域，涵盖新一代信息技术、集成电路、医药健康、智能装备、节能环保、新能源智能汽车、新材料、人工智能、现代农业、商务服务、金融、文化艺术以及生活服务等多个方向。对于《目录》涉及的重点产业领域，从事关键技术或核心业务岗位的留学人员，符合条件的可以申请办理引进落户和工作居住证。这一政策为参与北京"两区"建设的留学人员提供了极大的居留便利，有助于吸引更多留学人员参与"两区"建设，推动北京市的经济社会发展。

（二）持续优化留学人员在京就业创业全链条服务

北京巨大的市场潜力和良好的创业政策环境，成为留学人员创新创业的重要助推器。2009 年 6 月，北京发布了《北京市促进留学人员来京创业和工作暂行办法》，为来京创业、工作的留学人员提供资金、融资、职称认定、配偶工作及子女教育、社保、住房等方面的支持。这一政策成为促进留学人员来京工作和创新创业的重要举措。2022 年，在 HICOOL 2022 全球创业者峰会上，教育部与北京市共同签署了《留学人才回国服务示范区合作框架协议》，进一步加大对留学人才的引进和服务力度，吸引了大批高层次留学人员在京就业创业。[1]

同时，北京各区也纷纷在区级层面出台支持留学人员创新创业的政策。例如，朝阳区于 2015 年 12 月发布了《朝阳区关于大力推进海外学人工作的实施意见》，该意见以"加大留学人才资源开发力度，坚持引资与引智相结合，全面吸引与重点引进相结合，引进和使用相结合，政府引导、市场配置

---

[1] 教育部：《教育部、北京市签署共建留学人才回国服务示范区合作框架协议》，中华人民共和国教育部，2022 年 8 月 26 日，http://www.moe.gov.cn/jyb_xwfb/gzdt_gzdt/moe_1485/202208/t20220826_655700.html，最后检索时间：2024 年 10 月 8 日。

与发挥用人单位主体作用相结合的原则，进一步健全'重点突出、协调配套、运转高效、服务完善'的海外学人工作机制"为基本原则，鼓励并吸引具备真才实学且富有发展潜力的优秀留学人员来朝阳区开展创新创业活动。具体措施包括以下两点。一是为海外学人提供高效优质的服务，设立绿色通道，便捷处理学历认证、落户、购（租）房、购车以及组织关系接转等相关事宜；成立朝阳区海外学人俱乐部和海外学人党支部，为他们搭建工作、生活和交流的平台；开发海外留学人才数据库，制定日常联系与服务的相关机制，并建立跟踪与沟通反馈机制，积极协助解决海外学人在工作和生活中遇到的各类问题。二是为海外高层次人才提供特殊支持政策。出台《朝阳区鼓励海外高层次人才创业和工作暂行办法》，实施"凤凰计划"，即"朝阳区引进海外高层次人才计划"，通过奖励、优惠等措施，重点鼓励符合区域重点产业发展方向的高层次海外学人以各种方式服务朝阳。这些措施为留学人员在朝阳发展提供全方位的支持，促进其在朝阳区的创新创业活动，推动区域经济社会的发展。

2020年，石景山区深入实施"景贤计划"，其中高层次留学人员是其海外高层次人才的重要来源对象，对于认定的海外高层次人才，给予个人相应的专项奖励，并颁发"景贤卡"，由区人才办组织协调相关职能部门组成"管家服务团"，为海外高层次人才提供交流培训、住房保障、健康保障、子女教育保障以及配偶就业支持等服务。

此外，北京在特定领域也推出了吸引留学人员的计划。在数字经济领域，2024年8月发布的《北京市加快数字人才培育支撑数字经济发展实施方案（2024-2026年）》明确提出，引进一批海外高层次数字人才，支持一批留学回国数字人才创新创业，组织一批海外高层次数字人才回国服务，着力培养战略科学家，形成成长梯队，不断提高原始创新能力。

（三）稳步推进留创园建设，为留学人员创业创新提供舞台

21世纪以来，我国相继出台了一系列政策文件，旨在促进留学人员创业园（简称留创园）建设发展。比如2001年1月15日，人事部印发《留

学人员创业园管理办法》。2002 年 8 月 26 日，人事部发布《关于人事部与
地方人民政府共建留学人员创业园的意见》。[①] 2021 年 5 月，由人力资源和
社会保障部组织编制的《留学人员创业园建设和服务规范》正式实施，这
是全国首个留创园建设和服务规范。截至 2023 年底，北京共有 53 家留创
园，其中 46 家符合相关认定标准（见表 6）。北京的留学人员创业园充分发
挥了汇集留学人才、整合海内外资源、集成创新创业服务的优势，为留学人
员创新创业营造了良好的环境。

表 6　符合认定标准的北京留学人员创业园

名称	创建年份	创建单位	地址
北京市留学人员海淀创业园	1997 年	北京市留学人员服务中心与中关村科技园区海淀园创业服务中心共建	北京市海淀区上地信息路 26 号中关村创业大厦
北京市留学人员大兴创业园	1999 年	北京市留学人员服务中心与大兴工业开发区开发经营总公司共建	北京市大兴经济开发区科苑路 18 号
北京望京留学人员创业园	1999 年	北京市留学人员服务中心、北京市朝阳区人事局与望京高新技术产业区管委会共建	北京市朝阳区利泽中二路望京科技园 A 座西侧 6 层
中关村国际孵化园	2000 年	北京市留学人员服务中心、中关村高科技产业促进中心、北京首创科技企业投资有限公司等共建	北京市海淀区上地信息路 2 号创业园 D 栋
北大留学人员创业园	2002 年	北京大学与中关村科技园区管委会共建	北京市海淀区中关村北大街 127-1 号 107 室
清华留学人员创业园	2002 年	清华大学与中关村科技园区管委会共建	北京市海淀区清华大学科技园创新大厦 A 座 15 层
北航留学人员创业园	2003 年	北京航空航天大学与中关村科技园区管委会共建	北京市海淀区学院路 35 号世宁大厦 1401
北京科大留学人员创业园	2003 年	北京科技大学与中关村科技园区管委员会共建	北京市海淀区学院路 30 号方兴大厦 6 层 611 室

---

① 《海归创业又一重大利好，专家解读全国首个留创园建设服务规范》，http：//www. wrsa.
net/content_41629843. htm，最后检索时间：2024 年 9 月 1 日。

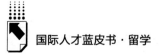

续表

名称	创建年份	创建单位	地址
北京理工留学人员创业园	2003 年	北京理工大学与中关村科技园区管委员会共建	北京市海淀区中关村南大街 9 号理工科技大厦 9 层
北邮留学人员创业园	2003 年	北京邮电大学与中关村科技园区管委会共建	北京市海淀区西土城路 10 号北京邮电大学综合服务楼 5 楼 510 室
中关村软件园留学人员创业园	2004 年	北京中关村软件园发展有限责任公司、北京中关村发展投资中心、北京高技术创业服务中心等共建	北京市海淀区东北旺中关村软件园孵化器 1 号楼
中关村生命科学园留学人员创业园	2004 年	北京中关村生命科学园生物医药科技孵化有限公司	北京市昌平区生命园路 29 号中关村生命科学园创新大厦
中关村科技园区丰台园留学人员创业园	2004 年	中关村科技园区丰台园管委会	北京市丰台区科兴路 9 号
中国科学院中科海外人才创业园	2004 年	中国科学院与中关村科技园区管委会共建	北京市海淀区中关村南三街 6 号中科资源大厦 518 室
北京经济技术开发区留学人员（汇龙森）创业园	2005 年	北京经济技术开发区人才交流服务中心与汇龙森国际企业孵化（北京）有限公司共建	北京市北京经济技术开发区科创十四街 99 号
中国农大留学人员现代农业创业基地	2005 年	中国农业大学与中关村科技园区管委会共建	北京市海淀区天秀路 10 号 3 号楼
中国人民大学留学人员创业园	2005 年	中国人民大学与中关村科技园区管委会共建	北京市海淀区中关村大街 45 号兴发大厦 10 层 1010
北京工业大学留学人员创业园	2005 年	北京工业大学与中关村科技园区管委会共建	北京市海淀区车公庄西路 35 号
北师大留学人员创业园	2005 年	北京师范大学与中关村科技园区管委会共建	北京市海淀区学院南路 12 号北师大科技园
中关村集成电路留学人员创业园	2006 年	中关村科技园区管委会与北京集成电路设计园有限责任公司共建	北京市海淀区丰豪东路 9 号院
中关村数字娱乐留学人员创业园	2006 年	北京市石景山区人民政府与中关村科技园区管委会共建	北京市石景山区八大处高科技园区实兴东街 11 号楼北楼 1 层

续表

名称	创建年份	创建单位	地址
中央财大留学人员创业园	2006 年	中央财经大学与中关村科技园区管委会共建	北京市海淀区学院南路 39 号
中关村法大科技服务园	2007 年	中国政法大学与中关村科技园区管委会共建	北京市海淀区西土城路 25 号中国政法大学旧 1 号楼 109 室
中国矿业大学留学人员创业园	2007 年	中国矿业大学（北京）与中关村科技园区管委会共建	北京市海淀区学院路丁 11 号宝源商务公寓 A2-106
北京交大留学人员创业园	2007 年	北京交通大学与中关村科技园区管委会共建	北京市海淀区上园村 3 号交大知行大厦 11 层
首都师范大学留学人员创业园	2007 年	首都师范大学与中关村科技园区管委会共建	北京市海淀区西三环北路 105 号首师大科技园（留学人员创业园）教一楼 207 室
华北电力大学留学人员创业园	2008 年	华北电力大学与中关村科技园区管委会共建	北京市昌平区北农路 2 号华北电力大学主楼 D1006
北京化工大学留学人员创业园	2009 年	北京化工大学与中关村科技园区管委会共建	北京市海淀区紫竹院路 98 号北京化工大学（西校区）科技园写字楼
北京瀚海智业留学人员创业园	2009 年	瀚海智业控股集团有限公司	北京市东城区东直门内海运仓 1 号瀚海海运仓大厦 1018 室
中关村雍和航星留学人员创业园	2011 年	中关村科技园区管委会、北京市东城区人民政府与北京航星机器制造有限公司共建	北京市东城区安定门东滨河路乙 1 号
中关村博雅海外人才创业园	2011 年	中关村科技园区管委会与北京市海淀区人民政府共建	北京市海淀区紫竹院路 116 号 C 座
中关村昌平园海外人才创业园	2011 年	中关村科技园区昌平园管委会	北京市昌平区超前路 9 号
中关村 798 创意产业留学人员创业园	2011 年	中关村科技园区管委会与北京 798 艺术区管委会共建	北京市朝阳区酒仙桥路 2 号 A04 楼
中关村京仪海归人才创业园	2012 年	中关村科技园区管委会与北京京仪集团有限责任公司共建	北京市海淀区大钟寺东路 9 号 B 座 1 层 119
中关村香港京泰海外人才创业园	2015 年	中关村科技园区管委会与京泰实业（集团）有限公司共建	北京市朝阳区化工路 59 号焦奥中心 2 号楼 11 层

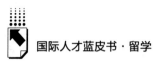

续表

名称	创建年份	创建单位	地址
中关村北服海外人才创业园	2012 年，2015年 6 月挂牌中关村海外人才创业园	北京市人民政府与北京服装学院共建	北京市朝阳区樱花东街甲 2号北京服装学院中关村时尚产业创新园 304 室
中关村普天海外人才创业园	2002 年，2016年 5 月挂牌中关村海外人才创业园	中国普天信息产业集团有限公司	北京市西城区新街口外大街28 号院 C 座 1 层
中关村海聚博源海外人才创业园	2015 年，2017年 10 月挂牌中关村海外人才创业园	北京市房山区人民政府	北京市房山区阎富路 69 号院北京金融安全示范产业园
中关村智慧柠檬孵化器海外人才创业园	2017 年	北京智汇邦信息技术有限公司	北京市西城区西直门外大街18 号金贸大厦 C2 座 602
中关村亦庄生物医药海外人才创业园	2011 年，2017年 11 月挂牌中关村海外人才创业园	北京经济技术投资开发总公司	北京市大兴区经济技术开发区科创六街 88 号
中关村禾苽海外人才创业园	2015 年，2017年 12 月挂牌中关村海外人才创业园	北京禾苽科技孵化器有限公司	北京市昌平区超前路 11 号西门众创空间
中关村腾讯众创空间（北京）海外人才创业园	2015 年，2017年 12 月挂牌中关村海外人才创业园	北京市昌平区人民政府与腾讯开放平台、英诺创新空间共建	北京市昌平区回龙观东大街338 号
北京通州留学人员创业园	2018 年	北京通州科技创新投资发展有限公司	北京市通州区经海五路一号院 58 号楼
中关村北大医疗产业园海外人才创业园	2010 年，2019年 12 月挂牌中关村海外人才创业园	北大医疗产业集团	北京市昌平区中关村生命科学园生命园路 8 号

续表

名称	创建年份	创建单位	地址
中关村全球创新社区海外人才创业园	2014 年，2019 年 12 月挂牌中关村海外人才创业园	北京海淀置业集团有限公司	北京市海淀区西大街 48 号
中关村京西创客工厂海外人才创业园	2016 年，2019 年 12 月挂牌中关村海外人才创业园	北京石龙经济开发区投资开发有限公司	北京市门头沟区莲石湖西路 98 号院石龙阳光大厦

资料来源：教育部留学服务中心、科学技术部火炬高技术产业开发中心编《中国留学人员创业年鉴 2022》，中国致公出版社，2022，第 335~348 页。

B.8
江苏省留学归国人员发展状况分析

李冠群　纪雪岭　马晓杰*

摘　要：　在新时代，新兴事物和产业不断涌现，具备全球视野、多元文化背景、先进理念、国际人脉以及高新技术等优势的留学归国人员，已经成为中国特色社会主义建设的重要力量。江苏省作为留学归国人才引进的大省，是国际化人才聚集的焦点区域，是促进留学归国人员发展的"宝地"。在江苏，出现了一批又一批的一流"海归"创新创业人才和项目，他们为"强富美高"新江苏的发展集思广益、出谋划策，奋力推进中国式现代化江苏新实践。同时，江苏省留学归国人员具有较强的高知性和较高的政治站位，对助力开展民间外交有着积极的见解和行动力，因此，他们以民间的、专业的、客观的"中国声音"，讲好中国故事，传播好中国声音，为构建人类命运共同体而努力。

关键词：　江苏省留学归国人才　创新创业　中外交流

一　江苏省留学归国人员概况、特征及其组织建设

（一）江苏省留学归国人员概况

2022年7月，习近平总书记在中央统战工作会议上将关于做好新时代党的

---

* 李冠群，博士，南京师范大学公共管理学院教授，主要研究方向为国际关系、大国外交、国际人才；纪雪岭，南京师范大学公共管理学院研究生，主要研究方向为国际政治、中国外交；马晓杰，江苏省欧美同学会（江苏省留学人员联谊会）副秘书长，副研究员，主要研究方向为留学人员工作。

统一战线工作的重要思想概括为"十二个必须",其中一项是"必须发挥港澳台和海外统战工作争取人心的作用"。① 1978年以来,我国累计有600多万人出国留学,500多万人在完成学业后回国发展,长三角地区作为我国国际化人才集聚度最高的区域之一,吸引集聚了全国1/3的留学归国人员。② 截至2023年7月,江苏累计引进留学归国人才超过21.5万人,其中具有博士学位的人才占比约为20%,创业类人才占比约为27%。③ 根据江苏省人力资源和社会保障厅公布的官方数据,2023年,江苏省共引进海外留学归国人员18402人(见图1),办理省海外人才居住证213件。④ 可以看到,目前越来越多海外留学生有学成归国的意愿,且有越来越多的留学人员已经迈开了回国的步伐。

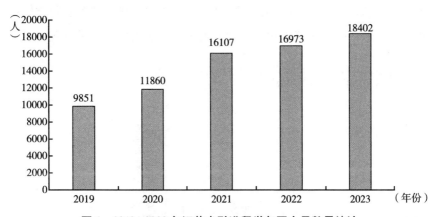

图1　2019~2023年江苏省引进留学归国人员数量统计

资料来源:2019~2023年历年《江苏省人力资源和社会保障事业发展统计公报》。

---

① 《习近平在中央统战工作会议上强调 促进海内外中华儿女团结奋斗 为中华民族伟大复兴汇聚伟力》,《人民日报》2022年7月31日,第1版。

② 王辉耀、苗绿主编《中国留学发展报告(2022) No.8》,社会科学文献出版社,2022,第32页。

③ 王赟:《助力留学人才"留学有成 回国创成",长三角留学回国人员创新创业发展大会在苏举行》,《扬子晚报》2023年7月10日。

④ 江苏省人力资源和社会保障厅:《2023年度江苏省人力资源和社会保障事业发展统计公报》,2024年6月20日,https://jshrss.jiangsu.gov.cn/art/2024/6/20/art_79039_11275309.html,最后检索时间:2024年10月6日。

　　近年来在全国范围内的"抢人大战"中，海外人才成为很多城市招才引智政策覆盖的重要人群之一。2022年8月，猎聘大数据研究院发布《江苏及南京海外人才就业现状洞察报告》，该报告分析了2020~2022年江苏及南京海外人才相关就业数据。①

　　1. 江苏省留学归国人才中高学历人才占比不断增加

　　我国企业的飞速发展以及充满活力的经济环境为留学生提供了良好的发展机遇和广阔的施展才华的舞台，吸引大批优质海外留学生回国。数据显示，从江苏省留学归国人才学历分布来看，硕士研究生学历人才占比呈逐年递增态势，2019年6月至2020年5月占比为63.5%，2020年6月至2021年5月为64.02%，2021年6月至2022年5月为65.4%。江苏省留学归国人才硕士研究生和博士研究生学历占比已近七成，成为中坚力量（见图2）。

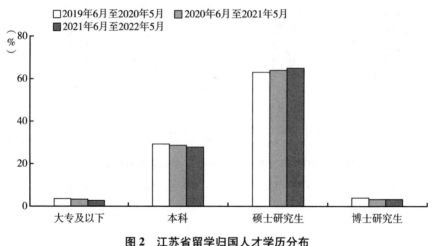

图2　江苏省留学归国人才学历分布

　　2. 江苏省留学归国人才平均年薪高于省内中高端人才年薪

　　从江苏省留学归国人才与省内本土中高端人才平均年薪来看，留学归国

①　本部分数据均源于猎聘大数据研究院《江苏及南京海外人才就业现状洞察报告》，2022年8月8日，https://mp.weixin.qq.com/s/GVwfRreEKAN0WUMyIzBZ3Q，最后检索时间：2024年10月6日。

人才在薪酬方面优势明显。江苏省留学归国人才平均年薪连续增长，从2019年6月至2020年5月的18.9万元增长到2021年6月至2022年5月的21.38万元，2020年6月至2022年5月明显高于省内本土中高端人才的平均年薪，且差距有增加趋势（见图3）。

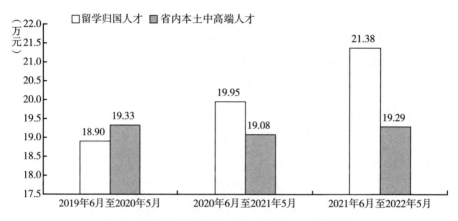

图3 江苏省留学归国人才和中高端人才平均年薪

3.江苏省留学归国硕博人才需求逐年增长

伴随产业升级进程，企业对高学历人才的需求不断增长。江苏省留学归国硕博人才需求呈连续增长态势，从2019年6月至2020年5月的7.38%增长至2021年6月至2022年5月的8.3%（见图4）。

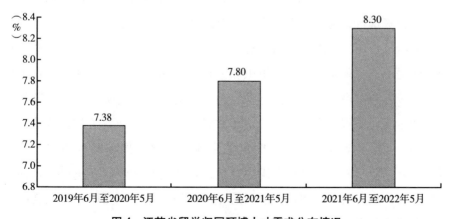

图4 江苏省留学归国硕博人才需求分布情况

（二）江苏省留学归国人员群体特征分析

1. 江苏省留学归国人员学历水平高，专业素养好，综合素质突出

在江苏省良好的教育氛围和经济环境下，留学归国人员普遍拥有较高的学历，并且在国外知名学校或专业有着较好的进修经历，甚至多数都有在海外工作的经验，在各自的专业领域取得了较为突出的成绩。部分国外重点高校的人才选拔和毕业标准非常严格，部分留学归国人员在专业素养、学术水平和综合能力方面，往往是人才队伍中的佼佼者。在海外留学期间，他们对国外的政治、经济、文化和社会等方面有了更深入的了解和认识，在学校中掌握了先进的科学知识和技术，还接触到了国外的思维方式和管理经验。因此，留学归国人员在看待问题和分析问题时，可能会有不同的视角和判断。凭借较强的创新创业能力、实践操作能力、逻辑思维能力及扎实的专业综合素质，他们往往能在激烈的竞争中脱颖而出，以更加新颖的角度取得更强的竞争优势，这对建设"强富美高"新江苏具有难以替代的积极意义。

2. 江苏省留学归国人员有着较高的爱国热情和民族情怀

新时代江苏省留学归国人员多数比较年轻，他们能够深切地感受到中国的变化。在以习近平同志为核心的党中央的领导下，我国开启了"一带一路"倡议，并与其他国家合作先后建立了金砖国家新开发银行和亚洲基础设施投资银行，为完善全球现有的金融架构、促进全球经济发展发挥着重要的示范作用。另外在抗击新冠疫情的过程中，在国内疫情得到基本控制的前提下，中国向世界卫生组织和上百个国家提供援助，江苏省各地市不仅积极参与国内的抗疫志愿行动，还多次为海外侨胞提供物资。留学人员长期生活在异国他乡，祖国的快速发展与大国崛起激发了其强烈的民族自豪感。通过各种渠道，他们时刻关注并关心着祖国和家乡的进步与发展。此外，留学归国人员怀着满腔热情，抓住时代赋予的新机遇，发挥各自的专长，最大限度地利用所学到的先进知识和经验，为国家和社会的进一步发展贡献自己的力量。

3. 江苏省留学归国人员有着较广泛的海内外的人脉和资源，以及较强的社交能力

留学归国人员是江苏省人才群体中的一个独特组成部分。他们不仅拥有丰富的国内学习和生活经历，还在国外的学习、生活乃至工作中积累了宝贵的经验。他们对留学国家和地区的政治、经济、文化等各方面有着深入的了解，具有较好的语言能力和语境理解力。因此，这些留学归国人员通常拥有广泛而多元的国内外人脉和资源，具备独特的优势。同时，国外的经历让他们有着更加出色的社交能力和合作能力，对内对外都能够保持较强的沟通交流意愿。

（三）留学归国人员之家——江苏省欧美同学会

作为留学归国人员的家园，江苏省欧美同学会的建设与发展跟省内留学归国人员是共同进步的。2013 年 10 月，习近平总书记在欧美同学会成立100 周年庆祝大会上指出，要将欧美同学会努力建设成为"留学报国的人才库、建言献策的智囊团、开展民间外交的生力军"。党的力量需要依靠组织发挥出来，留学归国人才的力量同样也需要依靠组织发挥出来，这也是当下欧美同学会实现"库、团、军"作用的关键所在。随着新时期江苏省留学归国人员数量的与日俱增，他们也逐渐成为国家和江苏发展建设中的骨干力量，同时这也对欧美同学会的工作提出了新要求和新任务。因此，江苏省欧美同学会要积极通过提升组织活力不断加强自身作为"库、团、军"的职能和作用，进而不断广泛团结海内外留学人员，为实现中华民族伟大复兴凝聚力量。

2018 年，《中共江苏省委办公厅印发〈关于加强欧美同学会（留学人员联谊会）建设的实施意见〉的通知》为基层开展欧美同学会工作提供有力保障。2019 年，江苏召开全省留学人员统战工作座谈会，明确把欧美同学会组织建设作为全省留学人员统战工作的首要任务，提出组织"全覆盖"的工作要求，将欧美同学会组织建设工作纳入了省委对各设区市党建工作考核。仅一年时间，全省 13 个设区市欧美同学会相继成立。近年来，接续推

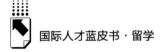

动留学人员较为集中的县（市、区）成立欧美同学会，推动企事业单位、高新技术产业园区成立留学人员联谊性组织，部分留学人员密集的乡镇也非常积极地成立了欧美同学会各级组织，构建了横向辐射各群体、纵向延伸各层级的欧美同学会组织矩阵。

截至 2023 年 11 月底，江苏省共成立各级欧美同学会 178 家，其中，全省 13 个设区市实现市级组织"全覆盖"；留学人员较集中的县（市、区）成立组织 88 个；部、省属重点高校和科研院所成立欧美同学会分会 44 个；无锡东港镇成立全国第一个乡镇欧美同学会，常州武进区实现乡镇级欧美同学会全覆盖。18 名在苏两院院士、超 2 万名留学人员先后加入欧美同学会，实现会员数量质量双提高。欧美同学会总会对江苏省工作高度认可，2020年，欧美同学会地方组织建设现场会在江苏召开；2021 年，总会又在江苏省召开江苏、浙江两省欧美同学会建设与发展座谈会。

随着江苏省欧美同学会的发展，其工作机制也日趋完善，建立完善了会长会议制、秘书长联席会议制、轮值会长制等工作机制。加强培训力度，举办会领导和秘书长培训班，积极建设与新时代留学人员规模和留学人员统战工作需要相适应的工作队伍，加强与留学人员工作紧密关联部门的联动协调，进一步完善全省组织协作片区联系机制，建立了经常性的会员联系机制。2022 年在全省范围内特聘 15 名兼职副秘书长，鼓励各地因地制宜完善组织制度，开展特色活动，充分激发组织内在活力，努力实现从"建起来"到"转起来"的改变和提升。

二　江苏省留学归国人员与经济社会建设

（一）助推经济发展

2020 年 7 月，江苏省留学归国人员实践创新基地"同心家园"在南京正式启用，紧扣"同心"主题成为集思想政治引领、联谊交流、宣传展示、创新创业等功能于一体的综合平台，同时辐射带动全省一批分会建成有特色、有亮点的活动阵地。截至 2023 年底，全省共建成 36 家"同心家园"留学归国人员实践创新基地 [市级 5 家、县（市、区）级 31 家]，其中 5 家基地入选江苏百家统战基地行列，形成覆盖广泛、类型多样、层次分明、亮点纷呈的基地建设总体布局。

欧美同学会海归小镇（无锡·物联网）2019 年入选全国欧美同学会首批十大留学归国小镇，2022 年 9 月正式揭牌，2023 年 9 月一期正式启用，成为各类留学归国人才的聚集高地、产城融合的实践高地。

江苏省欧美同学会联合上海、浙江、安徽等省市的欧美同学会组建长三角地区欧美同学会联盟，积极发挥三省一市欧美同学会的组织优势，共建共享协同创新创业的生态体系，为长三角产业集聚、留学归国人才对接合作、一体化融合发展注入全新动能。

江苏省还引导留学人员积极发挥"以才引才"优势，持续助力人才工作，举办"海外名校优生江苏行"活动 8 期，吸引 621 名海内外留学博士报名，定向邀请 206 名海归博士在省内多个城市实地考察，数十名优秀海归博士现场签订合作意向，落地成果 9 项，成功申报国家级人才项目 8 个。

随着江苏省留学归国人才政策的不断完善和创业环境的优化升级，鲜活的留学归国"人才血液"已经逐渐流动到江苏省的各个角落。

1. 传承与创新

南京欧美同学会的一位理事在英国知名大学管理专业获得硕士学位，随后在几家外企公司历练，2011 年回到家族企业。在这一过程中，她更深刻地领会到公司的价值理念——通过企业发展，创造更多的经济效益，承担更多的社会责任，找到自己的价值。她不仅通过管理企业学习老一辈的经验，也以自己的年轻、激情、活力，为企业带来新的气象。作为进入公司的新鲜血液，她率先提出在业务上拓展企业数字化转型项目，搭建企业供应链管理体系等战略建议，为公司整体在数字化、智能化、一体化转型中奠定了扎实的基础。她还积极发挥自己的留学优势，带领公司积极拓展海内外市场，为公司洽谈了众多知名国内外客户，为公司弥补了海外市场空白。她还牵头与美国公司签订全球合作伙伴协议，共同开发产品，帮助公司正式进军欧美市场。

2. 开拓新篇章

江苏省宿迁市宿城区有一位从英国留学归国的创业学长，他是村里首位出国留学的硕士研究生。2016 年，他决定辞职回乡创业，秉持着"乡村振兴需要年轻人"和"反哺家乡"的信念，致力于将所学知识回馈家乡。几年后，他的公司已在主流电商平台开设了 20 多家旗舰店，并通过将科技元素融入产品，实现了产品的"智慧化"。公司年销售额突破 5000 万元，推动了乡村强村、产业兴旺和民众富裕的目标。

盐城市也有留学归来创业的鲜活案例，他们是从法国留学归来的一对夫妻，2018 年辞去工作开始创业。两年后，他们在盐城高新区创办了公司。凭借对留学人才的深入了解及相关资源，公司已引进了近 40 名本科以上学历的人才，其中包括 11 名博士、6 名硕士，有 5 名外籍人士，大部分员工拥有海外留学经历。①

（二）参与社会建设

1. 建言献策智囊团

留学归国人员是各个领域的领军人物，他们具有更强的价值实现意愿和社会责任感。为这些留学归国人员提供有效的表达渠道，让他们分享先进的观点和经验，发挥才智和才能，能够进一步实现个人价值，提高成就感。

在江苏省欧美同学会的引领下，江苏省留学归国人员积极发挥"建言献策智囊团"作用。江苏省欧美同学会把大兴调查研究、推动高质量发展作为当好"智囊团"的突破口和主抓手，充分发挥留学人员智力优势，围绕党和国家中心任务和重点热点问题积极建言献策。组建科技创新、经济金融、生命健康 3 个建言献策小组，充分发挥专业化、方向性、研究型智库作用；2021 年，江苏省欧美同学会制定并印发建言献策工作激励办法，探索建立会员建言献策工作量化评分机制，当年全省各级组织建言献策成果数量

---

① 《我省海归人才积极投身创新创业浪潮——在科技报国服务人民中成就出彩人生》，《新华日报》2022 年 5 月 23 日，第 1 版。

实现突破，其中，国家级5篇，省部级25篇，地市级39篇，形成合力构建"建言献策智囊团"的良好局面；调研形成《江苏留学归国人员国情认知调研报告》《江苏高质量集聚归国留学人才的对策建议》《新时代江苏留学人员统战工作研究》《新时代健全江苏归国留学人员组织体系、激发群体创新创造活力研究》等报告，获省级领导批示；《关于鼓励市场力量参与城镇老旧小区改造的提案》获评"全国政协2020年度好提案"。

2. 扶贫志愿服务团

江苏省欧美同学会动员各级组织及留学人员聚焦深度贫困地区开展精准扶贫工作，参加总会各个助力脱贫攻坚座谈暨项目对接会，组织40余名会员专家十余次分赴甘肃渭源县北寨镇、宁夏西吉县硝河乡、贵州望谟县打易镇开展脱贫攻坚调研和帮扶活动，持续多年开展"启明星"跨区帮扶计划；成立省欧美同学会泗洪工作站、欧美同学会两山理论研究院，助力生态发展理论与生态富民战略实践融合；在金坛指前镇丰产村设立"乡村振兴调研点"，探索建立"连点成线、连线成面、叠面成体"的助力乡村振兴模式；青委会成立"心动力"志愿者服务队，开展助"星"向上活动，助力孤独症儿童关怀事业。

新冠疫情期间，坚决贯彻党中央关于疫情防控工作的决策部署，向留学人员和留学人员工作者发出倡议书，全省各级欧美同学会组织、学长企业以及留学人员1200多人次参与到志愿服务、捐款捐物等工作中，其中有数值统计的捐款捐物价值累计5700多万元，4名会员荣获"全国疫情防控工作先进个人"称号，为打赢疫情防控战贡献了力量。

3. 社会公益慈善团

在社会公益方面，江苏省留学归国人员也积极贡献出了自己的一份力量。扬州市欧美同学会的一位优秀学长是有责任担当的新一代青年企业家，他积极履行社会责任。其公司所在地政府乡村建路修桥、校舍修缮、医院设施添置，都有他的鼎力支持；春节期间的贫困村帮扶、困难群众救助、孤老病弱救济，也少不了他的无私赞助。2021年8月，扬州遭受疫情冲击，他的公司再次率先捐助20万元。2020年，在第二届"江都慈善奖"评比中，该公司被评为"最佳慈善示范单位";2022年,这位优秀的留学归国学长被江都区委组织部、统战部评选表彰为"最美留学归国人"。① 江苏省通过对作出突出贡献的留学归国人员予以表彰和宣传,肯定了这一群体的重要付出和奉献,宣扬了他们的爱国报国精神,使他们得到正向积极的反馈,增强了他们的荣誉感。

2024年的"六一"国际儿童节,南京欧美同学会生物医药委员会准备了爱心大礼包,给正在市儿童医院接受治疗的孩子送上节日祝福。"心连心"是东西部对口协作项目,给先天性出生缺陷的儿童公益援助。2024年首批16名先心病患儿接受"心连心"项目援助,他们来自青海省西宁市、海南藏族自治州和陕西商洛。在他们顺利接受治疗康复之际,生物医药委员会筹措好善款并给孩子们准备了精美的爱心大礼包。慰问期间,还邀请秦淮非遗馆木偶剧非遗传承人焦玉华老师为孩子们实景表演木偶剧,在互动交流中让孩子们感受金陵文化之美。②

三　江苏省留学归国人员与高新科技发展

习近平总书记在中国共产党第二十次全国代表大会上指出,"教育、科技、人才是全面建设社会主义现代化国家的基础性、战略性支撑。必须坚持科技是第一生产力、人才是第一资源、创新是第一动力,深入实施科教兴国战略、人才强国战略、创新驱动发展战略,开辟发展新领域新赛道,不断塑造发展新动能新优势"。江苏省留学归国人员积极发挥自己的人才优势,助力国家科技自立自强。

---

① 《徐惠民:创新打造高质量企业》,2024年3月7日,https://mp.weixin.qq.com/s?__biz=MzU5ODAwMzY5Mw==&mid=2247533941&idx=4&sn=3b0c5393549fc6b38ad65403251f7de0&chksm=fe48dff7c93f56e17025e7861ddffd1b88704ec61b243f9bdb590c4e30a0c369ccdf73c94787&scene=27,最后检索时间:2024年10月6日。

② 《海归公益行 | "心连心"一家亲》,2024年5月30日,http://www.njwrsa.org.cn/detail/1054.html,最后检索时间:2024年10月6日。

（一）互联网技术开发

雪浪数制科技有限公司（简称"雪浪云"），2018 年成立于无锡雪浪小镇，是国家级的"双跨"工业互联网平台，共有 300 多名企业员工，其中，硕士研究生和博士研究生的比例超过了 30%，国资委下属的国调基金是公司第一大机构股东。

雪浪云由阿里云工业大脑创始人联合中国工程院院士、国际智能制造联盟主席、浙江大学工学部相关团队创建，拥有来自阿里、SAP、NI 及上海交大、浙大多位博士构成的多学科交叉的研发与技术团队，创新研发"工业数据+工业机理"驱动的智能制造数字底座系统"雪浪 OS"。目前，雪浪云已打造了雪浪工业大模型、工厂仿真与实时优化软件、多学科设计优化软件、智能试验数据管理软件、流程模拟与实时优化软件五大智能应用，获批发明专利和软著百余项，成功服务了全球数百家制造业企业。在科技创新方面，雪浪云在国家智能制造专家委员会的指导下，与相关院士分别领衔的浙江大学高端装备研究院、国家流程制造智能调控技术创新中心和华中科技大学国家智能设计与数控技术创新中心深度合作，并共同发起成立无锡雪浪工业软件研究院，传播更多的工业知识，推广与普及新工业软件应用。

（二）材料研发应用

1. 放弃高薪回国做科研[①]

来自南京大学的中国科学院院士邹教授，是我国著名的材料学专家，他于 1996 年在日本东京大学获博士学位。2002 年，南京大学对外招聘特聘教授，邹教授抱着试试看的心态给南京大学发送了一封电子邮件。没想到，仅仅两天后，南京大学就向他伸出了橄榄枝。在此过程中，邹教授提出希望回国建立环境材料与再生能源研究中心的想法，这一提议立刻得到了南京大学的热烈支持。

---

① https：//www.ourjiangsu.com/a/20180101/1512474074852.shtml。

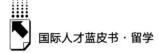

2003 年 5 月，研究中心成立，并得到了 550 万元的启动资金。邹教授表示，南大是一个可以静心做研究的地方，他希望可以踏踏实实做事情。辞去日本工作回国后的邹教授，全身心地投入中心学科建设，他带头组建了"高效光催化材料及在能源与环境应用"973 项目团队，这个团队前后一共走出了三位中国科学院院士和中国工程院院士，其中就包括邹教授。功夫不负有心人，终于在 2014 年的国家科技奖励大会上，邹教授和他的团队凭借将太阳能转化为氢能的技术，一举夺得了自然科学二等奖。当时，国内有关太阳能转化的研究工作长期处于停滞状态，而 973 项目团队的研究，成为我国在该领域的标志性成果之一，同时，在国际光催化领域也产生了重要影响。

2. 青年一代勇承接力棒

与此同时，留学归国的年轻人才带着创新项目回国，推动了国内技术进步。一位来自连云港的优秀学长在 2013 年从美国知名大学机械工程专业研究生毕业后，毫不犹豫地选择回国，致力于新材料领域的创新和发展。他表示，"茅以升是我的前辈校友，他留学报国的精神深深感染了我"。这位学长专注于氮化硅这一硬度仅次于钻石的无机非金属材料研究，这一材料广泛应用于芯片制造、5G、半导体和航空航天等行业。创业后，他的公司与中国科学院、清华大学展开了产学研合作。如今，公司的产品质量已跻身国内领先行列，并不断缩小与国际一流水平的差距。

越来越多的青年留学归国后凭借自己的知识和能力，选择在国内开创事业，为我国科技创新贡献力量。2018 年，一位"80 后"的博士回到家乡如皋，创办了半导体公司。尽管面临设备无法运到国内的困难，其团队依然不懈努力，成功建立了国内最先进的金刚石基片制造生产线。这条生产线是国内首条大尺寸（英寸级）金刚石基片研发线，主要应用于光学和半导体领域的高功率芯片制造。

（三）生物医药科技

1. 逐梦中国的世界级药企

一位毕业于美国纽约市立大学的优秀学长，曾在世界最大医药类公司担任高层管理人员，现为江苏某药业公司创始人、董事长。在抗癌药、抗心血管药、抗抑郁药、抗呼吸道疾病药、止痛药和抗妇女疾病药研究开发领域均颇有建树，先后获得江苏省双创人才、中国侨界贡献奖创新人才、省制造突出贡献奖优秀企业先进个人等荣誉称号。

2009 年 11 月，江苏省人社厅组织"百名海外博士江苏行"活动，邀请这位优秀学长来到江苏考察参观。这次江苏之行，功能齐全、务实专业的中国医药城留创园给他留下了深刻的印象，让这位医药专家进一步确定了回中国创业的念头，之后他又再次回国调研生物医药产业的创业环境，下定决心在这里打造自己梦想中的世界级创新型药企。由于中国医药城留创园良好的创业环境和当地政府的热心扶持，学长仅用一个星期的时间就完成了公司注册。

他的团队以创建世界一流药企为目标，从自己最擅长和最有市场前景的新产品着手，开始了他们的追梦历程。他介绍说："我们主要抓了呼吸道与神经类两大领域的新药研发。目前国内空气质量欠佳，全国每年有 8000 多万名呼吸道疾病病人，这一数字还在不断上升。市场需求空间巨大。神经类领域包括忧郁症、失眠症、阿尔茨海默病等，每个领域都需要能为患者解除痛苦的新药。"防毒、治毒也是他一直关心的领域，因为这关系着许多家庭的幸福和社会的安定。他还把对毒品滥用的防治作为社会责任来担当，研发了可以阻止将药物转化为毒品的专利技术和帮助吸毒者有效戒毒的新产品。这些新产品必将给患者带来福音，给破碎的家庭带来希望。[①]

2. 赤子之心挑战"超级细菌"

这位优秀的留学归国人才是加拿大阿尔伯塔大学医学院生物化学博士，美国科罗拉多大学生物化学与分子遗传学系博士后，江苏省"双创博士"，省"333 工程"培养对象，曾任吉林大学分子酶学工程教育部重点实验室教授、博士生导师、学术带头人，国侨办第一届科技创新委员会委员，中国生

---

① 《我以我心报我国 | 留创群英会：蒋志君——逐梦中国的世界级药企》，2023 年 6 月 19 日，https：//mp. weixin. qq. com/s/CryikPhdzAftZOvt-Un_ og，最后检索时间：2024 年 10 月 6 日。

化制药工业协会多肽分会专家委员会委员、多肽分会理事。这位学长在留学期间，跟随著名的多肽专家加拿大皇家科学院院士罗伯特·霍金斯从事多肽药物研究，多年苦心钻研后获得多肽抗菌技术专利。2009年，他来到无锡江阴创建了医药公司，主攻抗菌肽创新药的研发。多肽抗菌领域在整个全球范围内的成果几乎空白，没有参照可考，整个研发历程就是"摸着石头过河"，不断从黑暗走向光明，从失望中寻找希望。

2016年，该公司生产的PL—5抗菌肽创新药一次性拿到了国内一、二、三期临床批件。近十年时间，他的坚守初见胜利曙光。PL—5喷雾剂是我国第一个进入临床研究的抗菌肽创新药品种，具有里程碑意义。在赴美进行临床试验时，由于前期扎实的基础研究，PL—5喷雾剂在美国的一期临床得到了豁免，直接进入二期临床试验，相当于给企业节约了一年多的时间，而美国食品药品监督管理局是世界公认的最严格的评审机构，这也意味着他的团队在抗菌肽药物领域已经走在了世界前列。[①]

四　江苏省留学归国人员与中外交流互鉴

全球化的迅速推进，使得民间外交在国家和地方推动经济发展、发展对外联系、维护意识形态和参与全球治理等方面日益重要。人民之间绵延悠长友好交往的故事，是相互了解的基础，广大留学青年更是这种人民友好交往的使者。加强和改进国际传播工作，需要充分发挥各类人才特别是留学归国青年学者众多的优势，继承和弘扬中华优秀传统文化，讲好中国故事，向世界展示一个真实、立体、全面的中国。

一方面，江苏省留学归国人员具有较强的高知性和较高的政治站位，对助力开展民间外交有着积极的见解和行动力；另一方面，江苏省大多数留学

---

① 《海归博士陈育新：赤子之心挑战"超级细菌"》，2022年11月18日，https：//mp. weixin. qq. com/s？＿＿biz＝MzU3MDAxODAxMQ＝＝&mid＝2247599927&idx＝3&sn＝1bb7c5f3b1dcd0 31d3188800a81ce3ee&chksm＝fcf6d683cb815f958e9baacaa3d466659e5c1da9520504d9b1b03fc2 afc15410fe4dcd1d3e9d&scene＝27，最后检索时间：2024年10月6日。

归国人员是在接受国内义务教育的基础上出国继续深造的，因此他们对中华优秀传统文化的认识和理解也较为深刻和广泛。即使后期出国留学，他们对祖国的情感也将只增不减，他们有着强烈的家国情怀和民族情结。在民间外交活动中，江苏省留学归国人员这一群体具有分布广、人数多、具有良好的精神保障、了解海外国家等优势。

习近平总书记在欧美同学会成立 100 周年庆祝大会上指出，"留学人员充分发挥自身优势，加强内引外联、牵线搭桥，当好促进中外友好交流的民间大使"。[①] 2021 年，习近平总书记就加强国际传播能力建设作出重要指示，指出"要深入开展各种形式的人文交流活动，通过多种途径推动我国同各国的人文交流和民心相通"。[②] 江苏省欧美同学会鼓励和引导留学人员当好中外友好交流的使者，讲述好中国故事的江苏篇章，传播好中国声音的江苏旋律，秉持服务国家外交大局、开展民间外交工作的重要使命，发挥留学归国人员"民间外交生力军"作用，积极开展对外交流合作，为促进民心相通作出贡献。为开展对外友好交往促进民心相通，江苏省欧美同学会每年举办"同迎新春 共话情谊"文化交流活动，与外国友人写福送福，共叙情谊同贺新春；拓宽对外交流渠道，联系 46 家国际知名大学学联和留学生组织，召开海外留学人员团体负责人座谈会，及时了解掌握海外留学人员团体和高层次留学人员的发展情况，推动对外人文与学术交流，进一步密切同海外留学人员的联系，在团结凝聚海外留学人员回国服务、拓展对外交流合作方面发挥了积极作用。

作为新世纪的中流砥柱，江苏省青年一代的留学归国人才在中外交流互鉴中大放异彩。例如，留法归国的南京中国科举博物馆副馆长、秦淮非遗馆馆长留学归国以来长期深耕在文博艺术前线。这位优秀的学长于 2008 年入选国家留学基金委公派项目赴法国高等实践研究院（EPHE）攻读历史学博士，EPHE 一直倡导并致力于多学科交叉研究，是法国人文社会科学交叉学

---

① 习近平：《在欧美同学会成立 100 周年庆祝大会上的讲话》，《人民日报》2013 年 10 月 22 日，第 2 版。

② 《习近平在中共中央政治局第三十次集体学习时强调 加强和改进国际传播工作 展示真实立体全面的中国》，《人民日报》2021 年 6 月 2 日，第 1 版。

科研的典范和领军者，在历史学方面拥有非常深厚的积淀和研究传统。2014年这位学长受到家乡历史文化的感召，毅然回国，开始了热火朝天的文化建设和文博事业。

从塞纳河到秦淮河，不变的是他要传承发扬历史文化的决心。在投入南京中国科举博物馆建设运营的8年间，他致力于征集来自全国各地的科举文物精品，从个人理想、地域文化，到国家制度等多个角度，从文物展品、文创产品到学术研究等多个层面，向海内外介绍科举制度，展示科举文化。他阅览过百部典籍论著，走遍了江南贡院的每个角落。尽管有着深厚的历史学功底，但面对1300年历史的科举文化，他还是怀着敬畏之心。

为了办好高质量的博物馆，他开始尝试"在传统文化的语境下重新定义博物馆"。在他看来，博物馆不仅仅是封存历史的"神庙"，还应该是面向公众的论坛，更可以是与公众互动的"游乐场"。尽管观众在参观博物馆时需要安静的空间，也需要对承载历史的文物报以温情与敬意，但这并不意味着博物馆要时刻保持紧张、严肃的氛围。于是，他作为策展人策划了"士子的行旅——中国古代科举与旅行特展"，为了"让文物动起来，让展览活起来"，展览把古代士子的脚踪、科举考试的空间地理分布、科举文物、相关影视作品等多媒体资料以及互动装置连接起来，以脍炙人口的宁采臣与聂小倩的故事作为引子，吸引了大量博物馆观众，特别是年轻人，口碑卓著。

当前世界各国相互依存日益紧密，形成了"你中有我、我中有你"的人类命运共同体。建设人类命运共同体，实现合作共赢，共同发展，符合各国及各国人民的长远利益，更需要各国有识之士求同存异、增进共识、携手共进。国之交在于民相亲。民心相通是各国友好交往的重要前提，也是各国人民增进友谊的重要基石。实现合作共赢和共同发展，不仅符合各国的长远利益，也契合人民福祉的追求。而国与国之间的友好关系，根本在于民众的深厚情感和相互理解。民心相通不仅是国家间友好交往的基础，也是各国人民加强友谊的核心要素。而留学人员对其留学的国家和地区的政治、经济、文化环境有着更深入的了解，也更能敏锐地抓住该国与中国关系的关键之处和民间外交的落脚点，采取适宜的方式和方法开展民间外交活动。

东西方文明交流互鉴过程中，不只有西方影响东方，以中国文化为代表的东方文化也同样影响着西方，中国科举制度是古代中国对世界制度文明的重大贡献。作为留法归国学子，这位学长认为，中法两国都对自己的历史文化非常自豪，也使得文化交流在两国关系发展中占有特殊地位。他认为，可以放大中法博物馆集聚效应，在推进中法博物馆合作的基础上，积极探索成立两国博物馆、美术馆交流互鉴的机制和路径；开展产学研合作，推进中法文博界在学术研究、文物保护、展览、文创等领域的合作；深入发掘中法两国的美食、医疗与非遗资源，寓匠心巧思于美食、中医与非遗交流之中，以具体的非遗项目国际合作和非遗产业化推动增进两国人民的友谊；借鉴法国在打造水韵文化、旅游文化上的成熟经验和做法，赋能大运河文化建设，合作打造高水平的水韵文化项目标杆。

随着中法文化交流不断发展，诸多两国互译作品呈现在东西方读者眼前。该学长翻译了法国颇负盛名汉学家伯希和（P. Pelliot）的代表作《圣武亲征录》，出版后便受到学界称赞，先后获得世纪好书及 2022 年度上海古籍出版社典籍文献类年度好书等殊荣。对于继续推进中法双方了解和互信、促进东西方文明互鉴，他认为可以以非物质文化遗产为抓手，在此基础上展开文化作品创作与利用的交流。同时依托高校和研究机构，开展文明互鉴合作，特别是推动中法青年互访，深度体验两国文化。也可以加大对演出项目、出版项目的支持，系统地向法国介绍中国学术、文艺、人文领域的新成果和新创作，同时引进法国的优秀文化作品和具有影响力的最新学术成果进行译介。

这位学长用自身的发展历程，生动地倡导广大留学归国人员要自觉传承和发扬留学报国的光荣传统。他强调，将个人梦想与中国梦紧密相连，并在实现中国梦的伟大实践中，不断追求自己的报国理想与人生价值。一方面应利用自己所学，解决经济发展和科技创新领域的问题；另一方面应加深对于国情的了解，坚定"四个自信"，这样才能更积极地开展民间外交，在文化、经济等多领域起到桥梁纽带作用。①

---

① 王威、尹磊：《用博物馆促进中外学术交流与对话》，《留学生》2023 年第 22 期。

五 结语

新时代以来，我国海外留学人员及归国留学人员的规模日益扩大，留学人员群体作为人才储备的重要来源，在国家科技创新、经济进步及综合国力提升中的地位越来越重要。留学归国人员因其开阔的视野、广博的知识和良好的社会影响力，成为国家宝贵的人力资源。他们在促进经济社会发展、推动对外交流合作以及增强国家竞争力方面扮演着非常重要的角色。江苏省深入学习和贯彻习近平总书记在中央统战工作会议及中央人才工作会议上的重要讲话精神，积极将归国留学人员凝聚和组织起来，将他们的学识、技能、个人发展与国家的整体发展紧密结合，加速推进新时代人才强省建设。江苏省留学归国人才也充分发挥其才干优势，为建设现代化强国和"强富美高"新江苏作出应有的贡献。

B.9
新时代留学归国人员在湖北发展现状及路径研究

刘　来　田雄心*

摘　要： 当今世界正处于百年未有之大变局，世界之变、时代之变、历史之变正以前所未有的方式展开，人类文明发展面临诸多问题和挑战。随着世情国情省情的变化，湖北留学归国人员发展情况也随之改变，大批留学人员回到祖国，来到湖北创业就业，成为助推湖北经济社会高质量发展的一支重要力量。本报告从留学人员归国发展的角度，通过文献调查、问卷调查、实地走访等形式，抽样选择1000名在湖北发展的留学归国人员，并对其进行详细研究分析，总结留学人员回湖北发展现状、趋势特点。留学人才是湖北引进高层次人才的重要对象，留学归国人员在湖北发展路径呈现多元化趋势，创新创业创造仍是留学归国人员在湖北发展的重要选择等。通过对不同行业领域和年龄层次的典型案例进行深度剖析，阐明推动湖北留学归国人员发展的重要意义，提出搭建立体式留学归国人员在鄂发展服务体系、深度打造留学归国人员在湖北发展服务平台和载体等促进留学归国人员在湖北健康发展的建议。

关键词： 湖北留学人员　归国发展　海归典型案例　留学报国

一　留学人员在湖北发展现状

湖北是科教大省、中国三大智力密集区之一，近年来，湖北在经济、科

---

* 刘来，湖北欧美同学会专职副会长，主要研究方向为社会管理；田雄心，湖北欧美同学会留学人员联谊部干部，主要研究方向为公共政策。

技、文化等领域实现快速发展，现有 3600 家科研机构、2.5 万家高新技术企业，有 1 家国家实验室、10 家湖北实验室、8 个大科学装置、477 家新型研发机构，科创平台矩阵、自主创新能力、成果转化条件居全国第一方阵，吸引了越来越多的留学人员到湖北发展，在湖北扎根。①

（一）湖北留学归国人员概况

随着国内经济的蓬勃发展和湖北不断打造高质量的创业就业环境，越来越多的留学人员选择回国发展，到湖北这片土地上施展才华。湖北留学归国人员的数量逐年递增。他们大多在欧美、澳大利亚、日本、韩国、新加坡等国家和地区完成学业，所学专业涵盖了工学、理学、管理学、经济学、文学、法学等众多领域。近年来留学归国的人员以"80 后""90 后"为主，他们充满活力与创新精神。在学位方面，拥有硕士及以上学位的人员占比较高，具备深厚的专业知识、学术水平和科研能力。

据不完全统计，目前在湖北发展的留学归国人员大约有 30 万人。例如，湖北 35 万名研发人员中，有留学经历的人员占 35%。这些留学归国人员在湖北的各行各业发挥着重要作用。在科技领域，他们推动了技术创新和成果转化；在教育行业，他们引入了先进的教育理念和教学方法；在金融领域，他们为湖北金融市场的发展带来了国际化的视野和经验；在文化创意产业，他们为荆楚文化创造性转化和创新性发展提供了新的创意和灵感。在社会活动方面，他们也表现活跃，参与各类公益事业和国际交流活动，促进了湖北与世界的沟通与合作。大量留学归国人员积极参与创新创业，他们创办的企业涉及新兴技术、互联网+、生物医药等前沿领域，为湖北的经济增长和产业转型升级注入了强大动力。

（二）湖北留学归国人员基本情况分析

随着国内经济的快速发展和湖北就业环境的不断优化，越来越多的留学

① 《改革开放勇立潮头 | "用"为导向"链"就湖北科创新动能》，《湖北日报》2024 年 6 月 25 日，第 3 版。

人员选择回国到湖北发展。

从留学国家来看，湖北留学归国人员的足迹遍布全球。美国、英国、澳大利亚、加拿大等传统留学强国仍是主流，同时，在欧洲的法国、德国、意大利，亚洲的新加坡、日本、韩国等国家和地区留学的人员也占有不小比例（见图1）。

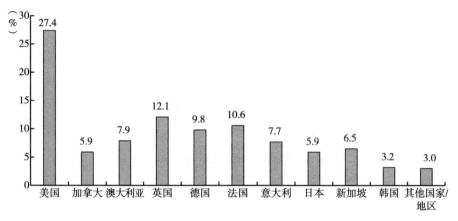

图1　湖北留学归国人员留学国家占比情况

从年龄与学历看，年龄分布较为广泛，以25~35岁为主力，他们在海外完成学业后，希望尽快将所学知识应用于国内的职业发展。

在学历方面，硕士研究生和博士研究生学历的留学归国人员占比较高，他们通常具备更深入的专业学术知识和研究能力（见图2）。

从学科类别和专业领域看，以理学和工学为主（见图3），理工科涵盖了众多热门和前沿领域，如信息技术、生物医药、新能源、新材料等。这些专业与湖北五大优势产业契合度高，为相关产业的创新升级提供了有力的人才支撑。

从其他层面看，留学归国人员也面临诸多机遇和挑战。湖北各级政府出台了一系列招才引智政策，包括提供创业扶持资金、税收优惠、住房补贴等，以吸引留学归国人员来鄂创业兴业。同时，留学归国人员也面临文化与环境的再适应，面临着国内人才市场竞争激烈，政策衔接等挑战。

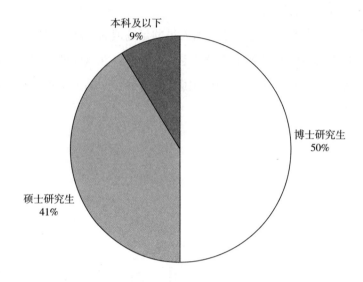

图2 湖北留学归国人员学历情况分布

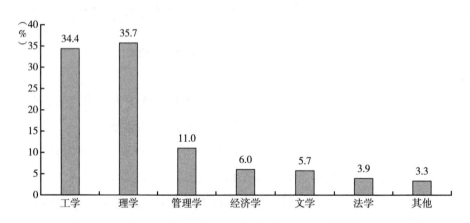

图3 湖北留学归国人员学科类别和专业领域情况

（三）湖北留学归国人员从业情况分析

从就业方向看，选择就业的留学归国人员主要流向了高校、科研院所；还有一部分选择了自主创业，成立了科技型企业，为湖北的经济发展注入动能（见图4）。

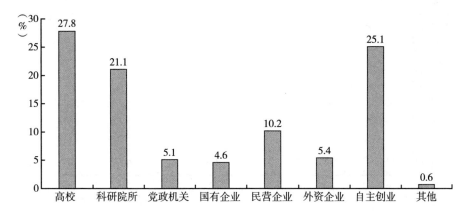

图4 湖北留学归国人员就业方向情况

　　从行业分布看，高科技、金融、教育行业是主流，随着湖北省对科技创新的重视和投入不断加大，许多留学归国人员到湖北投身于信息技术、人工智能、生物医药等高科技领域。留学归国人员凭借其在国际金融市场的学习和实践经验，在银行、证券、保险等金融机构中发挥着重要作用，推动湖北金融创新和国际化进程。也有很大一部分留学归国人员选择进入教育科研领域，在高校和科研院所发挥所学所长。同时，受国内外文化交流的影响，一些留学归国人员涉足文化创意产业，包括影视制作、广告设计、艺术展览等，为湖北的文化产业发展带来了新的理念。

　　从所在城市看，绝大多数集中在省会武汉，其他经济较发达的市州也有分布（见图5），作为湖北的经济、文化和科技中心，武汉吸引了大部分留学归国人员，这说明丰富的就业机会、完善的基础设施和优质的公共服务仍是吸引留学归国人员的重要因素。随着武汉都市圈、襄阳都市圈、宜荆荆都市圈三大都市圈引领的城镇化格局和区域经济布局的完善，一些留学归国人员也选择在襄阳、宜昌等地级市发展，为当地的发展贡献力量。

　　从薪酬待遇看，留学归国人员的薪酬待遇普遍高于国内同等学力和经验的人员，但具体水平因行业、职位和个人能力而异。在走访中了解到，留学归国人员与非海归薪酬差距在逐年减小，主要由其专业技能的稀缺性、工作

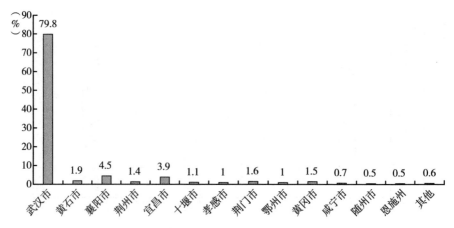

图5　湖北留学归国人员所在城市情况

经验的丰富程度、所掌握的语言和跨文化交流能力等因素来决定。

从发展前景看，湖北经济持续高质量发展，产业结构不断优化升级，为留学归国人员提供了广阔的发展空间。同时，湖北省各级政府对创新创业就业的支持力度不断加大，也为留学归国人员创造了更多机会。但是，伴随激烈的市场竞争，留学人员需要不断提升自身能力以适应快速变化的行业环境。

二　留学归国人员在湖北发展的趋势和特点

（一）留学人才仍是湖北引进高层次人才的重要对象

随着全球化的深入和知识经济的崛起，人才已成为地区发展的核心竞争力。湖北作为中部地区的重要经济增长极，正积极推进中国式现代化湖北实践，推动经济转型升级和高质量发展，对高层次人才的需求日益迫切。从实证分析看，因获取数据渠道限制，课题组从湖北省人民政府、省科技厅、省人社厅等官方网站上检索近一年来有关留学人员、海外高层次人才的文件12份，有关新闻24条，涉及新质生产力发展、未来产业培训、科技创新、引才政策等，这也在一定程度上说明留学人才仍是湖北引进高层次人才的重要对象。从现实发展逻辑看，留学人才作为具有国际视野、创新能力和跨文化交流经验的高素质群体，对于湖北提升创新能力、推动产业升级、加强国际合作等具有重要意义。长期以来，留学人才在基础研究、前沿技术研发等方面具有突出优势，能够为湖北的科技创新提供新的思路、方法和路径，他们可以带领科研团队开展重大科研项目攻关，提升湖北在相关领域的科研水平和创新能力。留学人才在先进制造业、战略性新兴产业、现代服务业等领域具有丰富的经验和专业知识，能够为湖北的产业升级提供技术支持和管理经验，促进湖北产业向高端化、智能化、绿色化方向发展。同时，留学人才熟悉国际规则和市场环境，能够帮助湖北企业拓展国际市场，引进国外先进技术和管理经验，促进湖北与国际的经济、科技、教育、文化交流与合作。

（二）留学归国人员在湖北发展逐步稳定

近年来，湖北留学归国人员数量逐年递增，反映国内发展机遇对海外学子的吸引力不断增强。归国留学人员的就业领域不再局限于传统行业，而是广泛分布于新兴产业、金融、教育、科技、新媒体等多个领域。越来越多的留学人员选择回国创业，为湖北的创新创业生态注入了新的活力，加之国内的就业市场在经历快速发展后，逐渐趋于稳定和成熟，岗位需求与留学人员的供给逐渐达到相对平衡。新发展阶段的特点主要有，归国留学人员的整体素质和专业水平将进一步提高，更加与湖北市场的高端人才需求精准匹配，就业和创业将更加注重与个人专业特长、湖北产业发展的精准匹配。不同地区对留学人员的吸引力和需求存在明显差异，一线城市和新兴产业集中地区仍是热门选择。如今，留学的目的更加多样化，不再仅仅是为了回国谋求更好的发展，个人成长、文化体验、安居乐业等因素的比重增加。国际关系的不确定性和部分国家对留学政策的调整，使得留学人员在作出归国决策时更加理性和谨慎。

（三）留学归国人员在湖北发展路径呈现多元化

近年来，留学归国人员在湖北发展路径呈现多元化的态势，不再局限于传统的就业领域和模式。留学人员归国发展路径的多元化是经济社会发展的必然趋势，也是留学人员自身发展和国家需求相互作用的结果。过去，留学人员归国后到湖北的发展路径相对较为单一，主要集中在科研、教育等领域。但随着湖北出台了一系列鼓励留学人员回国创新创业的政策，如提供创业资金、税收优惠、人才公寓等，为留学人员回国发展创造了良好的政策环境，加之经济转型升级和高质量发展的需要，湖北创新创业氛围日益浓厚，各类创业园区、孵化器纷纷涌现，为留学人员创业提供了平台和资源支持。同时，留学人员自身的发展追求也在发生变化，不再满足于传统的稳定职业，更渴望在具有挑战性和创新性的领域追逐个人梦想，实现个人价值。

多元化主要体现在以下几点。创新创业成为主要选择，越来越多的留学归国人员带着先进的技术和创新理念到湖北创业，涉及新兴产业，如人工智能、生物医药、新能源等，为湖北的产业升级和创新发展注入了新的活力。投身金融和咨询行业，凭借在国外积累的金融知识和国际视野，不少留学归国人员进入国内的金融机构和咨询公司，为企业的融资、并购和战略规划提供专业服务。参与文化创意产业，在文化交流日益频繁的背景下，留学归国人员在影视、音乐、设计等文化创意领域发挥着独特的作用，推动了湖北文化产业的国际化发展。从事公益事业，部分留学人员回国后积极投身公益事业，关注教育公平、环境保护、社会福利等问题，为社会的和谐发展贡献力量。

（四）创新创业创造仍是留学归国人员在湖北的重要选择

留学归国人员正以其独特的优势和勇气，在创新创业创造的道路上留下了坚实的足迹。对于他们而言，选择这条道路并非偶然，而是多种因素共同作用的结果。留学经历如同一场知识与视野的深度拓展之旅。在异国他乡，他们接触到了前沿的科学技术、先进的管理理念和多元的文化氛围。这些宝贵的经历不仅丰富了他们的知识储备，更培养了他们敏锐的洞察力和创新思维。当他们怀揣着这些财富回国并定居湖北时，创新创业创造便成为他们实现自我价值的首选途径。

当前，湖北新兴产业的崛起、传统产业的转型升级，都迫切需要创新的力量来驱动。留学归国人员凭借其在海外积累的专业知识和经验，能够精准地把握市场需求和行业趋势，从而在创新创业创造中抢占先机。湖北良好的政策支持体系也是促使他们作出这一重要选择的关键因素，近年来湖北出台了一系列优惠政策，包括提供资金扶持、税收减免、子女入学等，为留学归国人员的创业梦想提供了有力的现实保障。同时，湖北各地纷纷建立的创业园区、产业飞地、孵化器等，为留学归国人员提供了完善的配套服务和资源对接平台，降低了创业的风险和成本。①

在湖北发展的留学归国人员将国外的先进技术与湖北的实际情况相结合，推动了湖北技术创新的进程。在创业过程中，他们敢于挑战传统，开拓新的商业模式和市场空间。在创新创造方面，他们以独特的视角和创造力，打造了具有核心竞争力的产品和服务，为社会创造了更多的价值。创新创业创造不仅是留学归国人员个人发展的重要选择，也是湖北高质量发展的现实所需。他们带回的先进技术和管理经验，促进了湖北产业转型升级和创新能力的提升。同时，他们的成功案例也激励着更多的年轻留学归国人才投身于创新创业创造的洪流之中，创新创业创造已成为留学归国人员实现人生理想、为国家贡献力量的重要选择。

从湖北省海归双创中心的运营数据可以印证创新创业创造仍是湖北留学归国人员的重要选择（见表1）。

---

① 杨匀、王焕现：《为海归创新创业搭台赋能——访北京理工大学留学人员创业园负责人王智超》，《神州学人》2024年第2期。

表1 2020年8月至2024年7月湖北省海归双创中心运营数据

项目内容	达成数据
开展各类创新创业活动	96 场
孵化和辅导的海归创业企业	85 家
覆盖人群	10000 余人
入驻双创中心孵化企业	27 家
获得国家、省市级别创业大赛奖励	13 项
发明专利数	92 项
实用新型数	140 项
软件著作权数	390 项

（五）湖北留学人员形成"归国—出国—归国"的良性循环

随着全球化的深入发展和我国综合国力的不断增强，留学人员的流动模式发生了显著变化。近年来，留学归国人员到湖北后"归国—出国—归国"的良性循环模式日渐明显，即回国后又再次出国交流、学习或工作。留学一直是湖北人才培养和国际交流的重要途径。过去，留学人员的流动多呈现单向性，即出国留学后在国外定居或工作，现在留学人员回湖北后，受湖北内陆开放新高地战略和现实发展的需要，往来国内外日渐频繁，当前留学人员"归国—出国—归国"的趋势愈发显著，这一变化对湖北的人才发展战略和国际交流合作具有重要意义。

主要原因有以下几点。第一，湖北对外交流与合作的需求。全球化背景下，各国之间的科技、文化、教育等领域的交流合作日益频繁，留学人员凭借其国际化背景和专业知识，成为推动国际交流与合作的重要力量。第二，湖北产业升级与创新驱动。湖北经济正处于产业升级和创新驱动发展的关键时期，对具有国际视野和前沿技术的人才需求迫切。留学人员回国后，为了获取更先进的技术和理念，会选择再次出国。第三，个人职业发展规划。为了拓宽职业发展空间，提升个人竞争力，留学人员在归国后会根据自身发展需求，寻求国际范围内的机会。第四，全球教育资源的吸引力。世界各国在教育领域不断投入和创新，提供了丰富多样的优质教育资源，留学人员为了追求更高层次的教育和培训，会再次出国深造。

留学人员"归国—出国—归国"呈现新的特点。第一，领域集中，主要集中在科技、金融、教育、文化等领域，这些领域对国际前沿信息和技术的依赖度较高。第二，目的地多样，不再局限于传统的留学目的地，而是根据专业需求和合作项目，选择前往不同的国家和地区。第三，方式灵活，包括短期访问、学术交流、合作研究、工作派遣等多种形式，时间长短不一。第四，年龄层次分布广，涵盖了从年轻的毕业生到资深的专家学者各个年龄层次。

留学人员"归国—出国—归国"新趋势有积极影响。第一，促进知识和技术的传播与交流，带回国际先进的知识和技术，同时将国内的研究成果和经验传播出去，加速了全球范围内的知识共享和技术进步。第二，提升湖北在国际合作中的地位，增强湖北在国际科技、教育、文化等领域的影响力。第三，培养国际化人才，丰富了个人的国际经历和视野，培养了一批具有全球竞争力的国际化人才。①

三　留学人员在湖北发展典型案例分析

（一）科教领域

越来越多的留学归国人员到湖北选择投身科教领域，为湖北的科学研究和教育事业充实了新力量。他们在异国他乡接触到了前沿的科研成果、创新的教学方法以及多元的学术文化，这使得他们在回到湖北后能够迅速融入科教领域，并发挥独特的优势。

在科学研究方面，最大特点是留学报国、科技报国是其最高追求。留学人员常常能够带来国际上最前沿的研究思路和技术方法，他们积极参与各类

---

① 张雪、窦硕华：《返乡文化休克中的文化适应调查研究——以海外归国人员为例》，《文化创新比较研究》2021年第35期。

科研项目,在基础科学、应用科学等多个领域取得了显著的成果。比如,某知名大学教授留学 D 国的 L 院士,研制了我国遥感卫星地面处理系统,实现了"从无到有""从有到好"的跨越式发展。1982 年,L 赴 D 国交流学习,博士研究生毕业后第一时间回到祖国。回国后,他带领团队进行了科学调研,决心自主突破与研发高分辨率对地观测系统。从跋山涉水携带设备进行测量,到航空遥感,再到卫星遥感,直至实现通信、导航和遥感的一体化融合。在中国人"巡天问地"的征程上,他继续践行着留学报国初心。

在教育领域,留学报国、教育强国是留学人员的一生追求。留学人员从海外带回了全新的教育理念和教学模式,他们注重培养学生的创新思维、实践能力和国际视野,通过多样化的教学方法激发学生的学习兴趣和潜能。他们积极推动教育改革,促进国内外教育资源的交流与融合,为湖北培养具有全球竞争力的高素质人才贡献了力量。例如,留学归国的 L 博士,1999 年获 N 国 J 大学理学博士学位,1999~2002 年任 M 国 K 大学应用能源研究中心博士后、研究员,2002 年至今在 Z 大学教书,在探索如何建设特色鲜明的高水平一流民族大学、培养少数民族高素质人才、加快民族地区经济社会发展等方面探索出了宝贵经验。

留学人员在湖北科教领域的投入也促进了跨学科的研究与合作。他们能够打破传统学科之间的壁垒,整合不同领域的知识和方法,开辟新的研究方向和教育领域。这种跨学科的视野和合作精神,为解决湖北一些复杂的现实问题提供了更全面、更有效的途径。同时,留学人员在湖北科教领域的活跃表现,还吸引了更多的国际人才和资源关注湖北的科教事业,进一步提升了湖北在国际科教舞台上的影响力和地位。

(二)文化艺术领域

留学人员在湖北文化艺术领域扮演着愈发重要的角色,为丰富和推动荆楚文化艺术的发展发挥着独特而显著的作用,他们在国外的学习和生活经历中,广泛接触和深入了解不同国家和地区的文化艺术传统、风格和表现形式,他们在海外吸收了多元的艺术理念和创作方法,将其与湖北本土文化艺术相融合，为湖北的文化艺术领域带来了新的视角和新的思维。

在艺术创作方面，留学人员将国外先进的艺术技巧和表现手法引入湖北，为湖北的绘画、雕塑、音乐、舞蹈、戏剧等艺术形式注入了新鲜的血液。他们的作品常常跨越国界和文化的界限，展现了独特的艺术魅力，激发了湖北艺术界的创新活力和创作热情。例如，F 教授是 W 音乐学院音乐学系的教授，拥有音乐学理论博士学位和钢琴演奏硕士学位。他主要从事西方音乐发展史、作品分析以及钢琴演奏的教学与研究工作。F 教授曾在 D 国学习和生活 7 年，先后在 D 国 B 艺术大学和 K 音乐学院深造，多次举办钢琴独奏及室内乐音乐会，回国后，致力于音乐艺术研究、创作和中西音乐的交流融合，成为留学艺术青年的代表。

在文化传承与保护方面，留学人员通过学习国外文化遗产保护和传承经验，为我国传统文化的保护和传承提供了新的思路和方法。他们积极参与非物质文化遗产的研究和保护工作，推动传统文化与现代社会的有机结合，使古老的文化在当代社会焕发新的生机。例如，武汉某钢琴博物馆由留学 M 国的 H 博士于 2014 年 8 月 10 日创立，博物馆展厅面积为 2400 平方米，馆内常年展出百余台古董钢琴。博物馆选址武汉文化艺术中心区，隔湖南望始建于北宋年间的中国历史文化名迹"古琴台"，博物馆按不同类型和风格对钢琴的文化和历史进行了全景展示，将钢琴与现代文化融合，全面打造了一个集钢琴文化收藏、展示、教育与交流于一体的平台。

在文化交流方面，留学人员成了中外文化交流的桥梁和使者。他们在国际艺术舞台上展示中华文化艺术和荆楚文化艺术的魅力，同时也将国外优秀的文化艺术作品引入国内，促进了不同文化之间的相互理解、尊重和欣赏。这种跨文化的交流与碰撞，不仅丰富了湖北文化艺术的内涵，也提升了湖北文化艺术在国际上的影响力。例如，留学 Y 国的 Z 女士，通过"走出去"和"请进来"的方式，举办了近百场艺术展、文化交流和教育活动，包括"威尼斯双年展"这样的国际性重量级大型艺术展览及交流活动，参与展览及活动的艺术家有 1000 多人，总参观人次约为 50 万人次，国内外媒体报道点击量达 17 万次，切实实现了中外文化交流互鉴。

（三）医药卫生领域

留学人员在湖北医药卫生领域发挥着日益重要的作用，为提升湖北医疗水平、推动医学研究和促进公共卫生事业的进步作出了积极贡献。他们通过在海外的学习和研究经历，学习了先进的医学知识和技术，并将这些宝贵的财富应用于湖北的医疗工作中。在临床医学方面，他们能够熟练运用最新的诊断方法和治疗手段，为患者提供更精准、更有效的医疗服务，显著提高了疾病的治愈率和患者的生活质量，为健康湖北建设作出了贡献。

在医学研究领域，留学人员积极参与湖北各类科研项目，在基础医学、药物研发、生物技术等方面取得了一系列重要成果。他们将国外先进的研究理念和实验技术引入湖北，推动了湖北医学研究与国际接轨。同时，他们还促进了跨学科的合作与交流，整合不同领域的知识和资源，为攻克重大疾病和医学难题提供了新的思路和方法。例如，武汉 T 医院的 G 博士，在 R 国留学期间，迎来了学术生涯中最重要的发现——LRIG 基因组。学成归来后，G 博士回到湖北，致力于国内神经外科领域的发展。在 T 医院工作期间，他带领团队创造了单日完成 9 台 12 个动脉瘤显微夹闭术且所有患者均康复出院的世界纪录，累计完成包括基底动脉尖部动脉瘤在内的显微夹闭手术超过 3500 台。

在公共卫生领域，留学人员借鉴国际先进的公共卫生管理经验和疾病防控策略，为我国应对突发公共卫生事件、加强疾病预防控制体系建设、完善卫生政策制定等方面提供了有力的支持。在全球传染病防控、慢性病防治、环境卫生改善等工作中，他们发挥了重要的专业引领作用，有效保障湖北公众的健康安全。

（四）创新创业领域

留学人员在湖北创新创业领域正展现出前所未有的活力与影响力，成为推动湖北社会进步和经济发展的重要力量。留学经历为他们赋予了独特的视野和丰富的知识储备。身处异国他乡，他们接触到不同的文化、教育体系和商业模式，这种多元的环境激发了他们的创新思维和冒险精神。在海外的学习和生活中，他们不仅掌握了先进的专业知识和技术，还培养了跨文化交流与合作的能力，为日后的创新创业奠定了坚实的基础。

回国后，留学人员凭借其国际视野和前沿知识，敏锐地捕捉到市场中的机遇和需求。他们敢于挑战传统，突破常规，将创新理念融入创业实践。在科技领域，他们引领着技术创新的潮流，推动了诸如人工智能、大数据分析、生物科技等前沿技术的应用和发展。通过创建高科技企业，将国外先进的技术引入国内，并结合湖北本土实际情况进行优化和创新，为提升湖北的科技实力发挥了重要作用。例如，留学 M 国回到湖北创业的 Y 博士，现为武汉 R 激光技术股份有限公司副董事长，从事高功率光纤激光器及光纤器件的研究。回国之初，国内光纤激光器产业链尚在萌芽状态，Y 博士带领团队，一边自主研发，一边寻找合适的厂家，手把手地教技术。Y 博士拿出自己的股份，分别从美国、英国、德国、澳大利亚、加拿大等国引进 8 位海外高层次人才。他带领团队在光纤激光功率合成、大模场激光光纤、激光芯片、半导体激光泵浦源、光纤激光产业化以及激光制造成套装备等方面取得了 100 余项技术创新和突破，自主研发六大类 40 个品种高性能大功率光纤激光器系列产品，并在特殊应用领域获得重大突破，实现了光纤激光整个产业链的垂直整合，形成具有国际竞争力的激光及激光制造战略性新兴产业。

留学人员在创新创业过程中还展现出了强大的资源整合能力。他们利用在海外积累的人脉资源和国际合作经验，积极开展跨国合作，吸引国际资本和技术，为企业的发展注入了强大动力。他们搭建起国内外交流与合作的桥梁，促进了技术、人才和资金的双向流动，加速了湖北创新创业生态系统的国际化进程。同时，留学人员在创业过程中也注重社会责任的履行，他们不仅关注企业的经济效益，还致力于社会服务，推动可持续发展，在环保、医疗、教育等社会关注的领域，他们通过捐资助学、医疗义诊、助力乡村振兴等方式，为改善社会民生、促进社会公平作出了积极贡献。

（五）其他领域

除了上述领域，留学人员还在参与政府管理、投身农业现代化等方面发光发热，他们在政府管理领域正日益凸显其重要性和独特价值，他们深入了解了不同国家的政治体制、治理模式和公共政策，这使得他们在参与政府管理时能够带来新的思路和比较视角。在制定政策的过程中，他们能够借鉴国际成功经验和先进做法，并结合湖北省情进行创新和优化。在管理工作中他们具备扎实的专业知识和分析能力，无论是经济、法律、管理还是社会科学等领域，他们能够运用所学，为政府管理提供科学的决策依据和专业的解决方案。例如，在经济政策制定中，他们可以运用国际前沿的经济理论和数据分析方法，为推动湖北经济发展提供精准的策略；在法律政策的完善方面，他们能够引入国外先进的法治理念和法律制度，促进我国法治建设的不断进步。在推动政府管理改革与创新方面，他们往往具有敏锐的洞察力和敢于尝试的勇气，能够发现传统管理模式中存在的问题和不足，并积极提出创新性的改革建议和方案。他们倡导引入新的管理理念和技术手段，如数字化治理、绩效管理等，提高政府管理效率。

四 新时期推动湖北留学人员发展的重要意义

（一）有助于推动中国式现代化湖北实践

新时期科教文卫事业的高质量发展对于湖北的综合实力提升和人民福祉增进具有举足轻重的作用。而留学人员凭借其独特的优势和积极的作为，正成为推动湖北科教文卫事业高质量发展的关键力量。留学人员在海外深造期间，深入接触了国际前沿的科学知识和教育理念。回国后，他们将所学的先进教育理念和教学方法引入国内教育体系，推动教育改革和创新。在科学研究方面，他们带回了最新的科学技术和研究思路，积极参与重大科研项目，助力湖北在基础科学、应用科学等领域取得突破性进展。他们还注重培养具有创新思维和国际视野的科研人才，不断"传帮带"，为湖北的科技发展培育"源头活水"。

在文化领域，留学人员在中外文化交流、讲好荆楚故事中扮演着桥梁和纽带的角色。他们将国外优秀的文化成果介绍到国内，同时也向世界展示中华文化、荆楚文化的魅力，通过跨文化的交流与融合，他们为湖北文化产业的创新发展提供了新的灵感和思路，丰富了荆楚文化产品的内涵和形式，传播中国声音，讲好湖北故事。在医疗卫生领域，他们熟练掌握国际前沿的诊断治疗方法，能够为患者提供更精准、高效的医疗服务。同时，他们积极参与医疗卫生体制改革，推动医疗服务的优化和普及，提高医疗资源的利用效率。在公共卫生领域，他们借鉴国际先进的防控策略和管理模式，在湖北应对突发公共卫生事件、加强疾病预防控制等方面发挥了重要作用。

（二）有助于推动湖北新质生产力发展

在当今全球经济快速变革和科技迅猛发展的时代，新质生产力的提出和新兴产业的蓬勃发展成为推动湖北经济增长和社会进步的关键力量。而留学人员凭借其独特的优势正成为这一进程中的重要推动力。留学人员在海外学习和生活期间，接触到了最前沿的科学技术、创新理念和管理经验，他们深入了解国际市场的需求和趋势，掌握了先进的研发技术和方法。当他们带着这些技术、理念回到湖北后，能够有效对接湖北的创新生态，为湖北新质生产力的培育和新兴产业的发展助力。

在新质生产力培育方面，他们积极参与基础研究和应用研究，在人工智能、量子科学、生物技术、新能源等领域取得了一系列重要突破。通过与国内科研团队合作，他们加速了科技成果的转化和应用，推动了生产方式的变革和效率的提升，为湖北新质生产力的形成提供了有力的技术支撑。

在新兴产业发展中，他们敏锐地捕捉到市场的新需求和新机遇，将国际上先进的商业模式和运营管理经验引入湖北。例如，在互联网金融、智能制造、数字创意、绿色环保等新兴产业领域，留学人员创办的企业往往具有较强的创新能力和市场竞争力。他们不仅创造了新的经济增长点，还带动了相关产业的协同发展，形成了完整的产业链条和良好的产业生态。例如，国家高层次特殊支持计划创业人才、"湖北青年五四奖章"获得者、武汉某科技创始人、留学 X 国的 S 博士，回国前在 X 国的一家企业里已是核心骨干，他看到了国内外高端半导体光源的差距以及需求后，毅然回国，聚焦新型显示、汽车、红外和紫外4个光源领域新兴产业的细分赛道，做产业链技术垂直整合，现已完成"上游芯片、中游封测、下游应用"的高端半导体光源全产业链深度布局。

（三）有助于推动湖北打造内陆开放新高地

在当今全球化的经济格局中，内陆地区的开放与发展成为推动我国区域经济增长的重要引擎。湖北，作为中部的重要省份，正积极致力于打造内陆开放新高地，而留学人员在这一进程中发挥着不可或缺的作用。留学人员凭借其在海外积累的丰富知识、先进技术和广阔人脉，为湖北的开放发展带来了新机遇。

在科技创新领域，留学人员是湖北引入前沿技术和创新成果的重要桥梁。他们带回了先进的科研理念和技术，积极投身于湖北的科研创新体系，推动了湖北在智能制造、生物医药、新能源、新材料等战略性新兴产业的发展。通过开展国际合作研究项目、引进海外高端人才等方式，助力湖北提升科技创新能力。在招商引资和国际合作方面，留学人员充分利用其海外资源和人脉网络，积极宣传湖北的投资环境和发展机遇，吸引了大量外资和国际合作项目落户湖北。他们促进了湖北与世界各国在贸易、投资、技术等领域的深度合作，推动了湖北企业与国际市场的对接，拓展了湖北的国际经济合作空间。他们通过创办企业、设立研发机构等方式，为湖北培养了一大批具有国际视野和创新能力的专业人才，为湖北的持续开放发展提供了坚实的人才支撑。

（四）有助于推动湖北企业走出去及跨国公司本土化

在经济全球化的大背景下，湖北企业需要积极寻求拓展国际市场，敢于"出海"，更需要"借船出海"，以实现国际化发展；同时，国外跨国公司也需要融入湖北，实现本土化经营。在这一进程中，留学人员凭借其独特的优势和贡献，发挥至关重要的作用，他们熟悉国际市场的规则、文化和商业环境，这使得他们能够为湖北企业走出去提供精准的战略指导，帮助企业深入了解国际目标市场的需求、竞争态势和政策法规，制定符合当地实际的市场进入策略。在拓展海外业务的过程中，留学人员利用其语言优势和跨文化沟通能力，协助湖北企业与当地合作伙伴建立良好的关系，有效解决合作中可能出现的文化冲突和误解，为湖北企业在海外的稳定发展奠定基础。

对于国外跨国公司在湖北的本土化进程，留学人员同样扮演着不可或缺的角色。他们了解国际企业的管理模式和运营理念，同时也熟悉湖北的本地市场和文化特点。这使他们能够在跨国公司的战略规划、产品研发、市场营销等方面提供有针对性的建议，推动跨国公司更好地适应湖北市场。例如，在产品研发方面，留学人员能够引导跨国公司根据湖北消费者的需求和偏好进行创新和改进，使其产品更具竞争力。在市场营销方面，他们帮助跨国公司制定符合本地文化和消费习惯的推广策略，提升品牌知名度和美誉度。留学人员还可以将国际先进的技术和管理经验与湖北企业的实际情况相结合，推动企业技术创新和管理水平提升。

（五）有助于推动湖北民间外交和促进荆楚人文交流

民间外交和人文交流日益成为国家间增进了解、促进合作的重要桥梁，留学人员作为具有国际视野和跨文化交流能力的群体，在推动湖北民间外交和促进荆楚文化交流方面发挥着独特而重要的作用。

1. 留学人员在海外的学习和生活经历使他们成为荆楚文化的天然传播者

留学人员可以带着对家乡的深厚情感和对荆楚文化的深入理解，积极向世界展示荆楚大地的独特魅力。通过参与国际学术交流、文化活动，积极讲述荆楚的历史故事、介绍传统的艺术形式、分享湖北的风俗习惯，让更多的国际友人了解湖北丰富的文化内涵。

2. 在民间外交方面，留学人员以个人身份与当地民众建立起真诚友谊

留学人员在日常交往中可以展现荆楚人民热情好客、勤劳智慧和开放包容的特点，以自身的良好形象消除文化隔阂，增进彼此的理解和认同。同

时，他们积极参与国际志愿服务、社区活动等，传递友善与合作的信息，为湖北树立了积极正面的国际形象。

3. 留学人员也是国际文化的引入者和交流的促进者

留学人员将在海外接触到的优秀文化元素带回荆楚，丰富湖北的文化生活。通过组织文化讲座、艺术展览、国际学术研讨会等活动，他们为繁荣荆楚文化带来新的思想观念、学术成果和艺术风格，激发了荆楚文化的创新活力，促进了荆楚文化与世界文化的融合发展。他们的努力不仅增进了湖北与世界的相互了解，也为湖北的改革开放创造了更加开放、多元和包容的软环境。

五　促进留学归国人员在湖北健康发展的意见建议

（一）搭建立体式留学归国人员在鄂发展服务体系

湖北作为经济大省，正积极吸引留学人员回鄂发展，为此建立一套完善、立体的服务体系显得尤为重要。

要深入进行需求调研与分析研判，及时了解留学归国人员在湖北发展的需求、期望、困难，包括就业、创新创业、学术交流、生活服务等方面。

加强政策支持和制度供给更新，政府应出台一系列专项针对留学归国人员的服务支持政策，如创业扶持政策、融资贷款政策、税收优惠政策、住房补贴政策等，为他们在湖北创业就业提供良好的政策环境。同时，发挥好人民团体、协会组织的作用，整合工作力量，为留学人员提供一站式服务，包括政策咨询、项目申报、手续办理等，提高服务效率和质量。

建立科学合理的评价机制，实行积分制。对留学归国人员在鄂的工作业绩、创新成果等进行客观公正的评价，为他们的职业发展和晋升提供依据。

做好监督与评估。建立服务机制的监督评估体系，定期收集留学归国人员的反馈意见，及时改进服务质量，对服务机制的实施效果进行定期评估和总结，及时对相关政策和措施进行动态调整。

（二）深度打造留学归国人员在湖北发展服务平台和载体

为了吸引更多留学归国人员来湖北发展，搭建一个全方位、多层次的留学归国人员在鄂发展服务平台至关重要。

打造信息交流与资源共享平台。建立全面的湖北留学归国人员信息共享数据库，涵盖个人基本信息、留学经历、专业特长、就业创业意向等，方便用人单位精准匹配人才需求。整合全省创业就业政策信息，包括税收优惠、项目资助、项目对接、场地支持等，为留学归国人员提供清晰明确的政策指引。构建企业和科研机构的需求发布平台，及时展示各类岗位招聘、项目合作机会，促进留学归国人员与用人单位高效对接。

打造创新创业创造服务平台。整合资源，打造"湖北海归创新创业大平台"，为有创业意向的留学归国人员提供政策推送、融资对接服务，提供办公场地、实验设备等硬件设施，并给予一定期限的免费或优惠使用。组织创业培训和辅导活动，邀请成功归国创业者、企业家和专家学者分享经验，提供商业模式设计、市场分析、融资策略等方面的指导。建立与风险投资机构、金融机构的合作机制，为优质创业项目提供资金支持，搭建融资渠道。

建立教育培训与职业发展机制。根据湖北产业发展需求和留学归国人员的专业背景，定制个性化的培训课程，帮助他们提升专业技能，适应湖北行业发展趋势。通过举办各类学术研讨会、行业论坛，邀请留学人员参与其中，促进知识交流和合作研究，提升他们在学术和专业领域的影响力。提供职业规划咨询服务，帮助留学归国人员明确职业发展方向，建立职业发展档案，跟踪其成长历程，提供适时的支持和指导。

保障生活服务与文化融合。设立专门的生活服务窗口，为留学归国人员提供住房租赁、子女教育、医疗保健等方面的咨询和协助。组织文化交流活动，如传统文化体验、民俗节庆活动等，帮助留学归国人员了解和融入湖北的地域文化，增强归属感。建立留学归国人员互助社群，促进彼此之间的交流与合作，形成互助互爱的良好氛围。

加强政策保障与权益维护。提供政策解读和法律咨询服务，确保留学归国人员了解并合法享受各项优惠政策，维护自身权益。建立监督和反馈机制，对服务平台的运行效果进行评估，及时收集留学人员的意见和建议，不断优化服务质量。通过搭建一个综合性的留学归国人员在鄂发展服务平台，为在鄂留学归国人员创造良好的发展环境，激发他们的创新活力和创业热情。

（三）充分发挥留学归国人员民间外交生力军的作用

留学归国人员凭借其在海外学习和生活的经历，拥有了独特的语言优势和跨文化沟通能力。他们能够用流利的外语准确而生动地向世界介绍湖北丰富的历史文化、独特的民俗风情以及现代化的发展成就。通过他们的讲述，国际社会能够更全面、更深入地了解湖北，打破文化隔阂，消除误解和偏见。

在教育领域，支持留学归国人员积极促进国际教育合作与交流。以留学归国人员作为桥梁，推动湖北的高校与海外院校开展学术交流、学生交换、联合科研等项目。同时，鼓励他们将国外先进的教育理念和教学方法带回湖北，提升湖北本地教育的国际化水平，为培养具有国际视野的人才贡献力量。

在文化艺术方面，支持留学归国人员在海外积极传播湖北的传统文化艺术，如楚剧、汉绣、武当武术等。支持留学归国人员在海外组织文化活动、艺术展览和演出，吸引当地民众参与，让更多人领略到湖北文化的魅力。

在民间交往方面，鼓励留学归国人员以自身的经历和故事，增进国际友人对湖北人民生活方式、价值观念的了解。通过新型社交媒体、国际论坛等渠道，积极分享其在湖北的生活点滴和感人故事，传递湖北人民热情友好和积极向上的精神风貌，拉近湖北与世界的距离。同时支持留学归国人员在国际商务和旅游推广中发挥重要作用，积极向海外企业介绍湖北的投资环境和商业机会，吸引外资和国际合作项目，宣传湖北的旅游资源，吸引更多国际游客来湖北感受其独特的自然风光和人文景观。

（四）为湖北留学归国人员有效政治参与创造条件

当今社会，公共决策的科学性、民主性和前瞻性对于地区的发展至关重要。留学归国人员作为具有国际视野、创新思维和专业知识的群体，他们的参与能够为湖北的公共决策带来新的活力和思路。为了充分发挥他们的作用，有必要为留学归国人员有效政治参与创造良好的条件。

建立有效的信息沟通机制。政府部门应搭建专门的信息平台，及时发布公共决策的相关议题、政策背景和决策进程，确保留学归国人员能够及时、全面地了解决策信息。同时，利用新媒体手段加强与留学归国人员的互动交流，及时回应他们的关切和疑问。

开展多样化的咨询活动。针对重大公共决策，可以组织专题研讨会、座谈会等，邀请留学归国人员参与，听取他们的意见和建议。此外，设立在线咨询平台，方便留学归国人员随时提交自己的观点和方案。对于积极参与并提出有价值建议的留学人员，给予适当的表彰和奖励，激发他们的积极性。

完善参与机制和保障措施。明确留学归国人员参与公共决策的权利和义务，规范参与的程序和方式。建立意见反馈机制，对于留学归国人员提出的建议，无论是否采纳，都应给予及时、明确的反馈，并说明理由。同时，保障留学归国人员在参与过程中的合法权益，消除他们的后顾之忧。

（五）推进湖北留学归国人员成为复合型的国际化人才

在全球化日益深入的时代背景下，国际组织在全球治理、经济合作、社会发展等领域发挥着举足轻重的作用。当前，许多来自湖北的留学人员毕业后在国际组织中任职，对于提升湖北的国际影响力、推动开放发展具有重要意义。[1]

加强宣传引导。通过开展针对湖北留学归国人员的国际组织专题讲座和培训，普及国际组织的架构、职能、工作内容和人才需求等方面的知识，提

---

[1] 汤莉：《充分发挥留学人员优势推进全球化》，《国际商报》2024年3月4日。

高他们对国际组织的认知和兴趣。利用线上线下多种渠道，宣传成功进入国际组织工作的湖北留学人员的经验和故事，激发更多人的积极性。

教育培养支持。鼓励湖北高校在相关专业课程中融入国际组织相关内容，培养学生的全球视野和跨文化交流能力。设立专门针对国际组织人才培养的奖学金和项目，支持湖北留学归国人员参加国际组织相关的培训课程、实习项目和学术研究。

提升语言与技能。为湖北留学归国人员提供多语种培训，尤其是联合国常用工作语言，如英语、法语、西班牙语等，同时注重培养语言的实际应用能力，包括商务谈判、会议发言、文件撰写等。开展跨文化交流、国际礼仪、外交政策等方面的培训，提升他们在国际环境中的适应能力和工作能力。

提供实践与实习机会。积极与国际组织及相关机构建立合作关系，争取为湖北留学人员提供实习和志愿者岗位，让他们在实践中积累经验。推动湖北企业、高校和科研机构与国际组织开展合作项目，为留学归国人员创造参与国际组织活动的机会。

加强职业规划与指导。建立专门的职业咨询服务，为湖北留学归国人员提供个性化的国际组织职业规划指导，帮助他们明确职业发展方向。邀请国际组织的资深官员和专家为湖北留学归国人员进行面试技巧培训和面试模拟，提高他们的应聘成功率。

通过以上多方面的努力，可以为湖北留学归国人员成为国际组织人才开辟一条宽广的道路，使他们能够在国际舞台上展现湖北风采，为全球发展贡献湖北智慧和力量，展现中国担当。

B.10
四川省海外留学人才归国发展情况
分析报告

陈桓亘　冯 静*

摘　要：　随着全球化的深入发展，越来越多的四川学子选择出国留学，以获取更广阔的视野和更高层次的教育资源。与此同时，留学归国也成了一种普遍现象。本报告旨在分析我国留学归国人才的画像及求职趋势，例如越来越多留学人员回到成都就业，在四川的高层次留学人员主要在高校系统就业等，结合四川省留学归国政策和留学生就业情况等，从完善相关政策体系、提供更多科研和创业保障、构建留学归国人员社会融入体系等方面提出加强四川省留住留学归国人才的相关建议，也为其他省份留学归国政策优化提供借鉴。

关键词：　留学人才　归国发展　海高人才　四川省

一　前言

近年来，四川省凭借其深厚的历史文化底蕴、活跃的创新创业生态，以及在电子信息、航空航天、生物医药等高技术产业的迅猛发展，已成为中国西部对外开放的前沿阵地和经济增长的重要引擎。随着"一带一路"倡议的推进与成渝地区双城经济圈建设的实施，四川省的战略地位日益凸显，对

---

* 陈桓亘，西南财经大学工商管理学院，博士、副教授，主要研究方向为创新创业、绿色金融；冯静，四川省欧美同学会（四川省留学人员联谊会）秘书长，主要研究方向为留学人员工作。

国际化人才的需求也随之剧增。在此背景下，四川省政府及相关部门相继出台了一系列旨在吸引海外高层次人才归国的政策措施，旨在打造更具吸引力的回国发展环境。同时，国际教育交流与合作的深化促使越来越多的四川籍学生赴海外求学，他们在国外接受了先进的科学教育与多元文化的熏陶，开阔了国际视野，积累了丰富的专业知识。然而，随着全球就业市场的竞争加剧以及国内发展机遇的增多，大量留学生开始重新审视回国发展的价值与潜力，形成了新的"海归潮"。

在留学生规模方面，教育部相关数据显示，2023 年，我国出国留学生数量相比 2022 年增长了 20%，2024 年留学人数接近 80 万人。据不完全统计，2023 年四川出国留学人数近 8 万人，约占每年全国出国留学人数的 10%，仅次于北京和上海，预计今后几年仍将继续攀升，工薪家庭子女留学情况越来越多，低龄留学市场已逐渐显现。在留学申请方面，四川省内的学生越来越注重提升自己的语言能力和综合素质。他们通过参加各类语言考试和学术竞赛，积极准备申请材料，以期在激烈的留学竞争中脱颖而出。

在留学生培养方面，四川省内一些高等教育机构如电子科技大学提供了多样化的出国留学项目，包括留学预科和"3+2"留学模式，西南交大提供了中法"4+4"留学模式等，以满足不同学生的需求，这类项目不仅拓宽了学生的国际视野，也为他们提供了更灵活的海外学习路径。随着留学市场的发展，四川省内的学生和家长越来越注重留学项目的实用性与性价比，对海外教育资源的选择更加理性与多样化。同时，四川省内的留学服务机构也在不断提升自己的服务质量。他们提供了择校咨询、签证办理、语言培训、文书写作等全方位的服务，帮助学生顺利完成留学申请和准备工作。

基于上述背景，本报告的撰写旨在深入探讨以下几点。一是人才战略对接。分析四川省的人才强省战略如何与留学生归国趋势衔接，评估现有政策对留学生归国意愿及就业选择的具体影响，为政府优化人才引进机制提供实证依据。二是产业升级助推。考察留学归国人员在推动四川省高新技术产业、现代服务业等领域创新发展中的作用，特别是在关键技术突破、科研成果转化及新兴业态培育方面的贡献。三是社会文化融合。研究留学归国人员的文化适应过程及其对本地社会文化的双向影响，探讨如何促进海归群体与本土人才融合共生，构建开放包容的社会氛围。因此，本报告不仅关注留学归国人员的个体职业发展路径，更着眼于其群体效应对四川省乃至整个西部地区经济社会结构转型的深远影响，旨在为实现人才资源的高效配置与可持续发展提供策略性指导。

二 四川省留学归国政策环境及留学生就业现状

（一）四川省留学归国政策环境

1. 归国人才服务体系建设方面

旨在完善留学人员回国服务政策的文件《关于加强留学人员回国服务体系建设的意见》（人社部发〔2011〕46号）于2011年4月正式发布，在入出境、居留、户籍管理、社会保险等方面创新完善有关优惠政策，努力为吸引留学人员回国工作、创业和为国服务营造良好政策环境。这一政策为四川省吸引和留住留学归国人才提供了有力的制度保障和支持。

2. 高层次人才资助方面

2024年2月，四川省人力资源和社会保障厅发布《关于开展2024年度高层次留学人才回国资助工作的通知》，围绕加快建设世界重要人才中心和创新高地，聚焦自主创新能力提升和关键核心技术突破，服务国家重大战略和经济社会发展需要，以创新能力强的青年科技人才为重点，遴选支持一批高水平留学回国创新人才。

3. 留学人员创业支持方面

第一，"四川省留学人员回国创业启动支持计划"支持广大海外留学人员来四川创新创业，对于符合条件的留学回国人员创办的企业，提供创业启动资金支持。第二，"四川省留学回国人员科技活动项目择优资助计划"针对留学回国人员的科技活动项目，择优进行资助，以支持其在四川的创新发展。2024年5月，为支持广大海外留学人员来蓉创新创业，成都正式启动 2024 年度"四川省留学人员回国创业启动支持计划"和"四川省留学回国人员科技活动项目择优资助计划"的申报工作。对通过"四川省留学人员回国创业启动支持计划"的留学人员创业企业，按重点类、优秀类、启动类分别给予每户企业 30 万元、20 万元、10 万元资助；对通过"四川省留学回国人员科技活动项目择优资助计划"的项目，按重点、优秀、启动三类分别予以 10 万元、5 万元、3 万元资助。① 同时，为鼓励申报本次项目的申报人积极参加 2024 年四川省留学回国人员创新创业大赛，符合本次项目申报条件，且进入 2024 年四川省留学回国人员创新创业大赛决赛的项目（团队项目限负责人），按照一等奖加 5 分、二等奖加 3 分、三等奖加 2 分、入围决赛加 1 分的方式给予评审加分。

（二）四川省留学归国人员就业概况

1. 近年出国申报情况

2019~2023 年，四川省公派出国留学生合计 974 人。从年度分布情况来看，受疫情影响呈现"先降后增"的趋势，2019 年公派出国人数为 277 人，2020 年下降至 213 人，2021 年为 151 人，2022 年降至最低点 149 人，2023 年回升至 184 人，出国留学人数的变化与疫情的变化、国内疫情防控政策有较大关联。从性别结构上来看，四川公派出国留学生总体呈现"女性多于男性"的趋势，2019~2023 年公派出国的女性合计 514 人，男性合计 460 人，仅 2019 年的男性留学生略多于女性留学生，其余年份均表现为女性更多的趋势（见图 1）。

从年龄分布来看，近五年四川省公派出国留学学生以"80 后"和"90 后"为主，2019~2023 年，公派出国的"80 后"人数达到 462 人，占比 47.4%，而"90 后"人数达到 318 人，占比 32.6%，合计占比达到八成。可见，四川省公派出国留学生以中青年群体为主（见图 2）。

---

① 《关于开展 2024 年度四川省留学回国人员科技活动项目择优资助申报工作的通知》，2024 年 5 月 6 日，https：//rst. sc. gov. cn/rst/gsgg/2024/5/6/19dfa6c88afb4556b6e65417262483b9. shtml，最后检索时间：2024 年 11 月 19 日。

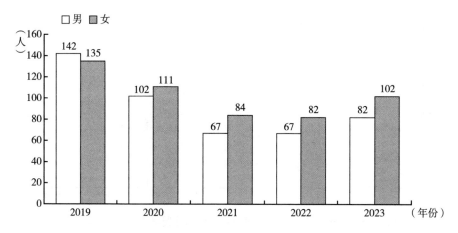

图1　2019~2023年四川省公派出国留学人员性别分布

资料来源：根据内部数据整理。

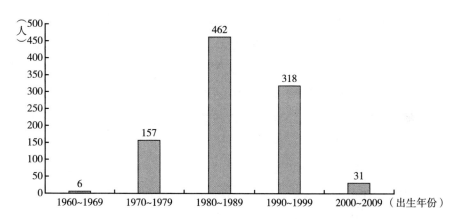

图2　四川省公派出国留学人员出生年份分布

资料来源：根据内部数据整理。

从留学层次分布来看，2019~2023年，四川省公派出国留学生留学层次以"访问学者、博士后"为主，人数达到642人，占比达到65.9%；而留学层次为博士研究生的人数为262人，占比26.9%。可见，近五年四川省公派出国留学生的留学层次相对较高，这与公派留学人员的年龄层次也较为吻合（见图3）。

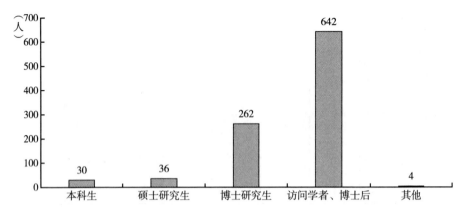

图3 2019~2023年（合计）四川省公派出国留学人员留学层次分布

资料来源：根据内部数据整理。

从留学国家分布情况来看，2019~2023年，公派出国人员留学国家达到32个，涵盖欧洲、亚洲、非洲、北美洲、南美洲、大洋洲等。从留学国家的人数分布来看，呈现明显的头部效应，留学人数排名前十的国家总人数达到791人，占比81.2%，其中，留学美国人员有181人，排名第一；留学英国人员有177人，排名第二；留学德国人员有96人，排名第三。可见，四川省公派出国留学生的留学国家仍然以传统欧美发达国家为主（见图4）。

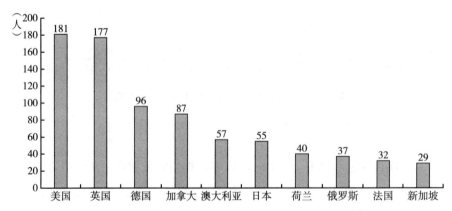

图4 2019~2023年（合计）四川省公派出国留学人员留学国家分布

资料来源：根据内部数据整理。

2. 总体就业情况

根据红星新闻2022年11月发布的数据，截至2022年11月，四川省留学归国人才总规模已经突破20万人，其中，国家海外高层次引进人才338人，"天府峨眉计划"引进人才2033人，四川省海外高层次留学人才4466人，合计约占留学归国总人数的3.4%，① 留学归国人员已成为四川省人才队伍的重要力量。根据猎聘大数据研究院2023年7月发布的《留学归国人才全景报告》，2023年1~5月，成都留学归国人才数量占比为3.17%（见图5），成都现已成为全国新一线城市中排名第二的留学归国人才回流就业地，成都多年举办的"蓉漂"海外行等活动也不断吸引留学生来蓉发展。不难看到，地方政府所实施的招才政策，对于引才、留才起到了非常关键的作用。

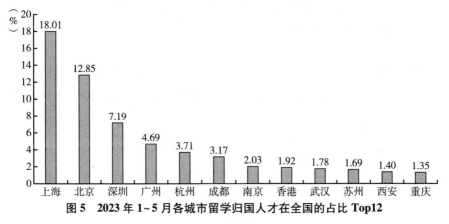

图5　2023年1~5月各城市留学归国人才在全国的占比Top12

资料来源：猎聘大数据研究院《留学归国人才全景报告》，https://hulianhutongshequ.cn/upload/tank/report/2024/202407/3/a077ded043f0460aab0c2aa957c646fd.pdf，2023年7月15日。

3. 海高人才就业情况

人才规模方面。四川省海高人才认定工作从2008年开始至2022年4月结束，累计为4584人办理"四川省海外高层次留学人才证书"。2013~2015年，每年认定海高人才数量不到120人。从2016年起，逐年大幅增长，

---

① 《2022年四川省留学回国人员创新创业大赛决赛落幕，全省留学回国人员总量已超20万人》，2022年11月3日，https://baijiahao.baidu.com/s?id=1748480265777547298&wfr=spider&for=pc。

2019～2021年,每年都在800人以上,2019年后认定数量占这12年全部认定海高人才数的65.8%(见图6)。

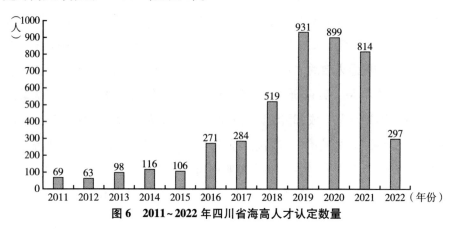

图6 2011～2022年四川省海高人才认定数量

资料来源:根据内部数据整理。

人才分布方面。94.65%的海外高层次留学人才分布在成都,其中分布在成都主城区的比例为81.75%,分布在成都非主城区的比例为12.91%,而分布在绵阳、南充、攀枝花、德阳等省内其他城市的比例合计只有5.34%(见图7)。

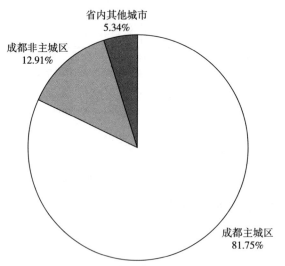

图7 四川省海高人才地域分布

资料来源:根据内部数据整理。

从分布单位来看，79%的海高人才进入四川省的高校工作，13%进入医院工作，4%进入科研院所工作，4%进入企业工作（见图8）。在高校中，四川大学、电子科技大学、西南交通大学占据前三名，三所高校的海高人才共占53.77%（见图9）。

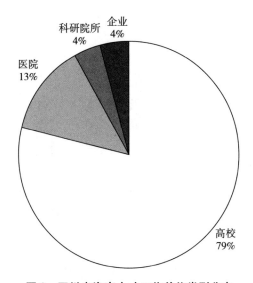

图8　四川省海高人才工作单位类型分布

资料来源：根据内部数据整理。

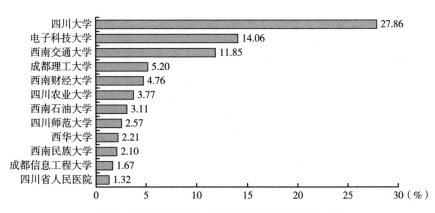

图9　四川省海高人才主要分布单位占比 Top10

资料来源：根据内部数据整理。

在专业分布方面，以 2020 年引进的 899 名海高人才为例，19.0%的海高人才专业为生物化学类，14.1%为医学类，13.9%为以计算机、电子信息为主的电子类，以上三个专业大类合计占比达到 47%。另外，经济管理类、农业类、历史文化教育类、机械工程类专业也分别占据一定的比例（见图 10）。

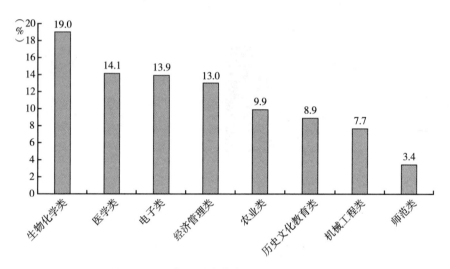

图 10　2020 年四川省海高人才主要专业分布

资料来源：根据内部数据整理。

（三）四川省留学生归国发展典型案例

1. 案例1：智能交通与绿色交通领域的探路者

（1）人物背景

他是一位在智能交通与绿色交通领域崭露头角的青年学者与探路者。他拥有清华大学本科及美国仁斯利尔理工大学的博士学位，并在美国高校积累了宝贵的科研与教学经验。面对中国交通运输行业的蓬勃发展前景，他毅然决然地放弃了美国绿卡和稳定的工作，选择回国投身于祖国的科技建设中。

（2）经验与策略

一是勇于跳出"舒适圈"，开启归国科研新篇章。在回国后，他没有选择继续从事自己在美国已经驾轻就熟的研究工作，而是勇敢地跳出"舒适圈"，深耕车路协同和绿色交通这一全新的研究领域，他深知，只有在交叉前沿领域不断探索与创新，才能取得更大的突破与成就，这种勇于挑战自我的精神，是他能够在科研道路上不断前行的重要动力。二是精准定位研究方向，推动科技进步与发展。在绿色交通领域，针对交通排放测不准的难题，他搭建了基于智慧监测的多尺度大气污染信息服务平台，为城市交通碳监测、碳核算和碳积分提供了有力支持。同时，在车路协同领域，他聚焦于"车路云一体化"协同决策控制的研究，将 50~100 辆智能网联汽车的群体决策算法的计算时间降低到毫秒级，填补了国际研究领域的空白。这些精准、前沿的研究方向不仅推动了相关领域的科技进步，也解决了实际问题。三是高效的团队管理与合作，助力科研成果落地。他带领的科研团队经过多年的"修炼"，已经发展成为一个拥有四十多人、团结进取的集体，他注重团结海外留学人员，通过搭建多个沟通平台如留学报国地方行活动、中外教师（院长）交流会、海归之家沙龙以及海外人才恳谈会等，促进了学术交流与合作。同时，他还积极为地方和学校引进海外优秀的教育理念、人才和资源，推动新工科建设、中外合作办学、国际科技合作项目的开展。

（3）案例启发

第一，勇于追梦与肩负使命。他毅然决然地放弃在美国优越的生活，选择回国投身于科研事业，这体现了他对祖国深厚的情感和高度的责任感，在科研探索的道路上，持续挑战自我，追求卓越，其坚韧不拔的品质正是这一代留学报国青年科学家的精神缩影。

第二，精准定位与持续创新。在科研领域中，精准定位与持续创新是取得成功的核心要素，他凭借敏锐的洞察力，精准地把握前沿科学方向，并以此为研究重点。在此基础上，他不断推进技术创新，积极投身行业和地方产业发展。

第三，团队协作与国际视野。他高度重视团队协作，并致力于培养具有国际化视野的团队。他积极搭建多个交流平台，促进了团队成员间的深入沟通与密切合作，同时他还注重引进海外人才与优质资源。助力科研、教育领域的高水平对外开放。这种团队协作与国际化视角的交融，不仅显著提升了团队的整体实力与创新能力，也为推动教育、科研领域的高水平对外开放贡献了力量。

第四，回馈社会与助力母校。他不仅以卓越的学术成就著称，更以回馈社会与助力母校为己任，他深刻认识到教育与社会发展的紧密关联，因此在科研之外，他还积极参与社会服务活动，利用自身专业知识与国际视野，为地方经济社会发展贡献智慧与力量。他的行为彰显了学者的社会责任感与主人翁情怀。

2. 案例2：归巢筑梦创业者的典型代表

（1）人物背景

他是一位来自四川的杰出青年学者与企业家，其人生轨迹充满了主动争取与不懈奋斗的精神。自幼年起，便展现出对知识的渴望与对未知世界的好奇，这种品质驱使他不断追求卓越。在大学期间，他不仅成绩优异，更以独特的"倔强"性格，在保研的关键时刻主动出击，成功争取到保送英国大学攻读研究生的宝贵机会。这一转折点不仅开启了他学术生涯的新篇章，也为他日后在科研与创业领域的辉煌成就奠定了坚实基础。

（2）经验与策略

一是主动争取与勇于挑战。从他的成长经历可以看出，成功往往属于那些敢于主动争取、勇于挑战自我的人，在保研的激烈竞争中，他凭借自己的努力和坚持，成功获得了赴英深造的机会，这种主动争取的精神贯穿了他的整个职业生涯，无论是在学术研究还是创业道路上，他都敢于面对挑战，不断突破自我。二是勤奋努力与刻苦钻研。在英国顶尖学府深造期间，以勤奋努力和刻苦钻研的态度，迅速在色彩与图像、计算机等专业领域取得了显著成果，他不仅在短时间内完成了学业，还获得了 10 余项国际专利和荣誉奖项，这种对学术的执着追求和对专业的深入研究，为他日后的创新创业之路提供了强大的技术支持和知识储备。三是紧跟前沿与持续创新。他始终紧跟国际前沿科技发展趋势，不断将最新技术应用于自己的研究和产品，在创办公司后，他带领团队打造了基于 AI 的视觉内容创作一站式服务平台 Fotor，帮助用户生成更高品质图像和视频。目前 Fotor 在全球拥有约 7 亿人的用户，月处理图片超 1 亿张，月活用户量超千万人。根据国际权威数据公司 SimilarWeb 统计，在全球超 5000 个 PC 互联网 AI 产品排名中，Fotor 的月活量全球排名长期位居前 30，位居所有国产 PC 互联网 AI 产品头部位置。此外，Fotor 多次获得国际的认可，如获得 Google 授权的全球顶级开发者称号，获得 Google Android 应用卓越奖等，在 BBC 科技频道对 Fotor 的报道中，已经把 Fotor 列为 Photoshop 的后继者。《人民日报》、《四川日报》、36 氪等国内主流权威媒体在人工智能的相关报道中，对 Fotor 进行了大幅报道。

（3）案例启发

第一，追求梦想的意志坚定性。无论是在学术研究的精深探索，还是在创业实践的广阔舞台上，他均展现出坚定的信念与不懈的追求，这一特质成为其实现自我价值的关键所在。因此，在知识探索与事业开拓中，拥有并坚持一个清晰的梦想，是推动个人成长与社会贡献的重要驱动力。

第二，持续学习与创新驱动。身处日新月异的科技时代，他不断学习新知识、掌握新技术，展现了卓越的学习能力与创新能力，这是维持并提升个人及组织竞争力的核心要素，他的经历强调了终身学习对于适应快速变化的环境、推动科技进步的重要性，为学术界与产业界树立了持续创新、勇于探索的典范。

第三，市场需求导向与用户体验优化。在创业实践中，他展现出高度的市场敏感性与用户需求洞察力，通过深入分析市场需求与用户痛点，精准指导产品研发与优化策略，体现了以用户为中心的设计理念，这种市场导向策略不仅显著提升了产品的市场竞争力与占有率，还赢得了用户的广泛认可与信赖，为产品与服务的持续优化提供了坚实的基础。

第四，社会责任担当与人才培养贡献。作为兼具企业家精神与学者风范的杰出代表，他不仅在科技创新与产业发展方面作出了杰出贡献，还积极承担各级科研项目，为区域乃至国家的科技进步注入新的活力。同时他还通过开设创新创业课程、担任创业导师等方式带动青年留学归国人员投身创新创业，为社会培养更多具有创新精神和实践能力的人才。

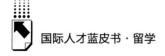

3. 案例3: 科技创新企业掌舵人

(1) 人物背景

他出生于20世纪80年代，自幼受父亲——一位投身路桥行业的知名企业家的影响，对机械制造和创新充满热情。他在国内完成本科学历后，前往英国华威大学深造，并在国际知名咨询企业德勤、IBM积累了丰富经验。2011年，他回到家乡四川，加入父亲创办的公司。2016年，为更好地进行技术创新，他创立了自己的公司，专注于在结构连接件领域提供防灾减灾、降噪环保、快速施工的整体解决方案，在他的领导下，公司成功研发了"结构内力智能测控技术"，填补了行业空白，并达到国际领先水平，不仅获得了国家专精特新"小巨人"企业认定、"科创中国"年度新锐企业等多项荣誉，还参与了港珠澳大桥（香港段）、美国SOFI体育馆等国内外重大基础设施项目。他荣获四川省创业领军人才、四川省优秀企业家等称号，秉持着"躬走不平路，行稳而致远"的经营理念，通过持续的技术创新实现企业的稳健发展，提升了"中国制造"的国际声誉。

(2) 经验与策略

在公司的发展历程中，他展现了卓越的战略眼光和敏锐的市场洞察力。他深知技术创新是企业发展的核心驱动力，因此公司成立之初，他就高度重视技术研发和团队建设，并积极投身企业科研一线，同时，他仍在攻读博士学位。通过不断引进和培养高端人才，公司迅速建立起了一支跨学科协同、具有复合技术背景的工程师团队，为公司的持续发展提供了强有力的智力支持。同时，公司主导启动了多项重大科研项目，如"结构内力智能测控技术"的研发，成功填补了全球性技术空白，并多次获评"国际领先"水平。这一技术的突破不仅解决了行业痛点，更为公司赢得了广泛的市场认可和赞誉。

在行业应用方面，他也展现出了高超的推广策略。他积极带领公司参与国内外各类重大（超限）项目的技术攻关，如港珠澳大桥（香港段）、美国洛杉矶SOFI体育馆、卡塔尔世界杯配套工程、苏通大桥等，并通过高质量的产品和技术服务赢得了国内外业主单位的广泛赞誉。此外，他还注重创新技术的行业宣讲，通过参加各类高水平行业展会、举办技术交流会等方式，不断提升公司的行业知名度和技术影响力。

（3）案例启发

第一，科技创新是企业发展的核心驱动力。只有不断投入研发，掌握核心技术，才能在激烈的市场竞争中立于不败之地，他主导启动新型智能装备技术的研发工作，成功研发出"结构内力智能测控技术"，填补了结构连接件恒载条件下长效、可靠测力的全球性技术空白，公司通过持续推动装备产品的智能化转型，入选多个创新榜单，并多次被列入省部级优秀技术解决方案和创新产品目录，展示了科技创新对企业发展的巨大推动作用。

第二，人才是企业最宝贵的财富。只有建立一支高素质、复合型的技术团队，才能为企业的发展提供源源不断的创新动力，他非常重视技术团队的打造，组建了一支跨学科协同、复合技术背景的工程师团队，团队成员来自不同学科领域，且对技术创新工作始终充满热情，共同推动了企业的技术创新。

第三，政策支持和荣誉认可助力企业发展。公司在发展过程中得到了政府部门的政策支持和荣誉认可，如被评为科技创新先进企业、纳税贡献先进企业等，这些荣誉和认可不仅提升了企业的品牌形象和市场竞争力，也为企业的发展提供了有力的引导和支持。

第四，国际化视野和全球化布局也是企业发展的重要方向。通过参与国际项目、拓展海外市场等方式，不仅可以提高企业的国际竞争力，还可以为企业带来更多的发展机遇和空间。他利用开阔的国际眼界，带领公司积极参与国际地标项目建设实施和国际科研课题项目合作，同时，以领先创新技术助力共建"一带一路"，为领军企业的"走出去"积极赋能，先后参与实施卡塔尔世界杯配套工程、美国洛杉矶 SOFI 体育馆等项目，大幅提升了公司在国际市场上的美誉度和影响力。

4. 案例4：智能机器人领域的领航先锋

（1）人物背景

他拥有伦敦大学国王学院机器人学博士学位，师从国际机器人学权威戴院士。现任成都某机器人科技有限公司创始人兼董事长，担任成都市政协委员等社会职务，同时还在多个领域拥有重要头衔，包括正高级（教授级）工程师、国际机器理论与机构学联合会（IFToMM）英国委员会委员以及四川省"天府峨眉计划"人工智能领军专家等。

作为一位留学归国创业者，他积极致力于中国科技创新发展，早在2017年回国后，他便在深圳创新创业大赛中获得总冠军，之后创立了自己的科技公司。该公司专注于机器人与人工智能领域，开发了多种创新产品和服务。他带领公司团队参与了多项重要科研项目，如成都世界大学生运动会的相关技术应用，这些成就得到了广泛的认可和媒体报道。此外，他还致力于推动成都成为未来人形机器人产业的重要中心，通过建立研究院和吸引高端人才促进相关技术的研发和产业化进程，他的工作不仅促进了地方经济的发展，也为国家科技进步作出了贡献。

（2）经验与策略

一是注重创新引领。他凭借深厚的学术背景和海外工作经验，回国后迅速在创新创业领域崭露头角，通过深圳、成都等地的创新创业大赛获得认可，并成功创立科技公司，专注于机器人与人工智能技术的研发与应用。二是技术积累与转化。公司拥有大量自主知识产权，包括多项发明专利、实用新型专利及软件著作权，通过技术积累和创新，开发出六大系列百余款机器人产品，覆盖多个行业领域。三是项目驱动与产业合作。公司团队深度参与大型项目，如成都大运会科技赋能项目，不仅展示了公司实力，也促进了与政府、企业的合作，进一步推动了技术成果的市场化应用。四是人才聚集与生态建设。作为四川省"天府峨眉计划"专家，他积极引进和聚集全球顶尖机器人专家，构建高水平研发团队，并推动建设成都人形机器人产业研究院，旨在通过产学研合作，实现技术突破和产业升级。

（3）案例启发

第一，科技创业者的国际视野与本土情怀。成功的科技创业者需具备对国际尖端技术敏锐的洞察力，同时深刻理解并响应本土市场的需求，这种全球视角与地方实际相结合的能力，是其在全球化竞争环境中获得优势的关键因素。

第二，技术创新是企业成长的核心驱动力。公司通过持续的技术革新和积累，形成了竞争优势，为其快速成长奠定了稳固的基础，这表明，在高科技领域不断追求创新是确保企业保持长期竞争力的根本途径。

第三，政府支持与产业协同对于促进科技产业发展至关重要。公司积极参与多项由政府主导的重点科研项目，并致力于建设人形机器人产业研究院，这些举措充分体现了政府政策扶持与行业合作在推动科技创新及产业化进程中的重要作用。

第四，人才培育与引进构成科技创新的持久动能。重视高层次专业人才的培养及吸引工作，通过组建世界级的研究团队并加强与教育机构的合作，构建了一个有利于知识交流和技术转化的平台，为企业源源不断地注入新的活力和发展潜力。

三 四川省留学人才政策优化建议

（一）完善四川省留学归国人员相关政策体系

在国家留学归国人员相关政策的基础上，四川省应结合自身的实际情况，对留学归国人员出台相关政策，确保归国留学人员"引进来"并"留下来"。具体可从以下几个方面着手开展相关工作。一是完善法规体系。为确保留学归国人员政策的稳定性和有效性，四川省应加强相关法规建设。通过制定和完善"四川省留学归国人员服务管理办法"等相关文件，明确留学归国人员的权益和义务，规范相关服务流程和管理标准。同时，加强对法规的宣传和解读工作，提高留学归国人员的政策知晓率和满意度。二是针对海高人才制定针对性强的服务保障体系。如借鉴留学人员回国服务工作部际联席会工作机制，探索留学人员回国服务工作厅际沟通协调机制；用好留创园服务平台，大力支持成都留创园和绵阳留创园吸引海外高层次人才开展创新创业活动，为四川省的科技创新和产业发展注入新的活力和动力；针对海高人才争取更多关于绩效工资、岗位管理、职称评审、就业补助等人事人才方面的优惠政策，引导海高人才为深入推进创新驱动引领高质量发展贡献智力支撑。

（二）及时调整出国留学国家及专业方向

目前，成都市注重产业融合式发展，针对重点产业链提出了多项重大措施和工作方向，2024 年 5 月发布的《成都市产业建圈强链 2024 年工作要点》提出的要重点打造的产业链累计达 30 条。针对这些重点打造的产业链，以电子信息、装备制造、人工智能、氢能、低空经济等为代表的新兴领域成为人才需求的重要方向。而从归国留学人员的主要专业方向来看，以材料科学、化学等为代表的传统理工科，以及以经济学、金融学等为代表的商科的归国留学人员仍然占比较高。因此，在川籍学生出国留学培养方面，应引导学生选择这些新兴产业对应的专业方向，同时，在留学国家方面也应积极鼓励学生选择共建"一带一路"国家，确保省内留学生培养符合国家大政方针和本省实际需求。在归国留学人员引进方面，四川省应充分结合自身产业结构调整和升级的实际情况，对于人才缺口较大的新兴领域，加大引进宣传和财政支持力度，确保为全省引入更多合适的人才。

（三）为留学归国人员提供更多科研和创业保障

在四川省，众多公派留学归国人员构成了高校、科研机构及医院的核心力量，他们拥有扎实的专业基础、强大的科研能力和前瞻的创业思维。为了充分发挥这些人员的研究和创业潜力，政府应为他们提供更为优质的科研和创业环境。首先，政府应积极为留学归国人员提供启动经费支持，特别是针对世界前沿的高端科研项目，这样的支持将有助于项目顺利启动，并保障研究团队能够充分施展才华，推动科研创新。其次，政府应建立专项高端科研项目库，以满足留学归国人员专业特长和研究方向的需求，项目库将汇聚具有市场前景和科研价值的项目，为留学归国人员提供更多选择，以发挥他们在各自领域的专长。在创业方面，政府应对高端创业项目实施更优惠的税费减免政策，这类政策将降低创业成本，激发留学归国人员的创业热情，并促进科研成果的商业转化。此外，政府应投入更多资源，提升教学和科研设施水平，先进的教学和科研设施将有助于提高研究效率和质量，为留学归国人员提供更为广阔的研究平台。

（四）构建归国人才后续发展跟踪与评价体系

为全面了解留学归国人才存在的问题以及未来的发展趋势，四川省应建立一个全面且系统的跟踪与评价留学生发展的体系。首先，应构建一个详尽的留学归国人员数据库，该数据库应详细记录每位留学归国人员的学术背景、研究领域、科研成果、创业项目以及社会贡献等信息，并应确保每年定期更新数据库，确保数据时效性和准确性。其次，基于留学归国人员数据库，建立留学归国人员发展跟踪与评价机制。该机制旨在系统地跟踪留学归国人员的后续发展情况，包括他们在学术、科研和创业等领域的进展，对于在后续发展中表现优异、具有显著成果的人员，应持续提供必要的支持和资源，以鼓励他们进一步拓宽研究领域和深化社会影响；而对于在后续发展中遇到挑战或困难的人员，应进行深入的分析和评估，了解他们面临的具体问题，并提供针对性的解决方案，通过及时的帮助和支持，确保留学归国人员能够充分发挥自身潜力，将所学知识和技能有效应用于实际工作中，实现学术与社会的双赢。最后，在用人政策方面，不仅要强调高层次人才的高学历，更要强调其与工作岗位相匹配的高层次能力。因此，在制定用人政策时，政府应充分考虑留学归国人员的专业特长和实际需求，为他们提供合适的岗位和发展空间，并及时调整和完善。

综上所述，数据库建设、跟踪管理与评估机制，可以为留学归国人员提供全方位的支持和服务，有助于推动留学归国人才在学术、科研和创业等领域的可持续发展，为四川乃至全国的经济发展和社会建设贡献更多的学术成果和创新动力。

（五）构建四川省留学归国人员社会融入体系

为促进四川省留学人员归国后尽快融入社会，应构建一个全面而系统的

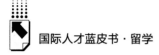

社会融入体系，这一体系旨在帮助留学归国人员更好地适应国内环境，发挥他们的专业技能和国际视野，为四川乃至全国的发展贡献力量。

首先，要整合和推广留学生就业平台。政府可以牵头组建针对留学生求职的资源聚合平台，尤其针对传统就业平台信息，以及小红书、微信公众号、知乎等信息平台的就业信息，共同聚合在由政府组建的求职信息发布平台上，这一平台的岗位需求信息发布时间应充分结合海外留学生的毕业阶段，同时也应结合留学生求职意向单位，鼓励更多企业提供针对留学归国人员的岗位。在面试形式方面也应更加灵活多样，避免由于时空因素造成的求职不畅问题。这一平台可以为留学归国人员提供有利于其个人和事业发展的岗位与职务，以激发他们的潜力和创造力。其次，积极搭建学术交流平台，为留学归国人员提供广阔的学术交流和合作空间，通过定期举办研讨会、交流会、论坛等活动的方式，鼓励留学归国人员积极参与，与国内外同行交流最新研究成果和学术观点，这些平台不仅有助于提升他们的学术水平，还能够为他们后续的学术研究和事业发展提供宝贵的机遇。最后，搭建留学归国人员之间的联谊及交流平台。通过定期举办座谈会、茶话会等活动，让留学归国人员能够经常相互交流、分享经验、取长补短，这不仅有助于留学归国人员增进彼此的了解和友谊，还能够促进他们之间的合作与共赢。

专题分析篇 ⟪⟫

B.11
中国学生出国留学发展情况分析

——基于新东方十年市场调研数据分析与洞察

新东方留学图书编委会*

摘　要： 　　近十年来，我国经济实力和综合国力不断增强，留学行业也随之迎来巨变。在教育国际化背景的驱动下，越来越多的中国学生走出国门，感受不同的知识体系、教育方式和人文环境，与世界各国发展的相互依存程度不断加深。他们的留学目的、留学规划与深造就业选择也发生了翻天覆地的变化，报效祖国的理想与求真务实的心态相互交织，在不断快速发展的时代中面临着新形势和新挑战。本报告主要基于新东方自 2014 年起连续十年发布的市场调研数据，通过对累计近 7 万份有效样本的数据进行分析，重点关注在复杂多变的国际环境下，中国留学人群的心态变化与决策选择，为广大中国家庭、国际教育从业者以及留学政策制定者等提供前瞻性参考。研究发现，过去十年，出国留学意愿依然

---

* 新东方留学图书编委会由新东方教育科技集团 CEO 周成刚领携新东方教育科技集团旗下核心业务板块负责人组成。

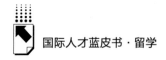

强劲，出国留学更重视"性价比"，留学回国就业是主流，用人单位对留学生的认可度较高。

关键词： 出国留学　留学生未来发展　境外生活　海归就业

一　中国意向留学人群基本情况①

（一）出国留学意愿十年来依然强劲，留学需求向低龄阶段发展

近十年来，我国意向留学生人群以大学本科生为主，但已经开始出现人数占比下滑趋势。从表1可以看到，2024年有留学意向的高中生占比出现反弹，从2023年的17%回升至19%。这也说明了广大中国家庭让孩子出国留学的意愿依然强烈，留学低龄化的趋势重新显现。

这一点从中国意向留学生的年龄分布也可以看出来。如图1所示，虽然在2023年之前，18~21岁年龄段的学生占比有逐年下滑的趋势，但在2024年大幅反弹至50%；15~17岁的初高中生占比在经历了短暂的低谷之后，近两年恢复到了2020年水平，可见留学意向与需求已经开始重新显现，家长对孩子教育质量的重视程度不断提高，对孩子的个性化教育发展也更加关注。

从图1可以看到，2024年，年龄在22~24岁的大学生们的留学意向开始减弱，这与近几年国内知名高校推免率大幅提升有一定关系，部分学生希望能先尝试通过国内升学途径提升学历水平，再考虑留学。年龄在25岁及以上的人群自2023年开始也呈现下降趋势，这可能由于国内目前就业环境低迷，不少人更倾向于尽早进入职场获取劳动报酬，实现生活稳定，因此留学意愿降低。

---

① 本报告中中国均指中国大陆地区。

表1 意向留学生在读阶段学生占比

单位：%

阶段	2015 年	2016 年	2017 年	2018 年	2019 年	2020 年	2021 年	2022 年	2023 年	2024 年
小学	2	3	3	3	3	3	2	3	3	3
初中	7	6	5	5	4	6	6	5	5	5
高中	20	18	20	18	16	18	21	19	17	19
本科	58	59	55	60	61	57	55	54	55	55
本科以上	3	5	4	5	6	4	4	4	5	5
已毕业	10	9	13	9	10	12	12	15	15	13

资料来源：新东方《中国学生出国留学发展报告》。

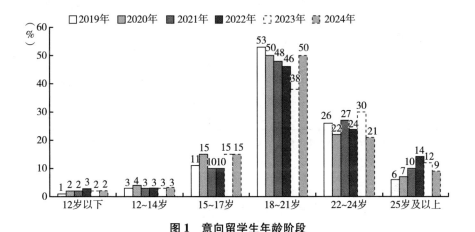

图1 意向留学生年龄阶段

资料来源：新东方《中国学生出国留学发展报告》。

（二）普通院校学生占比达十年峰值，私立学校学生加速转轨

留学的低龄化趋势在意向留学生就读的学校类型中也有所显现。如表2所示，这十年来，来自私立学校的学生人群整体占比增长，这也说明有越来越多的家长早早为孩子规划起了未来升学道路，希望能让他们更早地接受多元化的教育熏陶。由于我国的私立中学大多为寄宿中学，家长们也普遍希望能在中学阶段对孩子的独立生活能力和学习能力进行考察，评估他们是否能适应海外学习生活。

针对本科及以上意向留学生，来自"双一流"/985/211高校的学生占比整体呈下降趋势。2024年，国内普通高校的本科以上意向留学生占比增长，从2023年的49%增长至2024年的57%，增长了8个百分点（见图2）。可见伴随着国内"学历内卷"形势的加剧，有更多国内普通高校学生期待通过留学来帮助自己提升学历背景，丰富个人履历，以此提高未来求职就业竞争力。

表2　中小学意向留学生就读学校类型

单位：%

学校类型	2015年	2016年	2017年	2018年	2019年	2020年	2021年	2022年	2023年	2024年
公立学校普通班	67	56	59	58	54	53	45	48	49	49
私立学校普通班	9	10	10	12	11	13	12	11	12	15
公立学校国际班	15	16	13	11	15	16	19	16	15	13
国际学校	2	5	8	8	10	11	13	14	14	11
私立学校国际班	3	7	5	6	6	6	10	10	9	10
其他	4	6	5	5	4	1	1	2	1	2

资料来源：新东方《中国学生出国留学发展报告》。

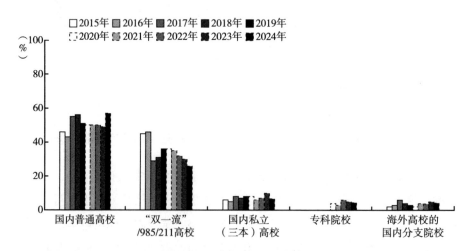

图2　本科及以上意向留学生就读学校类型

资料来源：新东方《中国学生出国留学发展报告》。

（三）普通家庭在十年里成为留学主体，"海归"家长群体占比上升

意向留学生的平均年龄降低，留学也日趋走向"大众化"。如表3所示，自2018年起，家长职务为"一般员工"的意向留学生成为我国主要的留学群体，且占比波动式增长，在2022年达到峰值45%。这与国家的快速发展和人民生活水平的提升有着密不可分的关系，留学已经从"小众经济"转变为一种全民性的选择。

家长职务为"单位负责人/高管"的人群占比也有明显的增长。2022年及以前，这类精英家庭对留学的态度一直比较稳定，占比约两成。而在近几年，精英家庭占比不断上升，从2022年的20%升至2024年的28%，上涨了8个百分点。这也同样说明了在物质水平提升的同时，人们也更关注对子女教育的投入和培养。

值得注意的是，这十年来，拥有海外学历的意向留学生家长占比逐年上涨。如图3所示，拥有海外学历的家长占比在2024年达到峰值21.0%，比2023年增长了4.5个百分点，是涨幅最大的一年。可见接受过海外教育经历的父母可能更认可留学带来的优势，也更倾向让自己的孩子走出国门，走向世界舞台。

表3　意向留学生家长职务分布

单位：%

职务	2015年	2016年	2017年	2018年	2019年	2020年	2021年	2022年	2023年	2024年
单位负责人/高管	23	23	20	23	22	20	22	20	27	28
中层领导	48	46	40	36	35	36	36	33	32	29
一般员工	29	31	40	41	43	44	42	45	41	39

资料来源：新东方《中国学生出国留学发展报告》。

（四）英国和美国仍是中国学生热门留学地，欧亚地区热度高涨

作为老牌教育强国，英国和美国一直是备受中国留学生家庭青睐的国家。如表4所示，2015~2024年，美国、英国轮流成为最受中国意向留学生

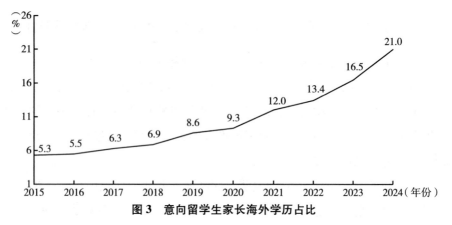

图3 意向留学生家长海外学历占比

资料来源：新东方《中国学生出国留学发展报告》。

欢迎的留学国家。2015~2019 年，美国凭借优质的教育资源和强大的教育实力，吸引了不少中国学子前往留学深造。2020~2024 年，英国则凭借较短的学制和相对稳定的政治环境，受到广大意向留学生的青睐。

在 2020 年及以前，加拿大和澳大利亚轮番争夺着第三名和第四名的位置。然而，随着全球疫情的蔓延，2021 年起，澳大利亚因国境封锁，留学热度降低，中国香港则依托地缘优势和优才计划新政的实施"逆势崛起"，在 2022 年和 2023 年升至第三位。2024 年，澳大利亚凭借院校世界排名上升的优势，热度回升，替代中国香港重回第三名。

表4 中国意向留学生前 11 位意向留学国家/地区排名

国家/地区	2015 年	2016 年	2017 年	2018 年	2019 年	2020 年	2021 年	2022 年	2023 年	2024 年
美国	1	1	1	1	1	2	2	2	2	2
英国	2	2	2	2	2	1	1	1	1	1
加拿大	3	4	4	3	4	3	3	4	5	5
澳大利亚	4	3	3	4	3	4	6	7	4	3
中国香港	5	8	6	5	5	8	5	3	3	4
日本	9	6	7	10	7	5	4	5	6	8
德国	6	7	5	6	6	6	8	8	8	7
新加坡	8	5	10	8	8	7	7	6	7	9
法国	10	10	9	9	10	9	9	9	9	6

国家/地区	2015 年	2016 年	2017 年	2018 年	2019 年	2020 年	2021 年	2022 年	2023 年	2024 年
新西兰	7	9	8	7	9	10	10	10	/	/
韩国	/	/	/	/	/	/	/	/	10	10

资料来源：新东方《中国学生出国留学发展报告》。

（五）工学专业学生始终为主力，文学、法学类专业学生占比上升

从意向留学生就读专业的趋势来看，拥有工学、管理学、经济学背景的学生自 2017 年起就是本科及以上留学生的主力军。但从 2022 年开始，受到国际经济形势及就业环境的影响，经济学占比呈连年下降趋势。与之相反的是，文学、法学类专业背景的人群占比呈现上升趋势（见表 5）。农学、哲学、历史学等相关专业的学生占比虽然目前还较低，但也在逐年上涨。这与我国近年来对"四新"学科的重点建设，以及经济发展过程中对相关专业人才的紧迫需求相一致。有更多的中国学子看到了国家在社会经济发展进程中对高水平人才的需求，他们也更愿意在祖国需要的领域深造求学，助力祖国未来发展，实现人生价值。

表 5　本科及以上意向留学人群当前就读前 9 位专业

单位：%

专业	2017 年	2018 年	2019 年	2020 年	2021 年	2022 年	2023 年	2024 年
工学	23	24	23	23	23	22	23	21
管理学	14	16	14	15	14	14	15	15
经济学	15	15	12	13	14	13	12	10
语言类	9	7	8	8	8	8	7	8
艺术类	7	6	7	7	8	8	9	7
文学	4	4	4	4	5	5	7	7
理学	8	8	9	9	9	7	6	7
法学	3	3	3	4	4	4	4	5
医学	5	4	5	5	4	3	4	5

资料来源：新东方《中国学生出国留学发展报告》。

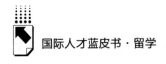

二　境外升学申请与筹备:"早准备"呈趋势, 更重视"性价比"

(一)海外学习项目全面开放,留学意向产生阶段提前

十年来,海外学习项目在质量与数量上都出现较好的增长,意向留学人群中有过海外学习经历的人员占比呈现同步增长趋势。如图4所示,有越来越多的学生选择通过海外学习项目来丰富个人背景经历,为之后的留学申请以及未来的海外生活打下基础。

这些海外学习经历包括学校组织的夏/冬令营、培训机构组织的国际游学营、短期交换项目以及海外高校暑期课程等。其中,学校组织的夏/冬令营及培训机构组织的国际游学营比较受意向留学人群欢迎,占比一直位于前列。此外,海外高校暑期课程的占比增速较快,从2015年的3%升至2024年的10%,增长了7个百分点,越来越受学生欢迎(见表6)。

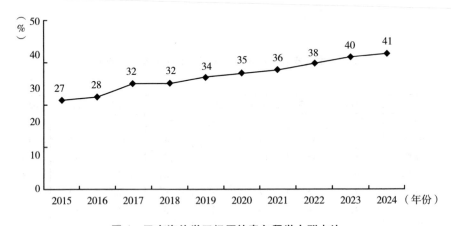

图4　已有海外学习经历的意向留学人群占比

资料来源:新东方《中国学生出国留学发展报告》。

表6　意向留学人群海外学习经历类型分布

单位：%

类型	2015年	2016年	2017年	2018年	2019年	2020年	2021年	2022年	2023年	2024年
学校组织的夏/冬令营	8	8	12	13	13	15	15	15	17	16
培训机构组织的国际游学营	9	9	11	10	9	11	11	13	13	13
短期交换项目	8	8	10	9	11	9	10	10	11	12
海外高校暑期课程	3	3	5	6	8	7	9	10	10	10

资料来源：新东方《中国学生出国留学发展报告》。

此外，本科一直是中国留学家庭萌发留学意向的主要阶段，占比超四成（见图5）。但近两年，留学意向产生阶段提前，在高中阶段萌发留学意愿的人群占比自2023年起有所增长（见图5），相信这与海外学习经历人群数量增长有关。

越来越多的家庭会让孩子在初高中阶段参与海外高校暑期课程，或是学校组织的夏/冬令营，从而也激发了孩子对海外学习的兴趣和向往。

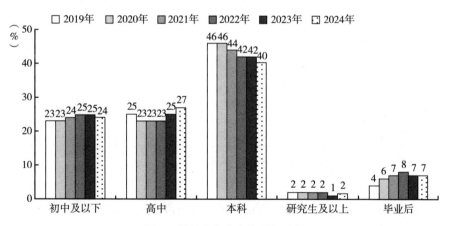

图5　留学意向产生的时间阶段

资料来源：新东方《中国学生出国留学发展报告》。

（二）录取率高、口碑好的专业更受青睐，工科依然热门

留学市场逐渐放开后，2022年就业前景的重要性随之回升。近几年，

兴趣与自身教育背景适配度的重要性整体呈下滑趋势，不再是人们选择留学专业的决定性因素。如表7所示，录取率高、毕业率高的专业受到更多人青睐，"他人推荐"的影响力也越来越大。意向留学人群在专业选择上越来越受到就业市场的影响。

表 7　意向留学人群选择专业时的考虑因素

单位：%

因素	2017 年	2018 年	2019 年	2020 年	2021 年	2022 年	2023 年	2024 年
就业前景好的专业	55	53	51	49	49	51	50	51
兴趣	63	59	55	56	54	58	49	46
自身教育背景适配度	47	46	47	47	46	46	46	43
专业排名	39	39	41	42	43	42	37	36
所在学校排名	32	34	37	42	44	43	38	36
毕业率高	22	22	25	25	25	26	30	31
录取率高	18	22	23	23	24	24	28	29
学费	29	30	32	30	28	26	29	29
课程难易程度	17	20	22	21	23	24	25	27
毕业后有实习项目	28	28	29	22	22	19	21	23
奖学金	23	25	24	23	21	17	20	22
国外留学的热门专业	19	15	17	16	17	18	19	19
他人推荐	6	7	7	7	7	9	12	12

资料来源：新东方《中国学生出国留学发展报告》。

在具体的专业选择上，如图6所示，意向留学人群更青睐工学、经济学和管理学，2024年对这几个专业感兴趣的意向留学人群占比分别为18%、13%和12%。但从近三年的趋势来看，经济学下降较为明显，这与当下国际经济低迷、经济学毕业后竞争力下降有关。医学、农学呈现上升趋势，与当下意向留学人群就读专业趋势大体相同，可见学生们在继续深造时可能更愿意延续此前所学专业。

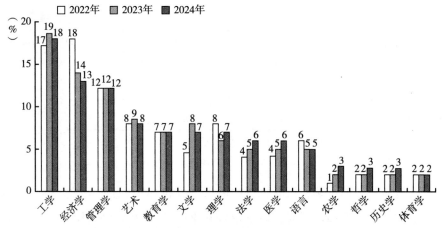

图 6　意向留学人群感兴趣的主要专业类型

资料来源：新东方《中国学生出国留学发展报告》。

（三）就业需求持续上升，留学开始追求"性价比"

近年来，意向留学人群的留学目的有较明显的变化。"拓展国际视野""丰富人生经历"为主要留学目的，且占比变化平稳。2024 年，高校毕业生预计有 1179 万人，同比增长 21 万人，[①] 随着应届毕业生进入求职期，就业市场的竞争更加激烈。自 2023 年起，越来越多人希望能通过留学来拓宽自己的职业道路，获得更好的就业前景。国外的先进知识对意向留学人群的吸引力则略有下降（见表 8）。

表 8　意向留学人群的留学目的

单位：%

目的	2017 年	2018 年	2019 年	2020 年	2021 年	2022 年	2023 年	2024 年
拓展国际视野	61	64	65	66	65	66	63	64
丰富人生经历	60	64	63	64	64	66	64	63
未来就业前景更好	43	44	44	44	46	46	48	49

---

① 《教育部 人力资源社会保障部共同部署好 2024 届全国普通高校毕业生就业创业工作》，教育部官网，http：//www.moe.gov.cn/jyb_zzjg/huodong/202312/t20231205_1093287.html，2023 年 12 月 5 日。

续表

目的	2017 年	2018 年	2019 年	2020 年	2021 年	2022 年	2023 年	2024 年
学习国外的先进知识	47	49	50	46	45	45	41	41
提高外语能力	40	41	45	45	44	42	40	41
想就读国外名校	31	30	35	36	38	39	41	39
喜欢国外文化	29	27	26	26	25	24	32	31

资料来源：新东方《中国学生出国留学发展报告》。

受就业压力的影响，留学也更加追求"性价比"。意向留学人群对学校排名的重视程度升高。同时，对毕业后就业率、学费的重视程度也较高。特别是在 2020 年之后，受就业压力、经济大环境及通货膨胀的影响，越来越多的学生在择校时会将毕业后就业率纳入考虑范围（见表 9）。

对意向留学人群来说，除了专业本身带来的就业优势外，学校排名越高，留学生在求职竞争中就越有利，可选择的就业范围也越大。可以说，就业对择校的影响也更加强烈。

表 9　意向留学人群选择院校时的考虑因素

单位：%

因素	2019 年	2020 年	2021 年	2022 年	2023 年	2024 年
学校排名	56	57	62	66	66	63
适合的专业	56	56	58	60	62	59
与自己的匹配度	—	48	52	52	56	55
安全问题	50	53	54	54	50	54
毕业后就业率	—	44	45	47	52	53
录取条件	49	45	51	52	53	52
学费	48	46	45	44	47	49
学习氛围	46	46	46	45	51	48
地区	40	37	40	40	45	44
师资力量	47	43	47	45	45	43
学校设施环境	37	36	38	39	41	41
教学安排	30	35	37	35	37	37
奖学金	33	28	28	24	28	30

因素	2019 年	2020 年	2021 年	2022 年	2023 年	2024 年
国际学生比例	25	23	24	23	24	26
师生比	—	15	15	16	17	19
他人推荐	9	9	9	11	16	17

资料来源：新东方《中国学生出国留学发展报告》。

（四）升学渠道呈多样化趋势发展，双轨申请受到肯定

双轨申请，是指两条不同轨道的升学路径同时进行。受近几年中西方关系、国际就业环境等因素的影响，越来越多的家庭希望孩子在"走出去"接受国际教育的同时也能"回得来"。在这样的背景下，双轨申请开始受到关注，学生在接触国际教育的同时，也希望能抓住国内升学机会，多准备一种升学方式。

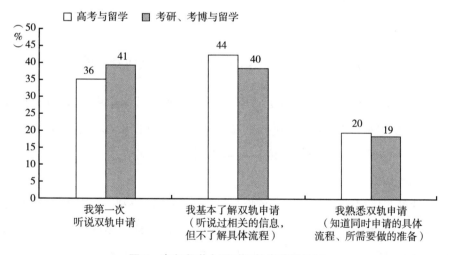

图 7　意向留学人群对双轨申请的认知

资料来源：新东方《中国学生出国留学发展报告》。

如图 7 和图 8 所示，大部分受访意向留学人群表示或多或少了解双轨申请，其中，关注高考与留学的人群相对更多，占比超六成。同时，超七成人

群对双轨申请表达了中性和肯定的态度，双轨申请未来或将成为意向留学人群的主要升学路径之一。

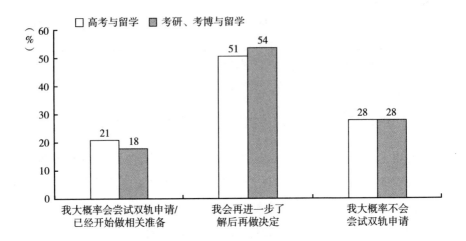

图8　意向留学人群对双轨申请的态度

资料来源：新东方《中国学生出国留学发展报告》。

（五）留学考试和GPA在留学申请过程中更应受到重视

不论是意向留学人群还是已留学人群，都认可留学考试成绩的重要性，除此之外，申请本科还需要重视背景提升、社团活动，申请研究生则需要关注科研和实习经历，这几项可以说是申请名校的"敲门砖"（见图9、图10）。

此外，根据"过来人"的经验，GPA也需要被重视，尤其是申请海外研究生。不过有部分学生尚未重视到GPA的重要性，2024年，高中人群GPA 2.0区间（即79分以下）占比达35%；而本科人群中，GPA在90~100分的占比仅为12%，[1] 这两类人群尤其需要重视GPA成绩。

---

① 新东方：《中国学生出国留学发展报告》。

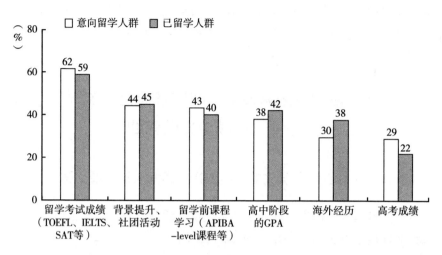

图9　2024年意向留学人群和已留学人群认为申请本科阶段需要重视的准备

资料来源：新东方《中国学生出国留学发展报告》。

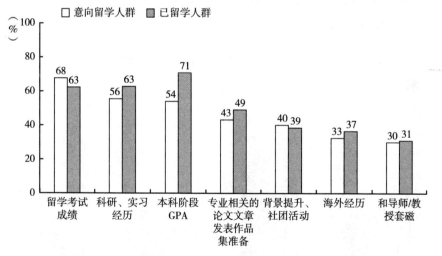

图10　2024年意向留学人群和已留学人群认为申请硕博阶段需要重视的准备

资料来源：新东方《中国学生出国留学发展报告》。

对于大部分海外院校来说，GPA是非常重要的学术考评标准之一，同时也是证明自身学习实力的标准之一，因此需要保持相对有竞争力的GPA

成绩，在保持良好 GPA 的基础上，有余力的学生可以针对专业相关的论文/作品集进行准备，丰富海外学习经历，为留学申请助力。

三 留学生未来发展：回国就业是主流，新一线城市更受欢迎

（一）回国就业是留学生的主流选择，硕博人群意愿更强

就业是最基本的民生。就业是社会热议的话题，对于留学生而言，毕业后的就业选择也是告别"学生"身份的第一步。

根据对留学人群未来就业选择的长期观察，近 7 年来，不论是本科留学人群还是硕博留学人群毕业后回国就业都是主流选择。其中，硕博留学人群对回国就业的意愿，尤其是毕业后马上回国就业的意愿比本科留学人群更加强烈（见图 11、图 12）。

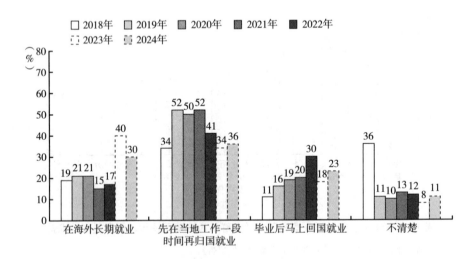

图 11 本科阶段留学人群毕业后的就业意向

资料来源：新东方《中国学生出国留学发展报告》。

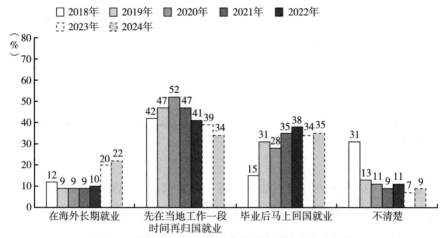

图 12　硕士及以上阶段留学人群毕业后的就业意向

资料来源：新东方《中国学生出国留学发展报告》。

如今国内就业机会选择多，经济发展潜力大，并且近几年我国针对归国留学人群陆续颁布了多项利好政策，对留学生就业、创业也有政策帮扶，这也是吸引更多留学人群回国发展的原因之一。

（二）教育和计算机成热门就业行业

如表 10 所示，2024 年，意向留学人群期望就职的行业主要集中在金融银行业、教育培训行业与计算机行业。但从连续五年的调研数据来看，金融银行业的占比整体呈下降趋势。

表 10　意向留学人群期望就职行业

单位：%

行业	2020 年	2021 年	2022 年	2023 年	2024 年
金融银行业	23	18	17	18	14
教育培训行业	12	12	13	15	14
计算机行业	7	10	8	8	9
互联网行业	7	9	9	8	8
政府	—	—	—	7	8
广告媒体行业	10	5	8	8	7

行业	2020 年	2021 年	2022 年	2023 年	2024 年
制药医疗行业	6	6	6	6	6
贸易行业	5	4	5	4	5
通信电子行业	—	—	—	5	5
专业服务行业	4	4	3	4	4

资料来源：新东方《中国学生出国留学发展报告》。

随着国内对金融银行业的薪酬整顿，期望就职金融银行业的人数减少，取而代之的是对教育培训行业与计算机行业关注度的上升。这两个行业以高薪为主要特点，符合当下大部分求职者的需求，因此也吸引了更多留学生的关注。

此外，2024 年，留学生与专业的匹配度较 2023 年出现大幅下降，下降了 9 个百分点。[①] 其中部分原因在于受到就业低潮的影响，但更重要的原因在于就业方向更为自由，留学生在求职时并不仅局限于所学的专业，部分留学生希望通过跨行业求职，拓宽自己的就业范围。

（三）家庭因素影响留学生就业城市选择，新一线城市吸引力较大

2024 年，在影响留学人群就业城市选择的因素中，家庭居第一位，占比为 51%，比往年有所上升（见表 11）。城市选择背后，能看出留学生对"家"的眷恋，如今，留学生对就业地的选择也更为全面、理性，更多人会根据自身家庭情况，如地理位置、经济水平等选择就业城市。

表 11 已留学人群就业城市的考虑因素

单位：%

因素	2020 年	2021 年	2022 年	2023 年	2024 年
家庭	40	47	40	46	51
城市发展前景	34	38	38	40	35
薪酬待遇	37	40	34	39	31
职业发展	36	35	36	37	30

① 新东方：《中国学生出国留学发展报告》。

因素	2020 年	2021 年	2022 年	2023 年	2024 年
城市规模	26	29	29	36	28
生活水平	36	31	33	32	27
生活节奏	31	30	29	35	26
对留学生的优惠政策	24	21	27	22	24
城市基础建设	25	23	25	27	21
环境质量	29	24	28	24	17

资料来源：新东方《中国学生出国留学发展报告》。

从具体城市来看，上海与北京居就业城市前列，其中，上海鼓励留学生落户和创业，简化手续、减少环节，为留学生发展提供诸多便利，[①] 这些政策吸引不少留学生前往，选择上海的留学生占比大幅上升。新一线城市如西安、合肥、成都等得益于其发展的前景与活力、相对舒适的生活节奏，同样吸引了大批留学生前往（见图 13）。

（四）求职平台向社交媒体转移

在获取就业信息的途径方面，留学生寻找招聘机会的渠道更加多元化，并呈现从传统招聘网站向社交媒体转移的现象。2024 年，选择小红书与微信公众号的留学生占比大幅超越第三方招聘信息网站成为留学生获取招聘信息的主要渠道，并且，同样具有社交性质的微博与 Bilibili 也被留学生视为就业信息来源之一（见图 14）。

智能传播时代，人与人之间的联系日渐紧密，平台的定位与界限也逐渐模糊，小红书、微信等作为头部社交平台，天然具有信息集散的优势，叠加算法数据的精准推动，求职者在体验社交便利的同时能够获得平台推送的源源不断的就业信息，降低了信息收集的时间成本，这也使得留学生更倾向于从社交平台寻找求职信息。

---

① 《上海市人民政府关于印发〈鼓励留学人员来上海工作和创业的若干规定〉的通知》，https：//www. shanghai. gov. cn/nw12344/20210205/3130a0e7906547a3b5e5602d3176be40. html，2021 年 2 月 5 日。

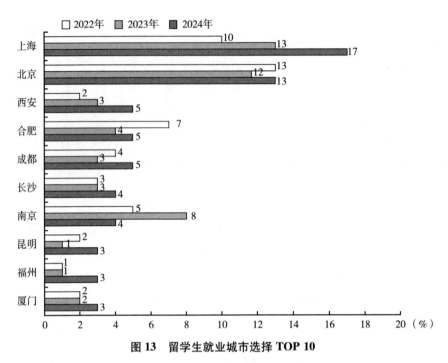

图 13 留学生就业城市选择 TOP 10

资料来源：新东方《中国学生出国留学发展报告》。

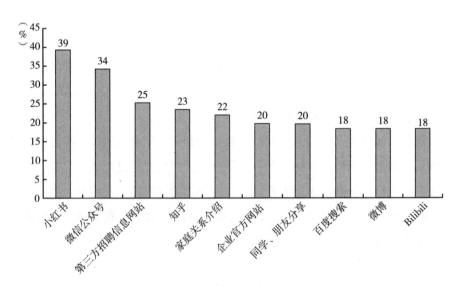

图 14 2024 年留学生获取就业信息的途径

资料来源：新东方《中国学生出国留学发展报告》。

四 用人单位对留学生的态度和招聘情况

（一）用人单位对留学生的认可度更高，认为留学具有意义

留学人员是我国人才资源的重要组成部分。吸引广大留学人员回国工作和创业，是我国加强人才队伍建设、建设创新型国家的重要途径，也是新形势下实施科教兴国战略和人才强国战略的重要内容。

近年来，在外部环境及国际关系变化等因素的推动下，留学人员回国潮涌起。作为中国紧密联系世界的强有力纽带，留学生在辅助推进国家发展的过程中发挥着不可替代的有利作用。而这一点也可以从 2024 年的调研数据中看到。

如图 15 所示，在用人单位眼中，2024 年，留学热度较上年有所增长。从连续六年的调研数据来看，留学热度在经历过短暂的回落之后，在 2023 年开始回暖，保持上涨的态势。

2023~2024 年，84% 的用人单位在调研中表达了对留学的认可（见图 16）。他们普遍认为留学能够给学生带来积极的影响，例如，能够开阔视野、增加人生经验、锻炼独立自主能力和转变思维方式等（见图 17）。这些积极影响能够被应用在工作中，帮助留学生胜任工作。

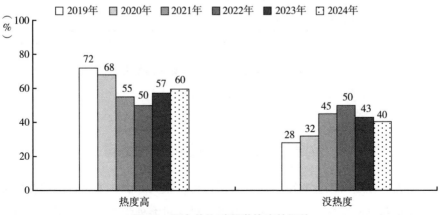

图 15 用人单位对留学热度的评价

资料来源：新东方《中国学生出国留学发展报告》。

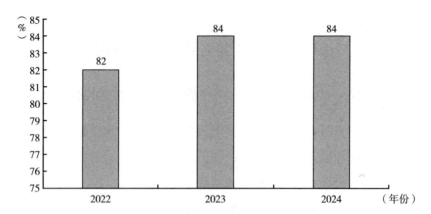

图16　用人单位对出国留学的认可程度

资料来源：新东方《中国学生出国留学发展报告》。

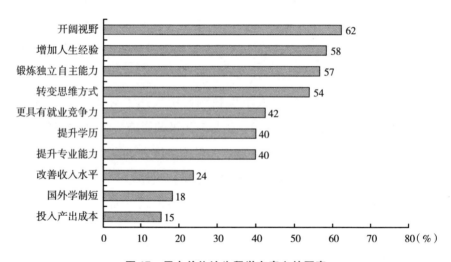

图17　用人单位认为留学有意义的因素

资料来源：新东方《中国学生出国留学发展报告》。

（二）留学生的创新性、表现力更受用人单位认可

用人单位之所以会对留学热度表示认可，很大原因在于留学确实在国际化人才培养方面发挥着重要作用。留学人员通过海外学习，收获了更为宽阔的眼界和创新创造力。在用人单位眼中，创新能力、表现力、社交能力和语

言能力是用人单位较为认可的优势（见图18）。从整体评价也能看出，用人单位对留学生的评价普遍高于留学生自评。

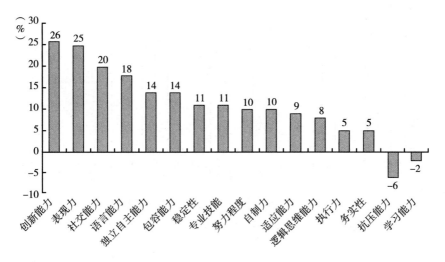

图18　2024年用人单位对留学生在工作中的优势看法

注：数值为正代表用人单位认可但留学生不自知的优势，数值为负代表留学生过度自信的能力。

资料来源：新东方《中国学生出国留学发展报告》。

（三）工作经验与专业是否对口依然被用人单位看重

在实际的招聘过程中，用人单位对留学生有相关的工作经验、专业对口、实习经验丰富更加关注。从近两年的调研数据来看，用人单位对实习经验的关注度有所增长（见图19）。这对于毕业后就业的留学生而言，无疑释放了一个重要的信息，即优秀的实习经验依然是加分项。

（四）留学生具备更强的高薪竞争力

在薪资方面，2024年，用人单位为留学生提供的工资普遍高于国内高校毕业生工资水平，这意味着留学生在薪资水平上普遍具备优势。尤其是月薪15000元及以上工资区间的工作提供给留学生的机会更多（见图20）。这也说明了留学生在就业市场上是存在优势的，用人单位对留学价值依然

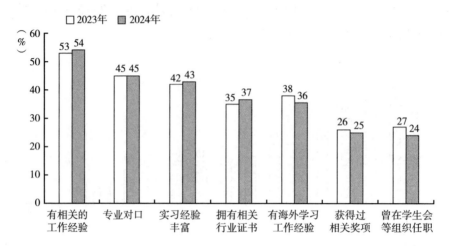

图 19　用人单位倾向录取留学生的背景要素

资料来源：新东方《中国学生出国留学发展报告》。

肯定。

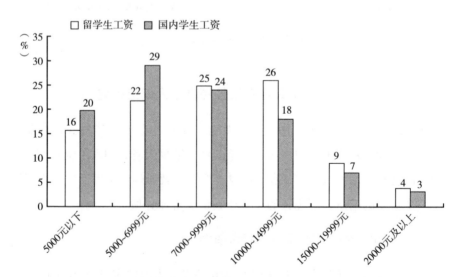

图 20　2024 年用人单位为留学生和国内学生提供的月薪水平

资料来源：新东方《中国学生出国留学发展报告》。

五　中国留学生境外生活

（一）中国留学生海外住宿需求

住宿是海外读书的首要生活需求。海外院校和国内院校在住宿方面有一些区别，国内院校通常由学校直接分配宿舍，开学后缴纳费用即可，但海外院校会有宿舍申请的过程，学生们需要提前关注该方面的信息，以免错过申请时间。通常情况下，未成年学生一般选择住在寄宿家庭，或入读寄宿类学校；对于已成年的学生，尤其是硕博研究生，如果没有申请到学校宿舍或学校不提供宿舍，一般会选择租住在校外的公寓。针对家长送孩子去海外上学需要短住的情况，可以选择预订酒店或民宿类型的房源。本部分根据新东方合作方"异乡好居"提供的数据对海外住宿情况进行详细分析。

1. 美国：赴美租房预订集中在暑期，9月后平均租金低于往年

2023年，留学市场已经有了回暖的趋势并逐渐回归正轨，赴美留学的申请人数和签证发放数量也在回升。如图21所示，2023年赴美住宿预订集中在4~8月，相比2022年，整体预订高峰呈现重合的形式，6~8月也有相对较多的学生关注并选择房源。

从租金方面来看，2023年，美国留学租房花费整体呈现较为平稳的状态，平均为1500~2500美元/月，2023年9月后整体平均租金低于2022年（见图22），不同城市的涨幅会略有不同。

赴美留学生在选择房源时一般会重点考虑六个方面：社区安全性、通勤距离和时长、整租或合租、房间设施、周围配套设施、房租包含的费用及额外需要支付给房东或大楼的费用。2023年，更多赴美留学生选择住在楼体偏新或设施更好的学生公寓。学生公寓通常带家具，房型多样，有统一的前台管理和门禁，住户群体基本是周边学校的学生，在安全方面也相对有保障，位置一般分布在学校周边，对于新生而言是非常便利的。

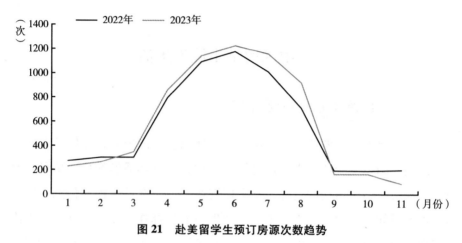

图 21 赴美留学生预订房源次数趋势

资料来源：新东方《中国学生出国留学发展报告》。

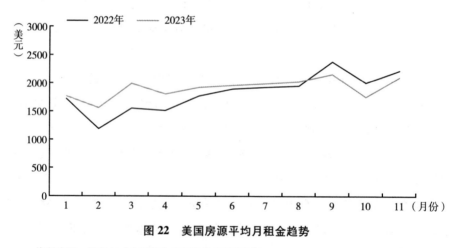

图 22 美国房源平均月租金趋势

资料来源：新东方《中国学生出国留学发展报告》。

而一些对当地比较熟悉且有车的留学生，可能会在第二学年或者第三学年选择相对较远的社会型房源，这类房源房间面积会更大，虽然没有家具，但学生们可以按自己的喜好布置房间，同时也可以与熟悉的同学一起合租，分担租金。

美国的校外公寓，户型一般分为 Studio（房间内带有简易开放厨房和独立卫生间)、1B1B(1 间卧室和 1 个卫生间)、2B2B(2 间卧室和 2 个卫生间)、3B2B(3 间卧室和 2 个卫生间)、4B2B(4 间卧室和 2 个卫生间)以及 4B4B(4 间卧室和 4 个卫生间)。在户型偏好上,许多学生倾向于选择 2 室及以下的户型,在性价比更高的前提下,相对有更多的独立空间,公共区域没有太多人一起分享,同时又有室友可以相互照应。

2. 英国:学生公寓连续五年受到绝对欢迎,各城市租金整体大幅上涨

随着英国在国际学生中的受欢迎程度逐年提高以及留学生数量增长,英国的留学生住宿也发生了一定的变化。在住宿选择上,英国租房市场趋于成熟,类别丰富,通常可以分为学生公寓和非学生公寓。

学生公寓一般靠近学校,有 24 小时监控和保安,承包所有水、电、网费,配有洗衣房、健身房、影音室、学习室等,部分特殊公寓还提供免费工作日早餐和入室打扫服务等。此外,学生公寓只有持 T4 学生签证的学生才可以申请,保证了入住人员的单一性。综合以上特点,从 2019 年起,中国留学生对学生公寓的选择偏好在逐年递增(见图 23)。

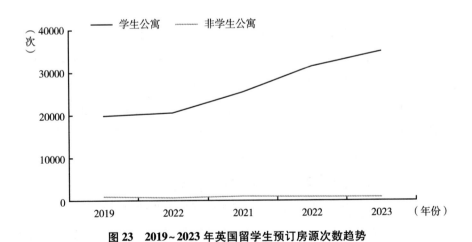

图 23 2019~2023 年英国留学生预订房源次数趋势

资料来源:新东方《中国学生出国留学发展报告》。

非学生公寓主要包含社会公寓、民宿整租和民宿合租。从 2019 年起,中国学生对社会公寓的偏好整体提高,对民宿的需求持续下降(见图 24)。

虽然社会公寓相对租金更高，但提供的服务种类多，如可养宠物、有停车位、可用面积更大、居住环境相对更加安全等，因此社会公寓深受留学生欢迎。

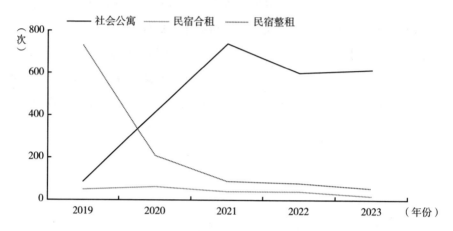

图24　2019~2023年英国留学生非公寓住房类型预定次数趋势

资料来源：新东方《中国学生出国留学发展报告》。

在具体户型选择上，一般独居的留学生会更倾向选择Studio，结伴而居的留学生则普遍选择套间，每人拥有独立的房间和卫生间，共用客厅和厨房。但受近几年外部环境的影响，选择Studio的留学生数量在不断增长。

在房源关注度方面，2023年，留学生对于热门城市的关注明显增加，比如格拉斯哥、南安普敦、曼彻斯特等，这与该城市的大学排名提升有紧密联系。从具体预订情况来看，热门城市的预订量同比增长约30%，说明中国留学生对大型城市和热门城市的倾向性越来越高，其中伦敦、格拉斯哥、南安普敦、曼彻斯特、利兹、谢菲尔德热度提升尤为明显。

在租金方面，受能源危机和供需关系的双重影响，近两年的英国各城市房源租金价格普遍上涨，且涨幅较大（见表12）。此外，随着预订速度的加快，房源剩余数量不断减少，价格比房源开放初期更高。

表12　2022~2023年英国各城市起始周租金价格变化趋势

单位：英镑

城市	2022年	2023年	城市	2022年	2023年
格拉斯哥	170	230	谢菲尔德	130	114
南安普敦	150	190	埃克塞特	170	170
布里斯托	280	290	伦敦	300	320
爱丁堡	180	230	利物浦	150	160
杜伦	170	220	纽卡斯尔	140	140
曼彻斯特	180	250	考文垂	150	150
邓迪	150	180	卡迪夫	140	160
伯明翰	160	180	贝尔法斯特	170	170
约克	150	200	拉夫堡	150	130
利兹	150	170	兰卡斯特	160	160
诺丁汉	150	190			

资料来源：新东方《中国学生出国留学发展报告》。

3. 澳大利亚：学生公寓是首选，套间户型更受欢迎

出于安全考虑及留学低龄化发展，绝大多数留学生将学生公寓作为入境澳大利亚的第一个住处。澳大利亚留学生公寓的安全性及配套设施相对完善，深受家长和学生欢迎。但由于房源数量非常有限，在租房高峰期，部分城市很快就会出现一房难求或房租上涨的情况。因此，也有越来越多的留学生选择合租社会公寓来减轻资金压力，但选择这种方式需要更多的比较和考虑因素，包括房东、价格、房客生活习惯等。

房型通常有四类选择：第一类的 Studio 和第二类的 Ensuite 与英国房型类似，第三类是 Twin Share（多人卧室，指可以同时入住两人及以上的卧室，公共设施也需多人共享），第四类为 1 Bedroom（类似国内的一室一厅，卧室和厨房之间有单独的门隔开）。2023年，留学生更倾向于选择 Ensuite（见图25），该户型在所有户型中的性价比较高，既能满足学生独立居住的需求，价格又低于 Studio。

随着澳大利亚国境全面开放，对比2022年，2023年澳大利亚整体房屋租金有明显的上涨（见图26）。大批留学生返澳导致房源市场供不应求的情况也越加明显，部分城市出现一房难求现象，房源租金也顺势增长。

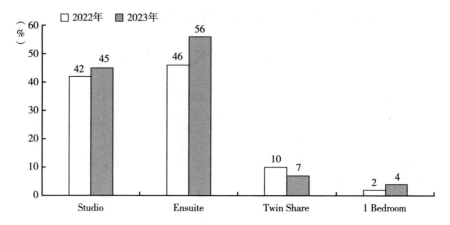

图 25　2022~2023 年澳大利亚留学生户型选择占比

资料来源：新东方《中国学生出国留学发展报告》。

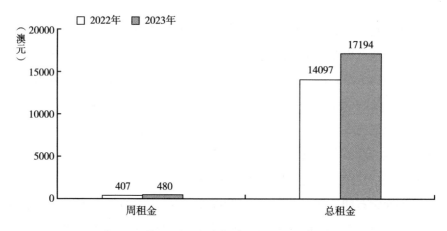

图 26　2022~2023 年澳大利亚房源租金变化趋势

资料来源：新东方《中国学生出国留学发展报告》。

4. 加拿大：社会型公寓更受欢迎，整体租金稳步上涨

加拿大的住宿选择大致可分为五种类型。第一类是学生宿舍，由加拿大的大学和学院提供，这些宿舍通常位于校园内或学校附近，为学生之间的跨文化交流提供助力。第二类是寄宿家庭，一些学生会选择住在寄宿家庭，与当地家庭共同生活，贴近当地文化。第三类是学生公寓，学生公寓是专门为学生提供住宿的建筑或单元，通常位于学校附近。第四类是社会公寓，在大城市如多伦多、温哥华和蒙特利尔等，有许多不同租金价位的公寓，租住在这里能够更好地融入当地社区，体验加拿大的生活方式。第五类是民宅（House），在部分城市有一些专门为留学生设计的民宅，这些民宅通常提供基本的生活设施，为留学生提供相互学习和支持的环境。

2023年，在加拿大所有留学生中，选择入住社会公寓的留学生占73%，选择学生公寓的占22%，选择民宅的占5%。但在不同的城市，留学生在住宿的选择上呈现多元化趋势。例如，在多伦多，80%的留学生选择社会公寓，14%选择学生公寓，6%选择民宅；但在蒙特利尔，88%的留学生选择学生公寓，其他学生基本选择入住社会公寓。

在房源咨询方面，相较于2022年，加拿大留学生在2023年租房咨询时间整体前置。不同于2022年在2~7月的平缓上升，2023年的房源咨询量从1月开始就呈现了较快的增长并持续到8月达到峰值（见图27）。

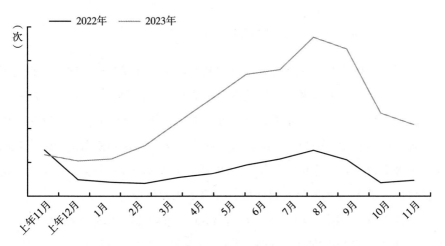

图27　2022~2023年加拿大留学生房源咨询次数趋势

资料来源：新东方《中国学生出国留学发展报告》。

从租金变化来看，以多伦多一居室为例，2023年，租金在10月达到最高峰，10月开始逐渐下降（见图28）。租金的上涨使部分中国留学生在换房的时候持观望态度，大部分会选择直接续租或先观望到 11 月，等租金下降时再更换房源。

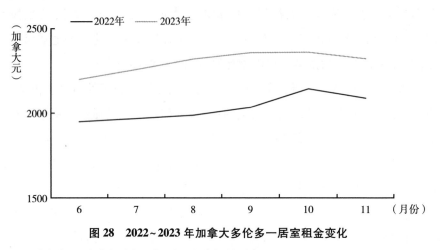

图 28　2022~2023 年加拿大多伦多一居室租金变化

资料来源：新东方《中国学生出国留学发展报告》。

（二）中国留学生境外消费支付行为分析

支付方式作为留学在外衣食住行的基本保障，其安全性、便利性和受理广泛程度，受到越来越多留学生及其家长的重视。作为一家全球领先的数字支付公司，Visa 拥有全球先进的支付处理网络，连接并服务全球 200 多个国家和地区的消费者、商户、金融机构及政府机构。Visa 的使命是提供非凡的支付和被支付方式，让包括中国留学生在内的全球 Visa 持卡人，在任何地方都可以借助 Visa 的网络获得便捷、安全的支付体验。

在海外深造的中国留学生可以在 Visa 分布全球的 1.3 亿家商户①享受快速、便捷、安全的支付。同时，Visa 与中国的多家银行合作，先后发布了多款为中国留学生及其家长量身定制的留学支付产品及服务。中国留学生在境外可以充分享受 Visa 留学生卡多样的消费优惠和安全、便利的支付体验。

---

①　数据截至 2023 年 6 月 30 日。

针对留学生这一特定群体，Visa 信用卡和借记卡在支持和陪伴中国留学生方面具有独特优势。针对留学生缴纳学费的刚需，使用 Visa 卡支付学费十分便捷，安全无忧。整个过程只需数十秒就能迅速、可靠地完成，且能够足额、即时到达学校指定的账户，无须经过中转银行支付，免去了不确定的中转时间和中转服务费。Visa 卡广泛的使用环境为留学生在当地的生活提供了巨大的支付便利和安全保障。

近年来，留学生在跨境线下场景中更多地转向了一拍即付[①]的感应支付方式，2023 年一拍即付交易笔数较 2022 年增长了近 1 倍。[②] 其中，澳大利亚、英国等欧洲国家和新加坡更为显著，例如，英国一拍即付的交易笔数在所有线下交易方式中的占比高达 90%，成为主要线下支付方式。[③] 一拍即付进一步提升了境外用卡的便捷性和安全性，并丰富了使用场景，例如在交通、商超、餐厅、加油等线下支付场所都可以使用一拍即付。其中，在伦敦、纽约、新加坡市和香港，留学生可使用 Visa 芯片感应卡一拍即付直接进入地铁，不必再购买交通卡，这使生活更加便利。

此外，Visa 为留学生打造了"Visa 留学家"专属权益平台，提供丰富的商户优惠活动，该平台成为留学生在异国他乡可靠而贴心的伙伴。例如 1 美元享受境外机场贵宾厅、1 天 1 美元境外流量卡、留学保险折扣、英国私立医院就诊专属权益、主要留学目的地精选商户交易返现等优惠活动。

根据 Visa 卡在境外交易的表现，[④] 本部分得出中国留学生在境外的消费行为特点。

1. 大部分国家/地区的留学消费水平已恢复至疫情前，欧亚国家/地区交易额提升明显

随着 2023 年中国跨境通航恢复，美国、英国、澳大利亚、新加坡等大

[①] "一拍即付"是采用短距无线通信技术，在芯片感应卡与支持感应支付的结账终端之间进行的安全支付方式。使用正面或背面带有水波纹标识))) 的 Visa 芯片感应卡，可以在有感应支付标识 的商户一拍即付（Tap to Pay）。

[②] VisaNet。

[③] VisaNet。

[④] VisaNet。

部分国家和地区的留学消费水平已恢复至疫情前。其中,英国和新加坡的交易额已达到2019年的近两倍,荷兰、韩国和马来西亚的交易额增长更为显著。

从境外交易额来看,主要留学目的地仍然是美国、英国、澳大利亚和加拿大,2023年,这4个国家合计交易额占比约为61.0%,但相较2022年的67.3%有所下降。而欧洲和亚洲的主要留学目的地,交易额相较2022年有所增长,其中,日本和荷兰的交易额同比增长超20%,韩国和马来西亚的交易额同比增长超100%。

从具体留学目的地占比来看,英国交易额占比近四年来连续上升,由2020年的15.5%上升至2023年的23.9%,与排名第一的美国仅差1个百分点。澳大利亚自2020年起交易额占比开始下滑,但2023年回升至7.1%,超越加拿大,排名回归至第三名。加拿大交易额占比却自2020年起连续下跌。此外,荷兰交易额占比近5年整体上升,韩国和马来西亚交易额占比连续4年呈上升趋势(见表13),欧亚地区越来越受留学生青睐。

表13 2019~2023年不同国家和地区中国留学生境外交易额占比

单位:%

年份	美国	英国	澳大利亚	加拿大	日本	法国	新加坡	中国香港	德国	荷兰	意大利	韩国	马来西亚	西班牙	其他
2019	34.2	16.5	9.9	8.8	4.2	3.7	2.6	2.5	2.4	1.1	2.6	0.9	0.4	1.2	9.2
2020	34.6	15.5	8.7	10.1	4.3	3.8	3.8	2.5	2.8	1.1	2.3	0.0	0.0	0.9	9.5
2021	34.9	16.5	7.2	8.4	4.1	4.4	3.7	3.4	2.8	1.5	2.3	0.5	0.5	0.9	9.0
2022	31.3	22.3	6.7	7.0	4.0	4.2	3.5	3.0	2.6	2.0	2.4	0.6	0.7	1.1	8.6
2023	24.9	23.9	7.1	5.1	4.8	4.5	3.6	3.1	2.9	2.6	2.5	1.7	1.5	1.4	10.3

资料来源:新东方《中国学生出国留学发展报告》。

2. 境外消费主要集中在下半年,不同类型消费季节性分布明显

从消费季节性分布来看,时间主要集中在下半年。其中,教育与专业服务类交易集中在9月,是学费缴纳的高峰期;餐厅类和购物类消费高峰出现在 10~12 月，主要受新学期开学和节日因素影响；旅行/住宿类消费高峰在 8 月和 12 月，与暑假和寒假有关（见图 29）。

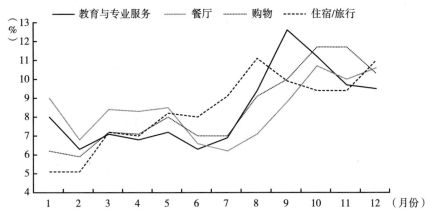

图 29　2023 年中国留学生主要消费类型月份分布

注：纵轴为中国留学生当月消费在全年所占的比重。

资料来源：新东方《中国学生出国留学发展报告》。

3. 线上支付成为趋势，线下消费逐渐回暖

回顾 2018~2023 年境外支付情况，线上支付占比已连续 4 年高于线下支付占比，越来越多的交易可通过线上交易渠道完成，数字化支付体验为留学生带来了更多的生活便利。与此同时，随着全球经济秩序的逐渐恢复，自 2021 年起，线下商户交易额占比逐步回升，线下消费市场持续回暖（见图 30）。

与作为境内主要支付形式的二维码支付不同，境外主流留学国家和地区仍主要通过银行卡进行支付，中国留学生使用实体 Visa 芯片感应卡在当地消费更加便捷、安全。尤其在英国、澳大利亚、新加坡等国家，一拍即付覆盖地铁、公交车、便利店、商超、餐厅、加油站等场所。伦敦、纽约、香港和新加坡市的地铁，以及悉尼、曼谷等城市的部分地铁和公交车，都可以使用 Visa 芯片感应卡一拍即付进站和乘车，不必另外购买交通卡，十分方便。

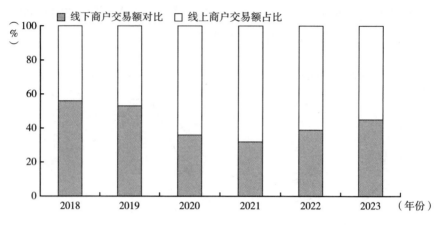

图30　2018~2023年线上、线下消费额对比

资料来源：新东方《中国学生出国留学发展报告》。

4.95%的教育类交易为线上交易

2018~2023年，教育类交易的线上占比整体呈上升趋势，近4年都稳定在95%及以上（见表14），使用Visa卡线上缴纳学费也成为越来越多留学生的首选。

表14　2018~2023年线上、线下交易额对比（教育类）

年份	线下商户交易额占比（%）	线上商户交易额占比（%）
2018	20	80
2019	13	87
2020	5	95
2021	3	97
2022	4	96
2023	5	95

资料来源：新东方《中国学生出国留学发展报告》。

5.教育类交易排名靠前，购物消费占比上升

2023年，按所有中国留学生的交易额排名，教育类依然是留学生主要的消费支出，与之相关的专业服务费类[①]紧随其后；餐厅类交易依然保持第

———————
① 指的是专业机构收取的服务费，包含某些政府机构、学校等。

三位；零售商品由 2022 年的第六位上升至第四位，主要是奢侈品和大品牌购物；食品和杂货、服饰与配饰依然保持在前六位。

不同国家的中国留学生消费场景各有特点，除了教育类和专业服务费类交易支出，美国和加拿大的中国留学生在餐厅的消费较多，而英国和澳大利亚的中国留学生则在食品和杂货类的支出较多。此外，在美国，折扣店、服饰与配饰的交易额排在第四名和第五名；而英国的中国留学生在百货商店类的消费较多，排在第六名；澳大利亚和加拿大的中国留学生在零售商品类的交易较多，分别排在第五位和第六位（见表 15）。

表 15　2023 年中国留学生在各国不同消费场景的交易额排名

商户类型	美国排名	英国排名	澳大利亚排名	加拿大排名
教育	3	1	1	2
专业服务费	1	2	2	3
餐厅	2	4	4	1
食品和杂货	6	3	3	5
服饰与配饰	5	5	6	4
零售商品	7	9	5	6
百货商店	11	6	9	12
电子产品	9	11	8	7
折扣店	4	14	15	19

资料来源：新东方《中国学生出国留学发展报告》。

六　结语

中国学生出国留学的发展趋势显示，留学需求正逐渐向低龄化和多元化的方向发展。随着国际形势的变化和共建"一带一路"的推进，留学目的地和专业选择更加多样化。留学回国人员在推动国家经济社会发展和国际交流方面发挥着重要作用。未来，随着留学服务保障和政策支持的不断完善，中国学生出国留学的前景将更加广阔。

B.12

在美中国研究生研究：一个多维度调查[*]

〔美〕伊戈尔·希梅尔法布（Igor Himelfarb）

〔美〕内利·西波娃（Neli Esipova）

〔匈〕弗兰克·拉奇科（Frank Laczko）

〔美〕亚历山大·阿诺欣（Alexander Anokhin）[**]

摘　要:　　本报告探讨了在美国留学的中国研究生的学习经历及其毕业后去向选择的影响因素。研究表明，越来越多的在美中国研究生毕业后选择回国发展，主要原因是其认为在中国有更多的机会。本报告研究分析了影响中国研究生决定留在美国或回国的因素，包括个人动机、教育质量、职业抱负、社会融入程度以及外部影响等。研究发现，家庭对教育质量的重视程度也影响了学生的职业规划和最终的去向选择。报告指出，中国研究生在美国面临一定的文化和社交障碍，如与本土学生之间的文化差异可能导致其更倾向于与中国同学交往。此外，中国研究生在选择是否回国时会考虑国内的经济环境和政府提供的各种优惠政策。最后，报告提出了一系列建议，包括美国应加强国际学生的职业发展支持、改善居住条件、增加实习和就业机会，并且积极应对歧视问题；中国则应进一步放松户籍制度限制、改善生活环境、提供更多的创业支持，以吸引更多海外学子回国发展。这些措施有助于平衡国际人才流动，促进两国的学术交流与合作。

---

[*] 本报告中中国均指中国大陆。

[**] 〔美〕伊戈尔·希梅尔法布（Igor Himelfarb），美国多元文化观察（Multicultural Insights）首席方法论专家和首席统计学家；〔美〕内利·西波娃（Neli Esipova），美国多元文化观察创始人兼 CEO；〔匈〕弗兰克·拉奇科（Frank Laczko），美国多元文化观察资深顾问、国际移民组织全球移民数据分析中心（GMDAC）前主任；〔美〕亚历山大·阿诺欣（Alexander Anokhin），美国多元文化观察顾问。全球化智库（CCG）郑金连、田笑洋、冯文源翻译整理。

关键词： 在美中国研究生　毕业意向调查　留美因素　回国意愿

一　引言

研究生在推动国家创新能力、科学发展和经济增长方面发挥着至关重要的作用。作为学术研究和发展背后的主要力量，研究生有助于推进各个领域的知识创新，包括科学、技术和社会科学。[①] 他们的工作往往会带来突破性的发现和技术进步，从而影响一个国家的全球竞争力。[②] 根据 Wawrzynski 和 Baldwin 的一项研究，研究生有助于开展推动行业发展的高影响力研究，从而促进经济增长。[③] 他们的贡献不仅局限于学术界，[④] 他们还带着先进的技能和知识进入劳动力市场，从而增强所在行业的创新能力。[⑤] Hyun 等人的一项研究强调了国际研究生如何在促进学术机构内的文化多样性方面发挥至关重要的作用，这反过来又加强了社会凝聚力，丰富了目的地国的文化结构。[⑥]

在过去的 20 年里，中国研究生已经成为美国学术界不可或缺的一部分，特别是在科学、技术、工程和数学（STEM）领域。这些学生为美国大学的研究成果作出了重大贡献，与同龄人相比，他们的生产力往往更

---

① Bozic Christy, Duane Dunlap, "The Role of Innovation Education in Student Learning, Economic Development, and University Engagement," *The Journal of Technology Studies* (2013): 102 – 111.

② Zhang Zichun, "The Impact of Graduate Education Scale on the Innovation Capability of the Tertiary Industry," *International Journal of Education and Humanities* 13. 2 (2024): 7–10.

③ Wawrzynski M., Baldwin R., "Promoting High-impact Student learning: Connecting Key Components of the Collegiate Experience,". *New Directions for Higher Education* 165 (2014): 51–62.

④ Wawrzynski M., Baldwin R., "Promoting High-impact Student Learning: Connecting Key Components of the Collegiate Experience," *New Directions for Higher Education* 165 (2014): 51–62.

⑤ Abuzyarova Dzhamilya, et al., "The Role of Human Capital in Science, Technology and Innovation," *Форсайт* 13. 2 (eng) (2019): 107–119.

⑥ Hyun So Hee, "International Graduate Students in American Higher Education: Exploring Academic and Non-academic Experiences of International Graduate Students in Non-STEM Fields," *International Journal of Educational Research* 96 (2019): 56–62.

胜一筹。① 对中国研究生而言，美国一直是一个有吸引力的留学目的地，因为美国拥有高质量的教育、先进的研究设施以及与顶尖学者合作的机会。

中国研究生的存在也有助于增强美国研究机构的思维和创新多样性，②有利于促进文化多样性和鼓励充满活力的思想交流，有利于更广泛的学术传播。③ 此外，国际研究生丰富了一个国家的文化多样性，有助于建立一个更具包容性、更有活力的社会。

中国学生长期以来一直是美国经济的重要贡献者，特别是当其完成学业后留在美国发展的阶段。④ 从历年数据来看，相当数量的中国毕业生选择留在美国，在技术、工程和金融等各个领域就业。⑤ 这为美国劳动力和经济发展提供了稳定的高技能专业人才。根据国际教育协会（Institute of International Education）的数据，中国学生是美国最大的国际学生群体，他们通过学费、生活费和对劳动力市场的贡献对美国经济发展产生直接影响。⑥

---

① Barnes Bradley R. , "Analysing Service Quality: The Case of Post-graduate Chinese Students," *Total Quality Management & Business Excellence* 18. 3（2007）: 313-331. Gaulé, Patrick, and Mario Piacentini. "Chinese Graduate Students and US Scientific Productivity." *Review of Economics and Statistics* 95. 2（2013）: 698-701.

② Gaulé Patrick, Mario Piacentini, "Chinese Graduate Students and US Scientific Productivity," *Review of Economics and Statistics* 95. 2（2013）: 698-701. Han Xinqiang, et al. , "Academic Atmosphere and Graduate Students' Innovation Ability: The Role of Scientific Research Self-efficacy and Scientific Engagement," *European Journal of Psychology of Education* 39. 2（2024）: 1027-1044.

③ Zhang Yi, "International Students in Transition: Voices of Chinese Doctoral Students in a US Research University," *Journal of International Students* 6. 1（2016）: 175-194. Wang Xinxin, Rebekah Freed, "A Bourdieusian Analysis of the Sociocultural Capital of Chinese International Graduate Students in the United States," *Journal of International Students* 11. 1（2021）: 41-59.

④ Welch Anthony R. , Zhang Zhen, "Higher Education and Global Talent Flows: Brain Drain, Overseas Chinese Intellectuals, and Diasporic Knowledge Networks," *Higher Education Policy* 21（2008）: 519-537.

⑤ Yan Kun, David C. Berliner, "The Unique Features of Chinese International Students in the United States: Possibilities and Challenges," *Spotlight on China*（2016）: 129-150.

⑥ Institute of International Education, Open Doors Report on International Educational Exchange.（2020）. Retrieved from https://www.iie.org.

然而，近年来，这一趋势有了明显的转变，更多的中国学生在完成学业后选择回国。[1] 这种反向迁移在很大程度上是由中国的经济发展和国内不断增加的就业机会所驱动的。[2] 随着中国经济的持续发展，社会对高学历和高技能人才的需求激增，这对中国毕业生回国产生了强大的吸引力。[3] 中国政府还实施了鼓励海外人才回国的政策，明确他们具有为国家创新和经济发展作出贡献的潜力。全球化智库（CCG）的报告强调，这些毕业生回国对于中国经济发展和技术进步至关重要。[4]

中国留学生毕业回国不仅对中国的经济发展潜力非常重要，而且对其长期发展战略的实施也非常重要。[5] 留学人员带来了先进的知识、技能和国际经验，这对于推动创新和提高中国在全球市场的竞争力至关重要。[6] 通过重新融入中国快速发展的经济社会，他们在培养企业家精神、加强研发和促进国家整体现代化方面发挥着至关重要的作用。[7] 正如世界银行所指出的，这

---

[1] Cheung Alan Chi Keung, Li Xu, "To Return or not to Return: Examining the Return Intentions of Mainland Chinese Students Studying at Elite Universities in the United States," *Studies in Higher Education* 40. 9 (2015): 1605 - 1624. Gu Qing, Michele Schweisfurth, "Chinese Students Overseas: Studying and Returning," *Handbook of Education in China*. Edward Elgar Publishing, 2017. 468-488. Singh Jasvir Kaur Nachatar, "Why do Chinese International Students Studying in Australia Repatriate? Australian Chinese Graduates Tell it all," *Journal of Further and Higher Education* 44. 9 (2020): 1207-1219.

[2] Mok Ka Ho, Youliang Zhang, and Wei Bao, "Brain Drain or Brain Gain: A Growing Trend of Chinese International Students Returning Home for Development," *Higher Education, Innovation and Entrepreneurship From Comparative Perspectives: Reengineering China through the Greater Bay Economy and Development*. Singapore: Springer Nature Singapore, 2022. 245-267.

[3] Zhang Keming, Neng Zeng, and Kesen Zhang, "Remain or Return? An Empirical Study of Influencing Factors on the Return of Chinese International Students during the COVID - 19 Pandemic," *Frontiers in Psychology* 13 (2022): 1067184.

[4] Center for China and Globalization. Report on Chinese Students Returning to China after Overseas Education. (2019). Retrieved from https://en. ccg. org. cn.

[5] Wu Harry, Bin Shao, "Political and Economic Impacts on Chinese Students' Return," *Journal of International Business and Cultural Studies* 9 (2014).

[6] Gu Qing, Michele Schweisfurth, "Chinese Students Overseas: Studying and Returning," *Handbook of Education in China*. Edward Elgar Publishing, 2017. 468-488.

[7] Wang Manman, "A Systematic Review of the Literature on Policies to Encourage the Return of Chinese Students Abroad," *International Journal of Chinese Education* 12. 3 (2023).

些高技能专业人员的成功再融入对于中国成为全球技术和创新领导者至关重要，从而进一步巩固其作为主要经济大国的地位。① 此外，这些毕业生在美国建立的网络和关系促进了学术研究和商业方面的双边合作，加强了两国之间的联系。因此，在美国的中国研究生是经济发展和跨文化合作的关键贡献者，在塑造未来中美关系方面发挥着至关重要的作用。②

近年来，越来越多的中国学生在美国完成研究生学业后选择回国。③ 根据国家统计局数据，中国留学生从中国以外国家回国的比例从 2002 年的 14%大幅上升到 2019 年的 82%。④ 此外，根据 Statista 的数据，在过去几年中，在国外完成学习后回国的中国学生人数持续增长，2024 年的增长率为 11.7%。2019 年，约有 58.03 万名中国学生归国，与 2010 年的 13.5 万名学生相比大幅增加。⑤

二　文献综述

（一）中国学生出国留学的动机

1.教育质量
美国较高的教育质量是一个相当重要的吸引留学生的因素。⑥ 美国大学

---

① World Bank Group. Research and Development Expenditures. (2021). Retrieved from https：//www. worldbank. org.
② Fischer Karin, "Future of Sino-American Higher-Education Relations," *American Journal of Chinese Studies* (2022)：33-46.
③ Wang Manman, "A Systematic Review of the Literature on Policies to Encourage the Return of Chinese Students Abroad," *International Journal of Chinese Education* 12. 3 (2023) .
④ Ma Yingyi, Ning Zhan, "To Mask or not to Mask Amid the COVID-19 Pandemic：How Chinese Students in America Experience and Cope with Stigma," *Chinese Sociological Review* 54. 1 (2022)：1-26.
⑤ Statista. Annual Growth Rate of Chinese Students that Return Back from Abroad from 2009 to 2019. (2024). Retrieved August 22, 2024. https：//www. statista. com.
⑥ Choi Hyejin, *Multi-Dimensional Analysis of Internationally Mobile Students in Higher Education with Push and Pull Factors*. Diss. University of Georgia, 2021.

以其先进的研究设施、多样化的学术项目和创新的教学方法而闻名。美国机构提供在全球知名学者团队学习和从事前沿研究的机会，这对中国学生有很大的吸引力。Li 等人强调，中国学生特别喜欢美国的教育制度，因为其注重性格培养，并且可以提高社交技能。[①] 美国学校对批判性思维和创造性思维的重视对于中国学生也具有很强的吸引力。[②]

2. 个人和职业发展

个人和职业发展机会是促使中国学生出国留学的另一个重要因素。美国的教育被认为是培养批判性思维、创造力和独立学习能力的一种教育方式。[③] 此外，出国留学为建立全球职业网络和提高跨文化能力提供了一个平台。这种国际平台对个人成长和未来的职业发展具有很高价值。中国学生将到美国留学视为一种以新视角看待自己，在全球就业市场上发展的途径。

3. 社会和文化因素

社会和文化因素也在出国留学的决定中发挥了重要作用。[④] 从西方机构获得学位所带来的声望（通常被视为获得更好职业机会的途径）以及接触更多元化和创新的教育环境的愿望驱使许多学生选择出国深造。[⑤] 此外，不能低估家庭期望和通过获得国外名牌大学学位来获得社会声望的因素。Huang 强调，许多家庭将在国外接受教育视为成功的象征和提升社会地位的途径。[⑥]

---

① Li Monica Z. , Monika Stodolska, "Transnationalism, Leisure, and Chinese Graduate Students in the United States," *Leisure Sciences* 28. 1 (2006): 39-55.

② Sheng P. , Why Chinese People want to Study Abroad. 2020.

③ Huang Ying, "Transitioning Challenges faced by Chinese Graduate Students," *Adult learning* 23. 3 (2012): 138-147.

④ Austin L. , Shen L. , "The Impact of International Students on Domestic Students and Host Institutions: A Case study of China and the United States," *Journal of International Students*, 6 (3) (2016): 754-771.

⑤ Chen L. , Xu Y. , "Impact of U. S. Immigration Policies on Chinese Students," *Journal of International Students* (2021) .

⑥ Huang Ying, "Transitioning Challenges Faced by Chinese Graduate Students," *Adult Learning* 23. 3 (2012): 138-147.

（二）学生对美国教育的态度

美国的教育体系因强调批判性思维、创造力和独立研究而受到称赞。Zhang 等人的研究表明，中国学生欣赏以学生为中心的教学方法，并鼓励学生提出疑问。[①] 但许多留学生也表示在适应开放式课堂讨论、对自我主动性的期望以及学生与教师的高度互动方面存在挑战，这与他们在中国课堂的经历有很大不同。[②] 此外，不同的教学方法有时会导致挫败感和困惑，特别是当中国学生对美国大学要求的独立水平感到毫无准备时。[③]

尽管有着积极的看法，但中国研究生在适应美国教育环境时也遇到了一些挑战。Wang 指出，语言障碍、文化差异和不同的学术期望会造成困难。[④] 美国课堂对参与公开讨论的重视可能会让习惯于被动学习方式的学生望而生畏。[⑤]

（三）在美中国研究生的信息来源

1. 信息源的影响

信息来源在中国研究生选择赴美留学的决策过程中起着至关重要的作用。这些来源包括正式和非正式渠道，极大地影响了他们对美国、美国高等

① Zhang Jing, Patricia Goodson, "Predictors of International Students' Psychosocial Adjustment to Life in the United States: A Systematic Review," *International Journal of Intercultural Relations* 35. 2 (2011): 139-162.

② Smith Clayton, "International Students and Their Academic Experiences: Student Satisfaction, Student Success Challenges, and Promising Teaching Practices," *Rethinking Education Across Borders: Emerging Issues and Critical Insights on Globally Mobile Students* (2020): 271-287.

③ Huang Ying, "Transitioning Challenges Faced by Chinese Graduate Students," *Adult Learning* 23. 3 (2012): 138-147. Rawlings, Melody, and Edna Sue, "Preparedness of Chinese Students for American Culture and Communicating in English," *Journal of International Students* 1 (2015): 29.

④ Wang C., "Challenges and Barriers in Learning: Voices of Chinese International Students in U. S. Higher Education," *Journal of International Students* 6. 3 (2016), 1010-1035.

⑤ Henning John, *The Art of Discussion-based Teaching: Opening up Conversation in the Classroom*, Routledge, 2007. O'Connor, Catherine, et al., "The Silent and the Vocal: Participation and Learning in Whole-class Discussion." *Learning and Instruction* 48 (2017): 5-13.

教育及其机会的看法。① 正规来源，如大学网站、官方排名和教育展会，为学生提供了关于学术项目、机构声誉和潜在职业前景的结构化和权威见解。相比之下，非正式来源，如社交媒体、在线论坛和同伴，提供了更加个性化和基于经验的视角，这类非正式渠道反映了当前或以往学生的生活经历。② 此外，中国学生经常依赖家庭建议和媒体对美国的描述，这可能会加深他们对国外学术和文化环境的看法。这些多样化的信息渠道共同塑造了学生对赴美留学的期望、动机和最终决定。③

2. 在美国时对中国资源的依赖

在美国的中国研究生作为双语者，会接触到来自中国和美国网络环境的一系列观点。④ 因此，在美国学习的中国学生依赖中国和美国媒体获取新闻。即使在国外，中国学生也经常继续从中国媒体获取信息，这考虑到了既定媒体习惯的影响和对熟悉来源的持久信任。⑤ 此外，Zhang 关注中国博士生的过渡经历，指出熟悉的、具有可用性和可获得性的媒体资源在其使用过程中起着关键作用。⑥

对媒体的依赖决定了这些学生处理和回应信息的方式。⑦ 在海外生活的不确定性中，中国媒体给留学生提供了一种联系感和安全感。相反，美国媒体资源使他们能够更好地驾驭他们当下的直接环境，了解当地的发展，并批

---

① Rafi Madeline A. , "Influential Factors in the College Decision-making Process for Chinese Students Studying in the US," *Journal of International Students* 8. 4 （2018）: 1681-1693.

② Chow Chee W. , et al. , "Cultural Influences on Informal Information Sharing in Chinese and Anglo-American Organizations: An Exploratory Study," *Accounting, Organizations and Society* 24. 7 （1999）: 561-582.

③ Porta Brocdyl Joseph, *Influencers Experienced in the College Search Process by International Chinese Undergraduate Students who use Educational Agents.* Diss. University of Miami, 2017.

④ Zhang Yi, "International Students in Transition: Voices of Chinese Doctoral Students in a US Research University," *Journal of International Students* 6. 1 （2016）: 175-194.

⑤ Yang Cui, et al. , "Tuning in to Fit in? Acculturation and Media Use among Chinese Students in the United States," *Asian Journal of Communication* 14. 1 （2004）: 81-94.

⑥ Zhang Yi, "International Students in Transition: Voices of Chinese Doctoral Students in a US Research University," *Journal of International Students* 6. 1 （2016）: 175-194.

⑦ Ball-Rokeach Sandra, *Theories of Mass Communication.* New York: D. McKay Company, 1975.

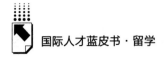

判性地评估不同的事件。然而，在美国的中国学生的媒体使用习惯不是静态的，而是动态适应的，以满足其信息需求和情境需求。

中国充满活力的经济环境为留学回国人员提供了有竞争力的薪酬和充足的职业机会，特别是在技术、金融和学术界。此外，中国政府实施了各种激励措施来吸引留学人员，如资金、补助和住房福利，这些措施已被证明在吸引人才方面是有效的。[1]

中国政府对创新和基础设施的投资为留学归国人员的职业发展提供了一个安全的环境。这种稳定性与美国就业市场的不确定性形成鲜明对比，同时，美国的签证政策和经济波动也加剧了这种不确定性。[2]

美国的高收入吸引了许多中国毕业生。[3] 更高的收入潜力是一个重要的激励因素。Hanson 等的研究表明，美国某些高需求领域（如技术和金融）薪资较高，这使得美国成为毕业生职业发展的一个有吸引力的目的地。[4]

全球领先公司的存在、更高的薪水以及研发等行业的职业发展潜力，使留在美国成为一个有吸引力的选择。美国先进的基础设施和创新驱动的环境为职业发展和职业实现提供了充足的机会。美国能为研究和创新提供更成熟、更强大的生态系统，更容易得到对高等教育和尖端技术的资金支持。这种环境促进了创造力提升和职业发展，吸引了寻求在其领域前沿工作机会的毕业生。此外，美国劳动力的多样性和多元文化性质提供了一种独特的职业体验，这种体验对个人和职业发展都具有非常大的吸引力。

① Cao Cong, "China's Brain Drain at the High End: Why Government Policies have Failed to Attract First-rate Academics to Return," *Asian population studies* 4. 3 (2008): 331-345.

② Li Y., China is Suffering a Brain Drain. The U. S. isn't Exploiting it. The New York Times. (2023, October 3). Retrieved from https://www.nytimes.com.

③ Li Liping, Wenqin Shen, and Ailei Xie, "Why Students Leave Chinese Elite Universities for Doctoral Studies Abroad: Institutional Habitus, Career Script and College Graduates' Decision to Study Abroad," *International Journal of Educational Development* 84 (2021): 102408.

④ Hanson Gordon H., Matthew J. Slaughter, "High-skilled Immigration and the Rise of STEM Occupations in US Employment," *National Bureau of Economic Research*, 2016.

（四）影响在美中国研究生去留的因素

1. 社会、文化和家庭因素

社会和文化因素在这一决策过程中也起着至关重要的作用。家庭关系和与家人亲近的愿望经常影响学生回国选择。① 回国后的文化熟悉度和舒适度可能会超过留在国外的好处，尤其是在考虑长期个人和家庭目标时。此外，对于许多学生来说，适应美国文化和生活方式的挑战可能是巨大的。② 语言障碍、社会融入和文化差异等问题往往会使留在美国变得不那么有吸引力。中国的支持系统和文化熟悉度可以为海归提供更舒适的环境。③

在中国建立的社交网络也起着决定性的作用。这些网络提供了情感上的支持甚至工作机会，这些在美国可能无法获得。中国留学生早年在中国建立的强大社会关系可能是留学生回国的一个重要的原因，因为这提供了一种归属感和安全感，而这种归属感和安全感在国外很难得到。④ "关系"或"个人关系"的价值不可低估，因为它通常有助于商业交易和职业发展。⑤ 留学归国人员可以利用这些社交网络获得高质量的工作机会、指导和商业伙伴，这些在美国可能不太容易获得。此外，这些社交网络通常延伸到专业组织和校友会，也可以为其职业发展提供额外的资源和

① Kline Susan L., Fan Liu, "The Influence of Comparative Media Use on Acculturation, Acculturative Stress, and Family Relationships of Chinese International Students," *International Journal of Intercultural Relations* 29. 4（2005）：367-390.

② Gu Qing, Michele Schweisfurth, "Chinese Students Overseas： Studying and Returning," *Handbook of Education in China*. Edward Elgar Publishing, 2017. 468-488.

③ Wang H., "Brain Circulation： Chinese International Students and Their Families in a Global Context," *Asian and Pacific Migration Journal*, 23. 1（2014）：1-27.

④ Wang H., "Brain Circulation： Chinese International Students and Their Families in a Global Context," *Asian and Pacific Migration Journal*, 23. 1（2014）：1-27.

⑤ Luo Y. *Guanxi and Business*. Cambridge University Press. 2007.

支持。①

家庭团聚是影响回国决定的另一个重要因素。许多中国学生有一种强烈的责任感，要照顾年迈的父母，与家人重新团聚。在中国文化中，家庭责任往往重于职业考虑。这种文化规范是那些将家庭责任置于海外职业发展机会之上的学生选择回国的吸引因素。② 此外，中国社会的集体主义本质高度重视家庭和谐和代际支持，这强化了返乡的重要性。情感纽带可能会驱使学生放弃职业机会，去完成其在家庭中的角色。这种动力在独生子女中尤为强烈，这是一种常见的现象。

此外，不能低估在熟悉的文化和语言环境中工作的舒适性。Huang 强调，许多中国学生在其母语文化背景下会感到更轻松，在专业上表现得更好。这种舒适可以带来更好的工作满意度和绩效，这是职业决策的关键因素。③

2.政治因素

对于许多中国研究生来说，政治和法律因素使这个决定变得更加复杂。美国严格的移民政策使得中国学生越来越难以获得长期签证和工作许可。这些限制促使许多学生重新考虑回到中国。H-1B 签证抽签系统的不确定性和绿卡的漫长等待期造成了重大障碍，使留学生很难在美国获得长期的未来。此外，移民政策和执法的变化会造成不稳定性和不安全感。这种法律和行政障碍环境可能会阻碍学生在美国进行长期职业规划。

中国相对稳定的政治环境和经济环境对于寻求稳定和可预测的职业前景的学生来说具有吸引力。中国政府实施的长期战略计划可以提供一种连续性和可靠性，这对于规划职业生涯的学生很有吸引力。此外，相关研究

---

① Chen Chao C. , Xiao-Ping Chen, and Shengsheng Huang. "Chinese Guanxi: An Integrative Review and New Directions for Future Research," *Management and Organization Review*9. 1 (2013): 167–207. Bian Yanjie, *Guanxi, How China Works*. John Wiley & Sons, 2019.

② Hao Jie, Anthony Welch, "A Tale of Sea Turtles: Job-seeking Experiences of Hai Gui (High-Skilled Returnees) in China," *Higher Education Policy* 25 (2012): 243–260.

③ Huang Ying, "Transitioning Challenges Faced by Chinese Graduate Students," *Adult Learning* 23. 3 (2012): 138–147.

机构往往可以提供稳定和高薪的职位，为留学归国人员在稳定的政治环境中寻求工作保障和职业发展提供了进一步的激励。[①]

此外，全球地缘政治紧张局势增加了不确定性和不稳定性，使留在美国的前景变得不那么有吸引力。这些政治动态，再加上中国有吸引力的机会和支持性政策，极大地影响了中国研究生的决策过程。[②]

3. 其他因素

由于美国就业市场的不确定性和中国相对安全和稳定的环境，加之新冠疫情扰乱了全球流动性和经济状况，许多中国学生选择回国发展。当前，中国在研发方面进行了大量投资，世界一流大学和研究机构不断发展，使回国学者越来越有竞争力。这种对中国机会的看法进一步推动了回流率上升。[③]

此外，许多中国学生投入了大量的时间和精力学习英语，在英语国家工作可以让他们利用和进一步提高英语能力。并且，美国的职业文化通常强调创新、个性，对许多中国毕业生很有吸引力。[④] 许多美国工作场所的文化多样性和包容性为寻求工作经验和工作挑战的中国毕业生提供了新的环境。[⑤]

决定留在美国的中国研究生数量的减少对美国和中国都有深远的影响。对美国来说，高技能人才的潜在流失可能会影响美国的创新发展。严重依赖国际人才的大学和相关行业在保持竞争优势方面可能会面临重大挑战。相反，对中国来说，受过高等教育的高技能人才的回流大大有助于其

① Appelbaum Richard P. , et al. , *Innovation in China: Challenging the Global Science and Technology System*. John Wiley & Sons, 2018.

② Chen L. , Xu Y. , "Impact of U. S. Immigration Policies on Chinese Students," *Journal of International Students*. 2021.

③ Hao Jie, Anthony Welch, "A Tale of Sea Turtles: Job-seeking Experiences of Hai Gui (High-Skilled Returnees) in China," *Higher Education Policy* 25 (2012): 243-260.

④ Huang Jinyan, "Challenges of Academic Listening in English: Reports by Chinese Students," *College Student Journal* 39. 3 (2005) .

⑤ Chen A. , Chinese Students and Academics Say They're Facing Extra Scrutiny. The Washington Post. (2024). Retrieved from https://www.washingtonpost.com.

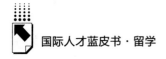
人力资本的积累和经济发展。留学归国人员带来了宝贵的国际经验和知识，可以推动各个领域的创新。[①]

（五）促进中国人才回国的战略举措和政策

在过去十年中，中国在吸引人才特别是高技能专业人才方面取得了长足进步。[②] 制定的相关措施包括一系列激励和支持机制，针对专业和个人生活的各个方面，使回国成为有吸引力的选择。

中国吸引留学归国人才的策略不仅限于经济激励。目前中国已经建立了一套全面的支持系统，以解决留学归国人员的个人和专业需求，确保他们顺利过渡并融入中国社会。为留学归国人员提供各种专业发展机会，包括提供研究资金的政策、进入最先进的实验室、与中国领先的机构和企业合作等机会。此外，部分留学归国人才在学术界和产业界获得了重要职位，这可以使他们在各自领域走出属于自己的道路。[③]

对于个人和家庭福利，中国提供了一系列支持政策，以缓解留学归国人员的过渡压力，包括住房补贴、子女教育机会和医疗福利等方面。努力确保留学归国人员的家庭能很好地融入当地社区。[④]

中国采取的措施取得了显著成效。根据教育部的数据，留学归国人员数量稳步增加，仅 2019 年就超过了 50 万人。[⑤] 高技能专业人员的涌入促进了中国创新生态系统的发展，增强了中国在全球市场的竞争优势。

---

① Kellogg Ryan P. , "China's Brain Gain? Attitudes and Future Plans of Overseas Chinese Students in the US," *Journal of Chinese Overseas* 8. 1 (2012): 83-104.

② Li Y. China is Suffering a Brain Drain. The U. S. isn't Exploiting it. The New York Times. (2023, October 3). Retrieved from https://www.nytimes.com.

③ Zweig David, Kang Siqin, and Wang Huiyao, "'The Best are Yet to Come:' State Programs, Domestic Resistance and Reverse Migration of High-level Talent to China," *Journal of Contemporary China* 29. 125 (2020): 776-791.

④ Jia H. , "How the 'Open Science' Movement is Changing How Researchers Work," *Nature*, 554 (7698), 302-305. (2018).

⑤ Zwetsloot Remco, "China's Approach to Tech Talent Competition: Policies, Results, and the Developing Global Response," *Global China* (2020).

近年来，中国的研发经费投入一直稳步增长，2020 年达到国内生产总值的 2.4%。[①] 尽管美国的这一比例为 3.5%，但中国的比例超过了其他大多数发展中国家。[②]

三　方法论

（一）概述

多元文化观察（MI）在全球化智库（CCG）的协助下，进行了一项广泛的调查，旨在研究目前在美国求学的中国研究生对毕业后回国或留在美国的态度。由于在线调查在数据收集方面相对高效和简单，并且成本合理，因此在线调查被选为本次研究的方法。

本研究包括 47 个问题，涵盖多个方面，旨在全面了解参与者的经历和观点。该调查特别关注学生毕业后的意向，是留在美国还是回到中国，从而分析影响这些决定的推动和拉动因素。本研究调查了他们选择在美国学习的原因，探索了美国教育系统的吸引力、研究设施的质量和职业发展的机会等因素。

本研究对经济因素（如两国的工作机会和薪资前景）的感知进行了分析，以了解这些因素如何影响学生的未来规划；考察了政治因素的影响，调查涵盖了移民政策、中美关系以及这些政策如何影响学生的决策。考虑了文化和社交网络因素，以评估这些因素对学生福祉及融入美国社会的影响。

本研究收集了人口统计信息，包括年龄、性别、研究领域和教育背景，

---

① World Bank Group. Research and Development Expenditures. （2021）. Retrieved from https：//www. worldbank. org.

② NSF NCSES. U. S. R&D Increased by ＄72 Billion in 2021 to ＄789 Billion；Estimate for 2022 Indicates Further Increase to ＄886 Billion. （2024）. Retrieved from NSF-National Science Foundation.

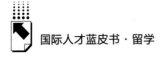

为有针对性地制定政策和计划提供信息参考。本研究旨在解释在美中国研究生的动机和面临的挑战，为政策制定者、教育者和学生提供建议。

（二）焦点小组

在构建调查之前，MI 与目前在美国学习的中国研究生进行了两次焦点小组讨论。焦点小组对于确定该人群特有的关键问题和关注点至关重要，确保调查工具具有相关性和全面性。[①] 让学生参与这些讨论可以使调查人员直接了解学生独特的经历和观点，从而了解调查主题和问题的相关信息。这种初步的定性研究有助于改进调查问题，解决任何含糊不清问题和规避文化上的细微差别，并确保所有受访者对问题的理解和解释是一致的。[②]

调查采用了一种创新的方法为焦点小组招募学生。调查人员利用 Python 代码，设计了网页抓取程序，系统地抓取主要大学网站上公布的研究生姓名和电子邮件地址列表。开发并训练了一种分类算法，以基于拼音拼写规则识别中文姓名，实现了 98% 的准确率。鼓励学生参与焦点小组的电子邮件被单独发送给从生成列表中随机选择的中国研究生。

2023 年 12 月底和 2024 年 1 月初举行了两次焦点小组讨论会，每次由 8 名参与者组成。这些会议通过 Zoom 客户端在网上举行，并被记录下来。为了确保回答的有效性，焦点小组讨论采用匿名方式，参与者可以选择在记录开始前隐藏自己的头像并使用假名字。每个焦点小组会议持续 1.5 个小时，以便深入了解与会者的观点。

（三）调查设计

针对在美国学习的中国研究生的调查全面覆盖了其学术和非学术生活的相关方面。调查问卷需要 20 分钟作答。

为了准确捕捉中国研究生的经历和观点，调查分为多个模块。这些模块

---

① Newcomer K. E., H. P. Hatry, and J. S. Wholey, "Focus Group Interviewing," *Handbook of practical program evaluation* 506（2015）.

② Morgan D. L. *Focus Groups as Qualitative Research*. Sage Publications，1996.

包括以下主题：留在美国与回到中国的意向、在美国学习的原因、美国和中国的学术比较、经济因素、政治经历、文化和社会网络，以及关于对中国支持政策的看法。

该调查还包括人口统计部分，以收集基本的背景信息，包括年龄、性别、在美国停留的时间、完成的最高教育水平、目前攻读的学位、婚姻状况、家庭收入、父母的教育水平和获得的经济支持。

（四）认知测试和试点测试

为了确保调查的有效性和清晰性，MI 进行了认知测试，随后进行了试点测试。认知测试包括对一小部分中国研究生进行调查，并进行深入访谈，以了解其在回答问题时的思维过程。认知测试是调查发展中的一个关键步骤，因为它确保问题答案体现参与者的见解，从而提高了调查工具的有效性和可靠性。[1]

认知测试之后，多元文化观察对 16 名参与者进行了试点测试，以进一步评估该调查在现实中的表现。试点测试旨在评估调查的可行性、问题的适当性以及整个数据收集过程的合理性。它还提供了一个机会来测试调查的行政后勤、跳过模式和数据分析程序。从认知测试和试点测试中获得的参与者见解被用来对调查问卷进行最终调整，以确保调查既全面又方便用户。试点测试阶段对于完善调查工具至关重要，因为它有助于在全面数据收集开始之前确定和纠正遗留问题。[2]

（五）数据收集和与调查相关的统计

调查的数据收集使用 Survey Monkey 进行，时间跨度为 2024 年 2 月 1 日至 4 月 1 日。主要的问卷发放渠道为电子邮件列表，MI 可以从该列表中直接锁定中国研究生。为了加强准确性，MI 还利用微信、Telegram 和

① Willis N. J. , *Bistatic Radar*. SciTech Publishing, 2005.

② Presser S. , Couper M. P. , Lessler J. T. , et al. , "Methods for Testing and Evaluating Survey Questions,". *Methods for Testing and Evaluating Survey Questionnaires*, 2004: 1-22.

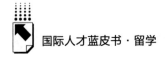

Facebook 等流行的社交平台来进一步锁定在美国学习的中国学生。这种多渠道的方法有助于获得中国学生群体的多样化和代表性样本，确保收集的数据的可靠性。

问卷设置了筛选问题以过滤非中国学生和本科生样本，从而只关注预期的调研对象。这一过滤过程对于保持所收集数据的完整性和相关性至关重要。在整个数据收集期间，MI 共收集了 1252 份完整的问卷，回复率为63%，表明目标人群的参与度和兴趣较高。

收集的问卷数据经过严格的统计分析，以确保其有效性和可靠性。在95%的置信水平下，抽样误差为±3%，该调查结果可以被认为反映了在美国留学的中国研究生的情况。精心规划并严格执行的数据收集过程使 MI 编制了一个全面的数据集，为在美国留学的中国研究生的未来规划提供有价值的参考。

四　调查结果

（一）人口统计数据

1. 年龄

调研样本中，中国留美研究生的平均年龄为 26 岁（平均数 26.1 岁，标准差 2.6）。参与者的年龄为 22～33 岁。按性别分类，男性的平均年龄为 26岁（平均数 26.1 岁，标准差 2.7），女性为 27 岁（平均数 26.6 岁，标准差2.3）。差异在统计学上不显著。

2. 性别

调查显示，大多数参与者（76%）是男性。

在美国的中国男学生的数量超过了女学生。性别差距在科学、技术、工程和数学（STEM）领域尤为明显。根据美国国家科学基金会（NSF）的数据，2019 年，工程学研究生中女性占比仅为 25%，物理科学研究生中女性占比仅为 31%。这一趋势在所有国际学生中尤为明显。

3. 婚姻状况

大多数参与者（82%）是单身。已婚参与者占调查人口的12%（见图1）。

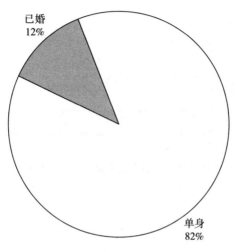

图1　受访者的婚姻状况

4. 家庭收入

结果显示，45%的受访者年收入为2万美元以下。32%的受访者年收入为2万~4万美元，这表明很大一部分学生可能正在接受津贴、工资、家庭资助或财政支持。另外，15%的受访者年收入为4万~6万美元。受访者中只有3%的人收入超过6万美元。此外，5%的参与者表示他们不知道自己的收入（见图2）。

5. 停留时间

数据显示，27%的受访者已经在美国生活了2年。在美国生活了3年和8年的受访者均为12%，而各有11%的受访者表示在美国生活了4年和6年。较小比例的受访者已经在美国生活了1年（8%）、5年（6%）、10年（6%）、7年（5%）、9年（2%）。

在考察受访者在美国学习的时间长度时，呈现了与学习时长相似的结果。27%的受访者在美国学习了2年，人数占比最多，12%的受访者学习了1年，各有11%的受访者学习了4年和8年，9%的受访者学习了3年，10%

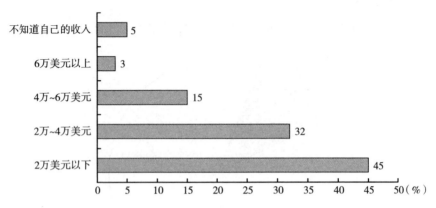

图2 您在美国的税前家庭年收入是多少?(包括津贴、工资、家庭资助、财政支持和/或其他来源的收入)

的受访者学习了 6 年。较小比例的受访者分别学习了 5 年（8%）、7 年（5%）、9 年（2%）和 10 年（5%）（见图 3）。

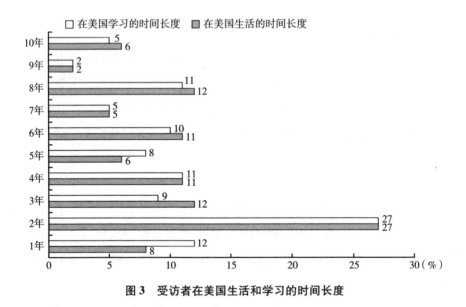

图3 受访者在美国生活和学习的时间长度

数据显示，受访者在美国居住的时间长度与他们在美国学习的时间长度存在明显的相关性，大多数学生在这两方面的时间长度相似，这表明学术目标可能是大部分受访者最初来到美国的原因。

6. 教育程度

受访者中，80%正在攻读博士学位，20%注册了硕士学位课程。对于最新获得的学位的研究领域，超半数的受访者（55%）的研究领域是自然科学，应用科学领域有36%的受访者选择，反映他们在基础学科知识、实践和技术领域的浓厚兴趣。社会科学领域则有8%的受访者选择，这说明虽然人数较少但依然有学生对这些领域感兴趣。商业研究只吸引了1%的受访者（见图4）。大约64%的受访者最新获得的学位来自美国的教育机构，而36%的学生的最新学位则是在中国获得的。

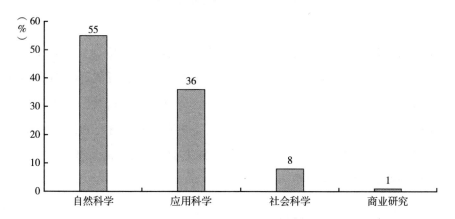

图4　您最新获得的学位的研究领域是什么？

7. 父母教育程度

40%的受访者父母的最高学历是本科。这表明，近一半的受访者来自父母中至少有一人接受过本科教育的家庭。此外，23%的受访者父母的最高学历是专科（见图5）。

8. 是否为独生子女

调查结果显示，大多数受访者（81%）是家中的独生子女，19%的受访者表示自己不是独生子女。

独生子女受访者的平均家庭收入比非独生子女低 [t（1250）= −6.04，

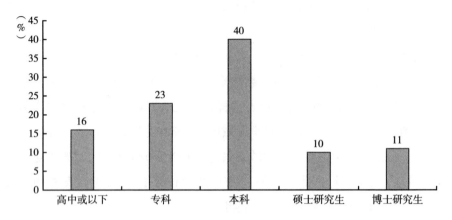

图5 您父母的最高学历是什么?

p<0.001, sd=0.9], 且就读于排名较低的大学 [t (1250) = -5.91, p<0.001, sd=0.79]。与非独生子女相比, 独生子女更有可能计划留在美国 [t (1250) = -2.08, p<0.05, sd=0.48], 更有可能申请美国永久居留权 [t (1250) = -9.63, p<0.001, sd=0.77], 更有可能申请美国公民身份 [t (1250) = -7.02, p<0.001, sd=0.67]。独生子女受访者的父母受教育水平比非独生子女学生的父母更高。

(二)赴美国留学的理由

1.总体数据

中国研究生赴美留学的首要因素是渴望体验美国的生活, 72%的受访者表示这一点很重要。67%的受访者选择寻求最好的教育, 强调美国机构在学术上的卓越声誉。此外, 64%的受访者选择有机会接触美国尖端技术, 这反映了支持创新学习的先进研究设施和资源的吸引力。59%的受访者希望在选择学习领域时有更多的自由。

家庭影响也起着至关重要的作用, 57%的受访者表示他们的家庭希望他们接受最好的教育。提高英语水平是56%的受访者的主要动机。此外, 51%的受访者表示希望走出中国, 这表明他们渴望在祖国之外获得新的经历和机会。

35%的受访者表示他们想生活在不同的国家，并认为在美国接受教育是正确的第一步（见图6）。

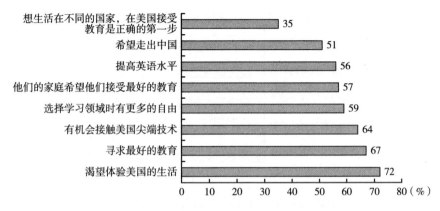

图6 哪些因素影响了你去美国深造的决定？

注：该问题是多选题。

2. 基于性别的分类

按性别分类来看，对于女性受访者来说，最主要的因素是渴望体验美国的生活（84%），79%的人表示为了提高英语水平，相比之下，只有49%的男性受访者选择这个因素。

寻求最好的教育是另一个关键因素，74%的女性受访者和65%的男性受访者表示这是其在美国学习的原因。当考虑到在不同国家生活的愿望并将在美国接受教育视为正确的第一步时，42%的女性受访者和34%的男性受访者认为这很重要。

64%的男性受访者认为有机会接触美国尖端技术是一个因素，62%的女性受访者也这么认为。

关于选择学习领域时有更多的自由这一选项，结果显示，57%的女性受访者和59%的男性受访者认为这是一个激励因素。53%的女性受访者和49%的男性受访者希望走出中国。60%的男性受访者和48%的女性受访者表示他们的家庭希望他们接受最好的教育（见图7）。

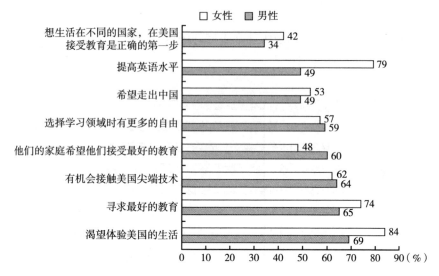

图7 哪些因素影响了你去美国深造的决定？（按性别分列的数据）

注：该问题是多选题。

3. 预测模型及结果

在美国求学的决定因素可以对受访者毕业后行为进行总体预测，决定了受访者是选择留在美国还是回到中国（1＝留在美国，0＝回到中国）。在决定留在美国还是回到中国的决策过程中，这些变量显示决定留在美国还是回到中国具有23%的差异。

教育质量：寻求最好教育质量的受访者计划毕业后留在美国的可能性是其他受访者的3.5倍。那些家庭优先考虑获得最好教育的受访者，计划返回中国的可能性是其他受访者的2倍。

在不同的国家生活：想生活在不同的国家并认为在美国接受教育是正确的第一步的受访者，比那些不认同这一观点的受访者留在美国的可能性高7.5倍。

技术：那些旨在有机会接触尖端技术的受访者计划留在美国的可能性是其他受访者的2.2倍。

提高英语水平：在美国学习是为了提高英语水平的受访者计划回国的可能性是其他受访者的2倍。

（三）中国研究生在美求学面临的挑战

1. 歧视，对于学术欺诈的指控和其他挑战

根据调查结果，68%的受访者表示曾经因为国籍在校园外受到歧视。同样，60%的受访者在学术环境中遭遇过歧视。根据受访者的报告，口头骚扰是一个常见的问题，49%的受访者表示，他们受到了种族歧视，如直接针对他们说"滚回家"或"回到你自己的国家"。在涉及祖国政治与社会相关的问题时，受访者面临着巨大的压力。大约22%的受访者被迫对涉及中国的时事发表意见，这种情况通常是在他们的美国同龄人或教授的要求下发生的。

此外，19%的受访者表示自己曾在日常生活中为中国的新冠防疫政策辩护。对学术欺诈的指控是另一个严峻的挑战，16%的受访者表示，他们被不公正地指控使用 ChatGPT 等人工智能工具来完成作业。此外，11%的受访者被教授或同学不公正地指控在标准化考试（如托福、GRE、GMAT）中作弊，这些考试是研究生入学的先决条件。

调查结果还显示，11%的受访者被其他学生或教授指控为中国间谍，这是一种带有强烈破坏性和毫无根据的指控，会严重影响他们的社会生活和学术生活。另外，10%的受访者在向教授提问时遭到轻蔑对待，暗示他们在中国曾经被洗脑，这显示了深层的文化偏见。

2. 预测模型及结果

中国研究生在美国接受教育的过程中经历的挑战可以对毕业后的行为进行总体预测，决定了受访者是选择留在美国还是回到中国（1＝留在美国，0＝回到中国）。这些变量显示决定留在美国还是回到中国具有75%的差异。

歧视：在校园里遭受歧视的受访者计划回国的可能性是其他受访者的4.6倍，在校园外遭受歧视的受访者计划回国的可能性是其他受访者的3.8倍。

轻蔑反应：在回答问题时遭到教授轻蔑对待的受访者，计划回国的可能性是其他受访者的4.5倍。

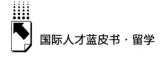

不公正的指控：被不公正地指控在托福、GMAT、GRE 等标准化考试中作弊的受访者，计划回到中国的可能性是没有经历过此类指控受访者的 5 倍。被指控为中国从事间谍活动的受访者想要回国的可能性是其他受访者的 9.3 倍。

对时事发表意见：那些认为自己受到美国同学或教授的压力，不得不对中国时事发表意见的受访者，计划回国的可能性是其他受访者的 8.6 倍。

（四）在美中国研究生的信息来源

1. 中国媒体来源

微信成为最受欢迎的中国媒体平台，88%的受访者使用微信获取新闻和信息，其次是微博，62%的受访者使用微博。抖音也被广泛使用，53%的受访者表示其是新闻来源。47%的受访者使用小红书。《人民日报》和新浪新闻紧随其后，选择人数占比分别为 46%和 45%。44%的受访者使用新华社。

其他平台如本地宝和百度分别有 27%和 25%的受访者使用。CGTN 和《中国日报》的受欢迎程度略低，使用率分别为 23%和 20%，头条的使用率为 17%，《环球时报》和凤凰新闻的使用率均为 16%（见图 8）。

2. 美国媒体来源

X 是使用最频繁的美国媒体，90%的受访者表示它是首选。Instagram 紧随其后，有 81%的受访者使用。TikTok 也是一个重要的新闻来源，有 74%的受访者使用。Facebook 是这些受访者的另一个主要平台，72%的学生使用它来获取信息。70%的受访者选择大学媒体（数字媒体和印刷媒体）。

63%的受访者收看美国国家电视新闻广播，59%的受访者收看地方电视新闻。39%的受访者阅读美国报纸（数字报纸和印刷报纸）。3%的学生使用其他平台（见图 9）。

3. 预测模型及结果

受访者获取信息的美国平台可以预测学生是选择留在美国还是回到中国（1＝留在美国，0＝回到中国）。在决定留在美国还是回到中国的过程中，这些变量显示决定留在美国还是回到中国具有 42%的差异。

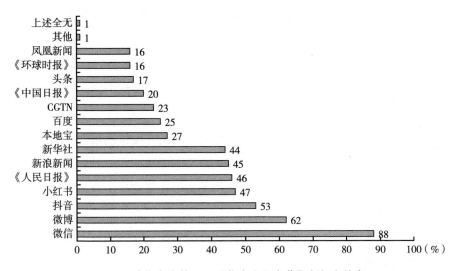

图8 请指出您从以下哪些中文平台获取新闻和信息

注:该问题是多选题。

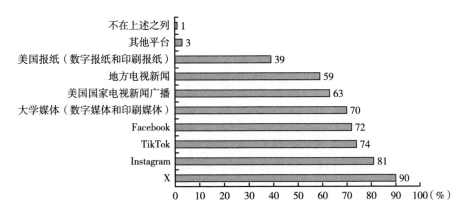

图9 请指出您从以下哪些美国媒体获取新闻和信息

注:该问题是多选题。

美国报纸:从美国报纸上获取新闻信息的受访者留在美国的可能性是其他受访者的3.5倍。

美国电视:从美国电视获得新闻信息的受访者留在美国的可能性是其他受访者的20.9倍。

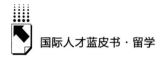

Facebook 和 X：倾向于使用 Facebook 和 X 获取新闻的受访者计划回国的可能性分别是其他受访者的 1.6 倍和 5 倍。

受访者获取信息的中国平台可以预测其是选择留在美国还是回到中国（1=留在美国，0=回到中国）。在决定留在美国还是回到中国的过程中，这些变量具有 56%的差异。

小红书：使用小红书获取信息的受访者计划留在美国的可能性是其他受访者的 3.9 倍。

本地宝：使用本地宝平台获取新闻的受访者在研究生毕业后计划回到中国的可能性是其他受访者的 9.8 倍。

新浪新闻：从新浪新闻中获取新闻信息的受访者计划回到中国的可能性是其他受访者的 11 倍。

新华社：关注新华社新闻的受访者回到中国的可能性是其他受访者的 8.9 倍。

《中国日报》。从《中国日报》获取新闻信息的受访者回到中国的可能性是其他学生的 12.5 倍。

（五）毕业后的计划：留在美国还是回国

1. 毕业后的计划

调查显示，43%的受访者表示计划在完成学业后留在美国，40%的受访者计划毕业后回国，17%的受访者不确定他们毕业后的计划（见图 10）。

2. 按性别区分

男性受访者的分布情况为：40%计划留在美国，43%计划回国，17%不确定毕业后的计划。

相比之下，女性受访者的分布与整体数据结果有不同，49%的女性受访者计划留在美国，34%的女性受访者计划回国，17%的女性受访者不确定（见图 11）。

3. 按大学地位分类

对在美中国研究生毕业后的计划进行比较分析，按照就读的院校类型调

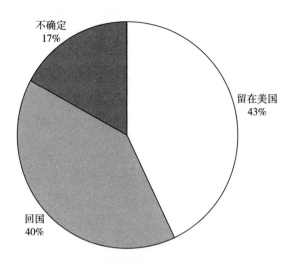

图10 你毕业后的计划是什么？

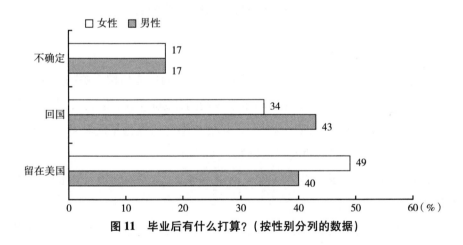

图11 毕业后有什么打算？（按性别分列的数据）

查分为常春藤联盟大学和R1研究型大学①。对于在常春藤联盟大学就读的受访者，35%的人计划留在美国，38%的人计划回国，27%的人不确定毕业后的计划。

---

① 译者注：R1研究型大学即美国顶级研究型大学，有着完整的本科、硕士和博士教育培养体系，研究活动一直处于学校的高等级优先地位。截至2022年底，全美国有4144所学院、大学和研究所，R1类大学约占其中的3.52%。

就读 R1 研究型大学的受访者调查结果显示，48%的人计划留在美国，41%的人计划回国，只有11%的人不确定（见图12）。

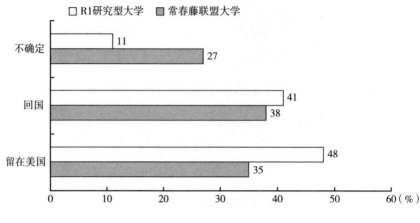

图12　毕业后有什么打算？（按大学分列的数据）

4. 预测模型及结果

通过二元逻辑回归模型分析预测中国研究生对毕业后留在美国或返回中国的决定。在预测中，因变量（学生毕业后的计划）编码如下：1 代表那些不确定的人（17%的人"不知道"），0 代表那些已经做出决定的人（40%的人"留在美国"，43%的人"回国"）。

该预测确定了导致学生在决定是回国还是留在美国时犹豫不决的四个重要因素。

独生子女：不确定性最强的因素是"是否是独生子女"。独生子女受访者在回答有关于毕业规划时给出答案"不知道"的可能性是非独生子女受访者的8.2倍。

追求的学位类型：所攻读学位的类型也是一个重要因素。与攻读硕士学位的受访者相比，攻读博士学位的受访者不确定自己未来计划的可能性要高出1倍。

年龄：年龄是另一个影响因素。年长受访者对毕业后计划犹豫不决的可能性是年轻受访者的1.25倍。

大学排名：所就读大学的排名也是受访者犹豫不决的因素。与排名较低的大学相比，排名较高大学的受访者对毕业后的计划犹豫不决的可能性是排名较低的大学受访者的 3.8 倍。

（六）关于获取美国法律地位的计划

大多数受访者（73%）计划在毕业后获得 OPT。[①] 68% 的想要回国的受访者计划获得 OPT。

56% 的受访者计划获得 H-1B 签证，该签证允许他们在美国工作长达 6 年，从事需要高度专业化知识的理论和实践应用的专业工作。此外，24% 计划回国的学生计划获得 H-1B 签证。

42% 的学生计划获得美国永久居留权，也就是绿卡。获得永久居留权有很多好处，包括工作的灵活性、在美国无限期生活和工作。29% 的受访者计划获得美国公民身份（见图 13）。

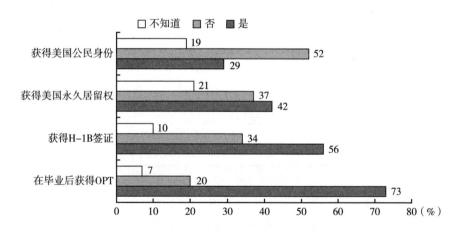

图 13　请指出您符合以下哪些情况（所有学生的回答）

---

① OPT 允许国际学生在其研究领域在美国工作长达 12 个月（STEM 毕业生为 36 个月），这给国际学生提供了一个获得实践经验和完善简历的宝贵机会。

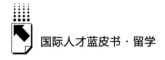
（七）毕业后工作的国家偏好

本部分分析说明了中国研究生对毕业后理想就业国家的偏好。第一个问题"毕业后你打算申请去哪些国家工作？"的结果显示，66%的受访者打算在美国工作，33%的受访者打算在中国工作。

第二个问题"在理想情况下，你希望毕业后在哪个国家工作？"的结果显示，58%的受访者更愿意在美国工作，41%的受访者更愿意在中国工作（见图14）。

66%的学生打算申请美国工作，58%的学生希望在美国工作，这两者之间的差异也表明，一些学生感觉受到限制，如签证问题和就业市场饱和度，影响了他们的决定。相反，33%的学生打算在中国申请工作，而41%的学生希望在中国工作，这表明，虽然最初考虑在中国求职的学生较少，但相当一部分学生希望在最佳条件下回国。

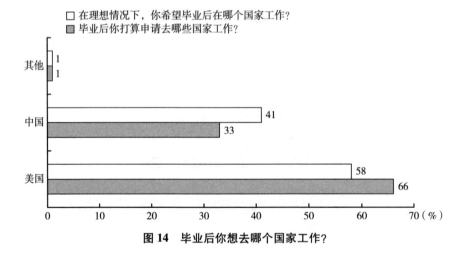

图14 毕业后你想去哪个国家工作？

（八）留在美国的主要原因，计划留在美国的学生的回答样本量 n =533）

受访者计划留在美国的主要原因是美国良好的经济前景，34%的受访者提到了这一点。27%的受访者提到，美国良好的职业前景也是一个重要因素。22%的受访者认为美国的政治稳定是另一个因素。15%的受访者指出，中国严格的户籍限制是使他们决定留在美国的一个因素。

7%的受访者选择了美国强大的社交网络。也有7%的受访者担心中国的高房价问题。中国的环境条件，包括污染和食品安全等问题是5%的受访者望而却步的重要原因。4%的受访者认为留学生留美政策具有吸引力。3%的受访者认为美国为留学生提供了有利条件。能够获得美国永久移民身份是3%的受访者愿意留美的原因。2%的受访者认为，对回国的专业人士的负面看法是他们决定留在美国的一个因素（见图15）。

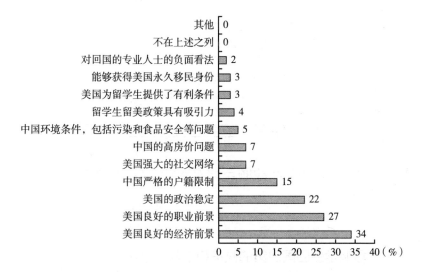

图15　你能说出你打算留在美国的3个主要原因吗？（打算留在美国的学生的结果）

注：该问题是多选题。

（九）回国的主要原因，计划回国的学生的反应（样本量n=497）

受访者表示希望在完成学业后回国的主要原因是家庭团聚，41%的受访者选择了这一原因。23%的受访者选择中国良好的经济前景。

21%的受访者表示，中国强大的社交网络是选择回国的原因。另有21%

的受访者表示，美国对中国人的歧视是促使他们回国的因素。

16%的受访者认为中国的政治稳定是重要因素。15%的受访者认为在中国有良好的职业前景是其回国的原因。同样，15%的受访者表示，无法获得美国永久移民身份影响了他们的决定。

4%的受访者认为在美国的外国学生的不利条件是他们希望回国的原因。最后，2%的受访者认为吸引海外人才回国的政策是一个激励因素（见图16）。

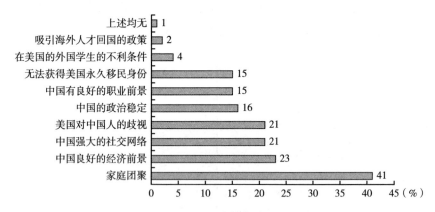

图16 你能说出你打算回到中国的三个主要原因吗？（打算回国的学生的结果）

注：该问题是多选题。

（十）影响学生回国决策的政策和措施

1. 总体数据

关于影响中国研究生回国的各种政策，获得最高认可的是为海外人才及其家庭提供经济支持，选择比例为93%。88%的受访者赞成对归国人才及其家属进行一次性激励。对海外人才配偶提供安置的帮助也很受重视，获得87%的受访者的认可，这表明家庭是留学生决定回国的主要因素。对海外人才主导的重大科技项目的支持和取消户籍限制被视为影响力相对较小但仍然重要的因素，选择人数比例分别为44%和49%（见图17）。

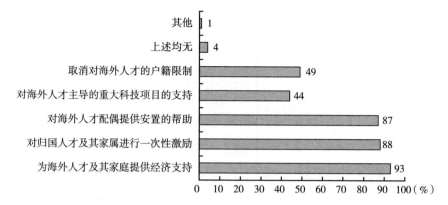

图 17　综合考虑，哪些政策/措施更能鼓励您回国？（全体样本调查数据）

注：该问题是多选题。

2. 按对回国的态度分类

本研究进一步分析了在美研究生对可能鼓励他们回国的具体政策或措施的偏好情况。所有已决定回国的受访者认为对归国人才及其家人进行一次性激励很重要，83%的决定留在美国的受访者也认为这很有吸引力。同样，所有已决定回国的受访者认为为海外人才及其家人提供经济支持很重要，计划留在美国的受访者中也有84%的人认为这很有吸引力。

考虑回国的人很重视那些安置配偶的措施，有93%的人支持这类措施，这反映了家庭因素的重要性。相比之下，对海外人才主导的重大科技项目的支持和取消对海外人才的户籍限制等政策的影响力较小，但也很重要，在计划回国的人群中分别有34%和30%的人支持（见图18）。

3. 按大学地位分类

本部分对常春藤联盟大学和R1研究型大学的中国研究生在激励他们回国的政策方面的偏好进行了比较分析。对R1研究型大学的学生来说，最吸引人的政策是为海外人才及其家庭提供经济支持，支持率为94%，而常春藤联盟大学的学生对该政策的支持率为90%。对归国人才及其家属进行一次性激励也有很大的吸引力，90%的R1研究型大学受访者和85%的常春藤联盟大学受访者支持这一点。

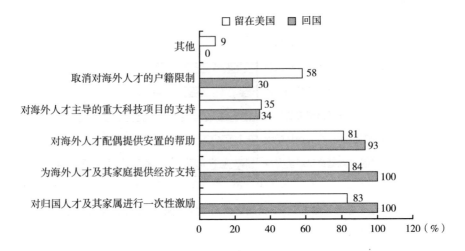

□ 留在美国　■ 回国

其他　9 / 0

取消对海外人才的户籍限制　58 / 30

对海外人才主导的重大科技项目的支持　35 / 34

对海外人才配偶提供安置的帮助　81 / 93

为海外人才及其家庭提供经济支持　84 / 100

对归国人才及其家属进行一次性激励　83 / 100

图18　综合考虑，哪些政策/措施更能鼓励您回国？
（按对回国发展的态度分列的数据）

注：该问题是多选题。

对海外人才配偶提供安置的帮助这项政策的评价也很高，88%的常春藤联盟大学受访者和86%的R1研究型大学受访者选择这项政策。然而，对海外人才主导的重大科技项目的支持和取消对海外人才的户籍限制的选择人数占比则较少，在常春藤联盟大学的受访者中，分别均只有50%的受访者支持这两项政策；R1研究型大学的受访者对这两项政策的支持度略低，分别为40%和48%（见图19）。

4. 按学位类型分类

博士研究生对所有措施都表现出更多的支持，97%的人赞成对海外人才及其家庭提供经济支持，94%的人赞成对归国人才及其家属进行一次性激励，93%的人赞成对海外人才配偶提供安置的帮助。硕士研究生对这些政策的热情普遍较低。虽然多数人仍然支持这些政策，如76%的人支持提供经济支持，64%的人支持一次性激励，63%的人支持配偶安置，但他们的人数占比比博士生低。

对于更专业的措施，如对海外人才主导的重大科技项目的支持和取消对

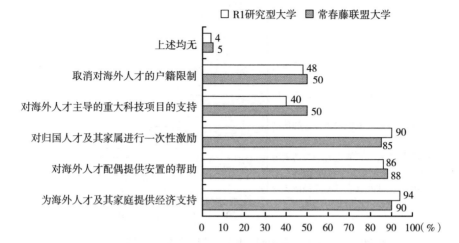

图19　综合考虑，哪些政策/措施更能鼓励您回国？（**按大学类型分列的数据**）

注：该问题是多选题。

海外人才的户籍限制，这两个群体都表现出相对较少的兴趣，但博士生（分别占比44%和52%）仍然比硕士生（分别占比42%和34%）更支持（见图20）。

5.**按性别分列**

对于男性受访者来说，91%的受访者赞同为海外人才及其家庭提供经济支持。其次是对归国人才及其家属进行一次性激励（88%）和对海外人才配偶提供安置的帮助（86%），偏好大致相同。49%的男性受访者表示支持取消对海外人才的户籍限制。

女性受访者表现出类似的偏好。最受青睐的政策是为海外人才及其家庭提供经济支持（99%）。其次是对归国人才及其家属进行一次性激励（89%）和取消对海外人才的户籍限制（51%）（见图21）。

6.**按独生子女分类**

对于独生子女，鼓励其回国的政策是为海外人才及其家庭提供经济支持（91%）、对归国人才及其家属进行一次性激励（88%）和对海外人才配偶提供安置的帮助（84%）。

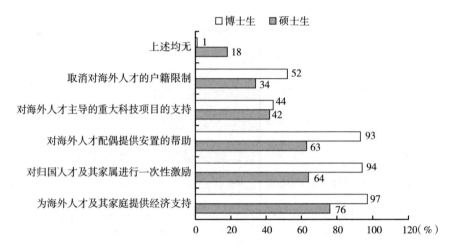

图 20　综合考虑所有因素，哪些政策/措施会更鼓励您回国？
（按学位类型分列的数据）

注：该问题是多选题。

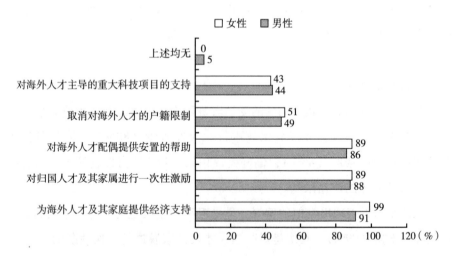

图 21　综合考虑，哪些政策/措施更能鼓励您回国？（按性别分列的数据）

注：该问题是多选题。

非独生子女学生在偏好方面表现出略微的不同。为海外人才及其家庭提供经济支持选择的比例为 98%，对归国人才及其家属进行一次性激励为

87%，对海外人才配偶提供安置的帮助为98%。对海外人才主导的重大科技项目的支持和取消对海外人才的户籍限制的选择人数占比较少，分别为69%和68%（见图22）。

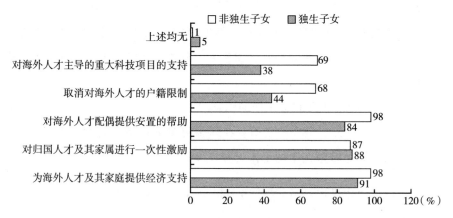

图22　综合考虑所有因素，哪些政策/措施会更鼓励您回国？
（按是否为独生子女分列的数据）

注：该问题是多选题。

7. 预测模型及结果

中国研究生认为重要的政策可以预测学生选择留在美国还是回到中国（1＝留在美国，0＝回到中国）。在决定留在美国还是回到中国的过程中，这些变量具有20%的差异。

分析揭示了显著影响学生决策的三个主要因素。

户籍限制政策：户籍限制政策是指中国与户籍相关的法规和政策（户口制度）。结果显示，认为这些政策重要的受访者决定留在美国而不回国的可能性是其他受访者的4.7倍。

一次性激励：分析表明，与不认可此类激励的受访者相比，认可此类一次性激励的受访者计划回国的可能性增加了3.5倍。

经济支持：研究结果表明，那些认为回国后他们及其家庭会得到经济支持的受访者回国的可能性是其他受访者的3倍。

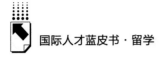
（十一）中国研究生在中国和美国的职业选择

1. 学生打算申请工作的国家

数据显示，66%的受访者计划在美国找工作。33%的受访者表示有意回国开展职业生涯。1%的受访者表示，他们将申请去美国或中国大陆以外的国家或地区工作，包括澳大利亚、加拿大、法国、德国、英国、新加坡、中国台湾等。

2. 学生在理想情况下打算工作的国家

进一步分析显示，58%的受访者在理想情况下希望在美国工作。41%的受访者表示他们更希望在中国工作（见图23）。

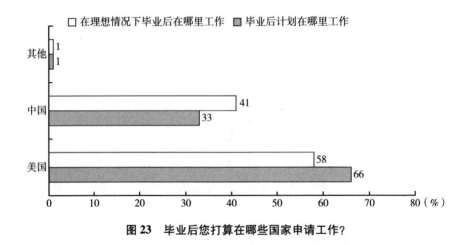

图23 毕业后您打算在哪些国家申请工作？

3. 在中国从事职业的原因

打算在中国工作的受访者中，86%的受访者认为在中国工作的最主要的原因是学生的中国国籍难以留在美国。69%的受访者认为，如果他们回中国后将有更多机会在高增长行业工作，如技术、生物技术、金融和医疗保健行业等。此外，68%的受访者认为在母语环境中工作更舒服。60%的受访者表达了愿意为阿里巴巴、腾讯、百度、华为等中国大公司工作。

56%的受访者更喜欢在中国文化环境中工作，这反映了他们希望保持文化联系，无缝地融入工作场所。其他重要原因包括在中国有更好的创业机会（54%）、在中国有更多增强技能发展和职业进步的机会（54%）、在中国能更好地进入培训和发展项目（52%），以及在中国有更好的工作稳定性和安全保障（50%）。

此外，45%的人认为他们在中国会比在美国赚得更多，43%的人认为在中国工作会更容易进入全球市场。37%的受访者表示担心在美国工作场所会因口音或外貌而受到歧视。37%的人认为在中国的教育投资将获得更好的回报。21%的人认为他们在美国的教育会让他们在中国就业市场上更有优势（见图24）。

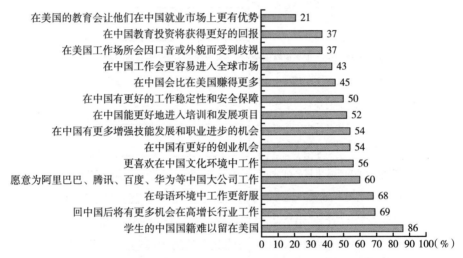

图24 请分享您到中国就业的原因（打算在中国工作的学生的回答）

注：该问题为多选题。

4. 在美国寻求职业的原因

计划在美国找工作的受访者中，91%的受访者认为与中国相比，在美国会赚到同样多甚至更多的钱。90%的受访者认为在美国会有更好的培训和发展机会。87%的受访者认为他们的美国教育将使他们在美国就业市场上具有竞争力，这显示了当地教育证书的价值。同样，87%的人认为留在美国将有更多机会进入全球市场，这表明了国际职业机会的重要性。83%的学生认为在美国技能发展和职业发展的机会更好。此外，81%的受访者希望为脸书、苹果、亚马逊、网飞和谷歌等美国大公司工作，这表明了这些科技巨头的强大吸引力。

78%的受访者认为在英语环境中工作很舒服。同样比例的受访者（78%）认为他们将在美国的高增长行业获得更多机会，如技术、生物技术、金融和医疗保健等行业。72%的受访者更喜欢在美国文化环境中工作。美国就业市场更稳定，工作更有保障是另一个重要因素，65%的受访者选择此项（见图25）。

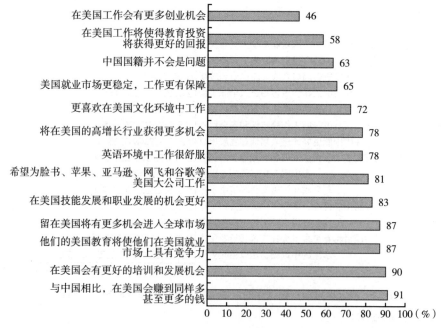

在美国工作会有更多创业机会　46
在美国工作将使得教育投资将获得更好的回报　58
中国国籍并不会是问题　63
美国就业市场更稳定，工作更有保障　65
更喜欢在美国文化环境中工作　72
将在美国的高增长行业获得更多机会　78
英语环境中工作很舒服　78
希望为脸书、苹果、亚马逊、网飞和谷歌等美国大公司工作　81
在美国技能发展和职业发展的机会更好　83
留在美国将有更多机会进入全球市场　87
他们的美国教育将使他们在美国就业市场上具有竞争力　87
在美国会有更好的培训和发展机会　90
与中国相比，在美国会赚到同样多甚至更多的钱　91

图25　请谈谈您到美国就业的原因，打算在美国工作的学生的回答

注：该问题是多选题。

（十二）中国在美研究生的文化适应

1.在美国的中国研究生的社交圈

数据显示，绝大多数受访者（82%）主要与其他中国人交往，他们表示自己的大多数朋友都是中国人。相比之下，只有12%的受访者称他们的朋友大多数是美国人。此外，6%的受访者表示他们的大多数朋友来自其他国家（见图26）。

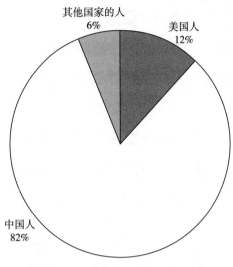

图26 我的大多数朋友都是哪国人

2. 学生在美国的经历

绝大多数的受访者（96%）表示，他们有过参加没有中国学生的学习小组的经历。81%的受访者表示曾在校园里教学或担任助教，这通常是大多数美国博士研究生课程的要求。

旅游似乎是中国研究生很喜欢的活动，67%的受访者会去大学所在州的其他地方，61%的受访者去美国其他州旅游。

参加中国学生学者联合会（CSSA）组织的中国学生活动的人数也相当多，61%的受访者参加了此类活动。相比之下，48%的受访者参加由非中国学生学者联合会组织的校内活动（俱乐部、假日派对、越野旅行）。46%的受访者庆祝美国节日（例如独立日或感恩节）。

33%的受访者在校园或当地慈善组织做志愿者。19%的受访者把大部分时间花在学习上，没有时间参加社交生活。17%的受访者参加美国（非中国）的宗教活动（见图27）。

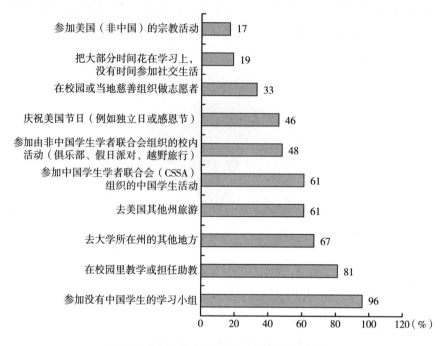

图 27　在美国留学期间，你有过以下经历吗?

注：该问题是多选题。

3. 预测模型及结果

中国研究生融入美国社会的经历可以预测学生是选择留在美国还是回到中国（1=留在美国，0=回到中国）。在决定留在美国还是回到中国的过程中，这些变量具有49%的差异。

参加校园活动：参加非中国学生学者联合会组织的校内活动的受访者计划留在美国的可能性是其他受访者的2.6倍。这些活动包括学生俱乐部、假日派对和越野旅行。

志愿服务：受访者中在校园或当地慈善组织做志愿者的人，计划留在美国的可能性是其他受访者的2倍。

在美国旅游：去过大学所在州的其他地方，或者在州外旅游过的受访者计划留在美国的可能性是其他受访者的8.2倍。

庆祝美国节日：庆祝过美国节日（例如独立日或感恩节）的受访者计划留在美国的可能性是其他受访者的 2.8 倍。

五　总结

中国留学生考虑毕业后留在美国还是回到中国的决策过程受到许多因素的影响，包括人口特征、教育经历、动机因素、社会融入、媒体消费和国家政策等。

（一）动机因素

1. 教育质量和职业抱负

寻求高质量教育的留学生有可能计划毕业后留在美国。美国机构提供的先进研究设施、学术指导和职业机会吸引了那些希望在各自领域取得卓越成就的留学生。这些留学生通常认为美国为他们的成长和发展提供了较好的机会，这促使他们延长居留时间，以实现教育投资的最大化。

家庭强调教育质量以提升回国发展前景的学生回国的可能性是其他留学生的 2 倍。对于这些家庭来说，海外教育被视为提升家庭社会地位、获得国际经验和技能的工具，这些经验和技能可以在中国背景下应用，可以为国家的发展作贡献。

2. 定居国外和获得技术

对于那些将美国教育视为在国外定居的第一步的留学生来说，生活在国外的愿望是一个强大的动力。这些留学生计划留在美国的可能性是其他学生的 7.5 倍，这反映了他们对国际化生活方式和接触多元文化的渴望。美国通常被视为一片充满机遇的土地，在这里留学生可以实现个人和职业抱负。

接触尖端技术是促使留学生决定留下的另一个重要因素。美国以其技术进步和技术创新闻名，这为留学生提供了研究最新技术和与行业领导者合作的机会。优先考虑技术途径的学生更有可能计划留在美国，因为他们希望在充满活力的和创新的环境中开启职业生涯。

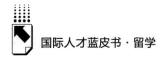

（二）社会和文化经历

1.被歧视经历

校园内外的被歧视经历对留学生毕业后的决定有着深远的影响。歧视可以表现为各种形式，包括种族偏见、文化排斥等，这些都损害了留学生的归属感和安全感。

那些遭遇歧视的人更有可能回到中国，因为负面的社会环境会削弱其留在国外的意愿。

此外，来自教授和同学的轻视和不公正指控，如被指控在标准化考试中作弊，进一步加剧了留学生疏离感。这些经历不利于留学生的学业和情感健康，促使许多人考虑回到可以给予更多支持和更熟悉的中国环境。

2.媒体消费

媒体消费模式显著影响留学生的看法和决定。那些接触美国电视和报纸等美国媒体的留学生更有可能计划留在美国，因为这些媒体提供的信息可能描绘了符合他们期望的机会和生活方式。相反，依赖中国媒体平台的留学生更倾向于回到中国，因为这些渠道可能会强调中国的民族自豪感、经济机会和社会稳定性。

媒体就像一面透视镜，留学生通过它来观察自己的经历，评估自己的选择。对美国生活的积极描述可能增强留学生留在美国的欲望，而强调中国发展和机遇的积极描述可能鼓励留学生回国。

（三）社会融入和参与

1.融入美国文化

参与美国文化实践和社会活动与留在美国的决定密切相关。进入礼拜场所、参加节日庆典和校园活动融入美国文化可以增强留学生归属感和融入感，鼓励他们留在美国。这些活动帮助留学生建立社交网络，提高语言技能，更深入地了解美国社会。

参加志愿活动和在美国旅行进一步加强了留学生与美国的联系。这些经历使他们能够探索不同的地区，与不同的人员交流交往，可以对美国的文化和地理多样性有更广泛的了解。

2. 支持和鼓励回国

虽然一些留学生因为社会融入度和文化亲和力想留在美国，但还有一些留学生受到中国的系统性支持和激励措施的吸引，感激国家对留学归国人才及其家属提供有意义的支持，这些留学生回国的可能性是其他留学生的 3 倍。中国提供了各种项目和激励措施来吸引海外人才回国，包括经济激励、职业机会和协助定居等。

一次性激励措施，如对归国人才的补贴奖金，将归国可能性提高了 3.5 倍，凸显了这些策略在鼓励留学生回国为中国发展作出贡献方面的有效性。这些激励措施反映中国致力于扭转人才外流，并积极合理地利用留学归国人才在国外学习的技能和专业知识。

（四）人口和教育影响

1. 独生子女

独生子女的身份被认为是毕业后计划不确定的一个重要因素。独生子女的家庭通常会使独生子女具有更高的期望和责任。独生子女面临着选择的压力，这可能会影响他们对留在国外还是回国的选择。这种考虑可能涉及照顾年迈的父母或为家族企业作贡献等。

2. 学位类型和大学排名

不同学位类型对学生毕业后的计划有很大影响。博士研究生面临更长的学术旅程，通常从事专业领域的研究，这为他们提供了更广泛的职业机会，并可能在他们的决策过程中有更大的影响。在美国学术界和专业领域的长期经历可能会使他们拥有更强的专业网络和更深的联系，从而影响他们留下来的决定。

大学排名对于学生的职业抱负也起着举足轻重的作用。由于美国和中国的就业市场竞争激烈，来自排名较高大学的学生对毕业后计划犹豫不决的可能性是其他学生的 3.8 倍。知名院校的毕业生经常成为领先的全球公司的招

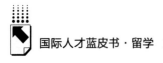

聘目标，这会对学生形成两难的选择，即在全球范围内寻找机会还是利用他们的海外留学背景在中国获得有影响力的职位。

（五）结论

中国研究生决定毕业后留在美国还是回到中国，受到无数因素的影响。分析这些影响可以帮助决策者和教育工作者优化支持留学生的政策和就业环境，并促进他们对两国作出贡献。随着中国继续加大研发经费投入力度，留学生的流动性可能会发生变化，从而进一步影响全球格局。

（六）研究局限

这项研究的局限性包括样本的自我选择性质，可能会存在"偏见"，因为对主题更有兴趣的参与者更有可能对调查邀请作出响应，从而可能使结果不准确。此外，调查设计提供的选项空间有限，从参与者的经历和观点中获得深刻见解比较有限。就性别分布而言，样本以男性为主。最后，研究的非实验性质限制了在所调查因素和从调查结果中得出的结论之间建立因果关系的能力。

六 建议

为留学归国人才提供财政支持。为了吸引毕业生回国，政府应该为留学归国人员提供财政激励，如拨款、补贴和税收减免。对家庭搬迁和融入项目的财政支持也将使归国人才的过渡更加顺利。这类政策可以与提供有竞争力的工资、福利和住房津贴相结合。

促进高增长行业的发展。中国应该促进高增长行业的发展，如科技、人工智能等，这些行业对留学归国人才特别有吸引力。与中国科技领先企业和行业领袖合作可以为留学归国人才创造清晰的职业道路，确保他们获得与其专业技能相匹配的就业机会。

放宽居住限制，改善生活条件。户籍问题是归国留学生面临的主要障碍之一，放宽户籍限制，特别是在留学归国人才普遍寻求工作的大城市。此外，改善城市生活条件、解决城市问题以及开发更多经济适用房将吸引更多优秀毕业生回国。

加强全球市场准入。强调中国融入全球市场，特别是在科技和金融领域等，中国可以通过向毕业生提供具有国际视野和职业发展的工作机会吸引他们回国。提升中国在国际中的竞争力，让他们明白在全球化环境中在中国可以获得有竞争力的工作机会。

发展创业支持计划。建议通过提供启动资金、税收激励和企业孵化计划，为有志于创业的留学归国人员提供强有力的支持。政府主导的促进创新创业政策和为创业企业提供风险资本的举措将有助于吸引和留住更多归国人才。

B.13
中国学生在英国大学面临的主要挑战分析

〔英〕克莱门汀·艾佩雯 (Clementine Ebel) *

摘　要： 本报告概述了中国学生在英国高等教育机构（HEIs）面临的语言、社会集群、技术和就业挑战。尽管英国高校努力促进国际学生融入，但挑战依然存在，尤其是对中国学生而言，挑战更明显。这在一定程度上是由于两国之间存在明显的文化和社会差异，以及中国的独特条件使其海外转型充满挑战。本报告使用调查、采访和文献研究等方法分析这些挑战，并为中国家长、学生和政府部门提出了加强语言和技术的浸入式培训、增加实习机会等建议，以促进中国学生更好地融入英国。

关键词： 中国留学生　社会融入挑战　数字生态系统

一　在英中国留学生情况概述

2018~2019 学年至 2022~2023 学年，印度、中国、尼日利亚、巴基斯坦等国家在英国留学人数快速增长。①

目前，英国高等教育机构中有超过 151000 名中国学生②，占英国国际学生的 25%以上，并且人数增长率也较高。学生人数从 2011~2012 学年的 78715

---

* 〔英〕克莱门汀·艾佩雯（Clementine Ebel），北京大学燕京学者，主要研究方向为创业教育、国际教育与“一带一路”倡议。全球化智库（CCG）郑金连、田笑洋翻译整理。

① HESA. Higher Education Student Statistics：UK, 2022/23. (2024).［2024-09-06］. In https：//www. hesa. ac. uk/（No. SB267）. HEPA. https：//www.hesa.ac.uk/news/08-08-2024/sb269-higher-education-student-statistics.

② 本报告中中国均指中国大陆地区。

人增加到 2021~2022 学年的 151690 人，增加了 92.7%（见图 1）。2022~2023 学年在英国学习的中国学生分布如图 2 所示。

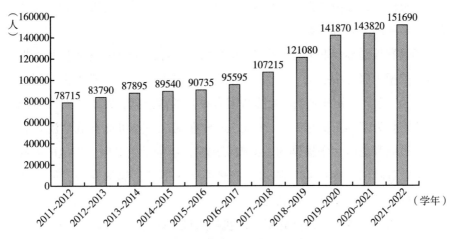

图 1　英国高校的中国学生人数

资料来源：Textor C. Age Distribution in China 2012－2022. Statista.（2023）.［2024－09－03］. https：//www. statista. com/statistics/270163/age-distribution-in-china/。

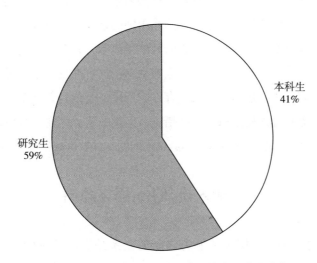

图 2　2022~2023 学年在英国学习的中国学生分布

资料来源：HESA. Higher Education Student Statistics：UK, 2022/23.（2024）.［2024－09－06］In https：//www. hesa. ac. uk/（No. SB267）. HEPA. https：//www. hesa. ac. uk/news/08－08－2024/sb269－higher－education－student－statistics。

人数的快速增长导致中国学生的比例失调。一些大学，如伦敦大学学院（UCL），有多达 15000 名中国学生，占学生总数的 1/4 以上。虽然这对于维持许多英国机构的财务健康非常重要，但不断增长的学生数量对校园文化以及中国学生的融入都有影响。

尽管有报道称并非如此，但中国学生仍然面临着巨大的融入挑战。据大学与学院招生服务中心（UCAS）的报告《全球洞察：中国学生在英国的经历如何？》显示，中国学生对英国留学有很高的满意度，91% 的人"可能会推荐英国作为留学目的地"。[1] 然而，过分强调这一点可能会低估潜在的挑战。当被问及英国大学提供的一系列资源时，中国学生对融入当地的支持政策的满意度较低。尽管 48% 的学生仍然声称获得了足够的支持，但与其他方面相比，学生们感到不太满意。

不可否认，解决融入问题对英国机构来说很困难，尤其是因为中国和英国之间存在巨大的文化差异和社会规范差异。已有研究显示，与其他国际学生相比，中国学生面临着更严峻的挑战。[2]

本报告作者于 2024 年 1~8 月对 100 多名来自中国各地的在英留学本科生和研究生进行了调研和访谈，还对英国和中国的行业专家以及英国高等院校的工作人员进行了一对一的采访。调查研究结果显示，只有 20% 的中国学生觉得自己真正融入了英国。鉴于中国学生人数众多，这对高校有重大影响，既影响学生也影响教职员工。这是一个长期存在的问题，复杂且涉及多个方面，很难解决，尽管高等教育机构采取了一些措施，但挑战依然存在。本报告将从一个全新的视角审视中国学生在英国大学的融入问题，并着重探讨可行的解决方案。

二 融入挑战1：语言障碍

语言能力和融入外国环境能力之间的联系是无可争议的。因此，在讨

---

[1] UCAS. https：//www.ucas.com/file/782671/download? token = 6tG5zO6i//efaidnbmnnnibpcajpc glclefindmkaj/.

[2] Spencer-Oatey, Helen, et al. , "Chinese Students' Social Integration into the University Community: Hearing the Students' Voices," Higher Education 74 (2017)：739-756.

论中国学生的融入挑战时，语言能力起着关键作用。虽然所有国际学生都面临这一挑战，但中国学生似乎在适应英语环境方面存在特殊困难，这在既有研究中有所反映，[①] 例如相对较低的雅思成绩，尤其是英语口语方面。[②] 雅思作为国际英语语言测试系统，是国际学生申请英国大学的主要语言评估工具。除了作为比较中国学生和其他国家学生英语语言能力的有用工具，它还提供了口语、写作、听力和阅读能力的单项分数，本报告对此进行了更深入的分析。

本报告对英国大学的中国研究生进行的调查显示，31%的人对自己的英语水平缺乏信心，尤其是口语水平，只有31%的人声称自己能流利地说英语。当被要求自我评估时，37%的学生声称他们的英语水平只有B1中等和B2中等+（见图3）。根据剑桥英语评估标准，这相当于"中级"，低于高等院校要求的门槛。这些发现与霍利曼和斯潘塞·奥蒂先前的研究一致，[③] 凸显了中国学生普遍面临的"语言障碍"。[④]

学校英语教学的优先级正在被进一步降低。部分领先的教育机构正在逐渐取消英语语言测试作为大学入学的要求。泰晤士高等教育（Times Higher Education）[⑤] 预计其他机构可能会效仿。这种对英语学习的不够重视可能会对学生的语言能力产生负面影响。

尽管花在英语课上的时间很多，但中国学生英语水平低于预期。然而，这并不影响他们被英国大学录取。尽管英语口语水平较差，但许多中国申请者能够充分发挥其考试能力并通过大学语言测试。这是因为目前的入学要求

---

① Holliman, Andrew J., et al., "Exploring the Experiences of International Chinese Students at a UK University: A Qualitative Inquiry," *Multicultural Learning and Teaching* 19.1 (2024): 7-22.

② IELTS. Test Statistics, https://ielts.org/researchers/our-research/test-statistics#Demographic.

③ Holliman, Andrew J., et al., "Exploring the Experiences of International Chinese Students at a UK University: A Qualitative Inquiry," *Multicultural Learning and Teaching* 19.1 (2024): 7-22.

④ Spencer-Oatey, Helen, et al. "Chinese Students' Social Integration into the University Community: Hearing the Students' Voices," *Higher Education* 74 (2017): 739-756.

⑤ Times Higher Education, More Universities' could Follow XJTU and Scrap English Exam, https://www.timeshighereducation.com/news/more-universities-could-follow-xjtu-and-scrap-english-exam#:~:text=Xi'an%20Jiaotong%20University%20.

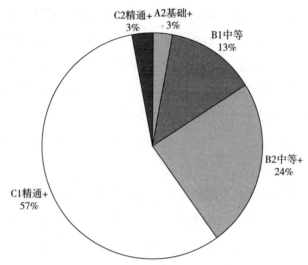

图3　中国学生对英语语言水平的自我评价

资料来源：作者 2024 年 1 月开展的调查研究。

并不只强调口语水平，而是一种全面的评估。

尽管英国高等教育机构确实试图通过入学要求来过滤掉语言水平低的国际学生，但这些措施并不足够。希望出国留学的中国学生在学校之外寻求帮助使他们完成入学考试，例如家教和课外培训。预测显示，2022～2026 年，英语培训（ELT）市场将扩大 708.1 亿美元，预计复合年增长率为 19.75%。①

接受调研的 Chen 同学在中国的一所国际学校上学，因此有更多的机会接触英语，她从 15 岁开始参加课外的英语课程，这帮助她获得了前往伦敦艺术大学（UAL）学习时尚管理的机会。她表示自己在中国最大的英语教学机构连续 3 年每周上 1 节课。据其表示，大多数同学的额外课程比她多。语言课程只是中国学生寻求出国留学支持的一部分。她表示，学生们申请大

---

① China Briefing, China's Education Sector: Latest Trends and Policies, https://www.china-briefing.com/news/chinas-education-sector-latest-trends-and-policies/#: ~ : text = This per cent20trend per cent20has per cent20also per cent20stimulated, CAGR per cent20forecast per cent20of per cent2019.75 per cent20percent.

学入学的花费在 1 万~10 万元。该机构帮助范围很广，从相对简单的入学建议、签证和文件方面的行政支持，到申请准备和课程作业。某创业教育机构的联合创始人 Zhu 女士表示，"很多机构都提供途径，家长们很着急，正在寻求填鸭式的帮助""很多时候，这些孩子没有准备好，他们没有准备好交谈"。① 尽管中国学生接受了严格的语言训练，但与交谈所需的口语水平差距是显著的。

尽管大多数中国学生得到了额外的帮助，但他们的成绩仍然落后于部分发展中国家。根据雅思官方数据②，中国学生的平均成绩是 5.8 分（9 分满分），反映了与在英国留学的其他国际学生成绩的差距。例如，来自印度、尼日利亚、巴基斯坦和马来西亚的学生分数都相对更高（见图 4）。此外，图 4 也反映了中国学生在写作和口语方面表现较弱。中国学生的口语得分最低，平均为 5.5 分，落后于其他国家，尼日利亚（7.1 分）和马来西亚（6.8 分）学生的口语得分较高。可以说，要成功取得一个外语学位，写作和口语技能是至关重要的。已有研究强调考试的"写作部分表现不佳"，将其归因于"英语和汉语之间的许多差异"。③ 不管怎样，这一弱点将影响中国学生在英国学校的适应程度。

UCAS 最近对入学评估进行改革，包括要求进行"新的个人陈述"，④ 但目前没有计划修改申请英国高等院校的国际学生的语言要求。这意味着与语言障碍有关的问题可能会继续存在。因此，中国家长和学生应该更加注重英语口语技能的提升，而不是仅仅关注雅思考试成绩。这需要在方法上突破，当学生到达英国时，他们会因此受益，因为他们可以更好地在英国生活和交朋友。正如顾问和教育专家 Zhu 女士指出的那样，"中国家长应该把软技能和沟通能力视为基本要素，而不是附加物"。

---

① Zhu Bei, Online Interview, 2024. 1. 8.

② IELTS. Test Statistics, https：//ielts. org/researchers/our-research/test-statistics#Demographic.

③ An Analysis of Chinese Students' Performance in International Tests Take IELTS as an Example.

④ UCAS, https：//www. ucas. com/corporate/news - and - key - documents/news/new - personal - statement-help-level-playing-field-disadvantaged-students.

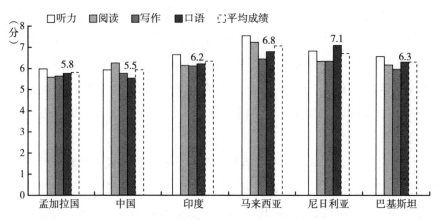

图 4　英国高校中六个人口最多的国际学生的雅思成绩

资料来源：Test statistics. IELTS. https：//ielts. org/researchers/our-research/test-statistics #Demographic。

三　融入挑战2：社交集群

目前在超过 15 万名在英中国留学生中，有约 9 万人是研究生。[①] 由于中国留学生人数众多，许多中国留学生最终选择与其他中国留学生相处也就不足为奇了。因为有着共同的语言和文化，中国留学生相互吸引是可以理解的。然而，中国留学生在某些学校和学科中的不均衡分布加剧了这种自然倾向。大多数中国学生集中在英国排名前十的大学，排名较低大学的中国学生招生人数正在减少。

Chen 同学获得了华威大学（University of Warwick）的市场营销硕士学位，她所在专业中有 80% 的学生是中国人。她表示，尽管她的家人和朋友劝她不要只和中国学生交朋友，但实际上，这取决于选择的专业。当被分成不同的课程小组时，她主要和中国学生在一起。他们常常为了方便而说中

---

① Statista, Number of Students from China that Study in the United Kingdom from Academic Year 2012/13 to 2022/23, https：//www. statista. com/statistics/372922/number - of - chinese - students-in-the-united-kingdom/.

文。Chen 同学的经历揭示了留英中国学生群体的一个重要特征：分布不均衡，集聚现象明显。

纵观英国的大学，只有少数几所大学的学生明显以中国人为主。最明显的是伦敦大学学院、格拉斯哥大学和曼彻斯特大学。拥有最多中国学生的伦敦大学学院学生总数约为 44000 人，其中大约有超过 15000 名中国学生。① 其次是格拉斯哥大学和曼彻斯特大学，这两所大学都有超过 9000 名中国学生。② 中国学生人数最多的三所大学加在一起，占在英中国学生总数的近 20%。相比之下，一些竞争力较弱的大学，如伍尔弗汉普顿大学和法尔茅斯大学，分别只有 10 名和 5 名中国的学生。在特定的学位中，集聚现象更加明显。UCAS 的最新报告显示，获得商学学位中国学生人数占在英中国学生获得的学位总数的 26%，尽管这比 10 年前的 43% 有所下降，但依旧较高。③

中国学生人数的不平衡很大程度上是中国的中介造成的。据 Jin 同学说，她是根据中国中介的建议选择专业的。她表示当她到达英国学校时，她的 60% 的同学是中国人，其中部分人的英语真的很差，所以最后只能说中文。中介机构在中国学生的专业选择中扮演着重要的角色。中介机构会推荐更有可能录取中国学生的专业。这就不可避免地导致很多学生报考同一所大学的同一专业。

鉴于考虑英国高等教育的中国学生和家长可能很少或根本没有接触过英国，他们高度依赖中介机构的建议或网络信息。这限制了其获得信息的范围和可靠性。中国学生在申请程序、课程选择和整个大学系统方面的知识存在明显的不足。对中介的过度依赖限制了中国学生在作决定时的自主性和独立

---

① UCL and China, https：//www. ucl. ac. uk/global/regional－activity/ucl－and－china#：~：text＝Today per cent20there per cent20are per cent20more per cent20than, Kong per cent2C per cent20Macau per cent20and per cent20Taiwan.

② Uhomes, Which UK Universities Have the Most Chinese Students? https：//en. uhomes. com/blog/which－uk－universities－have－the－most－chinese－students.

③ UCAS, Chrome－Extension：//efaidnbmnnnibpcajpcglclefindmkaj/https：//www. ucas. com/file/782671/download? token＝6tG5zO6i.

性，并最终导致集群现象。建议家长或学生联系英国的大学招生办公室，直接听取大学的建议。

在与研究参与者讨论中国学生在一定程度上高度集中的问题时，出现了一种说法：许多学生希望更好地融入，拥有更多样化的朋友圈，但感觉无法做到这一点。虽然调查结果显示，21%的受访者身边几乎都是中国同学（见图5），但采访显示，许多学生希望交到更多的本地朋友。Qiao 同学描述了她希望找到英国朋友来提高她的英语能力和对英国文化的理解，但事实上她的项目中有 10 名中国学生，这使她很难做到这一点。Qiao 同学的采访还提出了社交聚集背后的另一个原因——住宿。当她在埃克塞特学习并住在宿舍时，她有许多机会与来自其他国家的学生交往，但她说，当她搬到伦敦完成伦敦电影学院的后半部分课程时，情况完全不同。

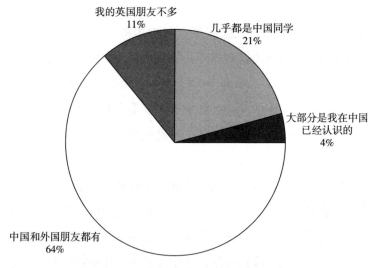

图 5　中国学生朋友圈的国家多样性

资料来源：作者 2024 年 1 月开展的调查研究。

住宿安排是朋友圈发展的一个重要因素。对于无法住在宿舍的中国学生来说，大多数人最终还是和其他中国学生一起租房住。与另一名中国学生住在一起的 Qiao 同学强调，虽然这不是她的首选，但这是最方便和最便宜的选择。她解释，由于伦敦电影学院没有提供合适的住宿，她依靠网络和中文应用程序来解决住宿问题。小红书显然是中国学生寻找住宿资源的宝贵平台，因为其他学生会分享或张贴空房广告。住房安排不可避免地塑造了朋友圈，而中国学生住在一起加强了社交集群现象出现的可能性。这种情况在伦敦的学生中尤为突出，其他没有宿舍的中国留学生也面临同样的问题，尤其是那些攻读一年制硕士学位的研究生。

对于中国学生和家长来说，很难从国内获取与英国当地情况相关的信息。然而，学生可以通过使用 Amber App 等本地应用程序，获得更多样甚至更便宜的住宿选择。或者与目标学校的国际学生支持服务人员交流，而不是在中国的社交媒体上寻求帮助。

四 融入挑战3：数字生态系统的适应问题

国际学生面临的易被忽视的挑战之一是数字生态系统的适应问题。中国学生面临着要适应全新的数字生态系统的巨大挑战。差距巨大的数字生态系统增加了学生聚集的可能性。

当被问及社交媒体习惯和偏好时，中国学生表现出对中国应用的明显偏好（见图6）。所有受访者都使用微信，另有96%的人使用小红书。第三大应用是中国的视频平台 Bilibili（64%）。就使用的非中国应用程序而言，WhatsApp、Instagram 和 YouTube 使用最广泛，分别有60%的受访者使用 WhatsApp 和 Instagram，52%的受访者使用 YouTube，但仍低于3个最受欢迎的中国应用程序。在定性调研反馈中，所有受访者都表示他们每天都使用微信，当被问及他们使用哪些平台与家人和朋友交流时，所有调查受访者都选择了微信。相比之下，没有受访者使用非中国应用程序与中国的家人和朋友交流。这表明，中国的社交平台对于生活在国外的学生的生活来说是很重要的。另一个重要的细节是，当与同在英国留学的中国学生交流时，他们继续使用微信而不是 WhatsApp。伦敦大学学院的 Xiao 同学说，他们只对外国朋友使用 WhatsApp。这在中国学生和非中国学生的社交圈以及高等院校的信息渠道之间形成明显的界限，延续了社交集群现象。①

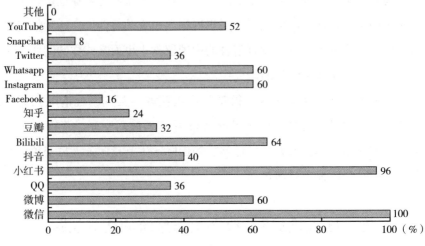

图6 对"你使用哪些社交媒体渠道?"这一问题的回答

资料来源：作者2024年1月开展的调查研究。

除了社交媒体平台，中国学生还依靠中国应用程序寻找重要信息。当遇到问题或需要搜索本地服务时，中国学生会求助于中国应用程序。曼彻斯特大学的研究生 Lee 同学将小红书描述为"一个很棒的应用程序，它提供了与英国生活相关的各种信息"。剑桥大学的博士生 Wang 同学表示，由于小红书针对的是"相同身份"的中国学生，它能够解决一些常见的问题，如寻求医疗建议、当地的全科医生以及前文提到的住宿。学生还可以通过小红书找到当地活动、餐馆推荐和旅行建议等，因此其使用范围超乎想象。

中国学生面临的数字障碍比其他国际学生更严重，因为他们来英国前很少或没有接触过西方国家的数字系统。然而，据学生称，英国高校目前不提供这方面的支持。不到4%的学生表示，他们获得过与当地 App 和社交媒体相关的支持，而近40%的学生表示他们愿意接受这种支持（见图7）。在学生最

---

① Holliman, Andrew J., et al. "Exploring the Experiences of International Chinese Students at a UK University: A Qualitative Inquiry," *Multicultural Learning and Teaching* 19.1 (2024): 7-22.

希望得到的帮助方面，数字生态系统支持排名最高，这显然表明学生对使用本地技术缺乏信心。数字生态系统挑战限制了学生生活的许多方面，如社交圈、对当地的了解、获得医疗或住房等重要服务的机会以及他们找工作的能力。

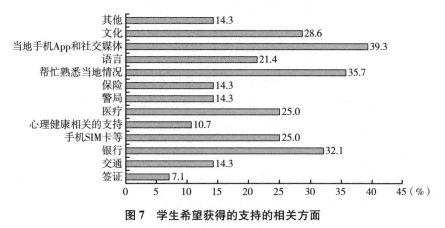

图7　学生希望获得的支持的相关方面

资料来源：作者2024年1月开展的调查研究。

中国学生对西方最流行的应用程序不熟悉，这让他们处于劣势。尽管大多数其他国际学生已经熟悉了Facebook和WhatsApp等平台，但中国学生需要时间来熟悉它们。这些数字障碍也出现在中国学生的学术生活中，因为中国学生可能不熟悉西方常用的搜索引擎。在采访中，学生们承认这些障碍影响了他们的学术研究，因为他们有时难以找到关键词和相关的资料。

随着使用西方应用程序的信心增强，中国学生们将能够更快地与当地学生联系，能够方便地获取信息，并减少对周围中国学生的依赖。

五　融入挑战4：就业压力

2019年的数据显示，73%的中国学生从英国院校毕业后返回中国①，但

---

① International Graduate Outcomes 2019，https：//www.universitiesuk.ac.uk/sites/default/files/uploads/UUKi%20reports/international_graduate_outcomes.pdf.

英国文化协会的报告显示，2022 年回国人数占比增加了 8.6 个百分点。① 然而，这份报告的研究显示，中国研究生希望留在英国工作几年，以获得国际工作经验。Peter 说："我想要积累一些海外经验，这对我在中国找工作会有帮助。"他表示在"最终回到中国"之前，他可以在英国"发展自己的技能"。这一观点得到了大多数受访者的认同，他们认为毕业后在英国短期工作有好处。想要留下来的原因多种多样，例如英国相对健康平衡的工作和生活、海外工作经验对他们职业发展的好处等。

当问及找工作时，学生们讲述了他们经历的困难，"对于研究生来说，在英国找工作非常困难"，Qiao 同学表示，大学通常不愿意帮助中国学生找工作。2024 年关于英国大学的《国际研究生成果报告》（International Graduate Outcomes 2024）的调查显示，53%的参与者认为职业支持是高等院校需要改进的领域。② 只有 21%的人使用过职业服务，这表明大学服务的知名度或质量存在问题。在本报告的研究参与者中，Chen 同学是少数成功找到工作的人之一，她加入了伦敦的一家营销机构。她说，中国学生很难找到合适的工作，尽管她的许多同龄人都想留下来，并试图留下来，但大多数人都没有成功。

对于想从英国经历中获得更多经验的学生来说，毕业后找不到工作会令人沮丧。"我希望大学能在课程期间提供实习机会"，Chen 同学表示。③ 根据《国际研究生成果报告》，中国学生对更多实习机会的渴望尤其明显，这被列为高等院校需要改进的首要领域。这反映了教育系统的主要差异。英国高等院校的许多学术课程不包括实习机会，而在中国高校，实习是积极鼓励的，甚至在许多情况下是强制性的。

---

① British Council, Skills Training Crucial for Chinese Graduates, https：//opportunities-insight. britishcouncil. org/news/news/skills-training-crucial-chinese-graduates.

② Universities UK, International Graduate Outcomes 2024, https：//www. universitiesuk. ac. uk/ universities - uk - international/insights - and - publications/uuki - publications/international - graduate-outcomes-2024#:～:text=This per cent20report per cent2C per cent20published per cent20in per cent20collaboration，in per cent20the per cent20past per cent20six per cent20years.

③ Chen Da. Online Interview，2024. 1. 25.

曼彻斯特大学社会学和统计学的 Li 同学①对职业服务中心给予了高度评价。她预约了简历诊断、简历建议和面试练习。据她说，"简历编辑器是一个非常好的平台"，这帮助她提高了找到工作的机会。许多英国高校以某种形式提供职业服务，然而中国学生通常不知道这些服务。这在一定程度上是上述数字生态系统不同造成的信息差距，由于不熟悉英国的系统，有关大学服务的信息被遗漏了。她在调研的参与者中是一个例外，因为没有其他中国学生寻求职业服务中心的帮助。但是这也反映了这类服务可以对学生满意度产生积极的影响。

英国大学的调查结果显示，所有国际学生都面临失业挑战，但在中国学生中更为突出。尽管过往在英国的中国国际学生人数最多，但留下来的人数明显少于印度学生。根据那些坚持读研究生的学生的说法，毕业后留下来就业的毕业生中，29%是印度人，10%是中国人，7%是尼日利亚人（见图8）。数据还显示，中国学生成功找到工作需要更长的时间。在留在英国的五大来源国学生中，中国学生找到工作的时间是最长的，只有60%的中国研究生签证持有者在毕业第一个月找到工作，而尼日利亚、巴基斯坦和印度的这一比例分别为86%、81%和79%。这反映中国学生比其他国家的学生更难找到工作。

出现这种情况的原因是前文讨论过的各种因素的组合：语言障碍、社交集群和数字生态系统的适应问题。雅思成绩显示，尼日利亚人、巴基斯坦人和印度人的口语能力都高于中国人。此外，这3个国家与英国共享相同的数字生态系统，这意味着他们能够更好地独立寻找工作机会，但中国学生却面临着不熟悉的网站和应用程序。中国学生的社交集群一定程度上限制了他们在英国拓展社交网络，也限制了他们对就业机会的了解。

2023年，英国文化委员会特别呼吁加强对英国高校中国学生的支持，英国高校迫切需要进行战略性地调整，为中国海外毕业生提供就业技能培

---

① Li Hailee. Online Interview，2024. 1. 24.

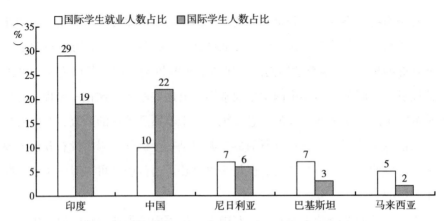

图8　代表性国家国际学生就业人数占比与国际学生人数占比

资料来源：International Graduate Outcomes 2024.（2024）. In Universities UK. Universities UK International and QS Quacquarelli Symonds. https：//www. universitiesuk. ac. uk/universities-uk-international/insights-and-publications/uuki-publications/international-graduate-outcomes-2024. 最后检索时间：2024 年 8 月 14 日。

训，以使他们在就业市场上更具竞争力。① 英国文化协会提供了明确的指导：确保课程更紧密地符合中国劳动力市场的实际需求，提高数字素养，并为中国学生提供更合适的实习和职业服务。让国际学生进入英国劳动力市场，即使是短期的，对各方也有好处。希望和英国高等院校提供更多服务，更好地支持国际学生寻找工作。

六　结论与建议

（一）结论

本报告深入研究了中国学生在英国高校面临的主要挑战。本报告并不试图全面讨论中国学生面临的所有融入挑战，同时排除了一些关键的困难领

---

① British Council, Skills Training Crucial for Chinese Graduates, https：//opportunities-insight. britishcouncil. org/news/news/skills-training-crucial-chinese-graduates.

域，包括文化和社会差异等。本报告重点关注 4 个困难领域：语言障碍、社交集群、数字生态系统的适应问题和就业压力。这些是本研究参与者普遍提出的问题，并与本研究的现有文献相呼应。

不可否认，融入挑战是一个棘手的话题，许多英国高校已经意识到这一点，并正在采取措施解决这一问题。这是所有国际学生在外留学的共同问题，并不是中国学生或英国高等教育环境所独有的。尽管如此，中国学生在国际学生中所占的比例如此之高，尤其是在英国排名前十的高校。因此，中国学生的成功融入尤为重要。

（二）建议

学生、家长、老师和英国高校可以做更多的事情来帮助中国学生融入英国。

在语言和技术方面，中国学生应该在到达英国之前专注于提高口语水平和数字素养，以使他们的过渡更加顺利。学生们不应该只关注通过雅思考试，而应该采取一种更加沉浸式和全面的语言学习方法，例如听英语播客、看英语电影、找机会和以英语为母语的人交谈。这可以在中国的学校、老师和家长的支持下实现，中国学生应该重视全面的语言学习和沟通技巧，而不只是考试前的准备。在选择大学和专业时，中国的学生和家长可以直接咨询英国高校，而不只是国内的中介机构，以确保获得最相关的和多样化的信息。这将最大限度地减少中国学生高度集中在一个专业的可能性，并可以支持学生选择符合其个人需求的大学和专业。

在就业支持方面，英国高校应该支持国际学生寻找工作，尤其是提供实习机会。英国高校的职业服务中心应该更好地为国际学生量身定制服务内容，工作机会应该嵌入学术课程，以使课程更加实用。英国政府应当采取更为有利的签证政策，以促进高技能国际学生寻找工作。这不仅能丰富中国学生在英国的经历，还能通过更深入的交流与合作加强中国与英国的交流合作。

后　记

《中国留学发展报告（2024~2025）No.9》的编写和推出，得益于多方的支持与帮助。感谢欧美同学会（中国留学人员联谊会）、中国人才研究会和中国人才研究会国际人才专业委员会对本报告的关心和支持，感谢欧美同学会（中国留学人员联谊会）对本书编撰、出版的支持。

本书得以高质量完成，离不开众多专业学者和研究机构的参与和支持。感谢欧美同学会（中国留学人员联谊会）、全球化智库（CCG）、北京东宇全球化智库基金会、南方国际人才研究院、北方国际人才研究院在本书编写工作中的具体参与和帮助。感谢欧美同学会研究院、北京市欧美同学会、江苏省欧美同学会、四川省欧美同学会、湖北省欧美同学会、美国多元文化调查公司、新东方教育科技集团、麦可思研究院的特别供稿和合作研究。感谢全球化智库（CCG）的郑金连、侯少丽、许泽阳、何航宇、冯文源、王赵琼宇、蒋京蓉、张宇轩、郭腾达、田笑洋、王蕊、李剑文、高雨柔等研究人员对本书编写和资料搜集作出的贡献。

借此机会，我们还要感谢社会科学文献出版社对本书顺利出版所提供的支持与帮助。感谢海内外的中国留学生、留学回国人员、海外专家、高校教师以及有关机构对我们的调研、座谈等活动的积极参与；感谢国内外相关教育主管部门、服务机构、研究机构和部分学校对我们工作的支持。

我们在此希望本书能帮助政府有关部门、专家学者、相关行业人士和广大公众更详细地了解中国留学发展状况，对政府建言献策有所参考，以促进相关研究进一步深入，并最终推动中国留学事业健康发展，为建设现代化国家培养出更多高素质、国际化的人才。由于本书撰写和编辑时间仓促，书中难免出现纰漏。欢迎社会各界批评指正，以便我们在未来的研究工作中获得进益。

本书编委会

2024 年 12 月于北京

Abstract

At present, globalization is at a new crossroads. Rapid changes in the international situation have made the world full of uncertainty, which has led to changes in the global landscape of study abroad. Nevertheless, the number of international students worldwide still maintains its growth momentum, and study abroad remains an important way of people-based globalization. In order to reflect the latest situation of study abroad in China in the new era, to understand the latest trends in the development of returnees, and to explore new paths for the development of study abroad, we have organized and compiled the Report on the Development of Study Abroad in China (2024—2025). The book consists of five parts: general report, reports on studying abroad, reports on Chinese returnees, reports on special research and appendices.

Based on the context of the new era, this report provides an in-depth analysis of the continued expansion of the global international student population, the diversification of source and destination countries, the pragmatism orientation and the promotion of economic and social development. It focuses on the development trend of study abroad in China, and concludes that the primary driving force of China's study abroad has changed, the number of students studying in traditional study destination countries will stabilize, and the destinations and specialties of study abroad will be further diversified. At the same time, study abroad students have become a force to be reckoned with in the process of China's modernization, and study abroad is still an important channel for the cultivation of high-level international talents in China. In the context of the new era, as the fever of returnees continues to rise, the employment pressure of returnees is also increasing. Finally, in view of the new problems encountered in the context of the new era, the report puts forward relevant suggestions to further promote the development of study abroad in China.

The report points out that the scale of Chinese students studying abroad has basically recovered to the level before the new pneumonia epidemic, and the main study destination countries are still concentrated in the United States, the United Kingdom, Australia, Canada, Public of Korea and other developed countries. The number of students going to the United States and Canada has declined significantly, while the number of students going to Europe, developed countries and regions in Asia, and the "Belt and Road" countries has increased significantly. At the same time, Chinese students are focusing on STEM (science, technology, engineering, mathematics), business administration and social sciences. These trends will serve as a reference for international students to choose their destination countries and specialties accordingly.

Based on the research data of the Study Abroad Service Center of the Ministry of Education and the survey data on the development of the 2014 – 2018 undergraduates after five years of studying abroad, the report concludes that the number of returnees in China is increasing rapidly, and the percentage of those studying science and engineering is on the rise, while the percentage of those studying management and economics is on the decline. After returning to China, they settled mainly in municipalities directly under the central government and sub-provincial cities, and their employment fields are mainly concentrated in information transmission/software and information technology services, finance and education. Through the analysis of the returnees in Beijing, Jiangsu, Sichuan and Hubei, it is found that the new generation of returnees plays an important role in empowering local new quality productivity, promoting the development of emerging industries, leading breakthroughs in scientific and technological innovations, and facilitating the development of education and cultural exchanges, etc., and the localities have introduced corresponding measures to attract the returnees.

The report also analyzes the changes that have occurred in the study abroad industry in the past decade, especially the changes in the purpose of study abroad, study abroad planning, and the mentality and decision-making choices of the study

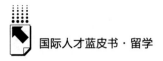
abroad population. The report investigates the study experiences of Chinese graduate students studying in the U. S. and the factors influencing their choice of destination after graduation, and finds that more and more Chinese graduate students in the U. S. are choosing to go back to their home country for development. The report also analyzes the factors influencing their decision of whether to stay in the U. S. or go back to their home country, as well as the cultural and social barriers they face in the U. S. The report also analyzes the challenges faced by Chinese students studying in UK higher education institutions in four areas, including language, social clustering, digital ecosystem and employment pressure, and puts forward a number of recommendations to help Chinese students better integrate into and thrive in the UK.

Keywords: Studying Abroad; Returnees; International Talent Cultivation

Contents

I   General Report

B . 1   The Development and Trend of China's Study Abroad in
the New Era

Abstract: Amidst major changes, the global international student population continues to expand, with trends toward diversity and pragmatism, and brings economic momentum and employment drivers to major receiving countries. Middle-income countries, represented by China and India, are exporting a large number of international students, while high-income international, represented by the United States and the United Kingdom, remain the top destination countries for international students to study. In 2022, China is the largest source country for international students, and the primary driver for Chinese study abroad changes, with the number of students studying in traditional destination countries stabilizing, and destinations and majors becoming more diverse The number of students going to traditional study abroad destinations will stabilize, and study abroad destinations and specialties will become more diversified. The educational level of returnees is higher, and their specialties are more inclined to science and engineering. Based on the analysis of the global and Chinese study abroad situation and the policy of returning students to China, it puts forward suggestions to promote the healthy development of study abroad in China in terms of integrating the resources and

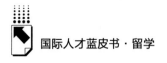
services for the development of students returning to China, strengthening the service guarantee of study abroad, and giving full play to the role of humanistic exchanges between overseas and domestic students.

Keywords: International Students; Global Study Abroad; Study Abroad; Study Abroad Return; Internationalized Talent Cultivation

Ⅱ   Reports on Studying Abroad

B.2   Studying Abroad in North America: Current Status and
Future Prospect in Popular Destinations

Zheng Jinlian, Jiang Jingrong and Zhang Yuxuan / 039

Abstract: North America's rich higher education resources have long attracted large numbers of international students. In recent years, the number of Chinese students studying in the U. S. and Canada has declined significantly in response to changes in U. S. –China relations. However, the U. S. remains the top destination for Chinese students, with the number of Chinese students in the U. S. continuing to decline in the 2023−2024 academic year, and the number of Indian students studying in the U. S. already exceeding that of China. In Canada, on the other hand, the number of international students from China is much lower than the Indian student population. Chinese international students to North America mainly choose STEM (science, technology, engineering, and math) and business administration disciplines. In the long term, international students bring a large number of employment opportunities to North America and have a sustained impact on local economic development. For this reason, the U. S. and Canadian governments have also supported international students to study and develop in North America through measures and policies such as broadening STEM fields.

Keywords: International Students; Chinese International Students; STEM Subjects

B.3 Studying Abroad in Europe: Current Status and Future

Prospects in Popular Destinations

Xu Zeyang, He Hangyu and Feng Wenyuan / 072

Abstract: European countries have won the favor of many international students with their excellent reputation and rich cultural heritage. Under the influence of many factors, such as entry policies related to study abroad and continuous adjustment of work visas, the number of international students absorbed in recent years has been expanding. The UK, France and Germany are the most popular European countries for Chinese students to study in. In recent years, the number of Chinese students studying in the UK has continued to increase, but the number of Chinese students studying in the UK has slowed down due to the increasing entrance threshold of British universities, France and Germany have introduced a number of study policies in recent years, including the simplification of the long-term visa process for students and the recognition of the results of China's college entrance examination, etc., but the number of Chinese students going to study in France and Germany has still declined.

Keywords: International Students in UK; International Students in France; International Students in Germany; Chinese International Students

B.4 Studying Abroad in Asia: Current Status and Future Prospects in

Popular Destinations

Zheng Jinlian, Wang Zhao Qiongyu / 113

Abstract: n recent years, popular Asian study countries such as Japan, Public of Korea and Singapore are increasingly favored by Chinese students. The lower cost of studying in these countries, the higher level of teaching quality, and the culture that is similar to that of China have attracted a large number of Chinese students. At present, a large number of Chinese students go to study in these countries every year, and the number of students is showing an increasing trend. Overall, Japan, Public of Korea and Singapore have developed their education industries to a high degree and have adopted a more open attitude towards international students, introducing various policies to attract international students to study and work in order to cope with labor shortages brought about by demographic problems in the country, and to promote sustainable economic development. This report introduces the overall situation of international students studying in Japan, Public of Korea and Singapore in recent years, analyzes the overall trend of Chinese students going to study in these countries and the reasons behind it, and discusses the prospects of studying in these countries in light of the latest trends in study policy.

Keywords: International Students; Japan; Public of Korea; Singapore

B.5 Studying Abroad in Oceania: Current Status and

Future Prospects in Popular Destinations

Xu Zeyang, Feng Wenyuan and Guo Tengda / 141

Abstract: Australia and New Zealand are attractive to Chinese students because of their high-quality international education system, excellent living environment, open residence and immigration policies, and high social security and safety. Currently, China is the main source of international students in both Australia and New Zealand, with Chinese students mainly choosing business management and science and technology disciplines. In order to promote the recovery of the international education industry in the post epidemic era, the Australian and New Zealand governments have attached great importance to the development of international education, and have enhanced the international student experience and attracted more international students by adopting measures such as more flexible visa policies.

Keywords: International Students; Australia; New Zealand; Chinese International Students

Ⅲ   Reports on Chinese Returnees

B.6   Analysis of the Development of Overseas Students Five Years after 2014-2018 Undergraduate Graduation

Cao Chen, Zhang Lin / 165

Abstract: Overseas students are an important part of China's talent resources. In order to gain an in-depth understanding of the development status of this group of people, McKinsey Research Institute conducts a comparative analysis of study abroad students and domestic students studying in graduate school based on the survey data five years after the graduation of the undergraduates of the classes of 2014 to 2018. The study covers the return trend, employment field and employment quality of study abroad students, which comprehensively shows the employment development of the study abroad group. The analysis shows that the willingness of study abroad students to return to China has increased significantly in recent years, and they are mainly concentrated in municipalities directly under the central government and sub-provincial cities after returning to China. In terms of employment fields, study abroad students still mainly work in finance, education and information technology, mostly in private or state-owned enterprises, and the proportion of employment in three-funded enterprises shows a decreasing trend; in addition, the proportion of self-employed entrepreneurship has also decreased. The average salary level of study abroad students five years after graduation from the undergraduate class of 2014 to 2018 is significantly higher than that of domestic postgraduates, and the employment satisfaction level has increased in general, but they face certain challenges in engaging in professional counterparts' work faces certain challenges.

Keywords: Study Abroad Students; Domestic Graduate Students; Employment

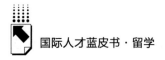
B . 7 Analysis of the Development Situation of Returnees in Beijing

Beijing Western Returned Scholars Association "Bijing Overseas

Educated Personnel Innovation and Entrepreneurship Report Group" / 175

Abstract: Returnees are a unique force in Beijing's economic and social development. According to the survey data in the past years, the proportion of overseas students choosing Beijing as their ideal place of residence is at the forefront of the country. Most of the returnees in Beijing are concentrated in high-tech fields, and innovation and entrepreneurship are the key direction of their development in Beijing; at the same time, there is a continuous emergence of returnees holding important positions in government, enterprises, science, education, culture and health fields. Returnees have made outstanding contributions to the promotion of innovation and entrepreneurship, education and scientific research, social welfare, and Sino-foreign exchanges in Beijing. As the capital of China, Beijing has made a lot of policy innovations and service optimization in attracting overseas Chinese students to develop in Beijing, laying a foundation for creating a high-level talent highland.

Keywords: Returnees in Beijing; Innovation and Entrepreneurship; Returnees' Policy

B . 8 Analysis of the Development Situation of Returnees in Jiangsu Province

Li Guanqun, Ji Xueling and Ma Xiaojie / 200

Abstract: In the new era, when new things and industries are emerging in an endless stream, returnees who have global vision, advanced ideas, multi-culture, international contacts, and high technologies are the fresh force and think tank for the construction of socialism with Chinese characteristics, the elite of the elite of the knowledgeable community, and the pillars of the pillars. They are the builders and leaders of a Community with a Shared Future for Mankind with great core competitiveness and development potential. As a major province for the introduction of returnees, Jiangsu Province is a focus area for the gathering of international talents and a "treasure land" for promoting the development of returnees. In Jiangsu, there have been batches of first-class overseas innovative and entrepreneurial talents and projects, they for the "strong economy prosperity for residents, beautiful environment and developed culture and ethics" new Jiangsu development, and strive to promote the Chinese style of Jiangsu's modernization new practice. At the same time, the returnees in Jiangsu Province have a strong intellectual and political position, and have positive opinions and actions to help carry out the non-governmental diplomacy. Therefore, they use the folk, professional and objective "voice of China" to tell the Chinese story well, spread the voice of China well, and strive to build a community with a shared future for mankind.

Keywords: The Returnees in Jiangsu Province; Innovation and Entrepreneurship; Development

B.9 Study on the Development Status and Path of Returned Overseas Students in Hubei in the New Era

Abstract: The world today is undergoing major changes unseen in a century, with transformations in the world, the era, and history unfolding in unprecedented ways. The development of human civilization faces numerous problems and challenges. With changes in global, national, and provincial circumstances, the situation of Hubei overseas students has also undergone transformations. A large number of students from overseas study have returned to China. They come to Hubei to start businesses and find jobs, becoming an important force in promoting the high-quality economic and social development in

Hubei. From the perspective of the development of overseas students, this paper conducts detailed research and analysis on a sample of 3000 overseas students who are working in Hubei through literature surveys, questionnaires, field visits, and other forms. It summarizes the current status and trend characteristics of overseas students working in Hubei, such as overseas educated personnel is an important target for introducing high-level talents in Hubei, and its development path in Hubei shows a diversified trend, and innovation and entrepreneurship creation is still an important choice for its development in Hubei. Through in-depth analysis of typical cases in different industry fields and age levels, we explore the significance of promoting the development of overseas Chinese students in Hubei, and put forward relevant suggestions to promote the healthy development of overseas Chinese students in Hubei in terms of building a three-dimensional service system for the development of overseas Chinese students in Hubei, and creating a service platform and carrier for the development of overseas Chinese students in Hubei in depth.

Keywords: Hubei Overseas Students; Return to China for Development; Typical Cases of Overseas Students; Study Abroad to Serve China

B.10   Analysis Report on the Development Situation of Sichuan Overseas Educated Talents Returning to China

Chen Huangen, Feng Jing / 243

Abstract: With the deep development of globalization, more and more Sichuan students choose to study abroad in order to obtain broader horizons and higher level educational resources. At the same time, returning from studying abroad has also become a common phenomenon. This report aims to analyze the portrait of returned overseas students and the trend of job seeking in China, for example, more and more overseas students are returning to Chengdu for employment, while high-level overseas students in Sichuan are mainly employed in the university system, etc. Combined with the policy of returning overseas students and the employment situation of international students in Sichuan Province, etc. , it also puts forward proposals to improve the relevant policy system, provide more guarantees for scientific research and entrepreneurship, and set up a system for social integration of international students returning to their home countries. It also puts forward suggestions to strengthen the retention of returned talents in Sichuan Province, and provides reference for the optimization of the policy of returning overseas students in other provinces.

Keywords: Study Abroad; Return from Studying Abroad; High-quality Overseas Professionals; Sichuan Province

IV Reports on Special Analysis

B. 11 Analysis of the Development of Chinese Students Studying Abroad—Analysis and Insights Based on New Oriental's Ten Years of Market Research Data

New Oriental Study Abroad Book Editorial Committee / 263

Abstract: Over the past decade, China's comprehensive strength and economic development has accelerated, and the study abroad industry has also ushered in huge changes. Driven by the internationalization of education, more and more Chinese students are going abroad to experience different knowledge systems, education methods and humanistic environments, and the degree of interdependence with the development of other countries in the world is deepening. Their purpose of studying abroad, study abroad planning and further study and employment choices have also changed drastically, and their ideals of serving the motherland and their pragmatic mentality are intertwined, facing new situations and new challenges in the fast-developing era. Based on the market research data initiated by New Oriental for ten consecutive years since 2014, this paper focuses on the changes in the mentality and decision-making choices of the Chinese study abroad population in this complex and volatile international environment through the data analysis of nearly 70000 valid samples, so as to provide prospective references for the majority of Chinese families, practitioners of international education, and the formulation of study abroad policies. The study found that in the past ten years, the willingness to study abroad has remained strong, more importance is attached to "cost-effective" study abroad, the mainstream of employment of students returning to their home countries, and the recognition of international students by employers is high.

Keywords: Study Abroad; Future Development of International Students; Overseas Life; Employment of Returnees

B.12 Study of Chinese Graduate Students in the United States: A Multidimensional Survey

Igor Himelfarb, Neli Esipova, Frank Laczko and Alexander Anokhin / 300

Abstract: This paper explores the learning experiences of Chinese graduate students in the United States and the factors influencing their post-graduation destination choices. The study shows that an increasing number of Chinese graduate students in the U. S. choose to return to China after graduation, primarily because they perceive more opportunities at home. The research analyzes the factors affecting Chinese graduate students' decisions to stay in the U. S. or return to China, including personal motivations, educational quality, career aspirations, social integration, and external influences. The study finds that the family's emphasis on the quality of education also influences students' career planning and final destination choices. The report also highlights that Chinese students in the U. S. face certain cultural and social barriers, such as cultural differences with local students, which may lead them to prefer socializing with other Chinese students. Additionally, when considering whether to return to China, students take into account the domestic economic environment and various preferential policies provided by the government. The report offers a series of recommendations, including that the U. S. should strengthen career development support for international students, improve living conditions, increase internship and employment opportunities, and actively address discrimination issues. On the other hand, China should further relax the hukou (household registration) system restrictions, improve the living environment, and provide more entrepreneurial support to attract more overseas students to return and develop in China. These measures can help balance international talent flow and promote academic exchange and cooperation between the two countries.

Keywords: Chinese Graduate Students in the U. S. ; Post-graduation Intentions; Factors for Staying in the U. S. ; Intention to Return to China

B. 13 What are the Key Challenges Facing Chinese Students at UK Universities

Clementine Ebel / 348

Summary: This paper provides an overview of the language, social cluster, technology and employment challenges faced by Chinese students at UK Higher Education Institutions (HEIs). It focuses on four key areas: language, social clustering, technology and employment. Despite efforts made by UK HEIs to facilitate the integration of international students, challenges remain and are particularly acute among Chinese students. This is partly a result of distinct cultural and social differences that exist between the two countries, as well as unique conditions in China that make a transition overseas challenging. This paper uses evidence from surveys, interviews and existing literature to describe these challenges in greater detail. This paper offers suggestions for Chinese parents, students and government departments to enhance language and technology immersion training and increase internship opportunities to promote better integration of Chinese students into the UK.

Keywords: Chinese Students; Integration Challenge; Digital Illiteracy

社会科学文献出版社

皮 书

智库成果出版与传播平台

✤ 皮书定义 ✤

皮书是对中国与世界发展状况和热点问题进行年度监测，以专业的角度、专家的视野和实证研究方法，针对某一领域或区域现状与发展态势展开分析和预测，具备前沿性、原创性、实证性、连续性、时效性等特点的公开出版物，由一系列权威研究报告组成。

✤ 皮书作者 ✤

皮书系列报告作者以国内外一流研究机构、知名高校等重点智库的研究人员为主，多为相关领域一流专家学者，他们的观点代表了当下学界对中国与世界的现实和未来最高水平的解读与分析。

✤ 皮书荣誉 ✤

皮书作为中国社会科学院基础理论研究与应用对策研究融合发展的代表性成果，不仅是哲学社会科学工作者服务中国特色社会主义现代化建设的重要成果，更是助力中国特色新型智库建设、构建中国特色哲学社会科学"三大体系"的重要平台。皮书系列先后被列入"十二五""十三五""十四五"时期国家重点出版物出版专项规划项目；自2013年起，重点皮书被列入中国社会科学院国家哲学社会科学创新工程项目。

皮书网

（网址：www.pishu.cn）

发布皮书研创资讯，传播皮书精彩内容
引领皮书出版潮流，打造皮书服务平台

栏目设置

◆ 关于皮书
何谓皮书、皮书分类、皮书大事记、
皮书荣誉、皮书出版第一人、皮书编辑部

◆ 最新资讯
通知公告、新闻动态、媒体聚焦、
网站专题、视频直播、下载专区

◆ 皮书研创
皮书规范、皮书出版、
皮书研究、研创团队

◆ 皮书评奖评价
指标体系、皮书评价、皮书评奖

所获荣誉

◆ 2008 年、2011 年、2014 年，皮书网均
在全国新闻出版业网站荣誉评选中获得
"最具商业价值网站"称号；
◆ 2012 年，获得"出版业网站百强"称号。

网库合一

2014 年，皮书网与皮书数据库端口合
一，实现资源共享，搭建智库成果融合创
新平台。

皮书网

"皮书说"
微信公众号

权威报告·连续出版·独家资源

皮书数据库
ANNUAL REPORT(YEARBOOK)
DATABASE

分析解读当下中国发展变迁的高端智库平台

所获荣誉

- 2022年，入选技术赋能"新闻+"推荐案例
- 2020年，入选全国新闻出版深度融合发展创新案例
- 2019年，入选国家新闻出版署数字出版精品遴选推荐计划
- 2016年，入选"十三五"国家重点电子出版物出版规划骨干工程
- 2013年，荣获"中国出版政府奖·网络出版物奖"提名奖

皮书数据库

"社科数托邦"
微信公众号

成为用户

　　登录网址www.pishu.com.cn访问皮书数据库网站或下载皮书数据库APP，通过手机号码验证或邮箱验证即可成为皮书数据库用户。

用户福利

- 已注册用户购书后可免费获赠100元皮书数据库充值卡。刮开充值卡涂层获取充值密码，登录并进入"会员中心"—"在线充值"—"充值卡充值"，充值成功即可购买和查看数据库内容。
- 用户福利最终解释权归社会科学文献出版社所有。

社会科学文献出版社 皮书系列
SOCIAL SCIENCES ACADEMIC PRESS (CHINA)

卡号：958579524985
密码：

数据库服务热线：010-59367265
数据库服务QQ：2475522410
数据库服务邮箱：database@ssap.cn
图书销售热线：010-59367070/7028
图书服务QQ：1265056568
图书服务邮箱：duzhe@ssap.cn

S 基本子库
SUB DATABASE

中国社会发展数据库（下设 12 个专题子库）

紧扣人口、政治、外交、法律、教育、医疗卫生、资源环境等 12 个社会发展领域的前沿和热点，全面整合专业著作、智库报告、学术资讯、调研数据等类型资源，帮助用户追踪中国社会发展动态、研究社会发展战略与政策、了解社会热点问题、分析社会发展趋势。

中国经济发展数据库（下设 12 专题子库）

内容涵盖宏观经济、产业经济、工业经济、农业经济、财政金融、房地产经济、城市经济、商业贸易等 12 个重点经济领域，为把握经济运行态势、洞察经济发展规律、研判经济发展趋势、进行经济调控决策提供参考和依据。

中国行业发展数据库（下设 17 个专题子库）

以中国国民经济行业分类为依据，覆盖金融业、旅游业、交通运输业、能源矿产业、制造业等 100 多个行业，跟踪分析国民经济相关行业市场运行状况和政策导向，汇集行业发展前沿资讯，为投资、从业及各种经济决策提供理论支撑和实践指导。

中国区域发展数据库（下设 4 个专题子库）

对中国特定区域内的经济、社会、文化等领域现状与发展情况进行深度分析和预测，涉及省级行政区、城市群、城市、农村等不同维度，研究层级至县及县以下行政区，为学者研究地方经济社会宏观态势、经验模式、发展案例提供支撑，为地方政府决策提供参考。

中国文化传媒数据库（下设 18 个专题子库）

内容覆盖文化产业、新闻传播、电影娱乐、文学艺术、群众文化、图书情报等 18 个重点研究领域，聚焦文化传媒领域发展前沿、热点话题、行业实践，服务用户的教学科研、文化投资、企业规划等需要。

世界经济与国际关系数据库（下设 6 个专题子库）

整合世界经济、国际政治、世界文化与科技、全球性问题、国际组织与国际法、区域研究 6 大领域研究成果，对世界经济形势、国际形势进行连续性深度分析，对年度热点问题进行专题解读，为研判全球发展趋势提供事实和数据支持。

法律声明